Zu diesem Buch

«Zum einen präsentiert das Buch das Leben Dantes und begleitet sein literarisches Schaffen, zum anderen schildert es die Geschichte der Stadt Florenz zu dieser Zeit. In der Zusammenschau
von Politik, sozialen Bedingungen, geistigen und literarischen
Strömungen ist ein kurzweiliges Werk entstanden, das nicht nur
detailliertes Wissen vermittelt, sondern auch zur Lektüre der
Werke des großen Dichters anregt.» («Buchprofile»)

Antonio Altomonte, geboren 1934 in Palmi (Kalabrien), ist Verfasser bedeutender Sachbücher, Romane und einer Biographie
des Lorenzo de Medici. Für seine Werke erhielt er zahlreiche
Auszeichnungen, darunter den «Premio Viareggio», den «Premio per il libro dell' anno» sowie zweimal den «Premio Sele-
zione Campiello». Antonio Altomonte lebt in Rom und ist Her-
ausgeber der Literaturbeilage der Tageszeitung «Il Tempo».

Antonio Altomonte

DANTE

Eine Biographie

Deutsch von
Ingrid Koch-Dubbers

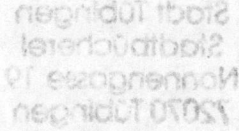

Rowohlt

Die Originalausgabe erschien 1985 unter dem Titel
«Dante. Una vita per l'imperatore»
bei Rusconi Libri, Mailand

Umschlaggestaltung Wolfgang Kenkel
(Zeichnung zu Dantes «Die Göttliche Komödie,
18. Gesang: Inferno» von Sandro Botticelli/
Archiv für Kunst und Geschichte,
Berlin)

Veröffentlicht im Rowohlt Taschenbuch Verlag GmbH,
Reinbek bei Hamburg, Oktober 1994
Copyright © 1987 by Rowohlt Verlag GmbH,
Reinbek bei Hamburg
«Dante. Una vita per l'imperatore»
Copyright © 1985 by Rusconi Libri S.p.A., Mailand
Alle deutschen Rechte vorbehalten
Druck und Bindung von Clausen & Bosse, Leck
1890–ISBN 3 499 13513 2

I

Die Stadt war ständig von Feuer bedroht. Es war durchaus nichts Ungewöhnliches, wenn man bei einem Gang durch ihre Straßen plötzlich vor einer klaffenden Lücke stand, die sich in der ansonsten geschlossenen Häuserfront unversehens auftat; ein Bild, das sich praktisch in jedem Stadtviertel wiederholte: rußgeschwärzte Mauern und kahle Räume, in denen das Feuer gewütet hatte. Es konnte auch vorkommen, daß das Feuer mehrere Viertel auf einmal erfaßte: im Jahre 1304, beispielsweise. Eintausendneunhundert Wohnungen waren es insgesamt, die ein Raub der Flammen wurden. Zumeist jedoch wurde die Stadt – Florenz – von kleineren Bränden heimgesucht, die als persönliche Racheakte absichtlich gelegt worden waren. Sie ließen sich von weitem entfachen mit Pfeilen, die durch die Nacht schwirrten und eine leuchtende Spur hinter sich herzogen. An Mitteln und Wegen fehlte es also nicht, auch nicht an Streitlust oder an Phantasie. Der Chronist Dino Compagni erwähnt eine Art von Brandbombe. «Gezieltes Feuer» nannte man das.

Florenz – von Flammen erleuchtet wie die Schmiede des Vulcanus. Vielleicht hat dieser Anblick Dante zur Höllenstadt des Luzifer inspiriert, die er bei seinem fiktiven Abstieg in die Hölle betritt, um die Ketzer aufzusuchen. An Feuer dürfte es da gewiß nicht gemangelt haben. Schon das Wort «Ketzer» läßt an Scheiterhaufen denken. Und daran ist kein Mangel. Das ganze Tal ist voll davon.

Glühende Särge allenthalben. Die Grabplatten sind beiseite geschoben, Wehklagen dringt hervor. In einem der Feuersärge richtet sich eine Gestalt auf, die Dante zum Verweilen auffordert.

Achtzehn Jahre alt war Dante gewesen, als jener, der sich da aus der Gruft herausbeugt und ihn anredet, wegen Ketzerei verurteilt wurde, nach einem Prozeß, den der Inquisitor und seine Helfershelfer mit großer, nachgerade beklemmender Sorgfalt durchgeführt hatten, wobei sie bekanntlich besonderen Eifer bei der Suche nach Beweisen zur Stützung der Anklage an den Tag gelegt hatten. Und dies, obschon keine besonderen Schwierigkeiten zu überwinden waren. Das Ergebnis hatte nie in Frage gestanden. Zahlreiche Zeugen waren befragt worden, aber ihrem Erinnerungsvermögen hatte nicht einmal nachgeholfen werden müssen. Sie hatten ihre Aussagen gemacht mit der schauerlichen Behendigkeit eines Rabenschwarms, der sich über einen Leichnam hermacht, um ihm das Fleisch von den Knochen zu reißen.

Im übrigen handelte es sich bei dem Leichnam um einen berühmten Mann, einen jener Leute, deren Heldentaten eine ganze Stadt für sich reklamiert. Nun sollte in der Kirche seiner Gemeinde, wie es der Brauch war – auf daß es allen kundgetan werde und nimmermehr in Vergessenheit gerate –, ein rechteckiges Linnen aufgehängt werden mit seinem Namen und dem Jahr seiner Verurteilung: Farinata degli Uberti, 1283 – rund um die Aufschrift züngelnde Flammen.

Der Inquisitor, Fra Salomone da Lucca, mochte es wohl zufrieden sein, soweit sich auf irgendwelche Empfindungen überhaupt Rückschlüsse ziehen lassen anhand des verballhornten Juristenlateins: «... in hiis scriptis diffinitive pronuntio, et diffiniendo decerno, dico et declaro ...». Dennoch hat möglicherweise der Prozeß nicht den gewünschten Ausgang genommen. Es wäre nur recht und billig gewesen, wenn er mit dem Scheiterhaufen geendet hätte. Das freilich war nicht möglich. Farinata hatte sich nämlich schon seit langer Zeit endgültig den Unbilden eines dem Kampfe geweihten Lebens entzogen.

Nicht zuletzt aus diesem Grunde mochte manch einer sich fragen, ob es angesichts all der Ketzer, die in Florenz herumliefen, tatsächlich angebracht sei, sich über einen Toten derart zu ereifern. Doch es gab auch andere Stimmen, die das für einen fragwürdigen Standpunkt hielten: es komme nämlich gar nicht so sehr darauf an, ob ein Urteil vollstreckt werde, es gelte vielmehr ein für allemal eindeutig klarzustellen, daß eine bestimmte Verhaltensweise strafwürdig sei. Das Urteil bezog im übrigen nicht nur die Nachkommen Farinatas mit ein, indem die Konfiskation ihres Vermögens angeordnet wurde, sondern auch seine Gemahlin Adaletta. Deren Gebeine sollten ebenso wie die ihres Gatten nicht dort ihre letzte Ruhe finden, wo die übrigen Familienmitglieder auf dem Kirchhof von Santa Reparata beigesetzt waren. Keiner der Familie, ob lebend oder tot, sollte verschont werden.

Die Zeitläufte ließen es nicht zu, Leuten wie den Uberti gegenüber Nachsicht zu üben oder Ausnahmeregelungen für sie zuzulassen. Als Ghibellinen standen sie auf der Seite des Kaisers, während ihre Gegenspieler, die an der Macht befindlichen Guelfen, für den Papst eintraten. Diesen beiden verfeindeten Parteien war es zuzuschreiben, daß die Atmosphäre innerhalb der Bürgerschaft in unerträglicher Weise vergiftet war. Stets galt man als irgend jemandes Anhänger und zählte somit zwangsläufig zu den Feinden irgendeines anderen. Die Ketzerei spielte bei diesen Auseinandersetzungen eine wichtige Rolle. «Ghibellin, Patarin», lautete ein Schmähruf – wobei auf die Patarener angespielt wurde, die als Irrgläubige, als Epikureer galten, welche ein Leben im Jenseits verneinten und die Gebote der Kirche mißachteten. Eine Beleidigung also, die dem Betreffenden wie ein Stigma anhaftete, so daß er schlimmer dran war als ein flüchtendes Tier auf der Suche nach dem rettenden Durchschlupf.

Es war kaum möglich, sich einem derartigen Stigma zu entziehen, mit dem man nun Kinder und Kindeskinder des Manente degli Uberti, genannt Farinata, versah und durch welches das Andenken an ihn selbst mit Füßen getreten wurde; und das, obschon er als Ghibelline, beziehungsweise als Haupt der florentinischen Ghibellinen, einer jener Männer gewesen war, die zu Großes gewagt haben, als daß man nicht ihren Mut bewundern und somit auch ihr Recht auf mildernde Umstände anerkennen müßte, unabhängig davon, für welche Partei sie sich eingesetzt haben. Selbst der Natur scheint es beliebt zu haben, alles an ihm imposant zu gestalten, von seinem Äußeren angefangen bis hin zu seinem politischen Engagement. «Von großer Statur, männlichem Antlitz, kräftigen Gliedern, eiserner Zucht, schmucker Erscheinung.» So beschreibt ihn ein Zeitgenosse, der Chronist Giovanni Villani. Und natürlich war er kühn, er, der bei so vielen Kämpfen in und um Florenz seinen Mann gestanden hatte, bei diesem ständigen «rein in die Stadt – raus aus der Stadt», welches seit geraumer Zeit dieses Ringen zwischen Guelfen und Ghibellinen kennzeichnete, das mit so furchtbarem Blutvergießen und enormen Verwüstungen einherging.

Im Jahre 1248 hatten die Guelfen die Stadt verlassen, die somit der anderen Seite in die Hände gefallen war; zehn Jahre später wurden die Ghibellinen ihrerseits in die Verbannung geschickt, konnten jedoch 1260 wieder zurückkehren, nachdem sie die Guelfen mit Hilfe Manfreds, des Königs von Sizilien, bei Montaperti geschlagen hatten.

Farinata hatte sich mit dem, was nach der Schlacht vor sich gegangen war, eine solche Reputation erworben, daß es nicht verwunderlich ist, wenn Salomone da Lucca, beziehungsweise die Partei, in deren Auftrag er handelte, nicht von ungefähr darauf aus war, ihm den Makel eines Prozesses anzuhängen. Ein Denkmal zu stürzen zahlt sich stets aus. Als die Ghibellinen eines Sonntags im September nach Florenz zurückgekehrt waren, sahen sie sich plötzlich als die Herren einer Stadt, aus der jene abgezogen waren, die allen Grund hatten, sich vor ihrem Sieg zu fürchten. Die Soldaten hatten bei ihrem Zug durch die Straßen nichts Besseres zu tun, als sich an den leerstehenden Palazzi auszulassen.

Sie zerstörten ihrer mehr als hundert, ebenso wie fünfundachtzig Wehrtürme und nahezu sechshundert Häuser – nicht mitgezählt all jene Gebäude innerhalb wie außerhalb der Stadtmauern, in dem ganzen von zahllosen rauchenden Ruinen gekennzeichneten Umland, die nicht niedergebrannt, nicht völlig zerstört, sondern nur teilweise verwüstet waren. Sie sollten es nicht vergessen, die Guelfen, was es bedeutete, unter ghibellinisches Joch zu geraten. Sie selbst hatten es ja schließlich auch nicht anders gehalten, als sie bei ihrer Rückkehr aus der Verbannung die Stadt zurückerobert hatten; nun wurde es ihnen also reichlich heimgezahlt. Doch der Zorn der Ghibellinen war mit diesen Verwüstungen noch nicht beschwichtigt.

Hier nun trat Farinata auf den Plan. Er hatte sich gefragt, wohin dieses Gemetzel letztlich führen sollte, das eine entfesselte Meute von Hunden anrichtete, die sich auf die wehrlose, verblutende, todgeweihte Beute stürzte. Ob diese sich jemals wieder erholen würde? Gewiß, es war nicht der erste derartige Sturm auf die Stadt, und es sollte auch keineswegs der letzte bleiben. Und stets war es ihr gelungen, sich wieder zu erheben, neue Kräfte zu sammeln. Doch es galt, beizeiten innezuhalten, es nicht zum Äußersten kommen zu lassen. Eine tote Stadt war zu nichts und für niemanden von Nutzen.

Aber wer hatte denn behauptet, daß sie zu etwas oder für jemanden von Nutzen sein sollte, daß es besser sei, sie zu verschonen? Noch besser, wesentlich besser wäre es doch, sie dem Erdboden gleichzumachen und Salz darüber auszustreuen. Salz nämlich brennt mehr noch als Feuer. Es ist ein unsichtbares Feuer, das bis an die Wurzel der Dinge, der Pflanzen dringt. Nicht einmal mehr Gras sollte an jenem Orte wachsen, wo sich die Stadt Florenz erhob. Sie sollte nur noch in der Erinnerung fortbestehen als Mahnmal. Das war alles, was man ihr zuzubilligen bereit war.

Doch Farinata waren nicht nur Zweifel gekommen. Er spürte, daß sich die Kluft zwischen ihm und den rachedurstigen Cato-Aposteln vertiefte. Florenz ein neues Karthago? Er war sich dessen bewußt, welche Ungeheuerlichkeit hinter diesem so vernünftig erscheinenden Plan steckte. Er sah keinen hinreichenden Grund dafür, seine Zustimmung dazu zu geben. Er wollte es nicht hinnehmen, daß der politisch motivierte Haß in der Forderung nach der Auslöschung dieser Stadt gipfeln sollte, die – mochte sie sich auch dem Feind in die Arme geworfen haben – trotz allem einen gemeinsamen Bezugspunkt darstellte, eine gemeinsame Heimat, gleichsam einen Stamm, von dem sich die beiden Äste Guelfen und Ghibellinen verzweigten. Zum Glück gab es noch andere, die ebenso dachten wie er und seinen Unmut teilten. Doch wie viele waren es? Ihre Anzahl ließ sich unschwer feststellen bei einer nach Empoli einberufenen Versammlung.

Dort waren die Befehlshaber des siegreichen Heeres zusammengekommen: Sienesen, Pisaner, Aretiner und wer sich sonst noch gemeinsam mit den florentinischen Ghibellinen der von König Manfred ins Leben gerufenen und unterstützten toskanischen Front angeschlossen hatte. Sie hatten sich getroffen, um eine Entscheidung in eben dieser Frage herbeizuführen: wie nämlich das Problem Florenz zu lösen sei und wie seinem hartnäckigen Eintreten für die Sache der Guelfen ein Ende gemacht werden könne. Die gegensätzlichen Positionen prallten alsbald mit aller Heftigkeit aufeinander. Bezüglich der Möglichkeit, Florenz für die kaiserliche Sache einzunehmen, so wurde vorgebracht, dürfe man sich keinen Illusionen hingeben. Wie viele Male war die Stadt schon bestraft und scheinbar auch bezwungen worden, doch mit welchem Erfolg? Früher oder später hatte sie stets wieder ihr päpstliches Haupt erhoben.

Das mochte wohl zutreffen, doch nun waren diejenigen Guelfen, die das Sagen hatten, die den Kurs der Stadt bestimmten, großenteils geflohen. Jetzt kam es auf die neuen Herren an; an ihnen war es, die Stadt umzustimmen, ihr Herz zu gewinnen. Sie hatten doch nicht den Kampf gegen die Guelfen geführt, um die eroberte Stadt dann auszuradieren, sondern lediglich, um deren politische Strukturen zu verändern. Das war der Standpunkt Farinatas. Ihm wurde entgegengehalten, man dürfe nicht das Risiko einer Gegenreaktion eingehen, die sicher nicht lange auf sich würde warten lassen. Woraufhin er erwiderte, es sei doch absurd, wenn die anwesenden Florentiner, nachdem sie ihr Leben aufs Spiel gesetzt hatten, um aus der Verbannung heimkehren zu können, nunmehr für den Rest ihrer Tage ihrer Heimat beraubt bleiben sollten.

Dieses Argument zog. Es lieferte auch jenen einen idealen Vorwand, die einer Zerstörung von Florenz schon deshalb nicht zustimmen wollten, weil das ihren eigenen Interessen zuwidergelaufen wäre. Ein Ziel also, über das zwar nicht offen gesprochen wurde, für das sich jedoch leicht ein Konsens herstellen ließ. Bekanntlich ziehen ja Interessen stärker noch als Pferde. Hatte man es nicht schon erlebt, daß manch ein Sproß der großen Familienunternehmen der Stadt – der Peruzzi, Cerchi, Falconieri, Rimbertini, Medici, Ardinghelli, Pulci, Bellindoti und wie sie alle hießen – sich lieber dem jeweiligen Sieger unterworfen hatte, als daß er seine Geschäfte hintangestellt oder gar aufs Spiel gesetzt hätte?

Im übrigen waren Politik und Geschäftemacherei so eng miteinander verquickt, daß immer dann, wenn die Politiker irgendwelchen Illusionen nachhingen, die Geschäftsleute einmal mehr unter Beweis stellten, daß es keiner besonders großen Anstrengungen bedurfte, um selbst hinter noch so edlen Argumentationen durchaus menschliche Beweggründe auszumachen. So war das schon seit eh und je – auch in dieser Stadt, in der es nichts gab, was nicht zugleich von den drei oder vier Winden der Hoffart, des Neides, der Maßlosigkeit und Unzucht getrieben wurde. Wer sich diese Winde zunutze zu machen wußte, für den waren es günstige Winde; wem sie ins Gesicht bliesen, für den waren sie gleich wilden Tieren, die zum Sprung angesetzt hatten und vor denen es kein Entrinnen gab. Das malte sich Dante aus, als er ihnen die Gestalt eines Löwen, einer Wölfin oder auch des Pardels gab, jenes merkwürdigen Fabelwesens der damaligen Tierwelt mit dem buntscheckigen Fell. Er schildert, wie ihm zu Beginn seiner Wanderung durch die Unterwelt von eben diesem Tier der Weg verstellt wurde. Er will damit zum Ausdruck bringen, welche Gefahren der Seele (freilich nicht nur ihr) in dieser Stadt drohen, die von Macht- und Besitzstreben und von Neid beherrscht wird, wodurch die politischen Rivalitäten noch zusätzlich angeheizt werden. Darüber spricht er mit jemandem, dem er begegnet, bevor er zu den im Höllenfeuer schmachtenden Ketzern gelangt.

Er heißt Ciacco. Schmutziger, mit Hagel vermischter Regen strömt in der Düsternis herab auf die rücklings daliegenden Leiber jener Sünder, die, wie der Heilige Paulus es ausdrückte, ihren Bauch für ihren Gott gehalten haben. Es sind dies die Schlemmer. Aus dem Schlamm, in dem sie liegen, steigt ekelerregender Pesthauch auf. Dort liegt auch Ciacco, der sich, als er in Dante einen Landsmann erkennt, diesem zuwendet. Doch er erhebt sich nicht aus dem Schlamm, er bleibt darin sitzen. Schließlich hat er ja auch ein gut Teil seines Lebens sitzend zugebracht – an den unter der Last der erlesensten Speisen sich durchbiegenden Tafeln. Selbst sein Name, der auch als Bezeichnung für das Schwein verwendet wird (vielleicht also nur ein Spitzname ist), stellt somit möglicherweise eine Anspielung auf seine hemmungslose Völlerei dar. Natürlich kann es sich dabei auch um eine Ableitung von dem Namen Jacopo handeln, so daß wir es vielleicht bei ihm, sagen wir einmal, mit einem gewissen Ciacco dell'Anguillara, einem florentinischen Reimeschmied, zu tun hätten.

Doch was bringt es schon, genau Bescheid zu wissen, sich aller Einzelheiten zu vergewissern, wenn der, um den es geht, an sich schon jegliches Interesse an seiner Person im Keime erstickt. Ich bin Ciacco, ich bin der Vielfraß. Dies ist der Satz, der während der Begegnung unausgesprochen im Raume steht. Jener Ciacco also, der nach Auskunft Boccaccios «mit den reichen Edelleuten ..., die so vorzüglich schlemmten und becherten», auf bestem Fuße stand. Zu ihnen ging er, wenn sie ihn riefen, und wenn er nicht gerufen wurde, ging er dennoch hin: «Er bat sich selbst zu Tische.» Wem in der ganzen Stadt wäre dies nicht bekannt gewesen? Man kann sich ganz gut vorstellen, daß man ihm allenthalben mit verhaltenem Lachen Ehrerbietung zollte.

Für Dante freilich gibt es nichts zu lachen. Zu ernst ist

das Anliegen, dessentwegen er sich an Ciacco gewandt hat, mit dem er sich nun im gnadenlos herabströmenden Eisregen unterhält. Der für die Sünden des Bauches Verdammte pflegte mit bestimmten Kreisen der Gesellschaft Umgang und kann von daher vielleicht eine Antwort geben auf einige Fragen über das weitere Geschick der sich im Bruderzwist zerfleischenden Stadt Florenz, über die Ursachen dieser Zwistigkeiten wie auch darüber, ob es überhaupt noch möglich sei, einen gerechten Menschen zu finden, der über den streitenden Parteien steht – wo es ja schließlich nichts gibt, wo Politik nicht hineinspielt. Die letzte Frage an Ciacco zeigt, unabhängig von seiner Antwort, mit aller Deutlichkeit, daß Dante sich keinerlei Illusionen hinzugeben geneigt ist, als das Ränkespiel der Parteien zur Sprache kommt.

Und dennoch – und hier tritt wiederum Manente degli Uberti, genannt Farinata, auf den Plan – fehlt es nicht an Persönlichkeiten, die es verdienen, bewundert, wenn nicht sogar als Vorbild genommen zu werden. Das Auftreten Ciaccos dient offenbar gleichsam der Einstimmung auf den Auftritt Farinatas. Es wirkt sozusagen wie ein Flachrelief beziehungsweise wie die einzelnen Szenen eines Flachreliefs, die sich um eine andere Figur gruppieren, die nunmehr in Erscheinung tritt: Filippo Argenti. Es ist sicher kein Zufall, daß bei der Begegnung mit Ciacco Farinatas Name fällt und daß in dem Höllenkreis, in den Filippo Argenti verbannt ist, die glutroten Türme und Mauern der Stadt Luzifers aufleuchten. Offensichtlich eine Anspielung auf spätere Entwicklungen.

Filippo gehörte zu jenem Kreis, zu dem sich auch der stadtbekannte Schlemmer gerne gesellte. Diese Leute standen im Mittelpunkt des öffentlichen Interesses, nicht nur aufgrund ihres pompösen Lebensstils, sondern auch wegen der absonderlichen Grillen, auf welche die Mächti-

gen zuweilen verfielen. Filippo Argenti selbst beispielsweise pflegte seiner Pferde Hufe mit feinstem Silber zu
beschlagen (von Silber, *argento*, war auch sein Name abgeleitet). Er stammte aus dem Geschlecht der Cavicciuoli,
einer Seitenlinie der Adimari, die dem Papsttum recht
nahe standen und das Ihre dazu beigetragen hatten, daß
sich die Partei der Guelfen in Italien hatte behaupten können. Sie zählten zu den Hauptakteuren auf der florentinischen Bühne, wußten sich kaum zu zügeln – wie Filippo
selbst waren sie allzeit bereit, loszuwettern und auch los-
zuschlagen. Insofern hätte ihm kaum etwas besser anstehen können als ein Sumpf, wo die Jähzornigen gegen sich
selbst die Hand erheben, indem sie sich geißeln und sich
das Fleisch in Fetzen reißen, mit derselben unbändigen Ra-
serei, die sie in ihrem irdischen Leben anderen gegenüber
an den Tag gelegt hatten. Alles in allem keine besonders
sympathische Gestalt, dieser Ciacco, trotz seiner Völlerei;
und noch viel weniger eine, die Bewunderung hervorrufen könnte, wie dies bei Farinata der Fall ist. Der Grund
mag darin liegen, daß die erbittertsten Feinde vielfach diejenigen sind, die einem am nächsten stehen. Und Argenti,
seine gesamte Familie, stand politisch auf der gleichen
Seite wie Dante; sie hielten es also mit jener Partei, die
sich ihrerseits eines Tages spalten sollte: in Weiße und
Schwarze.

Der Graben, der die Guelfen untereinander trennte,
hätte kaum tiefer sein können, und er war sogar noch tiefer als jener zwischen den Guelfen und den Ghibellinen.
Dante zählte zu den Weißen und war damit in erster Linie
ein Gegner der Schwarzen. Doch davon wie auch von den
sich daraus ergebenden Konsequenzen erst später; hier zunächst nur soviel, wie es zur Erklärung bedarf, weshalb
diese Himmel und Erde involvierende Autobiographie,
die *Commedia*, dieses poetische Gegenstück zu den Chro-

niken damaliger Zeiten, ihn darstellt, wie er mitleidlos und herablassend mit einem Filippo Argenti streitet, wie er Farinatas Verdiensten volle Anerkennung zollt, ungeachtet aller Meinungsverschiedenheiten. Mag auch die Begegnung mit dem Ghibellinen nicht gerade zu den angenehmsten zählen – Farinata, der sich da so selbstbewußt aus einem der Feuersärge herausbeugt, im deutlichen Bestreben, die Distanz zu seinem Gesprächspartner zu wahren, stellt ihm die Frage, wer seine Ahnen gewesen seien.

Dante war der Überzeugung, seine Familie habe das Blut jener Römer in den Adern, die einst Florenz gegründet hatten. Doch erscheint dies eher wie die vage, ein wenig überzogene Prahlerei dessen, der letztlich nicht viel Konkretes vorzuweisen hat. Wenn er sich der Vergangenheit zuwendete, um sich über seine Vorfahren Klarheit zu verschaffen, so gelangte er nicht sehr viel weiter zurück als bis in das vorangegangene Jahrhundert. Und er konnte auch nur einen Ahnherrn vorweisen: einen Ururgroßvater namens Cacciaguida. Irgendein anderer Vorfahre von Rang war nicht in Sicht. Vielleicht war er nicht zuletzt deshalb zu der Überzeugung gelangt, daß dieser Ururgroßvater hinreichen mochte, daß er stolz auf ihn sein könne. Auf ihn konnte er sich mit einiger Selbstgefälligkeit berufen, er verschaffte ihm jenes Wohlgefühl, das ihm die Überzeugung, römischer Abstammung zu sein, eintrug.

Dieser Cacciaguida trat im Gewande eines Kreuzfahrers am fernen Horizont der Familiengeschichte auf, zusammen mit zwei Brüdern, Moronto und Eliseo. Er war einer jener Florentiner, die am zweiten Kreuzzug ins Heilige Land teilgenommen hatten. Auch er wird sich wohl, wie die meisten von ihnen, vor seiner Abreise in das Kloster Vallombrosa begeben haben, um dort zu geloben, daß er sein Leben für die Befreiung des Heiligen Grabes einsetzen wolle – ein Gelöbnis, das durch seinen Tod unter dem staufischen Banner Kaiser Konrads III. eingelöst werden sollte.

Seine Verdienste trugen ihm die Verleihung des Ritterordens durch den Kaiser ein. Diese Auszeichnung stellte den einzigen Lohn für seinen Einsatz im Kampf gegen die Muselmanen dar; sie war alles, was seiner in Florenz zurückgebliebenen Gattin und seinen Kindern zukommen sollte, die im Viertel Porta San Piero im Zentrum der Stadt unweit des Alten Marktes lebten: die aus der Po-ebene, vielleicht aus Ferrara oder aus Parma stammende Mutter und die beiden Söhne, Preitenitto und Alighiero. Letzterer trug den Namen der Mutter, der dann zum Familiennamen werden sollte.

Dieser Alighiero I. ist nicht im Kampf gefallen wie sein Vater, dem Dante im Paradies begegnen sollte, inmitten jener Geister, die ihr Leben für den Glauben hingegeben haben; und im Gegensatz zu Cacciaguida strahlt sein Leben auch nicht den Glanz aus, der auf eine wichtige Rolle, eine bedeutende Persönlichkeit schließen ließe. Der in den Adelsstand erhobene Kreuzfahrer schien absoluter Höhepunkt des Geschlechtes zu bleiben. Der erste Alighiero hatte keine sehr hohe Meinung von sich selbst. Aber er war von einer gewissen Arroganz, derentwegen er sich im Fegefeuer wiederfindet, wo er seine Ewigkeit in großer Pein verbringt, gebeugt unter der Last der schweren Steine. Das ist die Strafe für die Stolzen seines Schlages. Allerdings erscheint sie nicht besonders plausibel, sondern in Anbetracht seiner Sünden als geradezu exorbitant: so, als sei der Urenkel Dante, da er sonst nichts Glorreiches an ihm entdecken kann, dessen er sich hätte rühmen können, schließlich darauf verfallen, ihn wenigstens zu einem Sünder von gewissem Format avancieren zu lassen. Selbst ein Erzsünder ist immer noch besser als irgendein unbedeutender, wenn auch ehrbarer Ahnherr. In Wirklichkeit gaben nämlich die städtischen Archive nicht viel mehr her als irgendwelche Phantasiegespinste oder Familienlegenden: allenfalls eine Querele um einen Feigenbaum im Pfarrgarten einer Kirche an der Piazzetta San Martino del Vescovo, wohin Alighiero und sein Bruder von Porta San Piero aus gezogen waren; ferner die Verehelichung mit der Tochter eines Bellincione Berti dei Ravignani – auch er ein Ritter, dessen Redlichkeit und schlichte Art Cacciaguida lobend erwähnt.

Dort oben in seinen himmlischen Gefilden eines Märtyrers des Glaubens ergeht sich der Urahn unermüdlich in Lobpreisungen der guten alten Zeit, als nämlich – zu seinen Lebzeiten – Florenz noch nicht all jene, die da in die Stadt hereingeströmt kamen, mit offenen Armen empfing, um sich ihnen wahllos hinzugeben. Damals waren ihr Luxus und unmäßiges Parteiengezänk noch fremd gewesen. Über Gattinnen und Sprößlinge gab es nichts als Erbauliches zu berichten. Beispielsweise die Geschichte von der «schönen Gualdrada». Sie war ein Mädchen, das unwiderstehlich die Blicke auf sich lenkte, diese Tochter Bellinciones. So gab es sich, daß selbst ein Kaiser, Otto IV., bei einem kurzen Aufenthalt in Florenz, sie seiner Aufmerksamkeit würdig fand.

Während eines ihm zu Ehren gegebenen Empfanges sprach er sich voll des Lobes über sie aus. Bellincione fühlte sich sehr geschmeichelt, dankte im Namen seiner Tochter und sagte, daß ihn, den Kaiser, so er dies wünsche, kraft seines Rangs und Namens niemand daran zu hindern vermöchte, Gualdrada zu küssen. Niemand? Oho, durchaus nicht einverstanden mit diesem Vorschlag war – sie selbst. Sie sei nicht bereit, sich den Küssen eines Mannes hinzugeben, der nicht ihr angetrauter Herr Gemahl sei. Auch Kaiser Otto möge daher die Güte haben, es nicht auf einen Versuch ankommen zu lassen. Ob dieses Bescheides zeigte sich der Vater sprachlos, der Kaiser voller Bewunderung, in Liebe entbrannt jedoch ein gewisser Graf Guido.

Der Graf nahm Gualdrada zur Frau und setzte sich damit über die zwischen ihren Familien bestehenden Standesschranken hinweg – ein geradezu historischer Vorgang. Vielleicht das erste Mal, daß ein Angehöriger des alten Feudaladels sich mit einem Mädchen des bürgerlichen Stadtadels verband. Sie hatte auch noch Schwestern. Eine von ihnen wurde mit Ubertino, einem Donati, vermählt; eine andere, ungeachtet des von Ubertino eingelegten Einspruchs, dem diese Verwandtschaft nicht behagte, mit einem Adimari; eine dritte schließlich mit Alighiero I., der somit in eine Familie mit engen Beziehungen zu den höchsten Kreisen der Stadt einheiratete. Aus dieser Verbindung ging ein weiterer Bellincione hervor, der nach der Schlacht bei Montaperti mit den Guelfen ins Exil mußte, sowie ein Bello, von dem die Linie der Del Bello abstammte, deren einer Sproß, Geri, im *Inferno* bei den Zwietrachtstiftern landen sollte. Ersterer hatte mehrere Söhne: Brunetto, Gerardo, Alighiero II. . . .

Das war alles, was an Informationen vorlag, auf die Dante bei seiner Antwort auf Farinatas Frage nach seinen Vorfahren hätte zurückgreifen können. Seinen Vater, Alighiero II., überging er allerdings lieber mit Stillschweigen. Die anderen hatte die Geschichte der Vergessenheit anheimfallen lassen, wenn sie denn überhaupt je von ihr zur Kenntnis genommen worden sind. Doch all dies war keineswegs dazu angetan, um bei ihm gegenüber dem Ghibellinen Farinata irgendwelche Minderwertigkeitsgefühle aufkommen zu lassen; vielmehr schlägt er einen herausfordernden Ton an, nimmt dessen Herausforderung an und zahlt ihm mit gleicher stolzer Münze heim. Seine Vorfahren hätten als Guelfen bereits zweimal Florenz verlassen müssen? Diesen Einwand weist er weit von sich: das eine wie das andere Mal seien sie wieder dorthin zurückgekehrt, während er, Farinata, dergleichen von den Seinen nicht behaupten könne.

In der Tat, die Uberti lebten nach wie vor in der Verbannung. Schon der bloße Gedanken daran war für Manente eine schlimmere Pein als seine infernalische Lagerstatt. Dabei war er es ja schließlich selbst gewesen, der die Rede auf die zweifache Vertreibung der Guelfen gebracht und sich damit Dantes Replik eingehandelt hatte; diese stellte freilich insofern eine gewisse Übertreibung dar, als sie die Alighieri zu Protagonisten jener Vorgänge avancierte, während sie doch in Wirklichkeit keinerlei Spuren ihres Agierens hinterlassen haben. Zwar standen sie durchaus auf guelfischer Seite, wie dies für den Großteil des niederen städtischen Adels, aber auch für die kleinen Handwerker zutraf, die ersterem dicht auf den Fersen waren, so daß dieser teils den Schritt beschleunigte, um die Distanz zu ihnen zu wahren, und sich teils ihrer bediente, um die eigene Schlagkraft zu erhöhen; doch wie massiv mußte eigentlich die Verfolgung, wie schlimm die Heimsuchung ausfallen, um zu beweisen, wie sehr ihre Gegner sie schätzten und wie sehr sie sich vor ihnen fürchteten?

Aber auch er, Dante, hatte seinen Stolz und war nicht bereit, Farinata das letzte Wort zu lassen. Und es gab nichts, dessen er nicht fähig gewesen wäre auf diesem Gebiet, im Hinblick auf das von ihm bewunderte Denkmal, dem er nun von Angesicht zu Angesicht gegenüberstand. Für einen Beobachter dieser Begegnung hätten sich freilich verblüffende Ähnlichkeiten ergeben. Selbst der heftige Schlagabtausch zwischen den beiden wirkte eher wie eine absichtliche Inszenierung, um auf diese Weise die

Ähnlichkeit ihrer Charaktere herauszustreichen, und nicht so sehr, um ihre entgegengesetzten Standpunkte darzulegen, die im übrigen zu dem Zeitpunkt, da er seine Begegnung mit dem ehemaligen Haupt der Ghibellinen in der Hölle niederschrieb, gar nicht mehr allzuweit voneinander entfernt waren.

Unterdessen galt er nämlich selbst als Ghibelline; und über die Ghibellinen, welche die Kunst der Rückkehr aus der Verbannung noch nicht erlernt hatten (wie er in seiner Entgegnung auf Farinata angemerkt hatte), hätte er einiges zu sagen gehabt, und zwar aus persönlicher Erfahrung. Nein, das war keine Kunst, auf die man so ohne weiteres und mit Erfolg hätte zurückgreifen können. Doch wie widersinnig war es, daß er dies am eigenen Leibe erfahren mußte. Wie absurd war es doch, daß ein Farinata, nachdem er sich um die Rettung der Stadt unendlich verdient gemacht hatte, nunmehr dafür büßen sollte – und mit ihm seine Nachkommenschaft –, daß er auf der Gegenseite jener gekämpft hatte, die jetzt in der Stadt die Mehrheit hatten und daher das Regiment führten. Auch darin glichen sie sich: in der harschen Undankbarkeit nämlich, die ihnen von ihren Mitbürgern entgegengebracht wurde. Allerdings hegte er im tiefsten Grunde seiner Seele die Hoffnung, sie aufrütteln zu können, die lieben Mitbürger, mochte ihr Herz auch aus Stein sein. Er trug sich nämlich mit dem Plan, eine Wanderung ins Jenseits zu unternehmen und erhoffte sich davon...

Nun gut, er wollte es ihnen überlassen, sich ein Urteil zu bilden über seine Wanderung durch Hölle und Paradies, währenddessen er sich, *absit iniuria verbis*, die Machtvollkommenheit von Gottvater höchstselbst anmaßte: er teilte Lohn und Strafe aus, urteilte über Wohl- wie Missetaten. In drei Teilen, unter dem Titel *Commedia*. Wie so oft während seiner Arbeit an diesem Werk – immer dann nämlich, wenn er sich des Eindrucks nicht erwehren konnte, er habe sich da in der Tat auf ein irrwitziges Unterfangen eingelassen – hatte er an Guido denken müssen, den besten seiner Freunde, und sich ausgemalt, welche Ansichten dieser wohl vertreten hätte, welche Zweifel er geäußert, welche Ratschläge er erteilt haben würde.

Dieser Guido Cavalcanti war ein Mensch, der vielleicht mehr noch als jeder andere über ihn wußte oder intuitiv erfaßte; der ihn in seinen Kreis aufgenommen hatte und ihn zu dessen zentraler Figur hatte werden lassen. Und natürlich stand Guido hinsichtlich seines Charakters einem Farinata in keiner Weise nach. Vermutlich hatte er weniger festen Boden unter den Füßen, schließlich war er ja auch ein Dichter, aber er hatte auch die Tendenz, intensiv zu leben und spontane Entscheidungen zu treffen, und er neigte zu extremen Gegensätzen, wie dies für Menschen dieses Schlages oftmals typisch ist. Von daher wirkte er entweder geistesabwesend, in Gedanken versunken, oder aber wild entschlossen, mit jedem Schritt alles in Bewegung und Aufruhr versetzen zu wollen. Fest steht jedenfalls, daß kein zweiter in Florenz ihm an Talent gleichkam.

Nun war Dante glücklich, ihm dies bekennen zu können. Er hatte sich ausgemalt, daß sich Guidos Vater, Cavalcante dei Cavalcanti, aus einem der Särge nahe dem des Farinata erheben würde – und merkwürdigerweise erschien es ihm kein Zufall, daß er in dem Gesang des Ghibellinen ausgerechnet Guido erwähnt hatte – um sich nach seinem Sohn zu erkundigen. Wenn es ihm, Dante, dank seines großen Intellekts gestattet sei, die Hölle zu besuchen, warum befand sich dann nicht auch Guido an seiner Seite? Dies also war die Frage, die Guidos Vater an Dante richtete. Und dieser erwies damit zugleich seine Reverenz gegenüber dem alten Freund, huldigte so seinem Angedenken. Wie viele Jahre waren nun schon vergangen, seit sie auseinandergegangen waren, seit Guido tot war? Er hatte sie nicht mehr gezählt. Hinlänglich Zeit, fürwahr, um zu ermessen, welche Leere er in seinem Leben hinterlassen hatte; um mit dem Parteienhader auch das weniger attraktive Gesicht seiner Vaterstadt kennenzulernen; um zu erkennen, daß keine Partei besser war als die andere; um einzusehen, daß ungeachtet der Parteizugehörigkeit nur wenigen Männern das Recht zustand, sich «vom Gürtel aufwärts» zu zeigen.

Männer vom Schlage Farinatas, etwa. Von jeher hatten sie seine Phantasie beflügelt. Schon bevor er seine Begegnung mit Manente schilderte, hatte er Ciacco gefragt, wo er ihn finden könne. Er muß sich ihm besonders nahe gefühlt haben. Schließlich findet er ihn, und sein Anblick erfüllt ihn mit Ingrimm und tiefer Trauer – nicht minder als seine eigene Situation. So als ob seine Phantasie und die gemeinsamen Charakterzüge dazu beigetragen hätten, Farinata ein Profil zu verleihen, in das er manch einen seiner eigenen Züge eingearbeitet hatte. Das war der tiefere Sinn dieser Begegnung inmitten des Höllenfeuers. Nun galt es abzuwarten, ob das von Farinata gezeichnete Porträt auch auf ein gemeinsames Geschick hindeutete. War er nicht selbst schon kaum mehr als ein Schatten, der sich da aus seinem Sarg herausbeugte, um in einen Disput mit der Nachwelt einzutreten? Doch hier kam sein Selbstvertrauen in seine Arbeit als Schriftsteller zum Tragen, er baute auf die Zukunft, nachdem dieses sich seinem Ende zuneigende Jahrhundert durch ein gerüttelt Maß an bitteren Erinnerungen und offenen Wunden belastet war, die für ihn, soweit er selbst davon betroffen war, vielfach furchtbar schmerzhaft waren. Im großen und ganzen konnte man jedoch auch sagen, daß es ein gutes Jahrhundert war.

2

Es hatte wahrlich schon weitaus schlimmere Jahrhunderte gegeben, Jahrhunderte, die sich der Erinnerung eingeprägt hatten durch denkwürdige Kalamitäten. Zwischen den von Menschen verursachten, wie etwa Kriege, und solchen, die Teil des unerforschlichen göttlichen Ratschlusses waren, wie etwa die schrecklichen Pestilenzen, verblieben vielfach nur kurze Zeitspannen, in welchen es den Menschen vergönnt war, das Leben zu genießen und auf Verbesserung der Lebensbedingungen zu sinnen; im Laufe des 13. Jahrhunderts hatte es mehrere derartige Phasen gegeben, die gar nicht einmal allzu kurz ausgefallen waren.

Es war nicht zu jenen Hungersnöten gekommen, die in der Vergangenheit immer weitere Kreise gezogen und schließlich den gesamten Kontinent auf die Knie gezwungen hatte. Nicht, daß es überhaupt keine Hungersnöte gegeben hätte, doch die in Mitteleuropa aufgetretenen hatten nur minimale, eng umgrenzte Auswirkungen. Daß die damals bekannte Welt eine Zeit der Blüte erlebte, läßt sich an mehreren Indizien ablesen: angefangen von dem seit der Jahrtausendwende zu verzeichnenden Bevölkerungszuwachs bis hin zur Erweiterung der Anbauflächen durch die Trockenlegung von Sumpfgebieten und die Urbarmachung unfruchtbarer Landstriche; von der Verbesserung der Anbaumethoden bis hin zu einer Reichhaltigkeit des Warenangebots, die dem Handel neue Impulse verlieh, sowie zum Bau neuer Straßen, der die Handelsbeziehungen förderte. Das Pferd wurde nun immer häufiger zum Ziehen des Pfluges eingesetzt, und in seinem Gefolge schritt Europa voran – so könnte man es mit einem Bild wiedergeben, um den raschen und relativ reibungslosen Fortschritt jener Zeit zu veranschaulichen.

Die ersten Abhandlungen über landwirtschaftliche Anbaumethoden erschienen. Die Notwendigkeit einer neuen und intensiveren Nutzung der Felder führte zu einer verstärkten Suche nach Lösungen für auftretende Probleme: von der Vorbereitung der zu bebauenden Flächen über den Einsatz von Zugtieren bis hin zum Beschlagen ihrer Hufe. Die nach und nach eingeführten Neuerungen brachten Veränderungen der Arbeitszeit wie auch der Arbeitsorganisation mit sich. Parallel hierzu entwickelte sich, sozusagen als Beweis für die veränderte Einstellung gegenüber der Natur, in Gemälden und Miniaturen eine Naturdarstellung, die sich von der byzantinischen Tradition löste, welche in der italienischen Malerei die »maniera greca« (wie Vasari sie nennen sollte) bestimmte.

Man begann allgemein, sich in seiner Umwelt umzuschauen und entdeckte dabei nicht nur Niederungen und bewaldete Anhöhen. Der Horizont weitete sich und gab den Blick frei für neue Perspektiven, in jeglicher Hinsicht. Holz war nicht mehr so gefragt wie in früheren Zeiten, beispielsweise für die Kathedralen, und zwar wegen der großen Brandgefahr: allein die Kathedrale zu Rouen war im ersten Viertel des Jahrhunderts bereits sechsmal niedergebrannt. Die Arbeit in den Steinbrüchen wurde intensiviert, auf der Suche nach Metall drang man tief in die Berge vor. Eisen hatte einen großen Absatzmarkt. Als Dante etwa fünfzehn Jahre alt war, gab es in Mailand mehr als hundert Schmieden für die Herstellung von Rüstungen, die Waffenschmieden gar nicht mitgezählt. Unterdessen hatte die Verwendung des Eisens in entscheidendem Maße zur Erschließung sumpfiger sowie strauch- und baumbestandener Landstriche beigetragen. Die Landschaft änderte ihr Gesicht.

Vieles änderte sich, unter anderem auch ein von alters her vertrauter Anblick in dieser Landschaft: die Burg. Sie trat gleichsam in den Hintergrund. Der alte Landadel, das Rittertum waren in der Tat immer mehr an den Rand gedrängt worden durch die Söldnerhaufen und die aus Berufssoldaten bestehenden Heere, die in zunehmendem Maße das Feld beherrschten. Das hatte zu einem Umbruch der bestehenden Ordnung geführt. Eine neue Ordnung begann sich zu etablieren, deren Mittelpunkt die Stadt bildete. Teils wurden neue Städte gegründet, teils die alten erweitert und mit Stadtmauern und einer Vielzahl von Verteidigungstürmen versehen.

Die Stadt übte eine starke Anziehungskraft aus. Die Bauern, die Leibeigenen träumten davon, in ihren Mauern Schutz zu finden. Eine zum Gemeingut gewordene Redensart versprach: «Stadtluft macht frei.» Doch in Wirklichkeit war es gar nicht so einfach, frei zu werden, indem man einfach vom Land in die Stadt zog. Dennoch bevölkerte sich die Stadt zusehends und übernahm alsbald eine wichtige Rolle im Zuge einer ebenso imposanten wie rasanten Entwicklung, die in jener Zeit sozusagen in der Luft lag: die Walkmaschine und der Flachwebstuhl ebneten den Weg für die Spinnereien, die neben zahlreichen anderen Neuerungen den Beginn der Mechanisierung kennzeichneten. Es sollte jedoch auch nicht an Gegenreaktionen fehlen. Viele empfanden es als Teufelswerk, daß es nun möglich sein sollte, schneller zu produzieren, die Gewinnspannen zu vergrößern, sich einen gewissen Luxus zu leisten und damit in eine Welt vorzudringen, zu der unversehens Tür und Tor aufgestoßen worden waren.

Es war unterdessen nichts Außergewöhnliches mehr,

auf den Märkten Kaufleute aus fremden Ländern anzutreffen. Etwa um das Jahr 1270 gründeten Italiener eine Handelsniederlassung auf der Krim, während sich ihre deutschen Kollegen in England ein Jahrzehnt später zu einer allgemeinen Hanse zusammenschlossen. Es war, als wolle sich der Mensch die Welt endlich untertan machen. Er unternahm Vorstöße in alle Richtungen, überwand Bergketten und durchquerte Wüsten, und zwar nicht nur in großen Heerhaufen oder Legionen. Dante war noch nicht geboren, als Niccolò und Matteo Polo in den Orient aufbrachen; und er war sechs Jahre alt, als der Vater und der Oheim Marco Polos sich mit diesem zusammen erneut auf ihre Forschungsreisen nach Asien begaben. Die Schiffahrt war ausgesprochen beschwerlich; die Ozeane, von denen man annahm, sie umgäben die Erde ringsumher, schienen unermeßlich und geheimnisvoll. Doch die Seekarten, die nautischen Handbücher verzeichneten zunehmend Orientierungspunkte.

Das Zeitalter der großen Herausforderung der Mächte des Unbekannten hatte eingesetzt. Und es gab offensichtlich Leute, die tatsächlich glaubten, diese bezwingen zu können: gegen Mitte des 13. Jahrhunderts kamen in Genua die ersten Versicherungen für Seefahrtsunternehmen auf. Auch dies ist ein Indiz für den eingetretenen Wandel, im Zuge dessen in den sechziger Jahren des 13. Jahrhunderts die Guelfen bei Benevent jenen Sieg errangen, mit dem sie die zuvor bei Montaperti erlittene Niederlage wettmachten, die ohne Farinatas Eingreifen das Ende für Florenz bedeutet hätte. Dieser Sieg hatte nicht nur rein militärische Bedeutung, sondern kennzeichnete eine Entwicklung, in deren Verlauf der vornehmlich auf ghibellinischer Seite stehende Landadel schließlich die Waffen strecken mußte und die zu einem Niedergang der Landwirtschaft führte, was wiederum den Aufschwung von

Handel und Industrie in den Städten begünstigte. Florenz blühte auf.

Die Stadt hatte bereits den Ring ihrer Befestigungsanlagen weiter nach außen verlegen müssen, als im letzten Viertel des vorangegangenen Jahrhunderts ihre Einwohnerzahl auf nahezu fünfzigtausend angestiegen war. Jetzt beschrieb die Stadtmauer nicht mehr lediglich einen kleinen Halbkreis rechts des Arno, der eben noch das Baptisterium und den Dom in sich einschloß. Jenseits des Flusses umfaßten die neuen Befestigungsanlagen jetzt Häuserzeilen, die nicht im Schutze der alten Stadtmauern gestanden hatten. Sie bildeten eigenständige, wehrhafte Stadtteile, die mit dem Zentrum der Stadt, mit seinen belebten Straßen und seinen Palazzi im Wettstreit lagen.

Das an einem kleinen Platz sich erhebende Kirchlein San Martino del Vescovo war eine der zahllosen Kirchen der Altstadt. Sie war im romanischen Stil erbaut und gehörte gewiß nicht zu den bedeutendsten der alles in allem hundertsechsundzwanzig Gotteshäuser, die es in der Stadt und im Umland gab (die Kirchen der fünf Abteien, der vierundzwanzig Klöster, der gut ein Dutzend Laienbruderschaften und all die vielen Kapellen in den Hospitälern gar nicht mitgezählt). Sie ging auf die Zeit der Frankenherrschaft zurück und war mindestens vierhundert Jahre alt. Im Laufe der Zeit hatte sie ihre Funktion als Mittelpunkt eingebüßt. Diese Rolle hatten andere Baulichkeiten in dem Viertel um San Martino del Vescovo übernommen: die Palazzi der großen Geschlechter – etwa die der Donati, der Cerchi oder der Sacchetti, die an der Straße wohnten, welche an der Apsis der Kirche vorbeiführte, dem Haus der Alighieri praktisch genau gegenüber.

Am Ende weitete sich die Straße zur Piazza dei Giuochi, benannt nach einer der anderen Familien, die dort ihre Geschlechtertürme errichtet hatten: die Tebaldini, Bisdomini, Bonizzi, Ravignani, Alberighi, Adimari, Giugni, Razzanti, Malfatti... Diese Familien waren vielfach in Fehden miteinander verstrickt, so daß Gruppierungen entstanden waren, die einander feindselig gegenüberstanden und jeden, der mit ihnen zu tun hatte, in ihre Auseinandersetzungen hineinzogen – es sei denn, der Betreffende wäre von der Partei, auf deren Seite er stand, gar nicht für voll genommen worden. Ob das wohl bei Alighiero II. der Fall war? Von ihm wußte man, daß er sich, wie sein Vater, als Grundstücksmakler betätigte und vor allem daß er gegen Zinsen Geld verlieh: eine Tätigkeit, die in dieser Kaufmannsrepublik so sehr an der Tagesordnung war, daß sich allenthalben intensiver Schwefelgeruch breitmachte. Wucher nämlich war von der Kirche als Todsünde gebrandmarkt worden.

Doch dieser Geruch war den Florentinern seit jeher bestens vertraut. Und selbst die Geistlichen leisteten offenbar dem Wucher indirekt Vorschub, wenn es sich denn auf dem Konzil als nötig erwiesen hatte, gewisse Praktiken strengstens zu untersagen. Was Wunder, daß die italienische Sprache so viele euphemistische Umschreibungen zur Beschönigung der an sich verwerflichen Praktik des Wucherns hervorgebracht hat: *dono di tempo, merito, cambio, civanza, ritrangola*... Auf alle Fälle handelt es sich um ein Geschäft, das auch von Alighiero betrieben wird, was sein Sohn Dante allerdings niemals erwähnt.

Man kann sich das ganz gut vorstellen: Er gehörte zu jenen Männern, auf die man gerne mit dem Finger zeigt mit einer gewissen Selbstgerechtigkeit, wenn nicht sogar Verachtung, wobei freilich nicht ganz ersichtlich ist, worauf sie sich eigentlich gründet. Vielleicht auf das furchtsame Wesen dieser Menschen, die es niemals fertigbringen, aufrechten Ganges in der Mitte der Straße ihren Weg zu gehen, so daß sie in jeglicher Hinsicht einen erbarmungswürdigen Eindruck hinterlassen. So war an Alighiero weder die Tatsache bemerkenswert, daß er ein Guelfe war, noch daß er in einigermaßen gesicherten, wohlhabenden Verhältnissen lebte, wie andere Leute, die Umgang mit dem niederen Stadtadel pflegten.

Obschon Guelfe, hatte er Florenz dennoch nicht verlassen müssen, als die Rückkehr der als Sieger aus der Schlacht bei Montaperti hervorgegangenen Ghibellinen zu einer Massenflucht geführt hatte. Die Zugehörigkeit zum Kreis der Guelfen beruhte allerdings auf einem Adelstitel, der ihm eigentlich gar nicht mehr zustand: er war nämlich einst an Cacciaguida verliehen worden und ging an dessen Nachfahren nur unter der Bedingung über, daß keine zwanzig Jahre vergehen durften, ohne daß einer dieser Nachfahren auch tatsächlich seinen Ritterdienst leistete. Alighiero war also eine recht blasse Gestalt, sein Profil ausgesprochen vage. Bei manch einem mag dies bedingt sein durch das Fehlen klarer Konturen, bei anderen dagegen liegt dem vielleicht noch etwas anderes zugrunde: es ist, als ob etwas über ihre Person hinausweise, als ob das Schicksal ihnen lediglich eine Übergangsrolle zugedacht habe, als seien sie das Glied einer Kette, das Großvater und Enkel miteinander verbindet und das, wenn diese Funktion erfüllt ist, wieder von der Bildfläche verschwindet, ohne Spuren zu hinterlassen, ohne eine eigene Geschichte, einmal abgesehen von den wenigen Eckdaten ihres Daseins: Geburt, Eheschließung, Tod, Nachkommenschaft.

Alighiero war um 1220 geboren worden. Er hatte erst eine Bella geehelicht, später dann Lapa di Chiarissimo Cialuffi. Die früh verstorbene Bella hatte ihm Durante geboren, dessen Name auf ihren Vater Durante degli Abati zurückging, sowie ein Mädchen, das einem Leone Poggi zur Frau gegeben werden sollte. Lapa gebar ihm einen weiteren Sohn namens Francesco und eine weitere Tochter namens Tana, die mit dem Geldwechsler und Kaufmann Lapo Riccomanni vermählt werden sollte.

Durante, dessen Name zu Dante verkürzt wurde, hat das Licht der Welt nicht erblickt, ohne seiner Mutter in einem Traum angekündigt zu werden. In diesem Traum sah sie sich auf einer Wiese nahe einer Quelle unter einem großen Lorbeerbaum liegen und einen Sohn gebären, der sich von den Lorbeerfrüchten nährte und an der Quelle labte und alsbald zu einem Hirten heranwuchs. Beim Versuch, Lorbeerzweige zu brechen, stürzte der Hirte, um sich dann als Pfau wieder zu erheben. Boccaccio, der diesen Traum überliefert hat, sah einen Zusammenhang mit einer Erscheinung während Bellas Schwangerschaft, über deren Bedeutung ganz Florenz rätselte: das Auftreten eines Kometen. In diesem Falle war es Giovanni Villani, der von dem Stern «mit hellen Strahlen und einem langen Schweif» berichtet hat.

Derartige Dinge waren keineswegs belanglos in einer Zeit, in der die Zukunftsdeutung ein wichtiges Gewerbe war. Unabhängig vom sozialen Status oder dem Bildungsniveau ließ man sich sehr davon beeindrucken. Der Verkauf von Horoskopen war das einzige Geschäft, das ständig florierte, unbeeinträchtigt von irgendwelchen Katastrophen: allenfalls konnte es vorkommen, daß er in solchen Situationen Rekordhöhen erreichte. Die Natur wurde genauestens beobachtet, erforscht und ausgedeutet. Es gab nicht sehr viel, was nicht vom Lauf der Gestirne, von den Launen des Himmels bestimmt, wenn nicht sogar direkt gelenkt zu werden schien. Es war gang und gäbe, sich auf eine bestimmte Person zu beziehen, indem man ihr Tierkreiszeichen nannte.

Dies tat auch Dante im Hinblick auf den bedeutendsten

seiner Vorfahren, auf den er als einzigen stolz sein konnte, auf Cacciaguida, indem er das Sternbild des Löwen erwähnte und sein Geburtsjahr – 1091 – angab mit dem Hinweis, daß der Planet Mars seit Christi Menschwerdung fünfhundertachtzig Mal unter dem Sternbild des Löwen gestanden habe. Und er tat es auch im Hinblick auf sich selbst, als er angab, im Zeichen der Zwillinge, also gegen Ende des Monats Mai geboren zu sein, einem Tierkreiszeichen somit, dem eine Prädisposition für Poesie und Wissenschaft zugeschrieben wird – das jedenfalls behaupten die Astrologen.

Die Erkenntnis der Natur im Dienste der Erkenntnis Gottes – darauf war das Streben eines Franziskaners gerichtet, der sich gegen seine Oberen gestellt hatte und dafür in den Kerker geworfen worden war. Dennoch vertrat er beharrlich die Auffassung, für das Christentum könne eine Erklärung der Naturphänomene und überhaupt eine bessere Kenntnis der Welt nur von Vorteil sein. Er erklärte, alle Weltgegenden aufsuchen zu wollen, um sich persönlich davon zu überzeugen, daß es tatsächlich neue Seewege gebe. Er ersuchte den Papst um Zustimmung. Sein Name war Roger Bacon. Er hatte ein Vermögen investiert, um in Oxford die zur Realisierung seiner Vorhaben erforderlichen Voraussetzungen zu schaffen, um mit islamischen und jüdischen Gelehrten in einen Disput treten zu können. Der Papst zeigte sich nicht einverstanden mit seinen Oberen, die sich gegen ihn gestellt und ihn verurteilt hatten. Er wünschte vielmehr, in seine Entdeckungen eingeweiht und auf dem laufenden gehalten zu werden. Er gewährte ihm seinen Schutz.

Der Papst war einen Weg gegangen, der in entgegengesetzter Richtung zu dem seines Schützlings verlief: dieser war aus der Stille der religiösen Versenkung gekommen und schickte sich nun an, die Welt zu erobern, und sei es auch nur mit den Mitteln, die einem Wissenschaftler zu Gebote stehen. Er selbst hingegen hatte dem weltlichen Leben, wo er Gattin und zwei Töchter gehabt hatte, wo er Kriegsmann und Rechtsgelehrter gewesen war, den Rükken gekehrt und sich der Religion zugewandt und innerhalb kürzester Zeit die diversen Stufen der kirchlichen Hierarchie erklommen. Er war als päpstlicher Legat gerade in England gewesen, als ihn die Nachricht erreichte, daß das in Perugia zusammengetretene Konklave ihn zum Nachfolger Petri gewählt habe. Als Papst Clemens IV. bestieg er den Stuhl Petri. Das war im Februar des Jahres 1265. Drei Monate später kam Dante zur Welt.

In diesen drei Monaten dürfte sich einiges zugetragen haben, wenn man bedenkt, daß just im Mai ein Heer unter der Führung Karls von Anjou in Italien einrückte. Hierzu hatte ihn der Papst aufgefordert, der sich als Franzose sogleich seinem König zur Verfügung stellte, um diesem die Ausdehnung seines Machtbereiches in das dem König von Sizilien unterstehende Unteritalien zu ermöglichen.

Die Interessen des französischen Monarchen deckten sich mit denen des Papstes in doppelter Hinsicht: König Manfred war bestrebt, seinen politischen Einfluß in Italien zu vergrößern und den Handlungsspielraum des Papstes nach Kräften zu beschneiden. Und er tat dies als Oberhaupt der Ghibellinenpartei, die sich dem Anspruch des Papsttums entgegenstellte, eine Vorrangstellung gegenüber den weltlichen Herrschern einzunehmen und infolgedessen als Richter über deren Zwistigkeiten aufzutreten. Diese Auffassung gründete sich auf das gegen Ende des 11. Jahrhunderts von Papst Gregor VII. entwickelte Prinzip vom Primat der geistlichen Gewalt, dem zufolge kein Kaiser umhinkonnte, den Stellvertreter Christi anzuerkennen, da er ja durch Gottes Willen in sein Amt gelangt war. Nun galt es, den Sohn Friedrichs II. für sein Herrschaftsgebaren und seinen Lebensstil, die allzusehr an seinen Vater erinnerten, zu bestrafen. Das also war der Grund, warum Karl von Anjou gegen ihn antreten sollte.

Damit begann ein neues Kapitel jener Auseinandersetzungen zwischen Guelfen und Ghibellinen, die für das Schicksal Dantes bestimmend werden sollten. Ihren Ausgang hatten sie im vorangegangenen Jahrhundert genommen, als in Deutschland sowohl Konrad von Hohenstaufen, der Herzog von Schwaben, als auch der Welfe Heinrich der Stolze, Herzog von Bayern, Anspruch auf die Kaiserkrone erhoben hatten. Vom Namen des Geschlechts der Welfen und von dem Orte Waiblingen im Remstal, wo sich der Stammsitz der Staufer befand, sind die Namen der beiden Kontrahenten – der Guelfen und der Ghibellinen – abgeleitet, die sich fürderhin erbittert bekämpfen sollten. Nachdem nun die Staufer im Kampf um die Kaiserkrone den Sieg davongetragen hatten, wurden ihre Gegenspieler als Feinde der Krone angesehen. Von daher lag es auf der Hand, daß sie sich auf die Seite der Kirche schlugen: waren die Päpste nicht schon seit der Zeit Gregors VII. den Ansprüchen der Könige und Kaiser entgegengetreten?

In Italien gestaltete sich die Situation aufgrund interner Rivalitäten noch komplizierter, etwa durch die Kontroverse zwischen den großen florentinischen Familien, deren Beginn gekennzeichnet war durch die Auflösung eines Verlöbnisses und die Ermordung des jungen Buondelmonte dei Buondelmonti, der die Braut hatte sitzenlassen. Die Familien, die sich teils um die Familie des Mädchens, teils um die des Ermordeten scharten, sahen sich unversehens in zwei Lager gespalten, in zwei bewaffnete Parteien, die schließlich im Kampf zwischen den Anhängern des Papstes und denen des Kaisers eine politische

Stoßrichtung und eine gemeinsame Zielorientierung fanden. Im übrigen fehlte es nicht an Persönlichkeiten, die diese Konflikte zwischen der römischen Kurie und den diversen Herrscherhäusern noch weiter schürten. Beispielsweise Papst Innozenz III. und sein Mündel Friedrich II.

Innozenz III., der erst 37 Jahre alt war, als er im Jahre 1198 den Stuhl Petri bestiegen hatte, war Sproß eines Grafengeschlechtes aus dem südlichen Latium und hatte sich als Kanonist, als Verfasser zweier Abhandlungen über die Askese beziehungsweise über die Liturgie einen Namen *gemacht*; er hatte aber auch einen Namen *mitgebracht* – Lothar –, dessen teutonischer Klang eigentlich schon Rückschlüsse auf sein ungestümes Temperament hätte nahelegen müssen. So unterstützte er zwar auf der einen Seite Franz von Assisi, der Armut und Gewaltlosigkeit predigte, auf der anderen Seite jedoch auch eine gänzlich andere Art und Weise, den Glauben zu praktizieren, wie dies bei Dominikus von Caleruega der Fall war, der sich in der Languedoc an der Kampagne zur Ausrottung der häretischen Albigenser beteiligte. Beiden bestätigte er ihre Ordensregeln und ebnete damit den Weg für die Entstehung der ersten Bettelorden.

Während er sich einerseits als Schriftsteller, der sich mit der Askese auseinandergesetzt hatte, dieses gemeinsamen Anliegens wegen zu Franz von Assisi hingezogen fühlte, verband ihn andererseits mit Dominikus vermutlich eher sein Temperament. So hatte er sich die Errichtung eines Universalstaates zum Ziel gesetzt, der bereits mit Friedrich Barbarossa gescheitert war, bei dessen Tod sich die Idee von der Wiederherstellung des Römischen Westreiches als das erwiesen hatte, was sie in Wirklichkeit war: ein alter, unverwüstlicher, inzwischen jedoch nicht mehr zu realisierender Traum. Er ermächtigte und entmachtete Monarchen, mischte sich in deren Privatangelegenheiten ein, machte Länder wie England, Portugal, Sizilien zu Lehen des Heiligen Stuhles. Er führte sich auf, als sei er der König der Könige: eine Sonne – ein von ihm selbst verwendetes Bild –, die alle anderen Gestirne erstrahlen ließ. Und er war, wie schon gesagt, der Vormund Friedrichs II.

Doch für die weltlichen Ambitionen der Kirche, für die seiner Herrschaft unterstellten Staaten hätte ihm kaum eine größere Gefahr erwachsen können. Als Erbe sowohl der normannischen Monarchie auf Sizilien, die durch seine Mutter, Konstanze von Altavilla, auf ihn gekommen war, als auch der kaiserlichen Krone, die ihm über seinen Vater Heinrich VI., den Nachfolger Friedrich Barbarossas, zugekommen war, übernahm sein Mündel die Führung der italienischen Ghibellinen und legte dabei eine einzigartige Persönlichkeit und ein überaus weitgespanntes Interesse an sämtlichen Wissensgebieten an den Tag. In der Tat erlangte bei ihm das Geistesleben einen hohen politischen Stellenwert. Seine bis dahin durch die Religion bestimmte Rolle war nun eher laizistisch geprägt und entwickelte sich zu einem wichtigen Faktor für die Entstehung jenes imposanten Hofes, wie er von ihm auf Sizilien verwirklicht wurde, das er zum Zentrum seiner Politik gemacht hatte und wo er sich, so steht zu vermuten, wohl eher als König fühlte, denn irgendwo anders als deutscher Kaiser.

Daher also sein Mäzenatentum, sein Interesse an der Förderung kultureller Aktivitäten, wie es sich etwa an der Gründung der Universität von Neapel oder an der Neuordnung der medizinischen Schule von Salerno ablesen läßt, ferner an den unzähligen Übersetzungen aus dem Arabischen, dem Lateinischen und dem Griechischen. Die Stadt Palermo, die im übrigen allenfalls Toledo nachgestanden haben mochte, stieg unter ihm zur europäischen Hauptstadt der arabisch-griechischen Kultur auf. Die Naturwissenschaften erhielten neuen Auftrieb durch Arbeiten, die eine Ergänzung der übersetzten Werke darstellten (Friedrich selbst wurde als passionierter Vogelkundler weithin berühmt durch seine lateinisch abgefaßte Abhandlung über die Falkenjagd), und die Dichtung wurde zum Produkt bewußten künstlerischen Schaffens. Der Hof entwickelte sich zum ersten Experimentierfeld für die Ausformung einer neuen Dichtersprache.

Das also war die sizilianische Dichterschule. Seit Jahrhunderten hatte sich die Literatur ziellos treiben lassen und war nicht mehr lateinisch, aber auch noch nicht italienisch zu nennen. Die Dichter, die sich um Friedrich scharten, und er selbst, der inmitten seiner Höflinge als Dichter auftrat – sie alle waren bestrebt, neue Ausdrucksmittel zu kreieren, die sich für ihre Herzensregungen dienstbar machen ließen, sie alle suchten nach Wegen, der vornehmsten dieser Regungen, der Liebe, Ausdruck zu verleihen.

Der wie ein ausgeklügeltes Vasallenverhältnis zwischen Untertan und Gebieter konzipierte Minnedienst verlangte danach, eine dieser ehrerbietigen Haltung angemessene Sprache zu suchen und sich ihrer zu befleißigen; Ziel war also eine reine Sprache, die der niederen Einflüsse der alltäglichen Umgangssprache enthoben sein sollte. Richtschnur war dabei die provenzalische Lyrik, die in Italien vor allem nach dem Kreuzzug gegen die Albigenser Verbreitung gefunden hatte, durch den sich viele Dichter zur Flucht aus Frankreich veranlaßt gesehen hatten. Obligates Thema war natürlich die Frau und Schlüsselwort dieser Dichtung der *Minnedienst*. Er bedingte und bestimmte das Erscheinungsbild eines neuen Rittertums.

Die neuen Ritter hießen Jacopo da Lentini und Giacomino Pugliese, Cielo d'Alcamo und Jacopo Mostacci, Guido delle Colonne und Rinaldo d'Aquino ... Und Pier della Vigna, der über zwanzig Jahre lang Kanzler Friedrichs II. war. Abgesehen von der Gruppe der Dichter – oder eigentlich gerade einschließlich all der Poeten – war der Hof eine von Philosophen, Rechtsgelehrten, Magiern, Astronomen und zahlreichen sonstigen Gelehrten bevölkerte Arena, geprägt von arabischer Kultur, aber auch von exotischer Prachtentfaltung, die einem Sultanat in nichts nachgestanden hätte. Die Auflehnung Friedrichs gegenüber der Kirche entwickelte sich dort zu einer Abkehr von der Vorstellung, das Leben habe sich ganz am Jenseits zu orientieren. Die Kirche reagierte darauf mit dem Vorwurf des Epikureertums. Gerüchte und Legenden florierten. Der Chronist Salimbene da Parma kolportierte, Friedrich habe in der Heiligen Schrift den Beweis dafür suchen lassen, daß es kein Leben nach dem Tode gebe.

Dieser Vorwurf mag Dante veranlaßt haben, den Kaiser zu den Erzketzern zu versetzen, wenngleich er einige Gesänge später, im dreizehnten Gesang des *Inferno*, im Gespräch mit Pier della Vigna, den er im Wald der Selbstmörder trifft, diesen von Friedrich II. sprechen läßt als von seinem Herrn, «der Ruhms so würdig wäre». Dies gemahnt fast an die Sympathie, die er dem Ghibellinen Farinata entgegengebracht hat, von dem er erfahren hat, daß sich unter jenen, die zur Pein der Feuersärge verdammt sind, auch der Kaiser befindet. Sympathie und Bewunderung also auch für ihn. Obschon im Hinblick auf Friedrich keineswegs nur von Verdiensten die Rede ist.

Er hatte danach getrachtet, das Feudalsystem zu zerschlagen, allerdings um damit seine Untertanen zu einem Volk von Rechtlosen zu machen: ein Heer gebeugter Rükken, gegen das er mit denselben grausamen Methoden vorgehen konnte, die im Orient, dessen Gepflogenheiten er nicht minder zu schätzen wußte als dessen Kultur, gang und gäbe waren. Nicht von ungefähr hielt er sich sarazenische Truppen, die sich, solange sie nicht im Kampfe eingesetzt wurden, als Geheimpolizei aufspielen konnten. Er zentralisierte die gesamte Staatsgewalt. Und dennoch vermochten seine eigenwillige Art der Machtausübung, sein Kampf gegen die Kurie, nicht seine Verdienste als aufgeklärter Herrscher zu schmälern, sondern überhöhten diese in gewisser Hinsicht sogar noch. Sie spielten bei seinen Auseinandersetzungen mit den fünf Päpsten, mit denen er es während seiner Herrschaftszeit zu tun hatte, eine wichtige Rolle und vertieften noch die Kluft zwischen Papsttum und Kaisertum, bis sich schließlich zwischen einem Bann und dem daraufhin erfolgenden Gegenschlag ein Abgrund auftat, in den jeder der beiden Kontrahenten zu stürzen drohte – mit verheerenden Folgen natürlich.

Friedrich selbst schlitterte schließlich unaufhaltsam auf diesen Abgrund zu; sein Tod im Jahre 1250 setzte einer für ihn besonders schwierigen Phase ein Ende. Und auch seine Nachkommen sollten ihrem Schicksal nicht entgehen: weder sein Sohn Konrad IV., der von Deutschland aus nach Italien gezogen war, um sich die Krone zu holen, und mit Papst Innozenz IV. aneinandergeriet, noch sein Enkel Konradin, der eigentlich das Königreich Sizilien hätte erben sollen, wäre nicht Manfred zunächst als Reichsverweser und später als König an seine Stelle getreten, nachdem er sich vom Adel Siziliens und Unteritaliens, das zu seinem Königreich gehörte, als Thronfolger hatte bestätigen lassen.

Manfred: ein junger, charmanter, gutaussehender Mann. Er war sechsundzwanzig Jahre alt, als er sich im August des Jahres 1258 im Dom zu Palermo krönen ließ. Auch Dante beschreibt ihn als «von Ansehn ritterlich». Und er stellt ihn mit dem Vater, dem Gründer der Sizilianischen Dichterschule, auf eine Stufe. Vom Vater hatte er jedenfalls seine positiven Eigenschaften, seine Interessen, seine

Schwächen geerbt. Er glich ihm in der Art und Weise, die Herrschaft auszuüben, in seiner Vorliebe für orientalische Prachtentfaltung an seinem Hofe sowie in seinem Interesse an sämtlichen Wissensgebieten.

Er hatte in Paris und Bologna studiert; vor allem aber war ihm im Kreise der am Hofe Friedrichs verkehrenden Gelehrten die arabische Philosophie nahegebracht worden, die das Bindeglied zu der Philosophie des alten Griechenland darstellte, welche durch Übersetzungen und Kommentare zugänglich gemacht wurde. So wurde etwa Aristoteles übersetzt. Seine Metaphysik des Seienden wirkte wie ein Schutzwall gegen die Theologie, gegen ihre traditionsverhaftete, zum Teil rücksichtslose Machtpolitik. Sie spiegelte sich weiterhin in der gewohnten Lebensweise des Hofes wider, die sich in nichts von jener Zeit unterschied, da Friedrich selbst sie bestimmt hatte und wegen Epikureertums mit dem Bann belegt worden war. Das Leben bei Hofe wurde inspiriert durch Konkubinen und Troubadours, Narren und Weise, die jeder auf seine Weise ihren Beitrag leisteten. Sie bildeten eine bunte Schar, in der Manfred sich überaus ehrenhaft schlug.

Er gab sich «jeglicher Ausschweifung hin», weiß Giovanni Villani von ihm zu berichten. Und er war überaus großzügig, wenn es darum ging, jemandem seinen Schutz anzubieten, auch und gerade dann, wenn er sich auf der politischen Bühne bewegte. Da er stets aufs neue seine Großzügigkeit unter Beweis stellte, schaffte er sich manch einen Bundesgenossen.

Im Jahr seiner Krönung wurden die florentinischen Behörden wegen der Hinrichtung eines Geistlichen mit dem Bann belegt. Hier nun bot sich Manfred als Bundesgenosse an, wollte die Gelegenheit dazu nutzen, das guelfische Florenz zu einem Frontenwechsel zu veranlassen. Es gelang ihm zwar nicht, das Mißtrauen der Stadt zu überwinden, dennoch stieß sein Vorhaben nicht völlig ins Leere. Die Sienesen wurden vorstellig und nahmen das Angebot an. Und Siena war eine ghibellinische Stadt.

Ihr wandten sich nun die toskanischen Ghibellinen zu und schlossen sich, nachdem sie nun auf die Unterstützung Manfreds zählen konnten, zusammen, um die Herrschaft über die Toskana zu übernehmen. So kam es am 4. September des Jahres 1260 zur Schlacht bei Montaperti. Die Stadt Siena hatte alle Ghibellinen, einschließlich der florentinischen, aufgeboten; Florenz dagegen trat mit deren Kontrahenten, den Guelfen, zur Schlacht an. Die Ghibellinen trugen den Sieg davon. Über allen wehte siegreich das Banner Manfreds mit dem schwarzen Adler auf silbernem Grund. Praktisch die gesamte Toskana beschloß, sich seinen Fittichen anzuvertrauen.

Und nicht nur die Toskana. Der Adler hatte sich aufgemacht, die ganze Halbinsel zu durchqueren. Ihm wurde Freundschaft, Sympathie, Bündnisbereitschaft entgegengebracht. Man vermutete dahinter hochgesteckte Ambitionen, planvolles Vorgehen, das nicht allein darauf hinauslief, die Position des Königs von Sizilien zu festigen, sondern nach Möglichkeit seinen Einflußbereich auszudehnen. Und genau das war das Ziel: eine Politik auf nationaler Ebene zu betreiben, die Steinchen des Mosaiks wieder zusammenzufügen, in die das ganze Land zersplittert war, dieses Land, in dem Manfred sich mit der Gelassenheit, dem diplomatischen Geschick und dem unfehlbaren Erfolg des vom Glück Begünstigten bewegte.

Intelligenz, Bildung, das umsichtige Geschick des geborenen Unterhändlers und selbst die äußere Erscheinung, der Ruf, ein Bonvivant zu sein, der noch übertroffen wurde durch die Reputation eines Mannes, der notfalls sein eigenes Leben aufs Spiel setzte, ergaben das Bild eines Herrschers *par excellence*, wie man ihn nur selten antrifft.

Friedrich II. – das ließ sich daraus folgern – war also nicht seit über zehn Jahren tot und vergessen, sondern lebte fort in diesem seinem natürlichen Sohne. Zu diesem Schluß muß auch Papst Urban IV. gekommen sein, der 1261 den Stuhl Petri bestieg. Es galt folglich, ihm jemanden entgegenzustellen, der in der Lage war, das scheinbar Unmögliche zu wagen: Manfred von der italienischen Bühne zu eliminieren, und das nach dem grandiosen Sieg von Montaperti! Das ist ein Ding der Unmöglichkeit, nicht minder, als wolle sich einer den Mond vom Himmel holen, so lautete das Urteil Richards von Cornwall, des Bruders des englischen Monarchen, an den man die Frage herangetragen hatte, ob er nicht der Mann sei, diesen Versuch zu wagen.

Papst Urban, einem Franzosen aus der Champagne, blieb ebenso wie seinem Nachfolger Papst Clemens IV., gleichfalls Franzose, doch aus der Provence stammend, nichts anderes übrig, als im feindlichen Lager Verwirrung zu stiften, indem er über die ghibellinische Stadt Siena den Bann verhängte und alle Geistlichen von ihren Verbindlichkeiten gegenüber sienesischen Kreditgebern befreite. Das war nicht nur für die Banken, sondern auch für die Handelshäuser ein schwerer Schlag. Es kam zu einer Reihe von Ergebenheitsadressen der großen Bankiers gegenüber dem Papst, etwa seitens der Buonsignori und der Salimbeni, das reichte indessen noch nicht aus, um die Wirtschaftskrise abzuwenden. Der Bann lähmte weitgehend die Handelsaktivitäten. Es entstand bald eine Situation, die es den bedeutendsten ghibellinischen Familien geraten erscheinen ließ, die Stadt zu verlassen. Damit hatte Papst Urban einen gangbaren Weg zur Erreichung seines Zieles gefunden, den sich seine Nachfolger zum Vorbild nehmen sollten.

Wenn schon ein Engländer, nämlich besagter Richard, der Bruder Heinrichs III., einen Rückzieher gemacht hatte, statt gegen seinen staufischen Gegner anzutreten, so hieß das noch lange nicht, daß man es nicht auch auf einen Versuch mit einem Franzosen, zum Beispiel dem Bruder Ludwigs IX., hätte ankommen lassen können. Er sollte es denn auch sein, der die Waffen gegen Manfred erhob, der ihm jenes Sizilien zu entreißen suchte, das ja schließlich päpstliches Lehen war – eine Entscheidung, die Papst Clemens IV. traf, kaum daß er das Amt von Papst Urban übernommen hatte. Es trifft zwar zu, daß ausgerechnet der König von Frankreich Bedenken äußerte, ob das wohl der richtige Schritt sei, aber er galt als ein Heiliger, und immerhin besteht zwischen einem Heiligen und einem Papst ein himmelweiter Unterschied, vor allem wenn es sich um einen Papst handelt, dem es um die Wahrnehmung der materiellen Interessen der Kirche geht. So kam es also, daß die Truppen Karls von Anjou das Signal für ihren Einmarsch nach Italien erhielten.

Diese Nachricht war dazu angetan, die Moral der Guelfen wieder aufzurichten. Papst Clemens gestattete ihnen, um ihnen gleichsam einen offiziellen Status zu verleihen, sich mit seinem Wappen zu schmücken: der grünen Schlange in den Fängen eines roten Adlers auf weißem Grund. Doch nicht genug damit. Der Weg, den bereits der aus der Champagne stammenden Papst gewiesen hatte, wurde nun erneut von seinem provenzalischen Nachfolger aus Nîmes eingeschlagen. Papst Clemens also beschließt, einige toskanische Banken für den Italienzug Karls von Anjou einzuschalten, die das hierfür erforderliche Geld vorstrecken. Und Manfred, in berechtigter Sorge um den Ausgang dieser vom Großkapital geförderten Unternehmung, sieht dunkle Wolken am Horizont aufziehen.

Es bedarf keines besonders großen Scharfsinnes, um zu erkennen, daß der Augenblick gekommen ist, die allzeit gegen den Papst erhobenen Waffen zu strecken, sich zu ergeben. Aber Manfred muß auch erkennen, daß dies nichts bringt. Man schrieb das Jahr 1265. Und im Mai, als Karl von Anjou sich nach Rom einschiffte und das Gros des Heeres sich in Marsch setzte, um auf dem Landwege zu ihm zu stoßen, hoben zu Florenz die Glocken der Benediktinerabtei an, das Leben eines neuen Erdenbürgers einzuläuten, der in der Nachbarschaft von San Martino del Vescovo das Licht der Welt erblickt hatte.

Während die Kirche dem Haus der Alighieri die Rückseite zukehrte, wandte die Abtei ihm den Kreuzgang zu, der von der Straße über einige Stufen zu erreichen war. Schon seit Cacciaguidas Zeiten hatte die Abtei für Arbeitswie für Mußestunden den Rhythmus festgelegt. Noch immer bestimmte und gliederte sie den Tagesablauf der Florentiner, auch wenn sich seit jenen fernen Tagen vieles geändert hatte. Sogar die Bruderschaft, die ihr Kloster einst im Schatten der ersten Stadtmauer errichtet hatte, also am Rande der damaligen Ortschaft, sah sich nunmehr umgeben von Häusern, die sich diesseits und jenseits der Stadtmauern erhoben und ihrerseits inzwischen von einer neuen Verteidigungsanlage, dem zweiten Mauerring, eingefaßt wurden.

Und es waren nicht mehr allein die Glocken der Abtei, die den Rhythmus der Stadt bestimmten. Seit einer Reihe von Jahren schon war der Turm des *Palazzo del Podestà* zu ihnen in Konkurrenz getreten. Florenz etablierte sich, stand im Begriff, seine endgültige Gestalt anzunehmen. Dieser Bau zeigte an, daß der Regent der Kommune erstmals über einen festen Amtssitz verfügte, während die Magistrate ihre Versammlungen «bald in dem einen, bald in einem anderen Stadtteil» hatten abhalten müssen.

3

Die Häuser der Stadt drängten sich also innerhalb der zweiten Stadtmauer, welche jetzt auch die Vorstädte in sich einschloß, die im Laufe der Zeit entlang der Landstraßen entstanden waren. Durch die Erweiterung der Befestigungsanlagen in Richtung Umland war das Stadtgebiet um das Dreifache angewachsen und umfaßte nun - den mitten durch die Stadt fließenden Arno nicht mitgerechnet – rund achtzig Hektar. Die unzähligen Türme, die sich allenthalben erhoben, verliehen der Stadt vor dem Hintergrund der sanften Hügellandschaft ein martialisches Aussehen.

Die Einbeziehung der Häuser jenseits des Arno hatte es möglich gemacht, den Fluß für den Handel der Stadt nutzbar zu machen. Hin und wieder überflutete er zwar die Straßen und setzte die Wohnungen unter Wasser, ja es kam sogar vor, daß er dermaßen anschwoll, daß seine Wassermassen in Ufernähe stehende Häuser mit sich hinwegrissen; doch solange er nicht über seine Ufer trat, galt es lediglich, im Herbst und im Frühjahr seinen tosenden Lauf zu bändigen, während er sich im Sommer auf ein träge dahinfließendes Rinnsal reduzierte. Die Untiefen im Mündungsbereich und sonstige Hindernisse bereiteten der Binnenschiffahrt zwar Probleme, doch dessenungeachtet spielte der Narr eine wichtige Rolle als Wasserstraße nach Pisa und zum Mittelmeer sowie zu dem zum Apennin hin gelegenen Hinterland.

Der Fluß diente also dem Handel, vor allem aber stellte

er der Textilindustrie, die für das wirtschaftliche Wohlergehen der Stadt eine zentrale Rolle spielte, die erforderliche Wassermenge zur Verfügung. Bis 1218 hatte nur eine Brücke, der *Ponte Vecchio,* die beiden Ufer miteinander verbunden. Nun entstanden neue Brücken: der auf steinernen Brückenpfeilern in Holzkonstruktion errichtete *Ponte Nuovo* (später *Ponte alla Carraia* genannt, da er mit Fuhrwerken befahren werden konnte) und der *Ponte alle Grazie,* der sich in neun Brückenbögen über den Fluß spannte. Anfang der fünfziger Jahre des 13. Jahrhunderts kam dann noch eine vierte Brücke bei Santa Trinita hinzu. Das im Schutze der Stadtmauern gelegene Stadtgebiet war in Stadtviertel, oder genauer gesagt in «Stadtsechstel», in *Sestieri,* aufgeteilt worden, die jeweils für einen außerhalb der Stadtmauer gelegenen Bezirk verantwortlich waren.

So waren die Geschicke des *Contado,* des Umlandes, in politischer wie in administrativer Hinsicht eng mit denen der mauerumgürteten Stadt verknüpft. Das *Contado* umfaßte ein zwischen Empoli und Prato im Westen und jenseits der Flüsse Arno und Sieve sich erstreckendes Gebiet. Die Bauern, die in die Stadt übersiedelten, wurden jeweils von dem für sie zuständigen Stadtviertel aufgenommen, das gegenüber dem betreffenden Bezirk besondere Vorrechte und dementsprechend auch Pflichten hatte. Jedes Viertel besaß auch ein eigenes Gericht und eigene Kirchen. Jedes dieser *Sestieri* bildete innerhalb der Stadt gleichsam eine Stadt im kleinen, die sich ihrerseits in *Popoli* gliederte.

Den Kirchen kamen auch Funktionen als öffentliche Gebäude des Gemeinwesens zu. In ihnen versammelte sich die Bürgerschaft bei besonderen Anlässen oder auch zur Erörterung gemeinsamer Probleme. Die Kirche kümmerte sich also auch um weltliche Angelegenheiten – so betrieb sie etwa Hospitäler und andere soziale Einrichtungen – und spielte auf diesem Gebiet eine wohl nicht minder bedeutende Rolle als auf dem Gebiet der Seelsorge. Von den Bettelorden wurde eine Entwicklung in Gang gesetzt und gefördert, bei der alles, «was der Seele frommte» und das «Ansehen der Stadt» mehrte, zumindest der Intention nach, Hand in Hand miteinander gehen sollte. Waren es nicht beispielsweise die Klosterbrüder eines benediktinischen Männerordens gewesen, die Humiliaten, die im Jahre 1206 ihre Stoffherstellungs- und Färbeverfahren aus der Lombardei mitgebracht hatten?

Nun bildeten Franziskaner, Dominikaner, Augustiner, Serviten, Karmeliter ein regelrechtes kuttentragendes Heer, das mit dem Bau neuer Klöster in erheblichem Umfang dazu beitrug, das Gesicht der Stadt zu verändern. Die von ihnen errichteten Klöster sollten im Laufe der Zeit teils wieder verschwinden, teils umgebaut und teils neugegründet werden: etwa Santa Maria Novella, Santa Croce, Santissima Annunziata, Santo Spirito. Die unterschiedliche Haltung in Fragen des rechten Glaubens spiegelte sich in einer unterschiedlichen Haltung gegenüber dem Gemeinwesen wieder. Die Dominikaner von Santa Maria Novella waren in theologischen Fragen orthodox und politisch konservativ, während die Franziskaner von Santa Croce weniger konsequent vorgingen und eher geneigt schienen, sich in ihrem Handeln von Gefühlen leiten als von Dogmen einengen zu lassen. Zwischen diesen beiden Extremen waren, mit jeweils unterschiedlicher Ausprägung, die übrigen Orden anzusiedeln.

Doch nicht nur dem Wirken der Mönche war es zuzuschreiben, daß sich das Stadtbild ständig wandelte, sondern vor allem dem Einfluß der Kaufleute. Keine andere Gesellschaftsschicht hat ein derart ausgeprägtes Bedürfnis, sich zur Schau zu stellen, wie das bei den Neureichen der Fall ist. So zeugten die neuen Prachtbauten mit ihren Fassaden aus Buckelquadern von dem Wohlstand, den ihre hochmögenden Besitzer erlangt hatten, und ihre großzügige Ausgestaltung – mit Läden im Erdgeschoß, einem Innenhof, dem Waffensaal, mit all den übrigen Räumen in der Beletage, mit den Dienstbotenkammern ganz oben und den Abstellräumen hinter der Loggia unter dem Dach – ließ erkennen, daß der Reichtum zum Maß aller Dinge geworden war. Dies führte dazu, daß die unzähligen kleinen Elendsbehausungen (jene *domuncolae* mit ihrer wegen der Brandgefahr separat untergebrachten Küche), in denen das einfache Volk lebte, aber auch die weniger elenden Häuser der Maurermeister, Krämer und sonstigen Angehörigen der mittleren Stände immer weiter zurückgedrängt wurden.

Die gute Geschäftsentwicklung beschleunigte die Veränderungen und verwandelte viele Straßen in Baustellen. Der Goldgulden kam auf. Siebzehn Jahre nach dem 1235 geprägten Silbergulden war die neue Münze, die auf der einen Seite die florentinische Lilie trug und auf der anderen eine Abbildung von Johannes dem Täufer, der als Schutzpatron der Stadt verehrt wurde, bereits internationales Zahlungsmittel geworden. Es handelte sich dabei um die erste stabile Währungseinheit. Etwa um die gleiche Zeit kam eine Neuerung auf, die eine Revolutionierung des Handels bewirkte: das Kreditwesen, das mit der Einführung des Kreditbriefes alsbald noch weiter ausgebaut werden sollte. Die florentinischen Bankiers erlangten in ganz Europa eine führende Stellung. Schaut man sich ihre Namen an, so finden sich zahlreiche Adlige darunter.

Nicht alle der namhaften florentinischen Familien ließen sich auf derartige Geschäfte ein. Manche Namen tauchen indessen immer wieder auf, sei es, weil es der betreffenden Familie gelungen war, sich nach einer kritischen

Phase wieder gesundzustoßen, sei es, weil sie zu jenen Neureichen zählte, denen der soziale Aufstieg gelungen war und die dadurch den ersteren ebenbürtig geworden waren. Die alteingesessenen wie auch die neuen Aristokraten schlossen sich zu *Consorterie* zusammen, zu Gruppierungen, die sich aus zwei bis drei oder auch noch mehr Familien zusammensetzten, die jeweils einen Turm gemeinsam unterhielten. Damit leisteten sie einerseits einen Beitrag zur Verteidigung der Stadt mit ihren an die dreihundert Türmen, andererseits jedoch stellte dies natürlich vor allem eine Prestigefrage dar.

Jeder Turm wurde nach der innerhalb der jeweiligen *Consorteria* dominierenden Familie benannt, zumeist hatte er jedoch daneben noch einen Beinamen. Er diente in Zeiten der Gefahr als Zufluchtsstätte für die betreffenden Familien, die sich in ihm wohnlich einrichteten. Je nachdem, ob die Türme guelfisch oder ghibellinisch gesinnten Familien gehörten, hatten sie Rechteck- oder Schwalbenschwanzzinnen. Sie erhoben sich unmittelbar neben dem jeweiligen Haus beziehungsweise den Häusern, so daß sich deren Bewohner im Notfall dorthin zurückziehen konnten. Es gab eine Reihe von Schießscharten in unterschiedlicher Höhe, durch welche auf eventuelle Angreifer Steine geworfen oder Pfeile abgeschossen werden konnten.

Keineswegs immer oder gar ausschließlich ging es darum, sich vor äußeren Feinden zu schützen, vor den Heeren anderer Städte oder fremder Staaten. Häufiger noch galt es, sich gegen die Feinde innerhalb der Stadtmauern zu behaupten. Siegten etwa die Guelfen, wurden die Häuser der Ghibellinen verwüstet und ihre Türme zum Teil abgetragen; siegten dagegen die Ghibellinen, so zahlten sie ihren Gegnern mit gleicher Münze heim. Es konnte aber auch vorkommen, daß die kommunalen Behörden Eingriffe in das Stadtbild veranlaßten, zum Beispiel gegen Mitte des 13. Jahrhunderts. Damals wurde angeordnet, einige Türme zu schleifen und bei anderen die Höhe auf maximal fünfzig Ellen, also auf nicht ganz dreißig Meter zu reduzieren. Bis dahin hatte es viele Türme gegeben, die zwischen sechzig und hundertzwanzig Ellen hoch waren, manche sogar noch höher. Villani erwähnt im Zusammenhang mit dem Haus der Tosinghi am Alten Markt einen Turm von fünfundsiebzig Ellen.

Das Gebäude, neben dem dieser überdimensionale Finger gen Himmel ragte, hatte eine fünfzig Meter hohe, mit kleinen Marmorsäulen verzierte Fassade. «Il Palazzo» wurde er schlicht und einfach von den Florentinern genannt. Damit war erstmals ein Haus zu einem Orientierungspunkt für die Stadt geworden: wenn von ihm die Rede war, wußte jeder sofort Bescheid. Im Jahre 1248 wurde es allerdings zusammen mit weiteren fünfunddreißig befestigten und mit einem Turm versehenen Anwesen guelfischer Familien zerstört.

So machte der Parteienhader zunichte, was der Reichtum erschaffen hatte. Ein ständiges Niederreißen und Wiederaufbauen – nicht zuletzt aber auch deshalb, weil die Bevölkerung stark zugenommen hatte: lag die Einwohnerzahl zu Beginn des Jahrhunderts noch bei fünfzigtausend, so zählte man bereits fünfundsiebzigtausend, als Dante in dieser Stadt seine ersten Gehversuche unternahm.

Am Karsamstag 1266 wurde er zum Taufbecken geleitet. Getauft wurde jedes Jahr am Samstag vor Ostern. Die Florentiner kamen zum Platz am Baptisterium geströmt. Durch das Hauptportal betraten sie das Baptisterium, um es dann durch eines der beiden Seitenportale wieder zu verlassen. Sie nahmen diesen Akt der Aufnahme in die christliche Gemeinschaft zum Anlaß für ein geräuschvolles Fest, für das die eindrucksvollen Mosaikdarstellungen des Franziskanermönches Jacopo in ihrer strengen byzantinischen Anmut einen würdigen Rahmen bildeten.

Diese Mosaiken zierten die Wände der Apsis, jenes relativ neuen Teils des Achteckbaus, der vor wenig mehr als sechzig Jahren angebaut worden war. Der Rest stammte aus dunkler Vorzeit – weiß der Himmel, wann der Bau errichtet wurde, welches seine ursprüngliche Bestimmung war. Vielleicht hatte er als heidnischer Tempel gedient, bevor die Florentiner beschlossen, dieses Relikt vergangener Tage, das adligen Familien als Grablege gedient hatte, neu mit Marmor und Sandstein zu verkleiden.

Sie hatten das Baptisterium neu konzipiert, restauriert, verschönert, Arkaden und einen Umgang eingebaut und es als Dom genutzt, bis es sich schließlich für die expandierende Stadt als zu klein erwies und man auf Santa Reparata hatte ausweichen müssen. Dennoch wurde am Baptisterium ständig weitergearbeitet, einzelne Teile wurden entfernt, um- oder angebaut. Selbst am Tage der Taufe Dantes zeigte das Baptisterium noch Spuren all jener Anstrengungen, deren es bedurft hatte, um ihm seine gravitätische Harmonie zu verleihen; teilweise waren die Arbeiten sogar noch im Gange.

Schon seit der dritten Woche der Fastenzeit hatte man damit begonnen, die Namen der Täuflinge und ihrer Paten zu erfassen und aufzulisten. Nun also rief der die Taufe zelebrierende Priester sie nacheinander mit lauter Stimme auf, um sich bei der lärmenden Menge Gehör zu verschaffen, die sich jenseits der Einfassung des Taufbeckens drängte, freudig erregt, daß ihre Sprößlinge in die Gemeinschaft der Gläubigen aufgenommen wurden.

Nicht selten kam es bei dem Gedränge um das von einer

kunstvoll behauenen Marmorbalustrade umgebenen Taufbecken zu ernsten Zwischenfällen. Dante selbst sollte eines Tages, als er an einem dieser Karsamstage im Baptisterium eine Taufe miterlebte, einem Kind zu Hilfe eilen, das in einem der Brunnenlöcher zu ertrinken drohte. Es handelte sich um Antonio di Baldinaccio dei Cavicciuoli. Doch heute ging es nicht um Antonio di Baldinaccio, sondern um ihn selbst, den kleinen Durante. Zum Glück war er gut aufgehoben in den schützenden Armen seiner Mutter Bella, neben ihr der Vater und die übrigen Familienangehörigen, während droben in der Kuppel die grauenerregenden Szenen der Hölle, die einen wesentlichen Teil des Jüngsten Gerichts ausmachten, mit all den in ihnen dargestellten Verdammten und den diversen Höllenqualen wie eine düstere Mahnung wirkten für das, was die Täuflinge am anderen Ende ihres Weges erwarten mochte.

Wem war denn nun die Ausgestaltung dieser Hölle mit ihren Verdammten, wem waren diese himmlischen Heerscharen, zu denen die Auserwählten eingingen, eigentlich zu verdanken? Coppo di Marcovaldo, in erster Linie. Jener berühmte Coppo, den die Sienesen bei Montaperti gefangengenommen hatten und der ihnen für die Kirche Santa Maria dei Servi zu Siena eine thronende Madonna gemalt hatte.

Der Priester hinter der mit Marmorrosetten und schwarz-weißen geometrischen Mosaikmustern verzierten Balustrade ruft Dante beim Namen, nachdem er zuvor seinen Paten aufgerufen hat. Der Taufakt beginnt.

Eine Hand wirft eine schwarze Bohne auf ein Silbertablett. Auf diese Weise ließ sich in der Hektik des Geschehens schnell und einfach feststellen, wie viele Knaben und wie viele Mädchen jeweils getauft wurden. Schwarze Bohnen für die einen, weiße für die anderen. Die schwarze Bohne für Durante – mit der Kirche und Staat diesen neuen Gast in ihrer Mitte registrierten – fiel zu den anderen Bohnen auf dem Tablett. Dann galt es, sich einen Weg durch die Menge zu bahnen, um zu einem der Ausgänge zu gelangen, die auf die Piazza führten.

Dieser Platz lag den Florentinern besonders am Herzen. Seit Ende des vorangegangenen Jahrhunderts, als die Umgestaltung des Baptisteriums in Angriff genommen worden war, hatten sie ihn zum Mittelpunkt ihres Gemeinwesens gemacht. An diesem Platz lag auch die Kathedrale Santa Reparata. Der sechsundsechzig Meter lange Bau endete in einem erhöhten Chor, der mit seinen Balustraden, den Kanzeln und dem ganzen Formenreichtum der Romanik den goldverzierten, lichtüberfluteten Hochaltar umgab. Und zwischen der Kathedrale und dem Baptisterium befand sich ein Heim für Arme und Pilger, das Hospiz San Giovanni Evangelista, an dessen Seiten sich die Häuser derart drängten, daß kaum Luft zum Atmen blieb. Dies alles, so muß man sich vorstellen, hatten also die Alighieri, ihre Freunde und Verwandten vor Augen.

Sie sind aus dem Baptisterium herausgetreten, in Gewänder gehüllt, die bei den nicht mehr ganz jungen Frauen bis zu den Füßen reichen und sie etwas unförmig erscheinen lassen, während sie den Männern ein gestrenges Aussehen verleihen, obgleich sie bei ihnen nicht ganz so lang sind, oft nur bis knapp über das Knie reichen und vorne offen stehen. Die Taufgäste überqueren den Platz und gehen durch das Gewirr der Gäßchen heimwärts.

Sie kommen an dem Palazzo vorbei, den einst Gualdrada di Bellincione Berti ihrem Grafen Guido als Mitgift in die Ehe eingebracht hat. Kurz darauf bleiben sie am *Geniculum* stehen, dessen Name auf einen Kniefall des Heiligen Zenobis zurückgeht, des ersten Bischofs von Florenz, der auf diese Weise ein Wunder bewirkt hat. Angesichts der tiefen Verzweiflung einer Mutter über den Tod ihres

Sohnes hatte sich der Bischof niedergekniet, ihr den toten Sohn in die Arme gelegt und ihn damit zum Leben erweckt. An der Stelle, wo dieses Wunder geschehen war, wurde es Brauch, in Andacht zu verweilen. Nicht von ungefähr ließen die Bischöfe bei ihrem Einzug in Florenz den Festzug dorthin ziehen, um im Gebet zu verweilen.

Auch die nun nach San Martino del Vescovo Heimkehrenden werden wohl der frommen Pflicht Genüge getan haben: eine rasche Lippenbewegung, ein Amen, eine Bekreuzigung. Der kleine Durante auf Bellas Armen dürfte noch nichts begriffen haben: er ist noch kein Jahr alt. Vorerst hat er alles, was er braucht: fest in den Arm genommen zu werden. Er erfreut sich sogar eines «recht wohlwollenden Geschickes, wohlwollend jedenfalls gemessen an den Zeitläuften». So Boccaccio, der Beruhigendes zu berichten weiß über eine Kindheit Durantes, die von liebevoller Zuwendung gekennzeichnet und nicht durch irgendwelche besonderen Vorkommnisse belastet war; und das, obgleich bereits an jenem Karsamstag die mit ihren Türmen wie hellebardenbewehrte Ritter trutzig dastehenden Palazzi zwei unterschiedliche Gesichter aufwiesen.

Die einen, deren Türme mit Schwalbenschwanzzinnen versehen waren, blickten finster drein, während die anderen, die sich mit ihren Rechteckzinnen als der Guelfenpartei zugehörig auswiesen, eher heiter wirkten. Doch das Glücksrad der politischen Vorherrschaft drehte sich weiter. Just in diesen ersten Monaten des Jahres 1266 war es nämlich zu Ereignissen gekommen, die für die Stadt einschneidende Veränderungen mit sich brachten.

Doch auch das Glück legt hin und wieder eine Pause ein. Wer weiß, wie sich die Worte Boccaccios vereinbaren lassen mit einem schweren Schlag, den es in Durantes Kindheit gleichfalls gegeben hat: dem Tod der Mutter.

Im Hinblick auf die «Zeitläufte» mußte man sich auf einiges gefaßt machen, wenn ausgerechnet das Jahr der Taufe im Zeichen des Krieges begonnen hatte: Am 2. Januar war Karl von Anjou in Rom zu seinen Truppen gestoßen und vier Tage später zum König von Sizilien gekrönt worden. Eine Krone jedoch trug auch Manfred: einer von beiden mußte also weichen. Dies jedenfalls erklärte Karl beim Empfang der Abgesandten Manfreds, denen er zu verstehen gab, daß er nur eine Alternative sähe: entweder werde er Manfred zur Hölle jagen, oder aber von ihm ins Paradies befördert. Daß nämlich, wie immer die Sache auch ausgehen mochte, er selbst, Karl, im Paradies landen würde, daran gab es für ihn nicht den geringsten Zweifel – kämpfte er doch auf der Seite des Papstes.

Papst Clemens IV. hatte für dieses Unterfangen sämtliche Einkünfte bereitgestellt, die sich innerhalb von drei Jahren aus dem Zehnten aller kirchlichen Pfründe in Frankreich ergaben, zusätzlich zu den von den toskanischen Banken vorgestreckten Geldern. Diese hatten sich von einem Erfolg des angiovinischen Heeres Vorteile versprochen, wenn sie für sich in Anspruch nehmen könnten, zum Siege beigetragen zu haben. Und vor allem diejenigen unter ihnen, die in der Verbannung lebten, sahen darin eine Möglichkeit, ihre Heimkehr zu betreiben. Ob Bankier oder nicht, die Guelfen stellten sich als Reservetruppe zur Verfügung: vierhundert Ritter konnten sie den Franzosen als Verstärkung entsenden. Am 26. Februar, in der Nähe von Benevent, war es dann soweit. Die Heerscharen Karls waren zum Kreuzzug angetreten, der vom päpstlichen Legaten, dem Bischof von Cosenza, ausgerufen worden war.

Der Weg war ihnen geebnet worden durch den Verrat einiger Gefolgsleute Manfreds, der schon zu Beginn der entscheidenden Schlacht erkennen mußte, daß deren Ausgang aufgrund des Einsatzes neuartiger Waffen bereits feststand: Während seine eigenen Soldaten nach wie vor mit Hiebwaffen kämpften, waren die angiovinischen diesmal mit Stoßwaffen ausgerüstet. Die französische Reiterei hatte durch den Einsatz langer Piken eine wesentlich günstigere Ausgangssituation als die Gegenseite, die dadurch beträchtlich an Schlagkraft einbüßte und empfindliche Verluste hinnehmen mußte, noch ehe sie direkt mit dem Feind in Berührung gekommen war.

Karls Plan sah nämlich vor, Zweikämpfen von Mann zu Mann aus dem Wege zu gehen und statt dessen eine geschlossene Front aus geharnischten Kriegern und ebenfalls geharnischten Pferden zu bilden, von denen die gegnerischen Truppen auf die Distanz einer Pike gehalten werden sollten. Den Rest sollten dann die Fußtruppen erledigen, die in die Reihen Manfreds vorstoßen und dort von unten her zuschlagen sollten, indem sie den Pferden den Bauch aufschlitzten.

Das war ein raffinierter Plan, der freilich die Grenzen dessen überschritt, was nach den Regeln der Ritterlichkeit statthaft war – im Grunde genommen ein überaus arglistiger Plan. Die in Karls Diensten stehenden Edelleute waren denn auch nicht damit einverstanden, mußten allerdings letzten Endes nachgeben. In der Tat handelte es sich bei dieser Aufstellung in Igelformation, bei der man sich vor dem Zweikampf von Angesicht zu Angesicht drückte, um einen Verrat am Ideal der ritterlichen Ehre; besonders verwerflich war es jedoch, die eigenen Leute den gegnerischen Pferden zwischen die Beine zu jagen.

Was aber konnte man angesichts eines Gegners tun, der auf derartig hinterhältige Methoden verfiel? Nun, da hatte es gar keinen Sinn mehr, weiterhin sein Leben aufs Spiel zu setzen, sich einfach abstechen zu lassen. Sehr viele unter den Gefolgsleuten Manfreds aus Unteritalien kamen zu diesem Schluß und suchten das Weite. Damit war für Manfred die Niederlage unabwendbar geworden. Auch ihm blieb keine andere Wahl, als die Flucht zu ergreifen oder sein Leben in die Waagschale zu werfen. Er kämpfte, bis ihn seine Kräfte verließen, schwang in wilder Entschlossenheit sein Schwert, stieß wahllos zu. Doch schließlich schloß sich der Harnischring der Franzosen um ihn. Er fiel und wurde unter anderen gefallenen Rittern begraben. Nur mit Mühe fand man ihn später unter all den anderen Gefallenen.

Aber er war zu wichtig, als daß man ihn der Anonymität eines mit toten Leibern bedeckten Schlachtfeldes hätte anheimfallen lassen können. Die Franzosen suchten ihn also, fanden ihn schließlich, banden ihn auf einen Esel und gaben ihn, indem sie ihn so umherführten, dem allgemeinen Hohn und Spott preis. Sie führten ihn auch ihren Gefangenen vor, die ihn bäuchlings über dem Esel liegen sehen und somit erkennen sollten, was aus ihrem ghibellinischen Traum geworden war. Dann heckten sie sich eine merkwürdige Art der Bestattung für ihn aus und schritten auch sogleich zur Tat: wer immer sich die Gaudi der Bestattung eines Königs nicht entgehen lassen wollte, warf einen Stein auf ihn, bis sich schließlich ein großer Steinhaufen über dem Leichnam türmte.

Das also war sein gräßliches, ruhmloses Ende ... Nicht ganz: Papst Clemens IV. gab sich damit noch nicht zufrieden. Er befahl seinem Legaten, Manfred unter dem Steinhaufen hervorzuholen, da es ihm selbst nach seinem Tode noch klarzumachen gelte, daß dieses Land der Kirche gehöre, ihr Lehen sei und ihm daher nicht zustehe. Es hatte ihm als Königreich nicht zugestanden, und die wenigen Quadratmeter für ein Grab sollten ihm ebenfalls nicht zustehen. Der Leichnam wurde jenseits der Grenzen des Königreichs geschafft.

So sollte es auch Dante berichten, der sich ausmalt, Manfred im *Antipurgatorio* zu treffen, am Gestade der im Kirchenbanne Gestorbenen, die sich jedoch durch ihre Reue mit Gott ausgesöhnt haben. Deutlich sichtbar sind die Lanzenstiche auf Stirn und Brust, die ihm den Tod gebracht haben. Doch eine ganz andere und sehr viel schwieriger zu bewerkstelligende Aussöhnung sollte diesen tödlichen Wunden und dem Ausgang der Schlacht folgen. Zu dieser Aussöhnung hatte der Papst die in Florenz herrschenden Ghibellinen aufgefordert. Auf sein Geheiß mußten sie mit den guelfischen Verbannten zu einer Vereinbarung kommen; zuvor jedoch hatten sie ihm als Akt der Unterwerfung und als Garantie für ihre Loyalität gegenüber dem Heiligen Stuhl das Vermögen der sechzig reichsten Kaufleute der Stadt zu übereignen.

Da konnte man nicht lange fackeln oder über die Bedingungen feilschen. Mit einem Sieger feilscht man nicht. Nachdem Kardinal Ottaviano degli Ubaldini Karl von Anjou nach dessen Investitur bis an die Grenzen jenes Königreiches begleitet hatte, das er Manfred streitig gemacht hatte, kam er nun nach Florenz, um sich zu vergewissern, daß die Ordnung auch tatsächlich wiederhergestellt war. Daraufhin hob er das Interdikt wieder auf, das über die Stadt verhängt worden war, nachdem sie in die Hand der Ghibellinen gefallen war.

Ordnung herrschte jedoch nur scheinbar. Einerseits hatten sich die Ghibellinen ein Kontingent von tausendsechshundert Deutschen vorbehalten, unter deren Schutz sie weiterhin das Regiment führten; andererseits machten sich die Guelfen, die auf seiten des Papstes den Sieg bei Benevent davongetragen hatten, in der Stadt immer mehr breit und führten sich wie die Sieger auf.

Dieser Zustand konnte natürlich nicht von langer

Dauer sein. Und schließlich lag es ja auch auf der Hand, daß im Zuge des Parteienkampfes die Niederlage der einen Gruppierung zwangsläufig die Rückkehr der gegnerischen Gruppierung an die Macht zur Folge hatte. Wenn sich unter dem Gewicht der wechselvollen politischen Geschicke die eine Waagschale senkte, so hob sich die andere. Ein labiles Gleichgewicht ließ sich auf Dauer nicht aufrechterhalten, allenfalls so lange, bis sich die Unhaltbarkeit einer solchen Situation gezeigt hatte, die unweigerlich mit einem jähen Sturz enden mußte – es sei denn, ein derart labiles Gleichgewicht werde künstlich aufrechterhalten: zwar ohne irgendwelche Illusionen, daß es Bestand haben könne, aber immerhin in der Hoffnung, daß sich in der Zwischenzeit der Horizont aufhellen, daß die Spannungen nachlassen könnten. Das war es, was Papst Clemens IV. im Sinne hatte, als er die beiden bolognesischen Ordensbrüder Loderingo degli Andalò und Catalano dei Catalani, die dem Ritterorden der *Vergine gloriosa* angehörten, als «Rektoren der Stadt Florenz namens des Herrn Papstes» einsetzte.

Es handelte sich dabei um einen Laienorden, der in der Absicht gegründet worden war, zwischen den Städten und zwischen den rivalisierenden Familien den Frieden wiederherzustellen. Er war auch unter dem Namen «Orden der glorreichen und lustigen Brüder» bekannt. Doch sie haben ihre Probe nicht gut bestanden, diese beiden Repräsentanten des Ordens. Im übrigen hätte es einiger Friedensstifter von ganz anderem Format bedurft angesichts der in Florenz herrschenden Situation, wo soeben der ghibellinische *Podestà* Graf Guido Novello mit einem Steinhagel bis vor die Tore der Stadt gejagt wurde. Dante sollte diese beiden, Loderingo und Catalano, in die Hölle versetzen, und zwar in die Bolge der Heuchler, wo sie für ihr Zaudern und ihren Wankelmut unter einer bleiernen Kutte büßen mußten, die so schwer war, daß sie unter ihrer Last stöhnten und ächzten. Das mag vielleicht eine etwas zu harte Strafe gewesen sein für jemanden, der sich mit einer Situation konfrontiert sah, die seine Fähigkeiten bei weitem überstieg. Und dies um so mehr, als zwischen Guelfen und Ghibellinen das florentinische Bürgertum getreten war, das einen Versuch unternommen hatte, die beiden Parteien gegeneinander auszuspielen.

Angestachelt von der Handwerkerschaft, hatte das Bürgertum im April die Situation zu seinen Gunsten auszunutzen versucht, die dadurch entstanden war, daß im Anschluß an die Schlacht bei Benevent einerseits unter den Ghibellinen eine heillose Verwirrung herrschte und andererseits die Guelfen noch nicht wieder die Oberhand hatten gewinnen können, da sich ihre Führer noch im Exil befanden. Ihr Ziel war es, die Vorherrschaft über die Zünfte zu erlangen. Diesem Versuch war zwar kein unmittelbarer Erfolg beschieden, aber er stieß auch nicht völlig ins Leere. Er stellte den Auftakt für eine regelrechte Massenerhebung, einen Volksaufstand dar, zu dem es nur wenige Monate später, im November, kommen sollte, als nämlich die deutschen Söldner die Stadt verlassen mußten und die Ghibellinen, ihres Schutzes beraubt, sich gezwungen sahen, das Regiment abzugeben.

Daraufhin kam es zur Einrichtung einer Institution, die mit einem *Capitano del popolo*, dem sogenannten Volkskapitan, an der Aufrechterhaltung des Friedens in der Stadt mitwirken sollte. Doch unterdessen war eine neue Situation eingetreten, die schließlich dazu führte, daß die Wachablösung nicht, wie üblich, in der Erwartung erfolgte, bald wieder in den Sattel steigen zu können. Das pflegt das Ende vom Lied zu sein, wenn von zwei Kräften, die sich in der Ausübung der Macht abwechseln, die eine nicht mehr mit der anderen Schritt halten kann, nicht mehr deren Elan besitzt und daher in eine zaudernde Haltung verfällt.

So stellten sich bei den Ghibellinen bereits unverkennbare Anzeichen dafür ein, daß sie künftig nur noch die zweite Geige für die Geschicke der Stadt Florenz spielen sollten, dieser Stadt also, in der französische Truppen an die Stelle der deutschen Söldner getreten waren und der Papst, der einer Herrschaft der Popolanen argwöhnisch gegenüberstand, Karl von Anjou zum obersten Friedensstifter ernannt hatte.

Der obligate Schwanengesang konnte natürlich nicht ausbleiben. Für die Ghibellinen war dies, noch bevor sie sich in ihre neue Rolle geschickt hatten, der Italienzug Konradins von Staufen, der in Begleitung der Elite des deutschen Adels nach Italien zog, um den von seinem Oheim Manfred erst usurpierten und dann verwirkten Thronanspruch erneut geltend zu machen. Ihm folgten viertausend Ritter und einige Tausend Mann Fußvolk, zu denen dann noch die toskanischen Ghibellinen stießen. Der Abgesang verhallte im August 1268 irgendwo in den abruzzischen Bergen bei Tagliacozzo in der Nähe des Fucinosees, wo der letzte Staufer geschlagen wurde. Er war noch ein Jüngling, kaum sechzehn Jahre alt. Doch das war nicht dazu angetan, das Mitleid Karls zu wecken, der nicht zu jenen zählte, die sich so leicht hätten erweichen lassen.

Über dessen Machenschaften wurde viel gemunkelt. Durch seine Gemahlin Beatrice, die er mit Gewalt und Arglist dem Grafen Raimund von Toulouse, dem sie versprochen war, abspenstig gemacht hatte, war er in den Besitz der Grafschaft Provence gekommen. Von dort aus hatte er dann sein Herrschaftsgebiet in Richtung Piemont und Ligurien ausgedehnt. Schließlich bot Papst Clemens IV. ihm die Krone Manfreds an und veranlaßte ihn zu einem Unternehmen, zu dem ihn auch die ehrgeizige Beatrice anstachelte. Gemeinsam hielten sie mit ihrem Gefolge in goldenen Kutschen Einzug in Neapel und erwarteten von der Bevölkerung nicht nur die einem Sieger zustehenden Hochrufe, sondern auch die einem Befreier gebührende Dankbarkeit. Und die Bevölkerung, die sich kaum der Mühe unterzieht, zwischen einem Eroberer und einem Befreier zu unterscheiden, da sie genau weiß, daß es im Grunde keinen Unterschied macht und daß es gar keinen Sinn hat, sich darüber zu streiten, wer denn nun eigentlich gesiegt hat, die Bevölkerung also ließ es sich nicht nehmen, auf die Straßen zu strömen und dem vorüberziehenden Triumphzug zuzujubeln.

Nun kam also, zwei Jahre danach, Konradin. Karl hatte beschlossen, ihn öffentlich enthaupten zu lassen. Dem ghibellinischen Adler sollten ein für allemal die Flügel gestutzt werden. Er muß jedoch in seiner Umgebung die feindselige Stimmung gespürt haben, die angesichts der geplanten Hinrichtung dieses Jünglings aufkam. Er suchte nämlich seine Entscheidung mit der Forderung nach Recht und Gerechtigkeit zu bemänteln. Er berief ein Tribunal ein, wobei er sich die Rolle des Anklägers vorbehielt. Seine Argumentation wurde jedoch von einem namhaften Juristen namens Guido di Suzzara widerlegt, der zu den Richtern zählte. Von diesen sprach sich nur einer, der ebenfalls aus der Provence stammte, gegen Konradin aus. Die anderen wagten weder die Auffassung Guidos noch die des Provenzalen zu bekräftigen.

Ihr Schweigen muß von Karl wohl als hinlänglich für eine Verurteilung erachtet worden sein. Und so wurde das Urteil, das vom Pronotar des Königreiches, Robert von Bari, verkündet worden war, dem schachspielend im Kerker sitzenden Jüngling übermittelt. Man führte ihn auf den Marktplatz, auf dem sich bereits die Menge drängte und der König, umgeben von seinen Würdenträgern, seiner harrte. Dieses Mal war es der provenzalische Richter, der vor Konradin trat, um ihm das Urteil zu verlesen, doch kaum hatte er geendet, wurde er von Robert von Flandern, Karls Schwiegersohn, niedergemacht. Robert hatte es sich nicht nehmen lassen, den zu bestrafen, der den obersten Repräsentanten des Adels zum Tode verurteilt hatte. Der König wandte den Blick ab und schaute Konradin nach, wie er zum Scharfrichter schritt.

Die Menge verfolgte jeden Schritt des Jünglings und ließ ihn nicht aus den Augen, während er seinen Umhang ablegte, einen Handschuh abstreifte und ihn wegschleuderte: eine Geste, mit der er dazu aufforderte, seinen Tod zu rächen. Dann neigte er das Haupt vor dem Scharfrichter. Der Handschuh wurde Konstanze überbracht, der Tochter Manfreds und Gemahlin Peters von Aragon. Karl seinerseits hielt es für geboten, zur eigenen Sicherheit eine makabre Zeremonie zu veranstalten, die einem alten Aberglauben zufolge die Blutrache abzuwenden vermag, wenn der Mörder binnen neun Tagen nach verübter Tat auf dem Grabe des Ermordeten eine *zuppa*, in Wein gebrocktes Brot, verzehrt. Er ließ sich also seine *zuppa* servieren. Doch die ganze Affäre um die öffentliche Hinrichtung hatte viel Staub aufgewirbelt. Die Chroniken aus der Kindheit Dantes sind voll davon. Ein Widerhall dessen findet sich auch in der *Commedia*.

4

Der Stern der florentinischen Ghibellinen sank, der Stern der Guelfen stieg erneut empor, so daß sie an einem bestimmten Punkt über dem Horizont beide auf gleicher Höhe zu stehen kamen. Das war eine Zeit, da beide Parteien gleich stark zu sein schienen, zumindest was ihre effektive Stärke anbelangte, nicht so sehr ihre potentielle Einflußnahme auf die zukünftigen Geschicke der Stadt. Die Ghibellinen waren nach der siegreichen Schlacht bei Montaperti alle wieder in Florenz versammelt. Ihre Gegner hatten nach der Schlacht von Benevent begonnen, die Reihen wieder zu schließen. Es war aber auch eine Zeit, die von unterschwelliger Angst gekennzeichnet war. Jeden Moment, so schien es, war damit zu rechnen, daß das große Chaos ausbrechen und die Gewalt um sich greifen könnte. Doch die Spannungen lassen allmählich nach, als viertausend Ghibellinen mehr oder weniger verstohlen Florenz den Rücken kehren.

Sie suchen Zuflucht in Forlì. Ein Exodus, der wohl in der Vergangenheit nicht seinesgleichen hat. Es ist, als sei ein Teil von Florenz in die Romagna verlegt worden mit einer eigenen Regierung sowie zwei Generalkapitanen und einer Ratsversammlung. Es handelte sich dabei jedoch keineswegs nur um Mitglieder der großen Familien. Die große Zahl der ins Exil Gezogenen zeigte deutlich, wie tiefgreifend und tief die Kluft zwischen den beiden Parteien, die sich das neuentstandene Bürgertum praktisch untereinander aufgeteilt hatten, inzwischen geworden war. Allerdings sollten von Stund an innerhalb des guelfischen Lagers Konflikte, ja sogar bewaffnete Auseinandersetzungen ausbrechen, die noch heftiger waren als die Kämpfe zwischen den alten Erzfeinden. Nach ihrem Sieg kam es tatsächlich so weit, daß die Guelfen untereinander um die Vorherrschaft in der Stadt kämpften – mit verheerenden Folgen für Florenz.

Dante selbst bringt das zum Ausdruck: die Worte legt er seinem alten Lehrer Brunetto Latini in den Mund, dem er in der Hölle begegnet. Brunetto war wie schon sein Vater Notar, ein angesehener Bürger also. Ihn hatte man damit beauftragt, von Alfons X. von Kastilien Hilfe zu erbitten, da zu erwarten stand, daß man gegen die von Manfred unterstützten toskanischen Ghibellinen würde zu Felde ziehen müssen, wie das ja dann bei Montaperti tatsächlich geschehen sollte. Die Nachricht von der vernichtenden guelfischen Niederlage, mit der diese Schlacht endete, hatte ihn auf der Rückkehr von seiner Mission nach Spanien erreicht.

Er beschloß, in Frankreich zu bleiben. Über die deprimierende Untätigkeit im Exil tröstete ihn die Literatur hinweg: zunächst befaßte er sich mit der Übertragung eines Cicero-Textes in die italienische Volkssprache, dann mit einem allegorischen Poem, schließlich mit einer Enzyklopädie. Dem Poem gab er den Titel *Tesoretto*, der kleine Schatz. Der Anfang ist autobiographisch, wobei die Fäden von Wirklichkeit und Fiktion kunstvoll miteinander verknüpft sind. Es wird geschildert, wie Brunetto bei Roncevaux die Nachricht von der Niederlage erhält, was ihn so sehr verwirrt, daß er sich in einem Wald verirrt. Als er schließlich wieder ganz bei Sinnen ist, findet er sich in Begleitung von Frau Natur höchstpersönlich.

Daraufhin beginnt eine «Lehr- und Wanderzeit», die einerseits eine gewisse, für die damalige Zeit charakteristische Vorliebe für allegorisch-didaktische Schilderung im Stil des *Roman de la Rose* erkennen läßt, in der sich aber auch erste Anklänge an die *Commedia* finden. Und obgleich die nahezu dreitausend paarweise gereimten Septenaren des – leider unvollendet gebliebenen – *Tesoretto* Dante gewißlich nicht sonderlich beeindruckt haben dürften, ist es angesichts seiner ansonsten großen Verehrung gegenüber seinem Meister verwunderlich, daß er sich dadurch nicht davon hat abhalten lassen, seiner Seele die Strafe aufzuerlegen, die er sich für Sünder seinesgleichen ausgedacht hatte: nämlich zusammen mit den übrigen Sodomiten im Feuerregen umherzuziehen – eine Anspielung auf die Laster von Sodom und Gomorra.

Im Verfassen von Reimen war Brunetto mehr als ungeschickt. Unverzeihlich war auch die ausgesprochen dürftige Ausdrucksweise. Ein Hinweis darauf findet sich in Dantes *De vulgari eloquentia*. Welch großes Ansehen dieser Mann desungeachtet genoß, läßt sich an den öffentlichen Ämtern ablesen, mit denen er betraut wurde, unter anderem dem des Stadtkanzlers. Große Verdienste hatte er sich aber auch mit seiner Enzyklopädie des gesamten mittelalterlichen Wissens erworben, der ersten, die von einem nicht dem geistlichen Stande angehörenden Autor verfaßt worden war; sie war in der damals sehr verbreiteten Langue d'oil geschrieben und erschien unter dem Titel *Li lievres dou Trésor*. Auch seine *Rettorica* fand große Beachtung, eine teilweise mit Kommentaren versehene Übersetzung von Ciceros Werk *De inventione*: eine Thematik, die er auch im *Trésor* aufgriff und weiter ausführte. Ein überaus verehrungswürdiger Mensch also. Villani sagt sogar von ihm: «Er war der erste und der Meister, den Florentinern Schliff zu geben und ihnen das Sprechen und die Kunst beizubringen, unsere Republik nach den Regeln der Politik zu lenken.»

Vielleicht ist Brunetto Latinis Beitrag zur Gelehrsamkeit des jungen Dante eher in diesem Sinne zu verstehen, als daß er ihn – was wohl nicht sehr wahrscheinlich sein dürfte – direkt unterrichtet hätte; möglicherweise hatte Dante dank der zwischen ihnen bestehenden vertrauensvollen Beziehung ihm vielleicht auch nicht viel mehr zu verdanken als lediglich eine Ermutigung zu seinen Studien. Somit hätte der Beitrag Latinis also darin bestanden, daß er ein Zeitalter geprägt hat, in dem das urbane Leben im Mittelpunkt der politischen Zielvorstellungen steht, in dem die Demokratie als die Fähigkeit zu überzeugen, zu reden, sich Gehör zu verschaffen, also als die «Redekunst» ihren Ausgang genommen hat.

Die Stadt hatte das untertänige Schweigen, wie es für das flache Land kennzeichnend war, das von den hier und da trutzig sich erhebenden Burgen beherrscht wurde, überwunden und entwickelte sich zum Schauplatz dieser Kunst. Damit wurde ein Wort Ciceros wohl etwas überstrapaziert, aber Brunetto hegte keinerlei Zweifel daran, daß es der richtige Weg sei, seinen Mitbürgern ein möglichst gutes Zusammenleben zu ermöglichen, indem man die Rhetorik als die Wissenschaft von der weisen Herrschaft proklamierte. Im übrigen könne man sagen, ohne das Wort «existierte die Stadt nicht und es gäbe weder Gerechtigkeit noch menschliche Verständigung».

Das Wort also zur Herstellung von Beziehungen oder als ein Mittel, um den Menschen zum Bürger werden zu lassen. Erstaunlich bei diesem Ansatz war, daß die Gelehrsamkeit selbst gleichgesetzt wurde mit der Beredsamkeit und daß die Sprachbeherrschung, die Ausdrucksfähigkeit als das vornehmste Anzeichen von Bildung galt. Wie alle der im *Trésor* angesprochenen Themen ihren Höhepunkt im dritten Buch zu finden scheinen, das vom Stadtregiment handelt, so gipfeln auch diejenigen Faktoren, die dazu beizutragen vermögen, in den Regeln der «Redekunst»: es mag zwar zutreffen, daß «die Weisheit den Willen verleiht, Gutes zu tun», aber es trifft auch zu, daß letztlich erst «die Beredsamkeit es vollendet».

Nicht zufällig stellte dieses Buch eine Abhandlung über die Rhetorik dar, die zu einer Abhandlung über die Ethik, ja über die Politik schlechthin geriet und insofern auch einen Eindruck von der Demokratie in den italienischen Stadtrepubliken vermittelte, die der französischen Monarchie gegenübergestellt und als die bessere Form der Herrschaftsausübung angesehen wurde. Es enthielt eine ganze Reihe von Hinweisen auf die Verfahrensweisen, die dem *homo politicus* in Gestalt des die Kommune regierenden Podestà als Legitimation für sein Handeln diente, wobei auch Überlegungen über die Macht sowie Ratschläge, wie sich deren mißbräuchlicher Ausübung gegensteuern ließe, nicht fehlen.

So wurde etwa empfohlen, den Podestà nicht aufgrund seiner Herkunft beziehungsweise der Hausmacht, über die er innerhalb einer Partei verfügte, zu wählen, sondern vielmehr andere Eigenschaften zu berücksichtigen, angefangen vom «Edelmut seines Herzens» bis hin zur «Ehrbarkeit in Auftreten und Lebenswandel», um der Gefahr vorzubeugen, sich einen Tyrannen ins Haus zu holen: diese elende Brut. Dante sollte im *Purgatorio* dieser Auffassung Brunettos beipflichten.

Zwei Jahre alt war er gewesen, als drei Kommunen Venetiens – Padua, Vicenza und Treviso – ein Abkommen geschlossen hatten, in dem sie sich zu gegenseitigem Beistand verpflichteten für den Fall, daß eine von ihnen den Launen und der Willkür eines Tyrannen anheimfallen sollte. Den schlimmsten aller Tyrannen hatten sie bereits erlebt: Ezzelino da Romano, ein leibhaftiger Sohn des Satans, wie es zumindest im Volksmund hieß. Mit seiner schwarzen Mähne und dem bis tief in die Stirn reichenden Haaransatz sah er aus wie ein wildes Tier; ihn sollte Dante im *Inferno* antreffen, in einem siedenden Blutstrom, in dem die Gewalttätigen wider den Nächsten ausharren müssen. Von einer derartigen Sippschaft hielt man sich besser fern.

Das jedenfalls klang in Brunetto Latinis Abhandlung über das Stadtregiment als Warnung an, was dazu beitrug, daß der *Trésor* zu einem Standardwerk des Mittelalters wurde und alsbald in ganz Europa Berühmtheit erlangte. Ihn zur Kenntnis zu nehmen, sich auf ihn zu berufen kam man gar nicht umhin: zumal in Florenz, wo Latini schon wenige Jahre nach seiner Rückkehr aus dem Exil das Amt des Pronotars des angiovinischen Statthalters übernommen hatte und damit ein überaus hohes persönliches Ansehen genoß.

Man schrieb das Jahr 1269. Dante war jetzt vier: ein, zwei Jahre später begann seine Elementarausbildung in einer Privatschule des Sprengels San Martino del Vescovo, die einem *doctor puerorum,* möglicherweise einem gewissen Romano unterstand – Grundlage für Dantes Studium der Freien Künste des Triviums und des Quadriviums. Gewiß kein einfacher Aufstieg. Hierbei spielte nämlich der soziale Status in der Regel eine größere Rolle als die Motivation oder die Begabung des Schülers. Schon die Beschaffung des Lehrmaterials war keine Kleinigkeit. Die Alighieri waren zwar wirtschaftlich nicht übermäßig gut gestellt, aber sicher auch nicht gerade schlecht. Die Familie besaß Häuser und Höfe.

Das erste Buch, mit dem sich ein Schüler zu befassen hatte – etwa im Alter von sieben Jahren –, war die Grammatik, und das dürfte auch bei Dante der Fall gewesen sein. Er mußte sich mit der lateinischen Sprache auseinan-

dersetzen, und zwar nicht nur mit ihren Rechtschreib-
regeln, sondern auch mit ihrer Literatur und ihrer Geschichte. Rabanus Maurus, ein deutscher Theologe, der
vier Jahrhunderte zuvor in Deutschland das Studium der
Klassiker und der Artes liberales eingeführt hatte, bezeichnete die Grammatik als die Wissenschaft von der Auslegung der Werke der Dichter und Geschichtsschreiber. Dies
veranlaßte die Kirchenväter, ihm gegenüber eine mißtraui-
sche, wenn nicht sogar offen ablehnende Haltung einzunehmen; Mißtrauen insbesondere gegenüber dem, was als
heidnische Vorliebe für die Form angesehen wurde.

Das Wort Gottes indessen ließ es nicht zu, den Regeln
des Donatus unterworfen zu werden. Diese Auffassung
vertrat jedenfalls Gregor der Große. Die Werke des Elius
Donatus und des Priscianus waren die für den Unterricht
am häufigsten herangezogenen Texte. Im Kapitelsaal von
Santa Maria Novella hatte Andrea di Bonaiuto die Grammatik als junge, gelb gewandete Frauengestalt dargestellt,
die gerade drei Knaben dazu bewegt, die recht beschwer-
liche Schwelle zum Latein zu überschreiten und durch die
schmale Pforte einzutreten. Sie hält ihnen eine Frucht entgegen, verbirgt aber ihre Rute. Zu Füßen der Gelbgewan-
deten sitzt Priscianus, der sich intensiv mit seinen Regeln
befaßt, die anschließend im Unterricht üblicherweise dar-
gelegt, erläutert und anhand der Lektüre von Passagen aus
klassischen Werken diskutiert wurden.

Im wesentlichen verlief eine derartige Diskussion in
Form eines Frage- und Antwortspiels. Auf diese Methode
stützte sich beispielsweise eine andere recht bekannte
Grammatik, die von Alkuin stammte. Doch abgesehen
von Anthologien, die aus den Werken berühmter Autoren
zusammengestellt wurden, dienten zur Illustration der
Grammatikregeln Fabeln und historische Schriften. Bei
den Fabeln mit ihrem klassischen Repertoire moralischer

Sentenzen galt die Vorliebe vor allem Autoren wie Äsop und Phädrus, sowie einem ebenfalls Äsop verpflichteten lateinischen Poeten namens Flavius Avianus. Mit den historischen Schriften hatte der Schüler eine fortgeschrittenere Phase des Grammatikunterrichts erreicht. Er war nunmehr reif für die Rhetorik, wobei neue Lehrgegenstände hinzukamen, die sich stärker an Fragen des Rechts und der Politik orientierten.

Hierzu gehörte die Unterweisung in der Kunst des Briefeschreibens anhand einer Sammlung von Briefen namhafter Schriftsteller, wie etwa des Pier della Vigna, der mit seinen lateinischen Episteln nicht weniger als mit seinen persönlich erteilten Ratschlägen zwanzig Jahre lang dem Kaiser Friedrich II. zu Diensten stand. Den Schülern wurde beigebracht, einen Brief nach der gleichen Methode und mit der gleichen sorgfältigen Ausschmückung wie eine in Miniaturformat verfaßte Rede zu gestalten. Man verzichtete also auf jedes Zeichen von Spontaneität und griff statt dessen auf bewährte Methoden und Kunstfertigkeiten zurück, die allenfalls von einer Schule zur anderen variierten. Derartige Schulen gab es etwa in Rom (die der Kurie unterstand), in Monte Cassino, in Bologna, in Florenz, an denen zum Teil Persönlichkeiten von geradezu legendärem Ruf wirkten, im Falle der beiden letztgenannten etwa ein Guido Fava, ein Boncompagno da Signa oder ein Bene da Firenze... Alle diese Schulen und alle Schulmeister eiferten einem großen Vorbild nach: Cassiodor.

Cassiodor übertraf selbst Cicero und lief ihm hinsichtlich der Kunst des Briefeschreibens sogar den Rang ab. Cicero allerdings blieb eine Art Schutzpatron der gesamten schreibenden Zunft, wenn auch einige andere bedeutende Schriftsteller wie etwa Seneca, deren Bücher großen Anklang fanden, zu ihm in Konkurrenz traten. Dante sollte ihn zu den Geistern der ungetauften Unschuldigen und Gerechten, in den *Limbus patrum* der Weisen, in die Vorhölle versetzen. Von ihm stammte die Abhandlung *Ad Herennium* (oder zumindest wurde sie ihm zugeschrieben), die zusammen mit einer nicht ganz so alten von Albertano da Brescia zur obligatorischen Lektüre zählte. Er ist es, der zu Füßen der Rhetorik abgebildet ist, einer anderen, diesmal rot gewandeten Frauengestalt, die Andrea di Bonaiuto mit einer Schriftrolle in der Hand ausgestattet hat, während die dritte im Bunde der zum Trivium gehörenden Künste, die Dialektik, in weißem Gewande dargestellt ist.

Zu ihren Füßen sitzt Aristoteles mit einem Skorpion in Händen, der das «Dilemma» symbolisiert. Damit ist freilich der von Andrea di Bonaiuto dargestellte Reigen noch nicht zu Ende. Zu den ersten drei Künsten, dem Trivium, kam nämlich noch das Quadrivium hinzu, zu dem die Arithmetik, die Geometrie, die Musik und die Astronomie zählten. Sie alle dienten der Vorbereitung auf die Theologie, was angesichts einer Wissenschaftsauffassung, der zufolge das Wort Gottes Ursprung und Ziel darstellt, naheliegend ist. Die Schulen waren den Klöstern und Kirchen angeschlossen, Bildung und Glauben waren eins. Dem Laienstande anzugehören hieß also soviel wie «ungebildet sein».

Nachdem Dante beim *doctor puerorum* die grundlegenden Kenntnisse vermittelt bekommen hatte, besuchte er entweder die Schule der Franziskanerbrüder von Santa Croce, oder aber die Schule, die zum Dominikanerkloster Santa Maria Novella gehörte, bei deren Kirche es sich freilich noch nicht um jenen imposanten Bau handelte, den später Andrea di Bonaiuto mit Fresken versehen hat. Einige Jahrzehnte zuvor war Cimabue dorthin geschickt worden. Einer seiner Schulmeister war ein Verwandter von ihm gewesen, doch nicht einmal das hatte den kleinen

Cenni di Pepo alias Cimabue dazu gebracht, sich mehr auf den Grammatikunterricht zu konzentrieren und sich weniger von seiner Lieblingsbeschäftigung ablenken zu lassen, alles zu zeichnen, was ihm unter die Augen kam: Menschen, Pferde, Häuser... So jedenfalls berichtet Vasari. Auch Dante hatte eine gewisse Vorliebe für das Zeichnen. Im Gegensatz zu Cenni jedoch muß er die enge Pforte des Lateinstudiums wie auch alle weiteren mit Leichtigkeit durchschritten haben.

Kein Zweifel: Der Junge besaß ein außergewöhnliches Genie, das stellte sich schnell heraus. Und dennoch steckte er, wie Villani bezeugt, gerne mit seinen Kameraden zusammen und war bei allem, was sie anstellten, mit von der Partie. Man kann sich das ganz gut vorstellen, wie er sich mit den Buben seines Viertels raufte und zusammenrottete in einem Alter, in dem jedes Spiel darauf hinausläuft, daß man sich gegenseitig zu überbieten sucht. In dieser Zeit beschloß sein Vater, nachdem seine erste Frau Bella gestorben war, sich erneut zu verheiraten.

Gestorben war inzwischen auch Papst Clemens IV. Seine Nachfolge hatte Theobald Visconti aus Piacenza unter dem Namen Gregor X. angetreten. Die Situation in Florenz war weiterhin angespannt, auch nachdem die viertausend Ghibellinen die Stadt verlassen hatten. Eine Rolle mag dabei Karl von Anjou gespielt haben, der sich nun, da er nicht mehr unter der Protektion des französischen Papstes stand, seiner Krone nicht mehr ganz sicher fühlen konnte; überdies mußte er fürchten, daß ihm das Reichsvikariat über die Toskana entzogen werden könnte, über die Papst Clemens IV. angesichts der Reichsvakanz geglaubt hatte verfügen zu können. Die Hexenjagd auf die Ghibellinen nahm infolgedessen an Schärfe zu.

Nun aber hatte sich Seine Heiligkeit, der Papst, nach

zwei fehlgeschlagenen Vorstößen zweier seiner Gesandten dazu entschlossen, selbst nach Florenz zu ziehen, um Guelfen und Ghibellinen dazu zu bewegen, ihren guten Willen unter Beweis zu stellen. Die beiden vorangegangenen Aussöhnungsversuche waren unternommen worden vom General des Dominikanerordens Giovanni da Vercelli und einem anderen Frater desselben Ordens, Aldobrandino Cavalcanti, einem florentinischen Guelfen, der ehedem Prior des Klosters von Santa Maria Novella gewesen war. Aldobrandino hatte nicht viel ausrichten können, als er an seine politischen Freunde appellierte, um sie zu einer Wiederannäherung der beiden verfeindeten Parteien zu bewegen, ebensowenig wie dies ein Jahr vor ihm, 1272, Fra Giovanni vermocht hatte.

Der Besuch des Papstes war für die Stadt ein Ereignis. Gregor X. war offenbar fest entschlossen, der schrecklichen Folge von Gewalt und Gegengewalt ein Ende zu setzen, bei der die eine Partei angesichts des Triumphes der anderen ihr Heil darin suchte, wie ein gestürztes, im Todeskampf liegendes Pferd wild um sich zu treten und auszuschlagen. Die Ghibellinen waren in die Knie gezwungen. Aber von ihren Burgen aus, in denen sie sich zum Widerstand sammelten, unternahmen sie ihre Scharmützel. Guelfen und Franzosen sahen sich dadurch zu immer neuen Waffengängen gezwungen.

Papst Gregor seinerseits sah sich genötigt, alle christlichen Heerscharen um sich zu sammeln, um einen erneuten Vorstoß in das Heilige Land zur Befreiung des Heiligen Grabes zu wagen. Drei Jahre zuvor hatte Ludwig IX. einen vergeblichen Versuch unternommen, war aber dabei zu Tode gekommen, nachdem er sich in Tunis die Pest geholt hatte. Ein neuer Kreuzzug stand also bevor. Um über diese Frage zu beratschlagen und um die nötigen Vorbereitungen für diesen Kreuzzug zu treffen, hatte der

Papst ein Konzil nach Lyon einberufen und war Richtung Frankreich aufgebrochen. Unterwegs machte er zur Erledigung seiner Friedensmission in Florenz Station, wo er Mitte Juni eintraf. Karl von Anjou war mit seiner zweiten Gemahlin Margarete von Bourgogne schon vor ihm eingetroffen, darauf bedacht, sich als Herr im Hause aufzuspielen.

Papst Gregor residierte in einem von der Familie Mozzi neuerrichteten Palast am Arno in der Nähe des Ponte di Rubaconte. In denselben Räumlichkeiten verkehrte vermutlich auch ein Andrea de' Mozzi, der vierundzwanzig Jahre darauf zum Bischof von Florenz ernannt werden sollte. Dante sollte ihn, zusammen mit Brunetto Latini, in das *Inferno* zu den Sodomiten versetzen. Doch fürs erste hatte der Papst beim Empfang der Delegationen seine Intention, die ihn nach Florenz geführt hatte, kaum besser unter Beweis stellen können als mit all seinen großzügigen Gesten und Versprechungen. Er hob das Interdikt wieder auf, das über Siena und Pisa verhängt worden war zur Strafe dafür, daß sich diese beiden Städte während des Krieges um die Krone von Florenz auf staufische Seite geschlagen hatten. Und er zitierte die beiden Parteien zu sich.

Es war Juli: ein Tag heißer und drückender als der andere. Das Zentrum der Stadt hatte sich zum Fluß hin verlagert: es ließ sich leichter atmen in diesen Vierteln, die sich in anderen Jahreszeiten vor dem Hochwasser vorsehen mußten. Von dem einen Extrem während der Herbst- und Wintermonate verfielen sie im Sommer mit fast konstanter Regelmäßigkeit in das andere, wenn nämlich der Fluß sie ganze Wochen hindurch im Stich ließ und nur noch als dünnes Rinnsal in der Mitte des Flußbettes träge dahinfloß, als ob er die Steine einzeln zählen wolle, und sich dadurch gewisse Umwege erklären ließen, plötzliche Windungen, die seinen Lauf hemmten und umlenkten.

Zu Tausenden waren die Florentiner herbeigeströmt und hatten sich im Kiesbett des Flusses versammelt. Der Papst hatte sie einberufen, Guelfen und Ghibellinen (die Verbannten in Begleitung ihrer Fiduziare), und zwar auf dieses weitläufige Gelände, weil es größer war als sonst irgendein Platz in der Stadt. Man hatte Tribünen errichtet: für die Vertreter der beiden Parteien sowie für den Papst und den König mitsamt ihrem Gefolge. Die Tribüne des Königs trat mit all ihrem funkelnden Gepränge geradezu in Wettstreit mit der Sonne. Die Menge der Schaulustigen hielt Ausschau nach den Persönlichkeiten, die im Mittelpunkt des allgemeinen Interesses standen. Dazu zählten natürlich in erster Linie Papst Gregor und Karl von Anjou, aber auch der entthronte Kaiser von Konstantinopel, Balduin II., der zukünftige Schwiegervater der Tochter des Anjou. Und nicht zuletzt die vier Kardinäle, die der Papst zu dieser Mission mitgenommen hatte. Alle vier sollten ihm übrigens später nacheinander auf dem Papstthron folgen, und zwar unter den Namen Innozenz V., Hadrian V., Nikolaus III. und Martin IV.

Selten nur bekommt man auf ein und derselben Tribüne ein derartiges Schauspiel zu sehen, wie es dieses Aufgebot historischer Größen darstellte, die hier unter der sengenden Sonne der Hundstage in qualvoller Enge die Tribüne noch mit Dutzenden von Bischöfen, Erzbischöfen, Kardinälen und Edelleuten teilen mußten. Der Knabe war sicherlich zutiefst beeindruckt, ja hingerissen angesichts dieses infernalischen Getümmels, das sich vor seinen Augen am Flußufer abspielte. Wie alle anderen schaute auch er zu den Tribünen der Guelfen und Ghibellinen hinüber, auf denen ein ziemliches Gedränge herrschte, während die hohen Herren auf der Haupttribüne Würde und Gesetztheit ausstrahlten und sich ausnahmen, als säßen sie Pose für ein monumentales Gruppenbild. Von dort kam dann, als es endlich soweit war, das langerwartete Zeichen, das bewirkte, daß die Menge allmählich zur Ruhe kam, die Stimmen sich senkten, bis schließlich absolute Stille herrschte. Jemand begann, eine päpstliche Urkunde zu verlesen.

Es handelte sich um einen Schiedsspruch; er war in lateinischer Sprache geschrieben, die nicht alle verstanden, obgleich es nicht viel zu verstehen gab, nicht viel, was nicht schon allgemein bekannt gewesen wäre. In der Urkunde wurden Recht und Unrecht beider Parteien gegeneinander abgewogen und ein Schlußstrich unter die Vergangenheit gezogen. Dann wurde eine massive Drohung ausgesprochen: gegen jene Partei, die sich dem Frieden nicht beugte oder sich nicht genügend für seine Erhaltung einsetzte, sollte der Bann verhängt werden.

Papst Gregor stieg schließlich von der Tribüne herab und legte den Grundstein für eine Kirche, die zum Gedenken an dieses Ereignis am Ufer des Arno errichtet werden sollte. Die Kosten dafür wollte die Familie Mozzi übernehmen, die auch Grund und Boden dafür zur Verfügung gestellt hatte.

Doch der Grundstein blieb der erste und zugleich der letzte Stein. Noch am Abend nach diesem Zeremoniell am Ufer des Arno überfielen die von Karl aufgestachelten Guelfen ihre Erzfeinde und metzelten sie nieder. Obschon der Papst sich wohl nie der Illusion hingegeben hatte, eine stabile Brücke zwischen den beiden Parteien geschlagen zu haben, mußte er nun erkennen, daß er auf Sand gebaut hatte. Er hätte es allerdings nicht für möglich gehalten, daß die von ihm veranlaßte Aussöhnung, die an jenem denkwürdigen Tage besiegelt zu sein schien, dem neuerlichen Ausbruch von Haß und Gewalt nicht standhalten würde, noch nicht einmal für eine Anstandsfrist, so lange wenigstens, bis Seine Heiligkeit die Stadt verlassen hätte.

Er fühlte sich zutiefst gekränkt. Diese Stadt verdiente es nicht, daß er ihrethalben irgendwelche Anstrengungen unternahm. Wenn sie noch immer so viel Blut in ihren Adern hatte, daß sie es sich leisten konnte, es weiterhin auf den Straßen fließen zu lassen, so wollte er sie nicht daran hindern. Ihn hielt nun nichts mehr in Florenz.

Die Abreise vier Tage nach der Verlesung des Schiedsspruches am Arno glich einer Flucht. Nachdem der Traum von der großen Aussöhnung ausgeträumt war, kehrte die Stadt zum Alltag zurück. Die Kirchen und Klöster der einzelnen Stadtviertel ließen wieder ihre Glocken erschallen und hielten die Menschen zu ihrem üblichen Tagewerk, zu ihren gewohnten Verrichtungen an, nach all den Veränderungen, zu denen es im Laufe des vorangegangenen Monats im Gefolge des Papstbesuches und im Anschluß an das erneute blutige Gemetzel in der Stadt gekommen war. Niemand hegte mehr die Illusion, ein Leben führen zu können, ohne ständig vor dem Nachbarn auf der Hut sein zu müssen; Angst machte sich breit, die durch die Straßen hallenden Schritte der französischen Soldaten waren ein deutliches Anzeichen dafür.

Die Florentiner hatten immerhin soviel gelernt, daß sie es verstanden, gute Miene zum bösen Spiel zu machen und trotz allem ihre Stadt in beneidenswert gutem Licht erscheinen zu lassen. Die Wirtschaft prosperierte und bestätigte diesen Eindruck. Florentinische Kaufleute hatten im Mittelmeerraum – und nicht nur dort – eine Vorrangstellung erlangt. Einige von ihnen, die Peruzzi etwa oder die Bardi, die 1270 eine Handelsvertretung in England eröffnet hatten, zählten unter ihren Schuldnern manch ein gekröntes Haupt. Der politische Einfluß der Kaufleute nahm in dem Maße zu, in dem sie Florenz zu internationalem Ansehen verhalfen. Der Gulden rollte. Und nichts hätte besser als das Geld vermocht, Stadt und Bürgerschaft noch lebensfroher, unternehmungslustiger und vergnügungssüchtiger zu machen.

5

Der Bankier Folco Portinari war ein hochangesehener Mann. Jedes Jahr lud er seine Nachbarn zur Maifeier ein. So auch im Jahre 1274. Die Gäste waren mit ihren Kindern gekommen. Das Haus strahlte die gepflegte und behagliche Atmosphäre aus, wie sie dort herrscht, wo das Ansehen des Hausherrn durch seinen Reichtum noch gemehrt wird. Hin und wieder wurde die Unterhaltung durch das laute Auflachen der Erwachsenen unterbrochen, während die Kinder jene scheue Artigkeit an den Tag legten, die sie immer dann zeigen, wenn sie sich hin- und hergerissen fühlen zwischen der Versuchung, irgend etwas anzustellen und der Angst vor der unbekannten Umgebung.

Es hatten sich zwei Gruppen gebildet, oder genauer gesagt drei: auf der einen Seite die Gruppe der Erwachsenen – die sich aufteilte in die der Frauen, die sich um Cilia de' Caponsacchi, die Gemahlin Folcos, scharten, und in die der Männer, die sich um Folco selbst versammelt hatten –, auf der anderen Seite die Gruppe der Kinder, die unter der Obhut Tessas standen, der Amme von Portinaris Töchterlein Bice. In der Runde der Männer befand sich auch Alighiero. Er war der Einladung seines Nachbarn gefolgt und hatte seinen neunjährigen Sohn Dante mitgebracht.

Der kleine Dante wußte nicht, wie ihm geschah. Er fühlte sich seltsam verunsichert durch diese Bice oder Beatrice, obgleich sie nicht einmal älter war als er selbst, sondern sogar ein paar Monate jünger. Zum erstenmal hatte er es mit einem etwa gleichaltrigen Mädchen zu tun – eine Situation, die ihn vor völlig neue Probleme stellte und erhebliche Verwirrung bei ihm auslöste. Er betrachtete Bice, und ohne sich dessen gewahr zu werden, war er einige Schritte zurückgetreten, so als wolle er sie von ferne betrachten, wie das bisweilen erforderlich ist, wenn man sich ein Bild von jemandem machen will.

Ein Bild? Das muß es wohl gewesen sein, denn schon jetzt erschien sie ihm, wie er später berichten sollte, überaus schön und in «ihren Gesten anmutig und gar lieblich». Kaum daß er sich – wenn auch nur ansatzweise – ihrer Anziehungskraft bewußt geworden war, versuchte er herauszufinden, ob er ihrer überhaupt würdig sei. Der Knabe empfand eine gewisse Furcht vor seinen eigenen Empfindungen. Vor allem hatte er Angst, die anderen könnten merken, welch «schönes Bild» von seinem Herzen Besitz ergriffen hatte. Er mußte vorsichtig sein, sich zu beherrschen wissen, da es einen ihm unerklärlichen Schmerz, eine gewisse Trübung seiner Wahrnehmungsfähigkeit der Umwelt hervorrief. Plötzlich war ihm nicht mehr an Spielen gelegen, an Kontakt zu den anderen, oder daran, was er am nächsten Tage seinen nicht in dieses Haus eingeladenen Freunden würde erzählen können. Lediglich an gewissen Bekundungen der Widerborstigkeit fand er Geschmack – den herben Geschmack einer unreifen Frucht.

Dante empfand ihre Schönheit wie eine Form des Exils, so daß Bice für ihn in unerreichbare Ferne rückte. Was blieb ihm da anderes übrig, als sich seinerseits zurückzuziehen? Beide befanden sie sich nun im Exil, wenn auch in unterschiedlichen Gefilden und aus unterschiedlichen Gründen, was jedoch allemal besser war, als durch eine unüberwindliche Mauer getrennt zu sein. Damit hatte sich für ihn ein Ausweg aufgetan, der die Vorstellung, ihr womöglich nicht ebenbürtig zu sein, nicht ganz so qualvoll erscheinen ließ. Ein heimlicher, geheimnisvoller Ausweg, an den er sich zu gewöhnen begann. Das kleine Mädchen erschien ihm schon wie ein Traum, den er nur noch weiterzuspinnen brauchte, um sich auszumalen, wie er mit ihr sprechen, ihre Aufmerksamkeit erringen wollte; allerdings weckte die Rückkehr aus diesen Träumen bei ihm unweigerlich das Verlangen nach Realisierung – und sei es nur, um desto besser seinen Träumen nachhängen zu können. Er wußte, daß Bice und ihre Familie in die Kirche Santa Margherita gingen, und so kreisten seine Gedanken und seine Blicke um diese Kirche.

«*Molte volte l'andai cercando . . .*» – «Viele Male ging ich sie suchen . . .»

Schönheit und Traumbild, die sich für Dante in der Gestalt Beatrices verkörperten und denen sein ganzes Streben galt, stellten auch das Lieblingsmotiv der Literatur jener Zeit dar, obgleich es eine Zeit war, die durch heftige, ja gewaltsame Auseinandersetzungen gekennzeichnet war und sich gewiß nicht durch eine ausgesprochene Vorliebe für Träumereien auszeichnete: die Zeit der Kaufleute.

Bei den in Versform abgefaßten Erzählungen, für die sich allmählich die Bezeichnung Roman durchsetzte, war eine bestimmte Art der Darstellung weit verbreitet, die voller allegorischer Anspielungen steckte, eine Unterweisung in der *Ars amatoria*, die an Ovid erinnert. Guillaume de Lorris war der Begründer dieser Gattung. Mit seinem *Roman de la rose* hatte er bereits vor Dantes Geburt zu herzerweichenden Seufzern Anlaß gegeben. Über seinen viertausend Versen dürfte Dante ebenfalls geseufzt haben, in denen die wechselhaften Geschicke eines Helden geschildert werden, dem die Eroberung einer Rose (als Symbol für die Geliebte) verwehrt ist. Diese Art von Epen fanden alsbald große Verbreitung an den französischen Fürstenhöfen; ihre Autoren erfreuten sich beträchtlicher Popularität. So fand denn Guillaume mit seinem Protagonisten zahlreiche Nachahmer.

Zwei dieser Gestalten finden sich im zweiten Höllenkreis, durch dessen Düsternis verzweifeltes Wehgeschrei hallt. Ein Wirbelsturm erfaßt die dort Schmachtenden, die sich sündiger Liebe schuldig gemacht haben. In einem unaufhörlichen Sog, der den Sturm der Leidenschaft versinnbildlicht, denen sie sich zu Lebzeiten hingegeben haben, werden sie gewaltsam in die Höhe gewirbelt. Zu ihnen gehört Tristan.

Sein Name steht für seine Liebe zu Isolde, seinen Kampf gegen Riesen und Drachen. Er steht aber auch für etwas gänzlich Neues in einer mittelalterlichen Welt, der durch Treue und Ehre enge Grenzen gesetzt waren. Denn Tristan hatte sich nicht gescheut, diese Grenzen zu ignorieren, sich über sie hinwegzusetzen, und er hatte eine Liebe für sich in Anspruch genommen, für die es keine andere Rechtfertigung gibt als ihre bloße Existenz. Das war etwas Unerhörtes, das drang tief ins Herz. Vor allem die weibliche Leserschaft zählte Tristan zu ihren Lieblingshelden. Mehrere Versionen seiner Geschichte waren im Umlauf. Er war zum leuchtenden Vorbild der edel- und heldenmütigen Liebhaber geworden, welche die Abenteuerromane bevölkerten.

Die Männer bevorzugten die *Chansons de geste*, epische Gedichte, die von Rittern ohne Fehl und Tadel handelten, welche sich den Feinden mutig entgegenwarfen, mochten diese auch noch so mächtig sein. Zumeist handelte es sich um Feinde des christlichen Glaubens. Doch im höllischen Wirbelsturm, der alles mit sich reißt und die Verdammten teilweise mit furchtbarer Wucht gegeneinanderprallen läßt, entdeckt Dante ein Paar, das nicht der Gewalt des

Sturmes unterworfen scheint, sondern offenbar vom Winde aufeinander zu bewegt wird: Francesca da Rimini und Paolo Malatesta. Er bleibt stehen, um mit ihnen zu sprechen. Die Frau schildert ihm, wie es mit ihrem Schwager Paolo, der in Florenz das Amt des Volkskapitans bekleidete, zur ersten ehebrecherischen Begegnung gekommen war. Sie lasen gerade, so berichtet sie, das Buch über die Liebe des Lanzelot vom See zu Königin Ginover. Als sie an jener Stelle angelangt waren, da der Ritter der Königin den ersten Kuß gibt, hatte Paolo, dem Vorbild folgend, Francesca ebenfalls geküßt. Galeotto, der König, auf dessen Veranlassung Ginover dem Ritter Lanzelot das ersehnte Lächeln gezeigt hatte, das ihn zum Küssen ermutigt hatte, war gewissermaßen zum Kuppler geworden, so wie für Francesca und Paolo das Buch, wie sie sagt, «unser Galeotto» war.

Lanzelot ist also die zweite der beiden Gestalten, deren Namen in diesem Zusammenhang genannt werden. Er repräsentiert eine Tendenz, die für einen großen Teil der damals im Schwange stehenden Literatur kennzeichnend ist: die Vorliebe für ein Abenteuer, das ans Wunderbare grenzt. Denn das individuelle Streben nach erotischen Eroberungen trat an die Stelle des kollektiven, öffentlichen Strebens, für Herrschaft und Glauben zu kämpfen, das bislang die Romane ausgezeichnet hatte, die von den Geschehnissen um Karl den Großen und seine Paladine handelten.

Im Gegensatz zu den altbekannten, wackeren Kämpen des karolingischen Sagenkreises ging es in den bretonischen Sagen, die sich um König Artus und seine Ritter rankten, dem Krieger vom Schlage Lanzelots darum, wie er seinen Mut auf jede nur erdenkliche Weise unter Beweis stellen konnte. Er hatte entdeckt, daß es weder besonders schwierig noch unehrenhaft ist, die Waffen zu strecken, sich gekränkt, enttäuscht, zaudernd oder krank vor Sehnsucht zu zeigen. Damit entstand für Leser, die Irrungen und Wirrungen des Geistes zu schätzen wußten, ein anderer Heldentypus. Schon der Name Tristans ließ an Tristesse denken, und Lanzelot erregte mit seinen düsteren Stimmungen das Mitleid der Königin, die ihm einen Kuß gab, um ihn aufzuheitern (Dante freilich berichtet, um diese Szene als Leitbild für Paolo und Francesca heranziehen zu können, es sei Lanzelot gewesen, der den Kuß gegeben habe). Es ist verständlich, daß die fahrenden Sänger, die auf Festen, Jahrmärkten und Pilgerreisen auftraten, gern eine Abwechslung in ihr Repertoire brachten. Sie standen auf seiten der Paladine, sie waren für die Glorifizierung des Ruhmes. Auch das Volk konnte sich für so etwas begeistern, während sich das gehobene und mittlere Bürgertum eher zu den Rittern der Tafelrunde hingezogen fühlte.

Deren Heldentaten wurden in immer neuen Bearbeitungen gerühmt. Die Schreiber und ihre Gehilfen arbeiteten unter Hochdruck an der Abschrift französischer Manuskripte. Für die gebildeten Stände gehörte es zum guten Ton, mit der Sprache vertraut zu sein, in der die großen Epen verfaßt waren. «Alles was in volkssprachlicher Prosa niedergeschrieben oder rezitiert wurde, war ihnen bekannt», angefangen von den Büchern, welche «die Heldentaten der Trojaner und der Römer» schildern, bis hin zu den «wundersamen Abenteuern des König Artus...» Das wußte Dante.

Das verstärkte Interesse an der Natur des Menschen, das Gespür für deren geheimste Regungen hatte dazu beigetragen, daß das Mißtrauen ihr gegenüber weitgehend abgebaut wurde, daß man sich von den kirchlichen Ermahnungen, ihr nicht zu trauen, die Erbsünde nicht in Vergessenheit geraten zu lassen, weitgehend frei gemacht hat. Diese Haltung hatte eine stärkere Position des Individuums gegenüber der Gesellschaft zur Folge.

Zwar herrschte in der Tat die Tendenz, sich in die Phantasiewelt der Romanhelden zurückzuziehen, zugleich spielte jedoch die Sorge um das Gemeinwohl eine wesentliche Rolle. Schule der Gefühle und Schule des Lebens im Stadtstaat. In Liebe entflammt, verlebt Dante seine Jugend in Florenz, wo ein wenige Jahre zuvor aus Paris zurückgekehrter Dominikanermönch lehrt: Remigio de' Girolami. Er ist ein Schüler des Thomas von Aquin und ein berühmter Prediger. Kein wichtiges Ereignis in der Stadt, das nicht von ihm kommentiert, dessen Ursachen und Hintergründe nicht von ihm untersucht worden wären, kein in der Stadt weilender Fürst oder Monarch, der es sich hätte nehmen lassen, in Santa Maria Novella vorbeizuschauen, um dem Frater einen Besuch abzustatten.

Das im Westteil von Florenz gelegene Kloster Santa Maria Novella war eines der beiden geistigen Zentren der Stadt; das andere, nicht ganz so bedeutende – nicht zuletzt wegen der dort schwelenden Konflikte – war das Franziskanerkloster Santa Croce im Ostteil der Stadt. Die Konflikte, die den Minoritenorden erschütterten, waren bedingt durch die Auseinandersetzungen zwischen denen, die eine Abkehr von dem ursprünglichen Gebot der Armut verurteilten, und denen, die ein weitaus weniger streng geregeltes Leben bevorzugten: den Spiritualen und den Konventualen. Ähnliche Auseinandersetzungen gab es zwar auch in anderen Bettelorden, also auch bei den Fratres von Santa Maria Novella in ihren weißen Kutten. Allerdings nicht in einem Ausmaß, daß das Lehramt tangiert worden wäre.

Einige der Fratres waren weithin bekannt für ihre medizinischen, ihre juristischen oder ihre philosophischen Kenntnisse; andere hatten sich einen Namen gemacht aufgrund ihrer Sprachkenntnisse; wiederum andere, beispielsweise Giordano da Rivalto oder Riccoldo Pennini, waren Prediger, die fast ebenso großen Zulauf hatten wie Remigio de' Girolami. Seine Kenntnisse waren freilich umfassender als die eines jeden anderen, und zwar auf allen nur erdenklichen Gebieten. Er stammte aus einer einfachen Familie. In Santa Maria Novella hatte er sein theologisches Lehramt übernommen, als er noch Diakon war, und stieg dort später zum Prior auf. Er war gewissermaßen ein theologisches Pendant zu Brunetto Latini: seine Auffassungen bezüglich des Gemeinwesens zeugten vom gleichen Scharfsinn, der Parteienhader löste bei ihm die gleichen Aversionen aus.

Seine Exkurse in die unterschiedlichsten Wissensbereiche erinnerten an Aristoteles und deckten sich mit den Auffassungen des Thomas von Aquin, insbesondere was die Verfassung der Stadtrepublik anlangte, in der erstmals die Führungsgremien, der Staatsapparat insgesamt der Verantwortung der Individuen anheimgestellt wurden und damit abhängig waren von deren staatsbürgerlichem Engagement. Dies bedeutete eine Abkehr von der Auffassung, daß die Daseinsbedingungen – ja das gesamte Gesellschaftssystem – durch die Erbsünde des Menschen, durch seinen Sündenfall bedingt seien; statt dessen wandte man sich nun wieder der aristotelischen Konzeption der *Polis* zu und las erneut sein Werk über die *Politik*. Die Idee vom Gemeinwohl begann sich durchzusetzen. Die Zeit war reif dafür, so daß ein für die Lehren des Remigio de' Girolami aufgeschlossener Jüngling sich dieser Idee des Gemeinwohls nicht entziehen konnte und die Auffassung teilte, daß der Bürger untrennbar mit dem Gemeinwesen verbunden sei.

Dante sollte sich später dieser auf die Schule des Predigermönches zurückgehenden Ansicht anschließen. Er machte sich insbesondere die Ansicht zu eigen, daß die Würde des Menschen auf seiner Eigenschaft als Staatsbürger, auf seinem Engagement als *Zoon politikon,* als politisches, das heißt soziales, auf Gemeinschaft angelegte Lebewesen beruhe. Wenn man sich in der Stadt umsah, so konnte man feststellen, daß auch die Veränderungen im Stadtbild dieser Tendenz entsprachen und sie förderten: die Straßen wurden verbreitert, und das Leben verlagerte sich zunehmend hinaus ins Freie, auf die Straßen. Die Straßen wurden zu Plätzen, die Plätze zu Stätten der Begegnung und der Erörterung von Problemen.

Thomas von Aquin war von der Weltbühne abgetreten, Bonaventura ebenfalls. Dante war noch ein Knabe, als der Tod dieser beiden großen Persönlichkeiten den Niedergang der Bettelorden einleitete. Thomas sollte in der *Commedia* darüber Klage führen. Dantes ganzes Werk ist unter dem Eindruck der Verfallserscheinungen innerhalb der Kirche entstanden. Diese wurden noch verstärkt durch all die Verheißungen und Verlockungen, die von einer Welt ausgingen, welche infolge des Aufkommens einer urbanen Kultur sowie infolge des Reichtums, den der Handel mit sich gebracht hatte, eine Art von Akzeleration durchgemacht hatte.

Der Knabe wuchs in einer Zeit auf, in der die Genußsucht in Form einer ausgeprägten Sinnenlust in Erscheinung trat, selbst bei jenen Schriftstellern, die einem übersteigerten Schönheitsideal anhingen, die ihre Sehnsucht nicht verhehlten, sich in eine Traumwelt zurückzuziehen. «Kein herrlicheres Paradies gibt es auf Erden, als eine Geliebte zu besitzen» – hatte Guillaume de Lorris geschrieben. Nach ihm jedoch war ein anderer Dichter gekommen, Jean de Meung, der noch weiter gegangen war, erheblich weiter, als er fast ein halbes Jahrhundert später – Dante war etwa fünfzehn – den *Roman de la rose* aufgriff und ihm einen zweiten Teil von achtzehntausend Versen hinzufügte. Dieser zweite Teil stellte praktisch ein eigenständiges Werk dar, so sehr stand er zum ersten Teil im Gegensatz. Dennoch war ihm nicht weniger Erfolg beschieden, was darauf hindeutet, in welchem Ausmaße sich das Empfinden jener Zeit inzwischen gewandelt hatte.

Bestätigt wird diese Tendenz durch *Il Novellino*, in dem sich der Realismus der Stadtkultur mit den prunkvollen, drastischen Szenen der ritterlichen und höfischen Tradition verbinden. Daran zeigte sich auch, daß die Stadt gegenüber dem Land eine dominierende Stellung erlangt hatte: an die Stelle eines kleinen Bildausschnittes, der eine Küstenlandschaft zeigte, war eine Vedute mit Häusern und Straßen getreten; zahlreiche Gesichter bestimmten das Bild, nicht mehr eine in der Weite der Landschaft sich verlierende Gestalt. Wenig später sollte diese Präferenz bei Giotto besonders deutlich zutage treten, die für die Malerei jener Zeit kennzeichnend war. Im Mittelpunkt des Interesses standen nun urbane, insbesondere architektonische Details, nicht mehr jene «andere» Welt, die sich unmittelbar vor den Stadttoren erstreckte.

Das Bürgertum, das wohlhabende, geschäftstüchtige, clevere, ausgefuchste, materialistische Bürgertum kam empor, und die achtzehntausend Verse des Dichters Jean de Meung waren bestens dazu geeignet, das neue soziale Getriebe zu ölen, die ihm zugrundeliegende Philosophie zu untermauern. Der *Roman de Renard* mit dem durchtriebenen Reineke Fuchs als Protagonisten enthält nach dem Vorbild Äsops geschriebene Fabeln, die zu *«branches»* zusammengefaßt sind, zu einer Reihe von Geschichten, die nicht von «Liebesabenteuern oder Rittern» und auch nicht von «Wundern oder Zauberkünsten» handelten. Reineke Fuchs also als der Inbegriff der Wirklichkeitsnähe, des Instinkts, als Gegenstück zur höfischen Kultur, zum Raffinement. In der Tat: eine völlig neue Welt.

Tiefgreifende Veränderungen hatten sich vollzogen, die teilweise zu einer recht fragwürdigen Entwicklung führten. Davon zeugten beispielsweise die Zwistigkeiten und die skandalösen Zustände in den Klöstern, der alles und jeden korrumpierende Luxus, die Frauen in ihren enganliegenden, die Körperformen betonenden Kleidern. Papst Gregor X. sah sich zum Einschreiten veranlaßt: Während der Fastenzeit des Jahres 1275 hatte er Reglements erlassen, für deren Einhaltung jedoch in Florenz niemand Sorge trug, da nach dem gescheiterten Aussöhnungsversuch zwischen den Parteien das Interdikt über die Stadt verhängt worden war; außerdem hatte er sich gezwungen gesehen, in Anbetracht der Entscheidungsunfähigkeit des Kardinalskollegiums, das drei Jahre gebraucht hatte, um ihn zum Nachfolger von Papst Clemens IV. zu wählen, eine Neuregelung der Papstwahl vorzunehmen.

Mit der päpstlichen Verordnung *Ubi periculum* legte er die Modalitäten fest, nach denen die Kardinäle im Falle einer Vakanz des Heiligen Stuhles einen neuen Papst zu wählen hatten. Keinesfalls sollte der Tod eines Papstes Anlaß dazu bieten, die Reputation der Kirche aufs Spiel zu setzen. Sie wurde ja schon allzusehr aufs Spiel gesetzt durch den in den Reihen des Klerus um sich greifenden Sittenverfall, durch Simonie und Konkubinat, was gefährliche Gegenbewegungen auslöste, die zusätzlich noch gefördert wurden durch das Bestreben, den Glauben in der ursprünglichen Reinheit zu praktizieren. Auch Dante wurde von dieser Sehnsucht nach Wiedergeburt erfaßt, die sich zu jener Zeit breitmachte und tiefe Spuren hinterließ.

Er war noch ein Knabe, als eine in jenen Jahren recht bekannte Persönlichkeit, Fra Gherardo da Borgo San Donnino, nach langer Gefangenschaft als Ketzer im Kerker den Tod fand. Der Franziskaner Gherardo hatte in Paris Theologie gelehrt und in seiner *«Einführung in das Ewige Evangelium»* jene Prophezeiungen zusammengetragen und kommentiert, die Joachim von Fiore zugeschrieben wurden, der ein Jahrhundert zuvor in den Wäldern der Sila in Unteritalien einen eigenen Orden mit dem Ziel der religiösen und sozialen Erneuerung gegründet hatte, durch die Dante als Dichter wesentlich beeinflußt wurde. Für welch ergreifende Schilderungen von Büßern, die sich Leib und Seele geißeln, sollte der Name dieses Mannes stehen, der all die simonistischen und korrupten Päpste, welche die Kirche vom rechten Weg abgebracht hatten, zur Hölle geschickt hat.

Ausgangspunkt dieser Schilderungen war Mailand. Hier waren die Angehörigen des niederen Klerus nicht mehr länger gewillt, sich weiterhin das skandalöse Verhalten der Mitbrüder und Oberen ihres Ordens anzusehen. Von diesen wurden sie als «Patarener» bezeichnet, ein Name, der auf das verrufene Stadtviertel Patarìa zurückzuführen ist, in dem Leute wohnten, die sich mit altem Trödel ihr Geld verdienten. Patarener hieß also soviel wie Lumpensammler. Hier lag der Anfang einer Bewegung, die alsbald über Mailand hinausging und unter anderem auch Florenz erfaßte.

Nicht von ungefähr folgte den Patarenern eine andere Bewegung, die unter dem Signum der Reinheit ihren Ausgang von der Balkanhalbinsel genommen hatte: ihre Anhänger nannten sich die «Katharer», das heißt die Reinen. Sie hatte in Mittel- und Westeuropa Verbreitung gefunden, insbesondere in Oberitalien und in Südfrankreich, wo sie in der Diözese Albi in der Languedoc ihr Zentrum hatte. Die Albigenser wurden vor allem durch das auf Geheiß von Papst Innozenz III. unter ihnen angerichtete Blutbad bekannt. Die Katharer, oder Katharener, deren Name so ähnlich klang wie derjenige der Patarener, wurden zum Inbegriff der Ketzer – nicht zuletzt deshalb, weil ihr Protest mit einer Lehrmeinung einherging, die manichäistische Elemente aufwies, der zufolge sich die Menschen in Kinder der Finsternis und Kinder des Lichts, in Verdammte und Auserwählte gliedern, wodurch der soziale Gegensatz zwischen Reichen und Armen, Unterdrückern und Unterdrückten auf eine theologische Ebene verlagert wurde.

Es handelte sich um eine sehr prätentiöse, nicht einfach zu praktizierende Lehre, bei der das Heil des Individuums durch ein hohes Maß an Entbehrungen erkauft werden mußte. Und dennoch haben praktisch alle anderen religiösen Bewegungen, die sich an der Lebensweise dieser Apostoliker orientierten, angefangen von den Waldensern bis hin zu den Franziskanern, weitgehend deren Armutsideal übernommen. Sie verzichteten auf die Annehmlichkeiten und Freuden des Lebens und zogen statt dessen predigend durch die Lande, um Gott für ihre Leiden zu preisen, um den Leib durch Entsagungen aller Art, durch Bußübungen und Peitschenhiebe bis aufs Blut zu geißeln. Voller Andacht lauschten sie beispielsweise den Predigten des Antonius von Padua, einem der ersten Jünger des Heiligen Franziskus, deren Wirkung einem Feuersturm gleichkam. Alsbald zogen «unzählige Scharen von Sündern» in brennendem Bußeifer durch die Lande, «die sich geißelten und fromme Lieder sangen».

Schon seit Anfang des dreizehnten Jahrhunderts traten Flagellanten als Bruderschaft in Erscheinung. Zur Buße für die Versuchungen des Fleisches geißelten sie sich selbst mit Peitschen und Eisenstangen. Nach Mitte des Jahrhunderts trat in Umbrien eine Gruppe von Flagellanten auf, an deren Spitze der Mystiker Rainerio Fasani stand. Im Mai des Jahres 1260, in dem es zur Schlacht bei

Montaperti gekommen war, rief der Stadtrat von Perugia zu einer zweiwöchigen Arbeitspause auf, um der Bevölkerung Gelegenheit zu geben, Andachts- und Bußübungen abzuhalten.

Frater Rainerio hatte diese Aktion veranlaßt und die Durchführung selbst in die Hand genommen, um die Stadt «aus ihrem Schlaf der Sünde» zu erwecken. Zu groß war der göttliche Zorn, als daß man nicht hätte in Furcht erbeben, als daß man sich nicht um Gnade flehend hätte zu Boden werfen müssen. Zu zahlreich waren die Sünden, wie etwa die Sodomie oder der Wucher – ja selbst der christliche Glauben war von den Ketzern verfälscht und von ihren Priestern in fragwürdiger Weise praktiziert worden –, als daß man nicht eine regelrechte Bußbewegung ins Leben hätte rufen müssen. Etwas Bedrohliches lag in der Luft. Es galt als ausgemacht (und das Umsichgreifen der Ketzerbewegungen war schließlich eine Bestätigung dafür), daß das Heer der Finsternis sich gesammelt hatte, um gegen die Heerscharen des Lichtes anzutreten.

Der Mythos vom Antichrist, der am Ende der Zeiten zu erwarten war, bewegte die Gemüter, schürte die Angst. Er war einer Schlange gleich, deren Biß die Herzen aller in der Erwartung des «großen Antagonisten» erstarren ließ. Und eben diese Finsternis, die sich auf Erden ausbreitete und den Blick trübte, war Grund genug, in der Stadt eine Maßnahme wie die Niederlegung der Arbeit anzuordnen, um sich frei von irgendwelchen Ablenkungen der Versenkung hingeben zu können, um in den Tiefen der Seele auch nur den kleinsten Schatten einer Sünde aufzudecken und ihn mit Peitschenhieben auszutreiben. Und zwar in aller Öffentlichkeit: als Beweis für die Bereitschaft, sich zu demütigen und diese Demütigung mit Blut zu besiegeln. Noch nie hatte man das Blut in solchen Mengen fließen sehen. Die öffentlich zur Schau gestellte Pein kann übrigens die unglaublichsten Wirkungen hervorrufen. Man kam daher überein, daß dieses Schauspiel es wohl wert sei, vor einem möglichst großen Publikum und vor allem unter dessen Mitwirkung aufgeführt zu werden. In weißen Gewändern folgten die Anhänger des Frater Rainerio den Bannern und Kreuzen und zogen zur Stadt hinaus.

Sie zogen durch Felder und Wälder, über Bergpässe und durch Flußtäler, bis vor die Tore der nächsten Stadt, und immer mehr Leute folgten ihrem Zug: des Nachts flammte ein Lichtermeer rot flackernder Kerzen und Fakkeln auf. Frauen und Männer schlossen sich diesem Zug an, Menschen, bei denen man aufgrund ihres Lebensalters davon ausgehen konnte, daß sie einiges an Schuld abzubüßen hatten; aber es waren auch viele junge Menschen unter ihnen. Sie hielten Einzug in die Städte, wo sie sich unter dem feierlichen Geläute der Glocken auf dem Platz vor der größten Kirche versammelten und das «Kyrie eleison» sangen oder Hymnen und Lobgesänge anstimmten. Unter den Augen der herbeieilenden Schaulustigen entkleideten sie sich.

Sie warfen sich zu Boden, bildeten einen Kreis um ihren Anführer, der sich inmitten der nackten Leiber seinen Weg bahnte und Peitschenhiebe austeilte. Das war das Signal für eine allgemeine Geißelung, die jeder am eigenen Leibe in mystischer, fiebriger, ja geradezu verbissener Ekstase vollzog. Erneut hob das Singen an, unter Heulen und Wehklagen erklangen die Psalmen. Das alles peitschte die Gemüter auf und rief eine Stimmung hervor, der sich die herbeigeeilten Schaulustigen nur schwerlich entziehen konnten.

Die unmittelbaren Auswirkungen auf das Leben in der Stadt waren verblüffend. Mit einem Male fand sich eine Lösung für die endlosen Zwistigkeiten. Bei sämtlichen Auseinandersetzungen, gleich welcher Art, zeigten die

Beteiligten sich plötzlich bereit einzulenken. Auch zwischen den politischen Parteien und Gruppierungen setzte eine Phase der Waffenruhe ein; immer häufiger kam es vor, daß sich beide Seiten gegenseitig versprachen, sich aussöhnen zu wollen, Reue zu üben, eine Denkpause einzulegen, um die gegensätzlichen Standpunkte noch einmal überdenken zu können.

Da schien es wenig angebracht, sich als Kritiker und Gegner dieser Bewegung aufzuspielen, wie dies Oberto II. Pallavicino tat, einer der ghibellinischen Anführer. Als Herrscher über Pavia, Cremona, Piacenza, Alessandria, Tortona und in jenem Jahr auch über Mailand hatte der Markgraf Pallavicino am Ufer des Po eine Reihe von bereits mit Stricken bestückten Galgen aufstellen lassen. Das war das erste, was den Flagellanten ins Auge fiel, als sie zur Lombardei gezogen kamen.

Sie verstanden die Warnung sehr wohl, wenn auch einige junge Leute aus Parma der Meinung waren, man könne diese Warnung ruhig in den Wind schlagen, die Herausforderung annehmen und in das Territorium des Ghibellinen einrücken; gegebenenfalls müsse man eben in Kauf nehmen, dabei Kopf und Kragen zu riskieren. Kein anderer Tod schien ihnen erstrebenswerter als derjenige, den man sich beim Versuch einhandelt, einem Glaubensfeind zu demonstrieren, daß man vor seinen Drohungen nicht zurückschreckt. Doch Salimbene de Adam, ein ebenfalls aus Parma stammender Franziskaner und Schriftsteller, empfahl seinen Landsleuten, hiervon Abstand zu nehmen: sie dürften ihrem Feinde keinen Vorwand bieten, Böses zu tun. Das Böse nämlich sei, wo immer es auch herkommen mochte, grundsätzlich zu meiden. Salimbene selbst berief sich in seinem Bericht über diese Ereignisse auf den kalabresischen Mönch Joachim von Fiore.

Dieser Mann – den Dante ins Paradies zu den Geistern der Weisen versetzen sollte – spielte für die Büßerbewegung eine wichtige Rolle. Joachim hegte keinen Zweifel daran, daß die Welt an der Schwelle zu einer radikalen Veränderung stehe, zu einem Umbruch unübersehbaren Ausmaßes. Er bezeichnete dieses bevorstehende Zeitalter als das des Heiligen Geistes; er hatte nämlich das Prinzip der Dreifaltigkeit auf die Geschichte übertragen und die historische Entwicklung der Menschheit in drei Phasen eingeteilt.

Auf das Zeitalter Gottvaters, das heißt der Synagoge, des Alten Testamentes, so führte er aus, war das Zeitalter des Menschensohnes, der christlichen Kirche, des Neuen Testamentes gefolgt, das sich nun dem Ende zuneigte. Wie sollte sich aber jetzt der Übergang zum letzten dieser drei Zeitalter vollziehen, welche Folgen würde das wohl mit sich bringen? Hierüber galt es nun, sich Gedanken zu machen, Vorkehrungen zu treffen, sich auf alles gefaßt zu machen: mochte auch der Körper zu einer schwärenden Wunde werden, wenn dies denn der Preis sein sollte, der für das Seelenheil zu zahlen war. War die guelfische Niederlage bei Montaperti nicht schon der erste Hinweis auf das, was sich da anbahnte?

Dieser Niederlage wurde eschatologische Bedeutung beigemessen. Und diejenigen, die am festesten davon überzeugt waren, daß sich nunmehr die Schleusen der Finsternis auftun würden, traten an die Spitze der psalmodierend durch die Lande ziehenden Prozessionen. Und selbst die Alpen stellten kein unüberwindliches Hindernis dar: auch sie wurden überquert. Es war wie eine um sich greifende Seuche. Allenthalben tauchten die Flagellantenzüge auf: in Mitteleuropa, aber auch weiter nördlich, selbst in England ...

Miniatur aus dem Kodex «Il Biadaiolo» mit einer Darstellung zweier Bürger, die den Getreidepreis aushandeln. Florenz, Biblioteca Laurenziana, Ms. Tempi 3 f. 2 r. (Photoservice Fabbri, Mailand)

Spezerei, Miniatur der lombardischen Schule, 14. Jahrhundert. Bologna, Universitätsbibliothek, Ms. 2197 f. 127 v. (Photoservice Fabbri, Mailand)

Reigen tanzender Frauen, Ausschnitt aus dem Fresko «Die Auswirkungen des guten und des schlechten Regiments in Stadt und Land»
von Ambrogio Lorenzetti. Siena, Palazzo Pubblico, Sala della Pace.
(Photoservice Fabbri, Mailand)

Haartracht und Kleidung der Frau im 14. Jahrhundert, Miniatur aus den *Poemata Roberto Regi Napoli dicata* von Convenevole da Prato. London, British Museum, Ms. Royal 6 E IX f. 13r. (Photoservice Fabbri, Mailand)

Miniatur mit Darstellung der bewaffneten Auseinandersetzung zwischen Weißen und Schwarzen während der Maifeiern im Jahre 1300.

Miniatur mit Darstellung der Rechtsprechung anhand der von Giano della Bella erlassenen *Ordinamenti di giustizia*.

Die Jahre vergingen. Dante wuchs heran, wurde erwachsen in einer Zeit, die durch mehr oder weniger spektakuläre Manifestationen frommer Gesinnung, durch mehr oder weniger aufsehenerregende Episoden gekennzeichnet waren. Er war sechzehn oder siebzehn, als eine dieser Episoden ein weiteres berühmtes Opfer forderte: Siger von Brabant. Auch er hatte zu jener Zeit in Paris gelehrt, da Thomas von Aquin sich dort aufhielt, und er hatte mit ihm einen Disput über die Möglichkeit geführt, die auf der Offenbarung beruhende Wahrheit mit der Wahrheit in Einklang zu bringen, die Frucht der menschlichen Erfahrung und der Vernunft ist. Für Thomas war dieser Gegensatz nicht unüberwindlich; er hielt es für undenkbar, «daß eine Glaubenswahrheit einer nachweisbaren Wahrheit entgegenstehen könne». Siger dagegen vertrat, gestützt auf den Aristoteleskommentar des Arabers Averroes, die Auffassung von der Unabhängigkeit des menschlichen Geistes – und damit auch der philosophischen Bestrebungen – von der Theologie.

Daraufhin wurde er von der Inquisition vorgeladen. Er zog nach Italien, den Papst um Hilfe zu ersuchen. Aber er wurde schließlich am päpstlichen Hofe interniert, der nach wie vor keine feste Residenz hatte. Während eines Aufenthalts in Orvieto wurde er von einem in päpstlichen Diensten stehenden, halbverrückten Geistlichen umgebracht. Dante sollte Siger von Brabant ebenso wie Joachim von Fiore zu den Geistern der Weisen in das Paradies versetzen: den einen in den Reigen der Seligen um Thomas von Aquin, den anderen in den Reigen um Bonaventura da Bagnoregio.

Es handelt sich hier um eine Zuordnung, die zu allen möglichen polemischen Spekulationen Anlaß geben könnte, wenn man bedenkt, was Siger wegen seiner ablehnenden Haltung gegenüber den thomistischen Lehren zu leiden hatte und wie teuer die Anhänger des Gherardo da Borgo San Donnino ihre Auffassung zu stehen kam, jenen also, die sich unter dem Einfluß der Minoritenmönche des Bonaventura an der Lehrmeinung Joachims von Fiore orientierten. Daran zeigt sich, welch überaus komplizierte Verhältnisse im Hinblick auf Glaubensfragen in der damaligen Zeit herrschten. Es war der Versuch, die sozialen Probleme auf die Ebene der höheren Wahrheiten zu verlagern und sie vielleicht sogar auf dieser Ebene zu lösen. Allerdings führte das dazu, daß im Laufe der Zeit die Selbstverantwortung des Menschen, seine Fähigkeit, sich sein Leben nach eigenen Vorstellungen einzurichten, immer mehr an Bedeutung gewann.

Angesichts dieser zunehmenden Selbstverantwortung zeichnete sich ein Konflikt zwischen der Theologie und der Politik ab, der um so schwieriger zu lösen war, als man sich seiner vermutlich nicht einmal bewußt war. Die Politik stellte nämlich noch kein eigenes Handlungsfeld, keine Kunst oder gar eine Wissenschaft dar, die eine gewisse Autonomie für sich hätte in Anspruch nehmen können. Die zwischen Thomas von Aquin und Siger von Brabant bestehenden Meinungsverschiedenheiten hatten letztlich auch Auswirkungen auf diesen Bereich, da sie in der Frage, ob dem menschlichen Handeln, der Erfahrung eine eigene Wahrheit zukomme oder nicht, keine Einigung erzielen konnten. Eben weil sich die Politik zwischen diesen beiden Polen bewegte, konnte sie sich nicht von dem Gegensatz zwischen Himmel und Erde lösen, von der Zugehörigkeit zu letzterer, ohne deshalb von ersterem völlig abhängig zu sein. Selbst wenn sich die Politik aufgrund des von ihr gewonnenen Handlungsspielraums also von der Vorherrschaft der Theologie hätte befreien können, so wäre es ihr doch nicht möglich gewesen, sich dadurch als ganz und gar weltlich zu begreifen.

6

Dante ist noch keine zwölf Jahre alt, nur wenige Monate fehlen, da wird er verheiratet. Die Eheschließung war für die Familien der beiden Brautleute ein bewährtes Mittel, um ihren Einflußbereich zu erweitern, und der Zweck einer derartigen Heirat ließ im allgemeinen nur wenig Raum für Gefühle, für gegenseitige Zuneigung. Von daher war es auch völlig belanglos, ob das Paar bereits das erforderliche Alter erreicht hatte, um einen Hausstand zu gründen, um auf eigenen Füßen stehen zu können. Es war allgemein üblich, die Ehe schon sehr früh zu besiegeln, lange bevor das hierfür gesetzlich vorgeschriebene Mindestalter von zwölf Jahren für die Frau und von achtzehn Jahren für den Mann erreicht war. Infolgedessen bedeutete das Jawort, der Austausch der Ringe, der Bund zweier Brautleute, die noch im Kindesalter standen, soviel wie ein Eheversprechen, ein Verlöbnis, das ihnen den Umgang miteinander, das gegenseitige Kennenlernen erlaubte und sie auf das spätere eheliche Zusammenleben vorbereitete.

Dieses Versprechen war bindend, und nur auf die Gefahr der Blutrache hin konnte man sich ihm entziehen. Es wurde in Gegenwart eines Notars und von Zeugen abgegeben, im Rahmen eines kirchlichen und öffentlichen Zeremoniells, das dem Vorgang die nötige Legitimität verlieh. Den Hintergrund für dieses Zeremoniell bildete der Vorplatz einer Kirche beziehungsweise des Palazzo, in dem die eine der beiden Familien wohnte, im allgemeinen die der Braut. Zwei Ringe wurden in gutsituierten Familien von den beiden Brautleuten ausgetauscht: jeweils ein goldener und ein silberner. Die kleine Braut reichte ihrem kleinen Bräutigam die Hand, damit er ihr die beiden Ringe anstecken konnte, dann wurde der Vorgang mit vertauschten Rollen wiederholt.

Die zweite, die eigentliche Phase der Ehe begann Jahre später, wenn die jungen Brautleute sich kirchlich trauen ließen und sich anschließend mit Angehörigen und Hochzeitsgästen in einem langen Festzug von der Kirche zum Hause des Bräutigams begaben, wo in der Loggia oder in einer kleinen Esplanade ein erstes Bankett veranstaltet wurde. Ein weiteres Bankett folgte acht Tage später, dieses Mal im Hause der Braut, die so noch einmal Gelegenheit hatte, einige Tage bei ihrer Familie zu verbringen, ehe sie diese endgültig verließ. Wie es der Brauch wollte, tat die Braut gegen Ende des ersten Bankettes so, als sei ihr sehr bange zumute bei dem Gedanken, sich dem Manne hingeben zu müssen. Die Anwesenden hatten sie dann zu trösten, ihr Mut zuzusprechen. Sie sagten ihr, sie habe vom Bräutigam nichts zu befürchten, da er nämlich gar nicht mehr da sei: oder ob sie ihn etwa unter den Hochzeitsgästen entdecken könne? Sie schaute sich dann um: nein, sie sah ihn nicht, er war wohl tatsächlich weit weg – wie man ihr versicherte. Daraufhin faßte sich das Mädchen ein Herz und begab sich, wenn auch zögernd, zum Brautgemach.

Gemma hieß das Mädchen, das eines Tages diese Szene beim Bankett anläßlich ihrer Vermählung mit Dante spielen würde. Doch noch lag dieser Tag in weiter Ferne: man schrieb erst den 9. Februar 1277. Und sie war noch keine zehn Jahre alt. Ihr Vater, Manetto Donati, gehörte einer jener Familien an, deren Haus mit Wehrtürmen versehen war, einer Familie also, die etwas darstellte in Florenz.

Dennoch war die Mitgift für Gemma nicht eben groß. Sie war mit zweihundert Gulden sogar recht bescheiden: entsprach sie vielleicht der finanziellen Situation des Bräutigams?

Es gab nämlich einen Brauch germanischen Ursprungs, dem zufolge der Bräutigam seiner Braut ein Geschenk zu machen hatte, dessen Wert in etwa ihrer Mitgift entsprach. Ein Brauch, der zuweilen dazu diente – möglicherweise auch in diesem Fall –, der Renommiersucht jener Familien gegenzusteuern, die ihre Töchter mit einer für ihre Verhältnisse überzogenen Mitgift ausstatten wollten. Es gab sogar ein Gesetz, das dem ostentativen Zurschaustellen des Reichtums anläßlich von Hochzeitsfeierlichkeiten einen Riegel vorschob, indem es die Zahl der Hochzeitsgäste begrenzte: sie sollte nicht über hundert hinausgehen.

Diese Obergrenze nicht zu überschreiten war jedoch gar nicht so einfach in einer Stadt, in der die großen Familienfeste gerne zum Anlaß genommen wurden, um unter Beweis zu stellen, wie groß die eigene Familie war, welche Reputation sie genoß und wie weitläufig die familiären und freundschaftlichen Beziehungen waren. Zu eben diesem Zwecke versammelte man gerne möglichst viele Leute um sich. Auch die Mitgift diente diesem Zweck. Sie wurde mit Hilfe des Ehevermittlers vereinbart, der die Verhandlungen zwischen den Familien führte, nachdem diese durch einen Brautwerber miteinander Kontakt aufgenommen hatten. Die Eheanbahnung über einen Brautwerber und einen Ehevermittler, die oft uneigennützig tätig wurden, stand in hohem Ansehen, eben weil sie von Leuten vorgenommen wurde, die durch und durch vertrauenswürdig waren.

Aus welchem Grund und zu welchem Zweck sollten Dante und Gemma sich eigentlich die Hand fürs Leben reichen, so lange Zeit, bevor sie ihre Ehe vollziehen konnten? Von wem sind die Beziehungen zwischen den Alighieri und den Donati angebahnt worden? Weiß der Himmel. Bekannt ist nur der Name Messer Ranaldo di Oberto Baldovino. Messer Ranaldo war der florentinische Notar, der das formelle Eheversprechen der beiden Kinder aus dem Hause der Alighieri und der Donati ausfertigte, die an jenem 9. Februar einander zugeführt wurden, um die Ringe zu tauschen.

Die beiden Familien wohnten nicht weit voneinander entfernt in dem Viertel um Porta San Pietro. Zu jener Zeit hatten sie gerade Gelegenheit, ihre Solidarität unter Beweis zu stellen, und zwar in einer Auseinandersetzung um ein Grundstück, über das die Alighieri mit dem Rektor von San Martino del Vescovo aneinandergeraten waren.

Ein wenig freute sich der Knabe Dante über die Hochzeit. Er hatte das Gefühl, dadurch mit einem seiner Spielkameraden, Forese Donati, einem Vetter dritten Grades von Gemma, enger in Kontakt zu kommen, vor allem aber mit der Schwester Foreses, um die ebenfalls häufig seine Gedanken kreisten und deren Bild zuweilen sogar das von Bice verdrängte. Dieses andere Mädchen hieß Piccarda. Aber er mußte jetzt auch an Gemma denken. Es war ihm gesagt worden, daß ihre Geschicke von nun an vereint wären, daß sie eines Tages unter einem Dach leben und Kinder bekommen würden. Und dennoch kam ihm diese Aussicht auf ein gemeinsames Leben mit der Tochter Manettos weniger real vor als seine Träume.

Gemma war kein besonders hübsches Mädchen. Das Urteil, das er sich über sie gebildet hatte, lautete schlicht und einfach: sie war ein verständiges Mädchen, eines, das nicht die Phantasie des Betrachters beflügelte, sondern ihn eher ernüchterte, ihn auf den Boden der Tatsachen zurückholte. Üblicherweise wurden junge Mädchen von ihrer

Mutter und ihrer Amme auf die häuslichen Pflichten vorbereitet; dazu zählten unter anderem auch Verrichtungen wie «Brot backen, den Kapaun zubereiten und Mehl sieben und Essen bereiten und Wäsche waschen und Betten machen und Garn spinnen und französische Taschen weben oder Seide besticken oder Woll- und Leinentücher schneiden und die Socken flicken ...» Kurz alles, was ein Messer Paolo di Pace aus Certaldo nahelegte, damit einem jungen Mädchen eines Tages, wenn es den Haushalt zu führen hat, «nicht nachgesagt werden könne, sie komme aus dem Walde».

Vom neuen Papst war eine Karikatur im Umlauf, die ihn mit einem kleinen Bären auf der Mitra zeigte und zwei weiteren zu seinen Füßen, die ihn festhielten. Papst Gregor X. war verstorben, und sein Nachfolger Papst Nikolaus III. entstammte dem römischen Geschlecht der Orsini, dessen Name soviel bedeutet wie «Bärchen». Offenbar kannte er keinerlei Skrupel, wenn es darum ging, seiner eigenen Familie Vorteile zu verschaffen, denn darum ging es bei der Karikatur: sie prangerte seine Vetternwirtschaft an. Dante sollte ihn zur Hölle schicken und ihn in ein von Flammen umzüngeltes Loch stecken.

Nach den Staufern, deren Geschlecht mit Konradin erloschen ist, tauchte auch auf dem Kaiserthron ein neuer Name auf: Rudolf I. von Habsburg. Von ihm bekommt Papst Nikolaus III. die Herrschaft über die Romagna übertragen, woraufhin er Karl von Anjou das Vikariat über die Toskana entzieht. Er hat vor, Italien in ein Mosaik kleiner, gleich starker Staaten zu verwandeln.

Hinter den Kulissen der weltpolitischen Bühne kommt es unterdessen zum Eintritt eines galanten Advokaten in den Franziskanerorden. Der Advokat stammt aus Todi. Er heißt Jacopo de' Benedetti. In jungen Jahren war er ein rechter Liederjan – bis er sich in eine gewisse Vanna aus dem Geschlecht der Grafen von Coldimezzo verliebt. Eine schöne Frau. Er heiratet sie. Doch bei einer Festlichkeit, zu der sie mit ihrem Gatten geladen war, kommt sie auf tragische Weise zu Tode: die Saaldecke stürzt ein. Ihr Gatte ist außer sich. Um so mehr, als festgestellt wird, daß unter ihren prunkvollen Gewändern die Haut von den Spuren eines Bußgürtels gezeichnet ist. Daraufhin beschließt er, sein Leben zu ändern.

Er tut Buße. Auch er spürt, ebenso wie die Flagellanten, welch wichtige Rolle das Leiden spielt, wie groß seine reinigende Kraft ist. Bei den Franziskanern fühlt er sich zu den Strenggläubigen hingezogen, die sich strikt an die Ordensregeln halten; bei ihnen, den Spiritualen, beschließt er, als Laienbruder in den Orden einzutreten. Seine Lauden, jene Lobgesänge, deren ursprüngliche Form der Litanei sich unter dem Einfluß der Flagellanten in Inhalt und Metrik der Ballade angenähert haben, haben ihm eine gewisse Berühmtheit eingetragen, die er jedoch nicht minder verachtet, als er die ganze Welt verachtet: er sieht in ihr nichts als Korruption. Seine Dichtung spiegelt dies in einer Mischung aus harschem Realismus und Abstraktheit, aus verbissenem Pessimismus und mystischem Idealismus wider. In gewisser Hinsicht ist Jacopone, wie er sich nach seiner Bekehrung nennt, also ein Vorläufer Dantes.

Um diese Zeit, vielleicht auch wenig später, begann der Knabe Dante, seine ersten Verse zu schreiben, in denen er seine Erlebnisse und seine Träume verarbeitete. Ebenfalls auf seine Knabenzeit geht die Erinnerung zurück an einen gewissen Meister Adam, der dem florentinischen Goldgulden eine unzulässige Menge minderwertigen Metalls beigemischt hat. Beim Versuch, seine falschen Goldmünzen an den Mann zu bringen, wurde er festgenommen und kurz darauf lebendig verbrannt. Dante sollte ihn in seine

Hölle schicken, diesen Falschmünzer, dessen Gestalt, wie er sich ausdrückte, an «eine Laute» gemahnte, da sein von der Wassersucht aufgeschwemmter Leib wie der Resonanzkörper und der kleine, langgestreckte Menschenkopf wie der Hals dieses Streichinstrumentes aussahen. Er wird von quälendem Durst gepeinigt.

Man schreibt unterdessen Oktober 1279, und in Florenz hält mit großem Pomp ein mit prächtigen, golddurchwirkten Seidengewändern angetaner Kardinal Einzug. Er ist von Papst Nikolaus III. in diese Stadt entsandt worden. Nachdem die guten Beziehungen zu Karl von Anjou abgebrochen waren und die Toskana nun direkt dem Papst unterstand, hatte sich der Papst bis zur Ankunft seines Legaten durch seinen florentinischen Substituten Andrea de' Mozzi vertreten lassen, den Bruder von Tommaso de' Mozzi, der das große Bankhaus Mozzi-Spini leitete. Andrea war Kanonist, ein Kirchenmann, dessen großes Geschick als Unterhändler allgemein bekannt war. Und er war nach Dantes Ansicht ein Sodomit.

Der vom Papst entsandte Kardinal, Latino Malabranca, ist ein Neffe des Papstes. Er kommt, wie schon die anderen, die ihm in den vergangenen Jahren in dieser Mission vorausgegangen waren, in der Absicht, Florenz und die Toskana zu befrieden. Seine Heiligkeit war nämlich zu dem Schluß gekommen, daß zur Verwirklichung seines Vorhabens, mehrere unabhängige, in einem Zustand des Gleichgewichts gehaltene Fürstentümer zu schaffen, in den einzelnen Staaten zunächst einmal für die Wiederherstellung von Ordnung, Eintracht und politischem Konsens Sorge getragen werden müsse. Von daher war es an der Zeit, dem Parteienhader und den endlosen Fehden ein Ende zu setzen. Und das war auch die Botschaft, die der Kardinal nun verkünden wollte.

In der Hoffnung auf eine Aufhebung des Interdikts,

dem sie seit der überstürzten Abreise von Papst Gregor X. unterlagen und das nun für diesen Besuch des Neffen von Papst Orsini vorübergehend außer Kraft gesetzt worden war, hatten sich die Florentiner für den Empfang des Gastes mit einem großen Aufgebot an Würdenträgern, Vertretern der Zünfte und der verbündeten Städte gerüstet. Um zu zeigen, welche Bedeutung sie diesem Ereignis beimaßen, hatten sie sich um das florentinische Symbol des Glaubens und der Tapferkeit geschart: um den *Carroccio* – den großen Ochsenkarren mit einem Altar darauf, auf dem ein Kreuz und das Banner der Stadtrepublik befestigt war. Das war am 8. Oktober, einem Sonntag.

Auf diesen Tag fiel auch das Fest der Heiligen Reparata, das, einmal abgesehen von dem Fest zu Ehren Johannes des Täufers am 24. Juni, von den Florentinern am ausgiebigsten gefeiert wurde. Der Heiligen Reparata hatten sie auch ihren Dom geweiht. Die Verehrung dieser Heiligen hatte ihren Ausgang in Palästina genommen, wo Reparata, eine Frau aus Cäsarea, sich geweigert hatte, den heidnischen Göttern Opfer darzubringen. Sie hatte den Märtyrertod auf sich genommen. Die in Karawanen durch Kleinasien ziehenden Kaufleute hatten ihren Namen bekannt gemacht, der schließlich bis nach Italien gedrungen war. Später, während des Ostgoteneinfalls, schrieben die Florentiner ihr einen Sieg am Flusse Mugnone zu. Jetzt also gedachten sie ihrer mit einem Fest, das nach den ausgelassenen Feierlichkeiten für den Schutzpatron der Stadt im Juni das wichtigste kirchliche Fest darstellte.

Latino Malabranca, der Legat des Papstes, wurde im Palazzo der Mozzi am Arno untergebracht, in dem sechs Jahre zuvor auch Papst Gregor X. residiert hatte. Er waltete seines Amtes und empfing Guelfen und Ghibellinen, denen er sein Mißfallen über gewisse Exzesse in den Sitten der Stadt zum Ausdruck brachte, angefangen von der Art und Weise, wie sich die Frauen kleideten. Er konnte es nicht gutheißen, daß den von Papst Gregor erlassenen Luxusgesetzen unter Hinweis auf das Interdikt keine Folge geleistet wurde. Mit Nachdruck rief er die entsprechenden Anordnungen in Erinnerung und fügte sogar noch weitere hinzu, etwa für die verheirateten Frauen über achtzehn das Gebot, sich in der Öffentlichkeit nur mit verschleiertem Gesicht zu zeigen. Ein Gebot, das den Florentinerinnen durchaus nicht ungelegen kam. Dieser Schleier des Geheimnisses war für sie ein gewisser Ausgleich für das Verbot, Kleider mit Schlitzen, tiefen Ausschnitten und langen Schleppen zu tragen. Aber eigentlich hatten den Kardinal ganz andere Probleme nach Florenz geführt. Er mußte seinen Pflichten als Friedensstifter nachkommen – und es war nicht leicht, sich in diesem Wirrwar alter und festverwurzelter Fehden zurechtzufinden.

Aber dank seiner wichtigen Position und seines persönlichen Geschicks konnte er alle Register ziehen, um Furcht einzuflößen und zu imponieren. Abgesehen davon, daß er seinen Einfluß beim Papst geltend zu machen und alle Hebel der Inquisition in Bewegung zu setzen verstand, konnte er auch singen, Verse schreiben, komponieren. Und mit faszinierender Eloquenz sprechen. Er hatte seine kirchliche Laufbahn als Dominikanermönch, das heißt als Prediger begonnen – eine ausgezeichnete Schule, um den Umgang mit Menschen zu lernen, um sich daran zu gewöhnen, auf ihre Fragen einzugehen und um Überzeugungsstrategien zu entwickeln. So war wohl auch die für den Neubau von Santa Maria Novella angesetzte Zeremonie Teil dieser Strategie für den Umgang mit der Stadt.

Er legte den Grundstein für ein Bauvorhaben von ganz anderen Dimensionen. Sie übertrafen bei weitem die der alten Kirche, die wenig mehr als dreißig Jahre zuvor aus dem Umbau einer älteren kleinen Kirche, Santa Maria delle Vigne, hervorgegangen war, die ihrerseits an die Stelle eines alten Oratoriums getreten war. Man hatte also die Absicht, Santa Maria Novella zu einem noch imposanteren Bau zu machen, als der Dom zu Pisa und der zu Siena es waren – eine Absicht, der die Florentiner überaus aufgeschlossen gegenüberstanden, da sie den übrigen toskanischen Städten nun einen Krieg anderer Art erklärt hatten, der auf dem Felde der Grandiosität der Palazzi und anderer Bauwerke ausgetragen wurde. Der Grundriß dieser neuen Kirche sollte wesentlich größer werden als der von Santa Reparata, eineinhalbmal so groß, so daß er architektonisch die Bedeutung des Dominikanerordens widerspiegelte.

Die jetzt nach Osten orientierte Fassade wollte man nach Süden ausrichten. Auf dieser Seite mußte ein neuer Platz angelegt werden. Für Gewölbe und Stützpfeiler sollten die Zisterzienserkirchen als Vorbild dienen: deren Prachtentfaltung also mit gotischer Formgebung verbunden. Die Zisterzienser hatten, wie auch die Dominikaner, die Armut nicht zu ihrer Ordensregel erhoben. Wäre eine derartige Regel zu beachten gewesen, hätten die berühmtesten Kathedralen und Abteien und Klosterkirchen nicht errichtet werden können, zu denen nun also der Neubau von Santa Maria Novella hinzukam. Der Kardinal rief zu Kontributionen auf. Den großzügigsten Spendern stellte er fünf Jahre Sündenerlaß in Aussicht. Dante erlebte den Beginn der Bauarbeiten mit. Er sah, wie die Kirche langsam Gestalt annahm, wie sich die großen Steinbögen über das Kirchenschiff spannten, das beinahe hundert Meter lang und fast dreißig Meter breit war, in der Vierung sogar doppelt so breit. Die gewaltigen Abmessungen dieses Bauwerks stellten eine Modifizierung der entsprechenden Kirchen jenseits der Alpen dar, für die eine Betonung der Vertikalen kennzeichnend ist.

In Florenz war also eine Zeit angebrochen, in der das Streben nach Größe und Monumentalität immer imposantere Resultate hervorbrachte. Die räumlichen Dimensionen dominierten, und die Linienführung wies in zunehmendem Maße eine Tendenz nach oben auf, wodurch das Streben nach Transzendenz «barbarische» Züge annahm, wie Vasari bezüglich des gotischen Stils feststellen sollte. Es war der Stil Thomas von Aquins, aber auch Dantes. Sprach man nicht von der *Commedia* als von einer gotischen Kathedrale? Doch Kardinal Latino Malabranca hatte sich nicht nur nach Florenz begeben, um dort Grundsteine zu legen; er hatte Verhandlungen mit den auszusöhnenden politischen Parteien zu führen. Er hatte sich Vollmachten übertragen lassen, die ihm den für die Erfüllung seiner Aufgaben nötigen Spielraum sicherten.

Seine schiedsrichterliche Tätigkeit begann er mit der Aussöhnung der beiden Familien der Buondelmonti und der Uberti, deren Fehde um die Auflösung eines Verlöbnisses auch alle übrigen großen Familien entzweit hatte, so daß zwei Lager entstanden waren, die sich unter der Bezeichnung Guelfen und Ghibellinen gegenüberstanden. Diese Aussöhnung war ein geradezu bahnbrechender Erfolg. Anschließend verfügte Kardinal Latino Malabranca die Schaffung verschiedener Staatsorgane, durch welche die allgemeine Aussöhnung – sobald sie denn besiegelt war – gewährleistet werden sollte. Er übertrug die Regierungsgewalt der Stadtrepublik an den Ausschuß der *Quattordici Buonuomini*, der Vierzehn Ehrenmänner.

In diesem Ausschuß waren Guelfen, Ghibellinen und Parteilose vertreten. Damit wurden die Parteiungen praktisch offiziell anerkannt, wurden zu politischen Parteien erhoben. Wobei allerdings den Parteilosen, die sich aus den Verstrickungen beider Lager herauszuhalten suchten, eine Vorrangstellung eingeräumt wurde. Dem sogenannten *popolo grasso*, dem wohlhabenden Bürgertum, war es damit gelungen, sich einen Spielraum zu verschaffen, der ihm unter Ausnutzung der Rivalitäten des Adels die Etablierung einer eigenen Machtstellung ermöglichte. Im übrigen konnte diese Entscheidung gar nicht anders ausfallen: um die *Magnaten*, wie man die Adligen jetzt nannte, zum Friedensschluß zu bewegen, kam man gar nicht umhin, die Unterstützung der *Popolani* zu suchen. Und eben diese Unterstützung suchte der Kardinal zu erlangen.

Er bestätigte zwei bewährte Institutionen an der Spitze der städtischen Regierung: den *Capitano del popolo*, den Volkskapitan, und den *Podestà*, den Stadtvogt; da letzterer kraft seines Amtes über den Parteien stehen sollte, war er von jeher unter den Adligen einer anderen Stadt ausgewählt worden. Von nun an sollte die Entscheidung über die Besetzung dieses Amtes beim Papst liegen, aber auch über die des Volkskapitans, der vom Vertreter einer Partei gewissermaßen zu einem Gouverneur der Stadtrepublik aufstieg. Beiden Amtsträgern wurden beratende Gremien zur Seite gestellt. Und am 18. Februar des Jahres 1280 wurde nach einer vorbereitenden Volksversammlung, zu der die Florentiner auf den Platz vor Santa Maria Novella einberufen worden waren, der Frieden proklamiert, der mit einer Umarmung und einem Kuß auf den Mund besiegelt wurde, wie das für Aussöhnungen so der Brauch war.

Zwei aus je fünfzig guelfischen und fünfzig ghibellinischen Delegierten bestehende Gruppen gaben sich unter den Augen der beifallspendenden Menge den Bruderkuß. Unter den Guelfen befand sich auch der Schwiegervater Dantes, Manetto Donati. Die Menge erfuhr, daß die im Exil lebenden Ghibellinen jetzt in die Heimat zurückkehren konnten – alle bis auf fünfundfünfzig von ihnen, die als besonders gefährlich galten. Bei diesen Vereinbarungen hatte auch Brunetto Latini seine Hand im Spiel gehabt. Desgleichen Andrea de' Mozzi, den der Kardinal im April als seinen Statthalter zurückließ, als er seine Mission in Florenz, beziehungsweise in der Toskana, für erledigt erachtete. Außer mit dem Problemfall Florenz, dessen Lösung am schwierigsten gewesen war, hatte er sich nämlich auch mit den in anderen Städten bestehenden Problemen zu befassen. So reiste er von Florenz aus in die Romagna.

Dorthin führte ihn die Absicht seines päpstlichen Oheims, in Mittel- und Oberitalien vier der Kirche unterstellte Fürstentümer zu schaffen. Doch kaum vier Monate später war Papst Nikolaus III. – und mit ihm seine Politik – gestorben. Dadurch sah sich Florenz ganz unverhofft von den Fesseln befreit, die der Papst der Stadt durch seinen Neffen hatte auferlegen lassen. Wie ein Pferd, das lange eingesperrt, angeschirrt war und auf einmal unversehens wieder freien Auslauf hat, verfiel die Stadt sofort wieder in den rasenden Galopp ihrer schlimmsten Krisenzeiten. Alle Zwistigkeiten, um deren Beilegung man sich so sehr bemüht hatte, flammten erneut auf. Man hatte fast den Eindruck, als solle durch diesen Rückfall in den erbittertsten Parteienhader die erfolgte Aussöhnung rückgängig gemacht werden. Die Ghibellinen, die seit der Rückkehr aus dem Exil ihre Reihen wieder hatten schließen können, waren für die Guelfen der alte Erzfeind, den es zu vernichten galt. Sie setzten deren vollständigen Ausschluß von den Regierungsgeschäften durch.

Während aber die Ghibellinen den gerade erst zurückgewonnenen Einfluß erneut verloren, vermochten die Guelfen es nicht, sich diese Situation zunutze zu machen – wohl aber die Parteilosen, letztlich also die aus dem niederen Volk aufsteigenden Bevölkerungsschichten. Ihnen gelang es bald schon, den Guelfen die Stirn zu bieten, sie sogar aus dem Sattel zu heben, und zwar nicht zuletzt dank eines auf Sizilien ausgebrochenen Volksaufstandes. Diese sogenannte «Sizilianische Vesper» endete damit, daß die Franzosen von der Insel verjagt wurden und Karl von Anjou noch mehr an Macht einbüßte. Peter von Aragon, der Schwiegersohn Manfreds, der mit dessen Tochter Konstanze vermählt war, hatte den Handschuh aufgehoben, den Konradin bei seiner Enthauptung in Neapel hingeworfen hatte. Damit war also die Rache vollzogen. Die Guelfen, die dadurch die Unterstützung des Anjou verloren hatten, sahen sich in einer um so schwierigeren Lage, als in der Romagna die Ghibellinen wieder an die Macht gekommen waren. Nichts hätte den *Popolanen* gelegener kommen können: jetzt konnten sie sich auf den Rücken des kopfscheu gewordenen Pferdes schwingen und versuchen, seine Zügel zu ergreifen.

Das geschieht im Juni 1282. Dante ist inzwischen siebzehn geworden. Und es geschieht zu einer Zeit, da neben dem Rat der Vierzehn ein Rat der Zünfte berufen wird, der aus je einem Vertreter der drei ältesten Zünfte besteht. Dazu gehört die Zunft der *Calimala*, deren Name von der Straße herrührt, in der die Bearbeitung und das Färben der eingeführten Stoffe erfolgte, ferner die Zunft der Wechsler sowie die Zunft der Wollhändler. Die drei Zunftvorsteher werden als *Prioren* bezeichnet. Dieser Name geht, wie Villani erklärt, «auf das Heilige Evangelium zurück, wo Christus zu seinen Jüngern sagt: Vos estis priores.» Es erweist sich jedenfalls für die Stadt als außerordentlich heilsam, daß damit die Geschäftsleute in die Regierungsgeschäfte einbezogen werden. Bald darauf sollte die Zahl der Prioren auf sechs erhöht werden, für jedes der sechs Stadtviertel einer. Später dann auf zwölf, die als Vertreter der höheren und mittleren Zünfte fungierten: sechs für die höheren Zünfte (Richter und Notare, Tuchhändler, Wechs-

ler, Wollweber, Ärzte und Apotheker, Seiden- und Kurz-
warenhändler, Pelzhändler) und fünf für die mittleren
Zünfte (Flachskämmer, Metzger, Schuhmacher, Stein-
metze und Holzschnitzer, Schmiede). Der Rat der Vierzehn wurde dadurch in den Hintergrund gedrängt.

Im Vordergrund stehen als Hauptakteure nun nahezu
ausschließlich die Prioren. Ihre Amtszeit währt zwei Monate, während deren sie Tag und Nacht gleichsam in
Klausur zusammenleben. Anfangs schließen sie sich, zumindest während einer Übergangsphase, in der «*Torre
della Castagna* nahe der Abtei» ein. Diese Information verdanken wir Dino Compagni, der weiter ausführt: «damit
sie die Drohungen der Mächtigen nicht zu fürchten haben.»

Torre della Castagna, das war der alte Wehrturm in der
Nähe des Hauses der Alighieri, in dem sich die Prioren,
unter ihnen auch Beatrices Vater Folco Portinari, zu ihrem
freiwilligen Exil zusammenfanden, um von dort aus die
Regierungsgeschäfte unbehelligt führen zu können. Aber
es dauert nicht lange, bis sich herausstellt, daß selbst diese
gutgemeinte Intention den Realitäten nicht standhalten
konnte. Schon bald wurden die Gesetze nicht mehr geach-
tet, sondern umgangen und den Intentionen einer Minderheit angepaßt, die sie für ihren eigenen Vorteil zu nutzen suchte. So entfernten sich die sogenannten *popolani
grassi* schließlich immer weiter von den Bevölkerungsschichten, aus denen sie hervorgegangen waren, um sich
denjenigen anzunähern, zu denen sie aufstrebten. «Daher
waren die guten Staatsbürger, die Popolanen, unzufrieden
und kritisierten die Amtsführung der Prioren, weil die
Guelfen als die großen Herren auftraten», mit anderen
Worten, weiterhin das Regiment in der Stadt führten.

Auch dies wird von Compagni berichtet, der die in seiner *Cronica* geschilderten Begebenheiten selbst miterlebt

hat. Er war zwischen 1282 und dem Ende des 13.Jahrhunderts sechsmal Konsul der Zunft der Seidenhändler; und während dieser Zeit gehörte auch er zu den Prioren, die sich inzwischen in der romanischen Kirche San Piero Scheraggio versammelten.

Das Jahr 1283 war auch das Jahr, in dem Dante volljährig wurde; bei Waisen war das im Alter von achtzehn Jahren der Fall. Die Stadt Florenz machte zu jener Zeit eine recht turbulente Phase ihrer Geschichte durch. Was sich innerhalb der Kirche tat, war auch nicht gerade dazu angetan, die Lage zu entspannen. Der unter dem Namen Martin IV. zum Papst gewählte Franzose Simon de Brie erließ die Bulle *Ad fructus uberes,* die auf eine Bulle seines Vorgängers Bezug nahm und Anlaß zu neuen Konflikten innerhalb des Franziskanerordens zwischen den Repräsentanten einer strengen Linie und den Befürwortern einer «laxen» Lebensweise bot. Nur daß jetzt der Konflikt nicht mehr bloß innerhalb des Ordens schwelte, sondern auf den weltlichen Klerus übergriff, der in der den Minoriten eingeräumten Freiheit des apostolischen Amtes – worauf der Inhalt der beiden päpstlichen Bullen im Grunde genommen hinauslief – einen Anschlag auf seine Vorrechte sah. Es folgten Gegenreaktionen, Verurteilungen, Auseinandersetzungen, Kerkerstrafen. Was den neuen Papst anbelangt, so sagte man ihm nach, er sei den Gaumenfreunden in hohem Maße zugetan. Sogar sein Lieblingsgericht war bekannt: in Vernacciawein gekochte und gebratene Aale aus dem Bolsenasee. Dante sollte ihn zum läuternden Fasten verurteilen.

7

Dante hatte die Volljährigkeit erreicht. Er spürte, wie sich ihm eine ganz neue Bewegungsfreiheit eröffnete, auch wenn diese leider durch die Tatsache beeinträchtigt war, daß er nicht über genügend Mittel verfügte, um die neugewonnene Freiheit auch wirklich genießen zu können.

So mußte er sich zum Beispiel hüten, nicht in eine der *liete brigate* zu geraten, jenen Kreis wohlhabender und lebenslustiger junger Herren, die sich die Zeit mit allerlei Amüsements totschlugen. Man hatte sich in der Stadt daran gewöhnt, sie singend und lärmend durch die Straßen ziehen zu sehen. Doch man war eher geneigt, sich an ihrem jugendlichen Feuer zu erwärmen, als daß man Neid gezeigt oder Vorwürfe erhoben hätte.

Wohl gab es Geistliche, die von den Kanzeln herab wetterten, aber dazu waren sie ja schließlich auch berufen. Zuweilen erreichen sie mit ihren Strafpredigten jedoch genau das Gegenteil, wie etwa in Siena. Ein Prediger hatte das unmittelbar bevorstehende Ende der Welt prophezeit und dazu aufgerufen, sich gebührend darauf einzustellen... Aber nein, Buße tun und sich mit den Fäusten an die Brust schlagen – das war nicht die rechte Art, sich vom Leben zu verabschieden! Das jedenfalls sagten sich einige junge Edelleute aus Siena und beschlossen daher, sich in einen Palazzo zurückzuziehen und sich nichts entgehen zu lassen. Wenn dies denn die Fanfaren der Apokalypse waren, so sollte es wenigstens nicht an unbeschwertem Frohsinn, an Sinnesfreuden, an Lustbarkeiten und an ausgelassener Stimmung fehlen. Sie veranstalteten unvorstellbar opulente Gelage, die sich vom Morgen bis in den Nachmittag, von einem Tag zum anderen, von einer Woche zur nächsten hinzogen. Es wurde alles aufgefahren, was man sich überhaupt nur wünschen konnte. Man speiste mit goldenem und silbernem Besteck, die Tafel war aufs kostbarste geschmückt. Hin und wieder wurde die ganze Preziosensammlung zusammengerafft und zum Fenster hinausbefördert. Dann hieß es: auf ein Neues! Die Gäste erhielten üppige Geschenke. In weniger als einem Jahr war ein ganzes Vermögen verjubelt, zweihundert Golddukaten, mehr als manch eine Bank an Kapital besaß.

Für Dante hingegen lag das Problem darin, wenigstens über so viel Geld zu verfügen, daß er seinen Eintritt in die Welt der Erwachsenen gebührend feiern konnte. Er besorgte sich das notwendige Geld, indem er einem gewissen Donato di Gherardo del Papa einen Kredit abtrat, den ihm sein Vater hinterlassen hatte. Er bekam zwar nicht sehr viel dafür, aber immerhin genug, um für einige Zeit das beruhigende Gefühl eines gefüllten Beutels zu verspüren: ein Argument, das nicht eben wenig zählte in einer Stadt, deren verschlossenes, schroffes Gesicht sich allmählich etwas aufzuhellen begann. Nicht von ungefähr verschwand der Wehrturm zunehmend aus dem Stadtbild, während die *Piazza* immer weiter in das Gewirr der von den Häusern umlagerten Gäßchen ausgriff. Schon konnte man sie in Miniaturen und auf Gemälden bewundern. Für die Novellenschreiber erwies sie sich als eine wahre Fundgrube. Und selbstredend war sie ein Tummelplatz für alle, die sich der Politik verschreiben oder auch nur über Politik diskutieren wollten. Dante war sich noch nicht darüber im klaren, ob auch er sich der Politik verschreiben sollte.

Inzwischen war Beatrice die zweite Frau von Simone de' Bardi geworden. Doch änderte das irgend etwas? Paradoxerweise trug das allenfalls zu einer Intensivierung ihrer Beziehung bei. Es unterstrich nur die Tatsache, daß es kein Zurück gab, daß gleich den beiden Ufern eines Flusses – auf ewig dazu verdammt, auf Sichtweite voneinander entfernt zu bleiben – jeder von ihnen fest in seine je eigene Welt eingebunden war, ohne daß es eine Möglichkeit gegeben hätte, sich gegenseitig in die Arme zu schließen.

Das war zwar an sich nichts Ungewöhnliches, es kam sogar recht häufig vor, daß ein Mann, ein Dichter, sich eine eigene ideale Frauengestalt erkoren hatte, die er verherrlichte. Es war ein Umstand, gegen den niemand etwas einzuwenden hatte, weder die Ehefrau des Dichters, wenn sie selbst nicht die Verkörperung dieses Ideals war, noch der Ehemann der Frau, die sich der Dichter als Objekt seiner Verehrung auserkoren hatte. Dante hatte sich vorgenommen, seine Verehrung in einem Poem zum Ausdruck zu bringen. Er hatte keinen Zweifel, daß sie das verdiente. Schon jetzt versah er seine Bice mit mehr Attributen, als man sie selbst einem Menschen mit noch so außerordentlichen Vorzügen zuzusprechen pflegt. Aber das ist ein nicht ungewöhnlicher Vorgang, wenn einem der Sinn für die richtigen Proportionen abhanden gekommen ist, wenn sich die Grenzen der Wirklichkeit verschoben haben.

So erging es fast allen Dichtern, die er kannte. Und er war in einen Wettstreit mit ihnen getreten, auch wenn er seine Liebe noch nicht öffentlich bekannt, das heißt seine Verse noch nicht in Umlauf gebracht hatte.

Die Poesie war eine Passion, von der nur wenige verschont blieben, wie übrigens – naheliegenderweise – auch die Politik: selbst wenn man sich aus den Zwistigkeiten zwischen zwei Parteien herauszuhalten suchte, so wurde man doch unweigerlich in die Auseinandersetzungen zwischen den Magnaten und den Popolanen hineingezogen. Allerdings hatte es in jüngster Zeit in Poesie und Politik jeweils eine aufsteigende beziehungsweise eine absteigende Entwicklung gegeben, die sehr viel über die Wertmaßstäbe der damaligen Zeit aussagten. Die Dichter erlebten einen Aufstieg, waren himmelwärts orientiert, wobei ihnen die im Abstieg begriffenen Politiker begegneten. Dante spürte, daß seinem Streben, Bice zu einem engelgleichen Wesen zu erheben, die innerhalb der Poesie zu verzeichnende neue Tendenz sehr entgegenkam, zugleich fesselte ihn aber auch die Entdeckung der menschlichen Dimension in der Politik.

Im Grunde ging es darum, inwieweit man die Frage nach der besten Regierungsform erörtern konnte, ohne sie zwangsläufig als etwas begreifen zu müssen, das von einem Plan Gottes oder der Vorsehung bestimmt war. Das eine schloß zwar das andere nicht aus, aber die Mittel zu deren Realisierung hingen von der Fähigkeit des Bürgers ab, sich so gut wie möglich in der Welt zu behaupten. Innerhalb der Kirche war diese Haltung von Thomas von Aquin bekräftigt worden. Gewiß durfte die Vernunft dem Glauben nicht widersprechen, sowenig wie eine Quelle der Wahrheit der anderen widersprechen durfte, aber man mußte ihr eine Daseinsberechtigung zuerkennen. Die Theologie war nicht mehr für alle Bereiche zuständig.

Dante war sehr darauf bedacht, sich keine der Diskussionen entgehen zu lassen, die über die neuen Fragestellungen der Philosophie geführt wurden. Seit man versucht hatte, die Ideen des Aristoteles für das Christentum zu erschließen, sah man in der Philosophie nicht mehr lediglich die getreue Magd der Theologie; sie hatte sich vielmehr aufgemacht, eine dominierende Rolle in dem Streben nach einer größeren Bewegungsfreiheit für den Menschen zu übernehmen.

Nicht von ungefähr stieg die Zahl der mit religiösen und moralisierenden Themen befaßten Dichter erheblich an, die warnend den Zeigefinger erhoben und die Martyrien des Jenseits in aller Eindringlichkeit schilderten. Es herrschte in der Tat eine ausgesprochene Vorliebe für apokalyptische Visionen, zu denen sich viele verseschreibende Prediger inspirieren ließen, die offensichtlich ihre Aufgabe ausschließlich darin sahen, das *Memento mori* in den düstersten Farben zu schildern. Doch nicht wenige kehrten diesen Apokalyptikern bereits den Rücken. Sie wandten sich der Schönheit zu – ein Zeichen für die einsetzende kulturelle Neuorientierung.

Die Literatur begann sich nun an neuen individuellen und politischen Werten zu orientieren, die sich in den Stadtrepubliken allmählich durchsetzten. Diese neuen Werte stellten also ein Bindeglied dar zwischen Poesie und politischem Geschehen. Aufschlußreich ist dabei natürlich, daß man sich der Volkssprache bediente, um diese Werte zum Ausdruck zu bringen, und daß die Volkssprache eine gewisse ästhetische Wirkung für sich in Anspruch nahm, während das Latein nach wie vor den Schriften offizieller Natur vorbehalten blieb, den Abhandlungen und den Lehrbüchern der Universitäten, die ihrerseits, und das ist nicht minder aufschlußreich, eine Bildung vermittelten, die der Einflußnahme und der Ausgestaltung durch die Kirche entzogen war.

Erste Erfahrungen mit der Volkssprache hatte man bereits an der Sizilianischen Dichterschule gemacht, aber dort war die Initiative von oben ausgegangen, sie hatte unter provenzalischem Einfluß gestanden und spiegelte das Leben bei Hofe wider. Der Übergang von den Spielereien eines Monarchen zu den Leidenschaften, von denen die Themen der Poeten in den toskanischen Städten bestimmt waren, machte deutlich, daß die Grenzen einer bestimmten Schule überwunden waren und man sich nun völlig in das Leben der Stadtrepublik eingebunden fühlte. Keine Gelegenheit ließen sich die Dichter entgehen, bestimmte Verhaltensweisen des Bürgertums, seine Schurkereien, seine teilweise geradezu grotesken Modetorheiten aufs Korn zu nehmen und sich über die neue Rollenverteilung und die neu in Erscheinung tretenden Protagonisten auszulassen.

So war die Frau, die Herrin der sizilianischen Dichter, bei den toskanischen Dichtern zum Engel aufgestiegen. Es war die Zeit des *Dolce stil nuovo*, des süßen neuen Stils, wie diese neue Richtung genannt wurde. Mit seiner Idealisierung der Frau schien er im Widerspruch zum Zeitgeist zu stehen, der gekennzeichnet war durch den ausgeprägten Sinn für das Pragmatische und Konkrete. Denn diese Gesellschaft stand in einer Phase der Entwicklung, die von politischen Intrigen und merkantilen Interessen bestimmt war. Aber es handelte sich nur um einen scheinbaren Widerspruch, der durch eine Lebensart bedingt war, die teils durch den wirtschaftlichen Aufschwung ermöglicht wurde, teils eine Reaktion auf diesen darstellte. In diesem Zusammenhang sei nochmals an die *allegre brigate* erinnert. Eine von ihnen machte 1283, als Dante volljährig wurde, von sich reden.

Zu dieser florentinischen *brigata* taten sich junge Leute zusammen, um das Fest des Stadtpatrons Johannes des Täufers zu begehen. Rund tausend Menschen hielten mit und vollführten ein Spektakel, das sich drei Monate praktisch rund um die Uhr hinzog. Die Initiative dazu hatte eine Adelsfamilie vom jenseitigen Arnoufer ergriffen, und zwar die Rossi aus dem Viertel Santa Felicita. Wie Villani berichtet, führte ein gewisser «Signore dello Amore» das

Regiment. Es gab Musik, Gesang, Spiele, man tanzte durch die Straßen, hielt große Gelage. Das Regiment Amors deutete darauf hin, daß ausschließlich edlen Gefühlen Raum gegeben wurde. Die Frauen waren girlandengeschmückt und traten als Nymphen und Göttinnen auf. Ihre Kavaliere waren überaus phantasievoll gekleidet, und überhaupt waren dem Einfallsreichtum und der Fabulierfreude keine Grenzen gesetzt, die Stadt schwelgte in Jubel und Trubel und verschaffte sich so eine Verschnaufpause inmitten all der Parteifehden. Eine Unmenge Verse wurden produziert. In dieser Zeit trat Dante erstmals öffentlich als Dichter in Erscheinung: in einem Sonett schilderte er einen Traum, den er im Anschluß an eine Begegnung mit Bice gehabt hatte.

Damit hatte Dante sich auch als Vertreter des *Dolce stil nuovo* ausgewiesen. Vor der Entstehung dieser neuen Stilrichtung hatte es im Anschluß an die Sizilianische Dichterschule, wie um den krassen Übergang von der kalten Konventionalität hin zur leidenschaftlichen Stilisierung etwas abzumildern, eine Zwischenphase gegeben, in der sich eine Reihe von Dichtern hervortat, an deren Spitze in der Toskana der aus Arezzo stammende Guittone del Viva stand.

Er war Mönch, vielleicht ein Autodidakt, und er hatte in seinem weltlichen Dasein einige Erfahrungen gesammelt. Bei seinem Eintritt in den Orden der Ritter der Heiligen Jungfrau zog er jedoch einen Strich unter seine Vergangenheit und verwarf seine Jugendgedichte, die von Liebesabenteuern handelten. Von da an galt sein ganzes Schaffen einer erbaulichen und moralisierenden Lyrik, die ihm gegenüber den anderen Dichtern eine Vorrangstellung verschaffte, die er nahezu zwanzig Jahre lang innehatte, bis schließlich der *Dolce stil nuovo* aufkam. Manch ein Vertreter dieser neuen Stilrichtung hatte zu Beginn seiner dichterischen Laufbahn seine Feder in die gleiche tiefschwarze Tinte getaucht. Auch Dante hatte als Guittonianer begonnen, und auch Guido Guinizelli, der den Mönch aus Arezzo in einem Sonett mit «Vater» anredet. Doch beide stellten sich später gegen ihn.

Seine schwülstige Eloquenz, sein düsterer Manierismus, sein derber Realismus, seine stilistischen Seiltänze waren in der Tat denkbar weit entfernt von dem, was den neuen Jüngern Amors vorschwebte. Sie erkannten alsbald, daß die Volkssprache Guittones durchaus nicht derjenigen entsprach, die sie selbst zu schaffen gedachten. So war ihre Sprache auch eine Reaktion auf ein Vorbild, das es zu überwinden galt, auf eine Art von Poesie, die unverdientermaßen hohes Ansehen genoß. In der *Commedia* ließ Dante Guinizelli diese Auffassung vertreten.

Guinizelli... Während seiner Wanderung durch das Jenseits gelangt Dante eines Tages zum letzten Kreis des *Purgatorio*, das er sich als einen in Stufen aufsteigenden Bergkegel vorstellt. Aus der Bergwand schlagen Flammen, die freilich vom Wind niedergehalten werden, so daß sie sich nicht weiter ausbreiten können. Der Wind gebietet ihnen Einhalt, jagt sie zurück. Dennoch kann man sich nur mit Mühe ihrer Glut entziehen. Dante muß einen schmalen Pfad entlanggehen, der auf seiner der Flammenwand entgegengesetzten Seite zum Abgrund hin steil abfällt.

Es ist Nachmittag. Die Sonne neigt sich dem Horizont zu und taucht den Himmel in fahles Licht. Ihr Strahl fällt auf Dante und wirft seinen Schatten auf den Boden. Die in den Flammen büßenden Seelen sehen das und erkennen, daß der Wanderer zu den Lebenden zählt, keiner der Ihren ist. Sie äußern ihre Verwunderung darüber. Es handelt sich hier um die Seelen der Wollüstigen. Eine der Seelen wendet sich an Dante und erläutert ihm die Strafen, zu denen die Frevler dieses Kreises verdammt sind, und gibt sich schließlich als Guido Guinizelli zu erkennen. Dante möchte ihn gerne in die Arme schließen, aber die Furcht, vom Fegefeuer erfaßt zu werden, hält ihn zurück. Guido ist überrascht über die ihm entgegengebrachte Bewunderung und das Wohlwollen. Dante erwidert ihm, daß er dies seiner Dichtung zu verdanken habe. Er nennt ihn «Vater», verwendet also die gleiche Anrede, die dieser gegenüber Guittone gebraucht hatte. Guido weist das ihm gespendete Lob zurück.

Er war Richter und Ghibelline gewesen. Für seine politische Überzeugung hatte er ins Exil gehen müssen. Indem er ihn Vater nennt, schreibt Dante ihm das Verdienst zu, einen Stil ins Leben gerufen zu haben – mit all den mit diesem Stil verbundenen Ansichten über die Frau, den Adel, die Art und Weise, Poesie zu schreiben –, den er selbst als sein Schüler übernommen hat. Die Frau ist engelsgleich, sie verhilft zu einer Erhebung des Geistes, wie das bis dahin nur die Religion getan hat. Die Anhänger des *Dolce stil nuovo* vertreten damit eine Auffassung, die selbst religiösen Charakter hat. Sie sind nämlich nichts anderes als Asketen der Liebe.

Die Religion, das Christentum spielen auch eine Rolle bei der neuen Würde, die dem Menschen nunmehr zuerkannt wird, wenn man ihm zubilligt, unabhängig von seiner Geburt Nobilität erlangen zu können. Damit kommt jedoch auch, und zwar primär, eine Auffassung vom Leben zum Ausdruck, die ihren Ursprung in der Entwicklung hat, die sich innerhalb der Stadtrepublik vollzieht. Und bezüglich der Art und Weise, Poesie zu schreiben, gibt es nur ein Geheimnis, das Dante selbst dem Bonagiunta Orbicciani aus Lucca offenbart: der Inspiration eine Stimme leihen, ohne sich dazu hinreißen zu lassen – wie das in der Vergangenheit allzuoft geschah –, sie durch alle möglichen Salbadereien zu ersticken. Ferner mit völliger Aufrichtigkeit den Gefühlen Ausdruck verleihen, welche die «Liebe diktiert». Allenfalls wäre noch hinzuzufügen, daß diese Gefühle in eine angemessene, «kuriale» Sprache zu kleiden sind, das heißt hinreichend verfeinert, um sie über die ordinäre Ausdrucksweise des «städtischen» Dialekts zu erheben.

Daß er sich des letzteren befleißigt habe, oder, besser gesagt, daß er nicht in der Lage gewesen sei, das ausgewogene Raffinement der ersteren zu erreichen, eben diesen Vorwurf erhebt Dante in seiner Schrift *De vulgari eloquentia* gegenüber Bonagiunta. Er scheint zutiefst beeindruckt zu sein, der Dichter aus Lucca, von den Werken der neuen Poeten. Er selbst gehörte zu jenen, die auf den sizilianischen Dichterkreis um Jacopo da Lentini gefolgt waren und in Guittone del Viva ihren führenden Kopf hatten. Über den einen wie über den anderen führt er nun Klage, da sie ihn vom «neuen süßen Stil ferngehalten haben», was er ihnen sehr übel nimmt. So äußert er sich Dante gegenüber, der ihn im Kreis der Schlemmer antrifft, und diese Äußerung hat der von Guinizelli begründeten Stilrichtung ihren Namen verliehen. Bonagiunta wird von quälendem Durst und Hunger gepeinigt. Es ist fast schon eine subtile Perfidie, daß ausgerechnet er, der Schlemmer, dieses dem neuen Stil gezollte Lob in den Mund gelegt bekommt: Er redet wie über einen Leckerbissen, der ihm zu Lebzeiten entgangen ist.

Guido stammte zwar aus Bologna, aber ansonsten genoß der neue Stil außerhalb von Florenz nur geringes Ansehen. Er war vorwiegend ein Phänomen des kulturellen Lebens von Florenz, in dem sich der Umbruch dieser Stadt widerspiegelte: Indem die Emporkömmlinge (die *magnati per accidente*) zu einer zahlenmäßigen Stärkung des

Blutadels (der *magnati per natura*) beitrugen, hatten sie Erfolg und persönliche Meriten in den gleichen Rang erhoben wie Blaublütigkeit und Stammbaum. Dieser Verstärkung verdankte die Gesellschaft den für ihre Entfaltung erforderlichen Spielraum. Kaum hatte sie sich vom Joch des kirchlichen Dogmas befreit, um diesen Spielraum zu erlangen, wandte sie sich daher der Poesie zu. Es war, als wolle sie einer Sehnsucht nach Höherem, nach Spiritualität Raum geben, nun da die neuen Verdienstmöglichkeiten und die damit einhergehenden Begehrlichkeiten dazu beitrugen, das Leben an rein materiellen Aspekten zu orientieren.

So entstand der Traum von einer Glückseligkeit, die sich in einem Frauentypus verdichtete, in dem die ansonsten für eine Religion typische Heilsgewißheit gesucht wurde. Die besungenen weiblichen Tugenden entsprachen denen des christlichen Glaubens: man brauchte nur an die Stelle der Glaubenswahrheiten des Theologen die andächtige Verehrung des Poeten für sein Ideal zu setzen, das zarte Gespinst der Melancholie, die sich fast zwangsläufig im Gefolge der Schönheit einstellt.

Das bedeutete jedoch nicht einen eindeutigen, nachhaltigen Wechsel des religiösen Registers, wenn jener Teil der scholastischen, augustinischen, zum Mystizismus neigenden Philosophie nun Eingang in den neuen Stil fand und dazu beitrug, ihn angesichts der um sich greifenden aristotelischen Lehre zu einer platonischen Insel werden zu lassen. Nicht zuletzt dank dieser Entwicklung wurde die Frau zur Himmelspforte. Natürlich nicht die Frau, der man auf den Straßen der Stadt Florenz oder der Toskana hätte begegnen können, sondern die Hoffnung, die sie mit ihrer Engelsgestalt versinnbildlichen sollte. Wie bei manchen Bildern jener Zeit, bei denen die eine Seite des Gesichtes wohlgestaltet ist, während die andere Seite grauenerregend, geradezu dämonisch aussieht, verkörperte die Frau die erträumte Hälfte des Lebens, wohingegen der Rest einen das Fürchten lehren konnte.

Es handelte sich hier um den altbekannten Gegensatz zwischen dem, was der Spiritualität zuzuschreiben ist, und dem, was nicht dazu zählt. Für die Vertreter des neuen Stils zählte das Gewinnstreben gewiß nicht dazu, das vielmehr die Kehrseite darstellte, die sie voller Empörung von sich wiesen. In ihrem Wortschatz, so hat man festgestellt, vermieden sie alles, was mit praktischen Dingen, mit Geldfragen zusammenhing. Von allen Themen, an die in ihrer Dichtung nicht gerührt werden durfte, war das Geld dasjenige, das am stärksten mit einem Tabu belegt war; Geldfragen schlossen nämlich alle anderen Themen in sich ein, und von daher stellte das Geld eine Kraft dar, mit der man die Welt aus den Angeln heben konnte. Hier ist bereits ein roter Faden im Leben Dantes sichtbar, der, folgt man ihm, zu jener indignierten Empörung gegenüber der Begierde führte, die «besessen macht». Deshalb ist auch die Ansicht vertreten worden, die Wölfin, der er zu Beginn seiner Wanderung durch das Jenseits im Wald begegnet, sei «eine Allegorie des Frühkapitalismus».

Dies alles besagt freilich nicht, daß die Vertreter dieser neuen Stilrichtung im Alltag ihrem poetischen Credo gemäß gelebt hätten. Wenn die von ihnen besungene Herrin zu einem Ideal aufstieg, so waren deshalb die Vorbilder, die ihre Phantasie beflügelten, nicht weniger menschlich. Jeder ließ sich durch seine Herrin inspirieren, das heißt jeweils durch diejenige, die gerade im Schwange war. Im übrigen scheuten sie durchaus nicht vor Dingen zurück, über die sie sich in ihren Versen voller Verachtung äußerten, die sie lieber gar nicht zur Kenntnis nehmen wollten. Dies um so mehr, als in diesem Jahrhundert, in dem sich das neue Kreditsystem durchzusetzen begann, die direkten und indirekten Darlehen das Geld zu einem Faktor machten, der immer mehr an Boden gewann und sich mehr oder weniger offen zum neuen Protagonisten entwickelte.

Vor diesem Hintergrund ist die Tatsache zu sehen, daß die Dichter des *Dolce stil nuovo*, die als aktive Staatsbürger in guter, zum Teil sogar gehobener sozialer Position standen, eng verbunden waren mit den Geschicken der Stadtrepublik: darauf deuten nicht zuletzt die Hinweise auf ihre «Klassenzugehörigkeit» hin, die sich in ihrer Poesie finden. Nicht von ungefähr war jede Stimme, die bei diesen Dichtern zu Wort kam, welche Deutung und Gefühle sie auch zum Ausdruck bringen mochte, stets eine Stimme, die sogleich mit den anderen harmonierte, ohne irgendwelche Anklänge, die auf eine andere Schule des Herzens hingedeutet hätten. Von daher vermittelt diese Dichtung auch den Eindruck der Geschlossenheit, der Exklusivität. Die Anhänger des neuen Stils waren allesamt Kavaliere, die einem Ideal nachstrebten und sich gleichsam durch eine Art von konspirativer Komplizität miteinander verbunden fühlten. Hiervon zeugte ein ständiger Austausch von Sonetten, Kanzonen, Balladen, welche die «Getreuen Amors» einander zusandten, sich gegenseitig widmeten.

Auf diese Weise bekommt Dante Zugang zu diesem Kreis.

Neun Jahre sind vergangen, seit er Beatrice im Hause Portinari zum ersten Male sah. Er begegnet ihr erneut, und zwar auf der Straße. Sie ist weiß gekleidet, neben ihr gehen zwei andere, nicht mehr ganz junge Frauen. Er ist verwirrt. Aber letztlich auch von großem Glück erfüllt: das Mädchen hat sich nicht abgewandt, hat ihm einen Gruß entboten.

Mit einem Male ist es ihm beim Anblick dieser holden

Gestalt, dieser von ihr nur knapp angedeuteten Geste so, als verhülle ein Nebelschleier die Welt, lasse ihre Konturen verschwimmen, löse sie gar auf. Dante zieht sich zurück, geht nach Hause, schließt sich in seine Kammer ein. Er denkt über diese Begegnung nach mit der Lust des Liebenden, der nochmals vor seinem Auge einen Moment vorüberziehen läßt, der seiner Leidenschaft neue Hoffnung gegeben hat. Er geht völlig darin auf. Er verfällt in einen Schlaf, der wie die Fortsetzung der bis eben noch von Phantasien belebten Realität ist. Er sieht Amor, der sich nunmehr vollständig seiner Seele bemächtigt hat, sieht, wie er ein schlafendes Weib in seinen Armen hält, das in ein rotes Tuch gehüllt ist. In der Hand hält Amor, so träumt ihm, sein eigenes Herz. Er weckt die Schlafende auf und veranlaßt sie, das Herz zu verzehren.

Dante beschließt, seinen Traum in einem Sonett zu erzählen, das er dann anderen Dichtern zusendet und sie um ihr Urteil bittet. Es beginnt mit dem Vers: *A ciascun'alma presa e gentil core* – «Jedwedes Herz, erfüllt von edlem Triebe». Der erste Vers seines Werkes *Vita nuova*, «Das neue Leben». Er erhält eine Antwort von Guido Cavalcanti, der den Wunsch äußert, ihn kennenzulernen. Genauer gesagt, er antwortet ihm gleichfalls mit einem Sonett. Sie lernen sich kennen. Guido ist um die Dreißig und bereits ein bekannter Dichter. Er hat ein bewegtes Leben hinter sich, politische Fehden, Liebschaften, Abenteuer. Er stammt aus reichem Hause, aus einer Adelsfamilie, und ist stolz auf seine Herkunft; er verfolgt den Aufstieg des Bürgertums mit einem gewissen Unbehagen und verhehlt nicht seine Entschlossenheit, sich keinesfalls auf Zugeständnisse an den Zeitgeist einzulassen.

Er hat ein verwegenes Temperament, gibt sich jedoch zuweilen auch als blasierter Einzelgänger. Er ist schnell zur Hand mit seinem Schwert, gibt sich aber auch gerne der Dichtung und philosophischen Spekulationen hin. Als Anhänger Averroes' verneint er die Transzendenz. Offenbar hinderte ihn das jedoch keineswegs daran, sich gemeinsam mit einigen Freunden, darunter Niccolò Muscia dei Salimbeni, zu einer Pilgerreise auf den Weg nach Galizien zu machen. Ihr Reiseziel war Santiago de Compostela.

Santiago war eines der drei großen Ziele der Pilgerreisen jener Zeit. Die anderen beiden führten zum Grab des Heiligen Petrus in Rom und zu den Heiligen Stätten in Jerusalem. Wer nach Galizien zog, trug eine Muschel am Umhang, wer sich ins Heilige Land begab, dagegen ein Kreuz. Der Umhang war lang, reichte fast bis zu den Füßen und hatte eine Kapuze, an deren Stelle auch ein Hut mit breiter, runder Krempe treten konnte. Stock und Sack vervollständigten die Aufmachung des Wallfahrers, der als «Pilger», *peregrino*, bezeichnet wurde, wenn er sich auf dem Weg nach Santiago befand, als «Römer», *romeo*, wenn er gen Rom, und als «Palmer», *palmiere*, wenn er über das Meer gen Jerusalem fuhr und von dort vielleicht Palmen heimbrachte.

Man kann sich Guido Cavalcanti, dieses unverbesserliche Lästermaul, nur schwerlich in einem derartigen Umhang vorstellen. So stellen sich auch gelinde Zweifel bei den Florentinern ein. Wie um ihnen recht zu geben, fügt es sich, daß der Pilger, kaum in Nîmes angelangt, seine Reise abbricht. Man hat ihm nach dem Leben getrachtet. Der lange Arm der haßerfüllten Politik seiner Vaterstadt hatte ihn sogar im fremden Land eingeholt. Hinter dem Anschlag steckte ein Donati: Corso. Niccolò Muscia widmet dieser Unterbrechung der Pilgerreise ein humorvolles, augenzwinkerndes Sonett, fast als wolle er damit zum Ausdruck bringen, daß sich niemand über diese Pilgerreise Guidos falschen Illusionen hingegeben habe.

Für Scherze und Amüsements aller Art hatte Niccolò eine ausgesprochene Ader. Er gehörte in seiner Heimatstadt Siena einer stadtbekannten Korona lebenslustiger Gesellen an. Alles Erben begüterter Familien. Die Salimbeni zählten zu den einflußreichsten unter ihnen, mit ihrem Geld und ihren öffentlichen Ämtern. So konnte es sich Niccolò auch aus diesem Grunde erlauben, sich als einer jener jungen Leute aufzuspielen, deren Extravaganzen Aufsehen erregten, manchmal sogar die Mode bestimmten. Auf ihn geht die Verwendung von Nelken als Gewürz zurück. Aber der Reichtum sollte ihm nicht lange erhalten bleiben. (Gemeinsam mit einem seiner Brüder und anderen Kumpanen, darunter Caccia d'Asciano degli Scialenghi und Bartolomeo dei Folcacchieri genannt *Abbagliato*, der Geblendete, wurde er im *Inferno* als warnendes Beispiel für die Eitelkeit der Sienesen genannt.) Innerhalb weniger Jahre hatten die Freunde seinen gesamten Besitz auf den Kopf gehauen.

In Nîmes hielt sich Guido Cavalcanti nicht lange auf. Er besuchte die Provence. Dort war die französische Lyrik entstanden, der er selbst einiges zu verdanken hatte. Die Legende, die sich um Jaufré Rudel rankte, übte eine nicht geringe Anziehungskraft aus, desgleichen das hohe Ansehen, das etwa Bernart de Ventadorn genoß. Vor allem jedoch war dies die Heimat Arnault Daniels: Guinizelli sollte sich im *Purgatorio* voll des Lobes über ihn äußern. Und am Ende tauchte Guido schließlich in Toulouse auf, einer alten Römerstadt mit einem kleinen feudalistischen Hofstaat, wo die *langue d'oc* Wunder wirkte, wo die Liebe besungen wurde wie nirgendwo sonst auf der Welt. In Toulouse lernte er eine Frau namens Mandetta kennen, in die er sich auf den ersten Blick verliebte. Er begegnete ihr – als solle damit irgendein Bezug zu seiner Pilgerreise hergestellt werden – in einer Kirche.

Guido ist sehr von ihr angetan, nicht zuletzt deshalb, weil sie ihn mit «ihren sanften Augen» an seine ferne Geliebte erinnert, an Vanna, genannt *Primavera*, «Lenz», die freilich nicht seine Gemahlin war. Die hieß nämlich Bice und war die Tochter des Farinata degli Uberti. Doch nicht einmal Primavera konnte sich rühmen, von keiner anderen Frau aus seinem Herzen verdrängt zu werden. Die Liste war lang: sie verzeichnete eine «Forosetta», eine «Pasturella», eine «Lagia», eine «Pinella», ein «junges Mädchen aus Pisa»... Keiner der übrigen Dichter dieser neuen Stilrichtung konnte von sich behaupten, von derart vielen Musen geküßt worden zu sein. Der «zartfühlende und aufbrausende» Guido, so sollte Giovanni Villani von ihm sagen. Dante hatte sich nach dem Austausch ihrer Sonette ohne Zaudern auf den Wagen des neuen Freundes geschwungen.

Ihn muß die Widersprüchlichkeit dieser ständig von zutiefst menschlichen Strebungen getriebenen Natur fasziniert haben, über der stets ein Hauch von Verderbtheit und Tod lag. Dieser Mann machte sich nicht das geringste daraus, dem Tod ins Antlitz zu blicken: etwa wenn er sich blindlings in irgendwelche Händel stürzte oder wenn er für seine Meditationen Friedhöfe aufsuchte. Boccaccio schildert ihn in einer seiner Novellen, wie er einigen Leuten, die sich darüber lustig machen, daß er in tiefe Kontemplation versunken auf einem Friedhof meditiert, entgegnet: «Hier seid Ihr zu Hause, meine Herren.» Dante muß seinen Kampf mit dem Schatten gespürt haben, der bei ihm Verunsicherung und Sarkasmus hervorrief. Doch er gewöhnt sich bald an seine Gesellschaft.

Dante braucht ihn, von ihm bekommt er Ratschläge und Protektion. Er wird zum ersten, zum besten seiner Freunde. Dante muß wohl ein wenig verblüfft, zuweilen wohl auch belustigt gewesen sein über all die gegensätzlichen Attribute, mit denen Guido Cavalcanti bedacht wird. In Florenz wird er als «liebenswürdig», «kühn», «arrogant» bezeichnet.

Damit zeichnet sich das Bild einer Beziehung ab, die sich zu einer bedeutsamen Freundschaft entwickeln sollte: einerseits beeinflußt natürlich der bereits lebenserfahrene Guido seinen jungen Schützling, andererseits wird dieser allmählich zur treibenden Kraft innerhalb des toskanischen Dichterkreises. Nicht daß er schon genau wüßte, was er will. Auch er erlebt Momente der Orientierungslosigkeit. Aber er besitzt die Autorität des Genies, um das herum sich die anderen nach und nach gruppieren und einen Kreis bilden. Neben Guido Cavalcanti treten dabei besonders Lapo Gianni, Cino da Pistoia, Gianni Alfani, Guido Orlandi und Dino Frescobaldi hervor.

Vermutlich kommt Dante durch sie erst richtig mit der Politik in Berührung und sieht sich gezwungen, Stellung zu beziehen. Sie alle sind Guelfen und stehen auf seiten der Weißen, bis auf einen, Orlandi, der den Schwarzen nahesteht. Er ist – trotz der öffentlichen Ämter, die er bekleidet, und der Erkenntnis, zu der er als aktiver Mensch gelangt, daß nämlich «das Leben ohne Liebe kein Leben» sei – der einzige, bei dem seine einfache Herkunft nach wie vor zu erkennen ist, und zwar an seinen etwas rauhen Sitten, die im Vergleich zu den anderen Dichtern dieses Kreises mit ihren intellektuellen Ergüssen einen neuen Geist aufkommen lassen. Von ihm stammt auch ein Sonett mit einer Satire auf die Weißen.

Mochten sie nun zu den Weißen oder zu den Schwarzen zählen, auf alle Fälle hatten die Guelfen so ihre Probleme mit dem Machtzuwachs des Bürgertums, das nach der Einsetzung der Prioren das Regiment im Staate führte. Doch es wollte noch höher hinaus: aus den zwölf an der Regierung beteiligten Zünften sollten Milizen gebildet werden, die das Erreichte sichern helfen sollten. So wurde das Amt des «Kapitans und Verteidigers der Zünfte» geschaffen, der schließlich an die Stelle des *Capitano di parte guelfa* treten sollte, eine Institution, die zusammen mit dem *Podestà* eingeführt worden war. Dieser neue *Capitano delle Arti* war es, der den zwölf Zünften anordnete, sich jeweils ein Wappen zuzulegen und einen Bannerträger zu wählen. Die Einführung der Milizen war im gleichen Jahr erfolgt, in dem Dante die Volljährigkeit erreicht und nach seiner Begegnung mit Beatrice «Jedwedes Herz, erfüllt von edlem Triebe» geschrieben sowie Freundschaft mit Guido geschlossen hatte.

Und Guido Cavalcanti wie auch Guinizelli – letzterer war seit sieben Jahren tot – nahmen ihn gleichsam unter ihre Fittiche und geleiteten ihn in seiner Liebe zu Bice. Von der ethisch-sentimentalen Dichtung dieser beiden mit ihrem melancholischen Pathos bezieht er seine Anregungen, die sich in seinen Versen, die er der Tochter Folco Portinaris widmet, niederschlagen. Es sind Anregungen, die in seinem Streben nach Idealisierung der Frau eine große Rolle spielen: etwa in dem in dieser Zeit entstandenen *Canzoniere*. Es ist, als ob ein Spiegel das Antlitz, das er widerspiegelt, in verklärender Weise, in abstrakter Perfektion reflektierte: als wolle er seine eigene Rolle mit der des abgebildeten Antlitzes tauschen. Und zwar insofern, als nicht er es ist, der Spiegel nämlich, der dem betreffenden Antlitz «dient», sondern daß dieses seinerseits dem Spiegel «dient». Genauso verhält es sich bei Bice, die im Spiegel der Seele Dantes, in seiner Dichtung, in eine engelhafte Frauengestalt verwandelt wird.

Es ist jedoch eine Engelhaftigkeit, die den Dichter eher erzittern läßt, als ihn in ekstatische Bewunderung zu versetzen. Wohl bedeutet der Name Beatrice ‹die Gebenedeite›, ‹die Glückseligkeit Verheißende› – doch wie sehr ist das immer wieder von der Realität widerlegt worden, wie wenig hat die Realität der Empfindungen Dantes dem entsprochen, jener Sturm, den ein Gruß von ihr, ein kurzer Blick bei ihm entfacht. Und was den heilbringenden Gruß betrifft, die erlösende Geste: das war ein Motiv der Dichtung Guinizellis, das er von ihm übernommen hat. Doch keineswegs im Sinne von etwas Tröstlichem, Barmherzigen, das mit einer Verheißung der Erlösung, der Erquickung der Seele einhergeht. Und dann die Augen... Ein weiteres Motiv, ebenfalls eine Anleihe. *«Ne li occhi porta la mia donna Amore»* – «Die Liebe wohnt in meiner Herrin Blick». Eine Begegnung mit ihr konnte also verheerende Folgen haben, die Kräfte schwinden lassen.

Wie oft kommt es doch in einem gewissen Alter vor, daß man beim Anblick der Geliebten derartig erschaudert, daß man ihr fast aus dem Weg gehen möchte, obgleich man auf alle nur erdenkliche Weise den Kontakt zu ihr gesucht hat. Dieses Erschaudern kann sogar den Blick trüben. Das erlebt auch Dante, der in *Vita nuova* einige Gedichte aus jener Zeit zusammenstellte und sie mit einem Kommentar versah. Darin schildert er eine typische Begegnung mit Bice. Er unterscheidet dabei drei Phasen: eine erste, in welcher der Liebende sie erblickt und sich darauf einstellt, ihren Gruß zu empfangen, der ihm ausreicht, um mit sich und der Welt zufrieden zu sein; eine zweite Phase, in der sie sich nähert und in dem Liebenden widersprüchliche Regungen auslöst, nämlich einerseits den Wunsch, sich der Situation gewachsen zu zeigen, und andererseits die Unfähigkeit, seine fünf Sinne zusammenzunehmen – was dann zu besagter Verwirrung führt. Schließlich die Phase, die eine Krönung allen Wartens darstellt: die Entbietung des Grußes, des feierlichen, magischen, erhebenden Zeichens einer Religion der Sinne.

Und doch – auch dies mag er Cavalcanti verdankt haben – bedeutete das nicht, daß seine Liebe zu Bice sie zu einer idealisierten, konventionellen Gestalt gemacht hätte, zu einer mehr oder minder farblosen Replik, die sich von der Schar der teilweise sogar lichtumfluteten Schatten so gut wie gar nicht abhob, deren es in der Troubadourdichtung so reichlich gab. Es ging nicht mehr darum, sich einem Stil zu unterwerfen, bei dem die Flammen wie auf einem Gemälde kalt und bewegungslos brennen: die Liebe nämlich hatte sich von der stilisierten Huldigung, einer eher von der Vernunft als vom Herzen diktierten Angelegenheit gleichsam sprunghaft weiterentwickelt und die Ebene realen Ergriffenseins erreicht.

Auch aus diesem Grunde, eben in Anbetracht der Rolle, die bei einem jungen Manne die Wallungen seines Blutes spielen, scheint es undenkbar, daß er sich mit der Liebe zu einer Frau hätte zufriedengeben können, die offensichtlich von Anfang an nur als Traumgestalt in Erscheinung treten sollte; es scheint undenkbar, daß er sich mit einem Blick, einem Gruß, einem wilden Herzklopfen hätte begnügen wollen. Er war zwar jemand, der sich, einmal abgesehen von den konkreten Zielen, die er sich gesteckt hatte, gerne den Freuden des Unendlichen hingab, dem aufregenden Gefühl, der Himmel könne gleich einstürzen, um dann womöglich mit einem Gefühl der Erleichterung Land am Horizont auftauchen zu sehen, Anlegeplätze mit Namen Fioretta, Violetta, Lisetta, von denen sich beredte Zeugnisse in den *Rime* jener Zeit finden – wenn auch die Rolle wohl eher als gering zu veranschlagen ist, die sie auf seiner Lebensreise spielen, deren Ziel stets das Streben nach seinem unerreichbaren Hafen bleiben sollte. Und das mehr denn je, nun, da Bice von einem sehr viel älteren Manne heimgeführt worden ist, jenem Messer Simone di Messer Jacopo, aus der Bankiersfamilie Bardi.

Es handelte sich, wenn ihn das überhaupt trösten konnte, vermutlich um die übliche Eheschließung, bei der keine Liebe im Spiel war, die vielmehr aufgrund von Nützlichkeitserwägungen oder aus politischem Kalkül erfolgte. Im vorliegenden Falle mag eine Rolle gespielt haben, daß die Portinari und die Bardi der Anhängerschaft der Cerchi beziehungsweise derjenigen der Donati zuzurechnen waren, die sich die Partei der Guelfen untereinander aufgeteilt hatten, so daß sie in das Lager der Weißen und das der Schwarzen zerfallen war. Die Eheschließung also als Versuch, guten Willen, Friedensliebe unter Beweis zu stellen, ungeachtet allen Parteienhaders; vielleicht haben aber auch nur rein wirtschaftliche Interessen dahintergestanden. Schließlich handelte es sich ja bei den Portinari und den Bardi um Familien mit beträchtlichem Vermögen; als immens konnte man sogar das der Bardi bezeichnen, die in halb Europa ihre Geschäfte betrieben.

Bice war also in den turmbewehrten Palazzo der Familie ihres Gemahls am anderen Arnoufer gezogen; diesseits des Arno dagegen war Dante damit beschäftigt, sein Feuer mit Ästen und Scheiten am Brennen zu halten, sich auf einsamen Spaziergängen seinen düsteren Gedanken hinzugeben, wenngleich er sich auch gerne durch die Gesellschaft anderer Menschen ablenken ließ. Zu seinen Freunden zählte einer der Söhne Folco Portinaris, der mit seinen elf Kindern einen beachtlichen Teil der Bevölkerung von San Martino del Vescovo stellte: sechs Mädchen, darunter Bice, und fünf Knaben, unter ihnen ein gewisser Manetto. Er war jener Freund, den Dante in *Vita nuova* erwähnen sollte, wo er von einem Verwandten Bices spricht, der gekommen ist, um sich von ihm ein Gedicht zu erbitten.

8

Dante war neunzehn, man schrieb das Jahr 1284. Das Jahr der Schlacht bei Meloria. In dieser seichten Bucht erhob sich eine Klippe mit einem Turm auf quadratischem Unterbau, dessen Bögen eine Höhe von rund zwanzig Metern aufwiesen. Der Turm lag rund sieben Kilometer westlich von Livorno; er war von den Pisanern errichtet worden.

Aus dem sandigen Untergrund ragten unzählige weitere Klippen empor, die nur bis knapp an die Oberfläche reichten und für die Schiffahrt eine große Gefahr darstellten. In den Sommermonaten sank der Wasserspiegel ab und legte weite Strecken des Untergrundes frei. Der Schlamm trocknete aus und wirkte hier und da wie matt schimmerndes Leder, während die Klippen eine statuarische Ruhe ausstrahlten. Vor dieser Kulisse waren in den ersten Augusttagen einhundertundzwei pisanische Schiffe aufgefahren.

Sie wurden von dem Venezianer Albertino Morosini befehligt, der mit den Untiefen der Meloria im Rücken Position beziehen ließ und so die unter dem Befehl Oberto Dorias stehende genuesische Flotte erwartete. Die Flotte näherte sich, bezog Stellung für die Schlacht. Doch Morosini wußte nicht, daß die Genuesen nicht nur über jene sechzig Schiffe verfügten, mit denen sie aufgezogen waren. Ein weiterer Verband unter Benedetto Zaccaria hielt sich in Deckung und wartete auf den geeigneten Moment, um in die Schlacht einzugreifen. Er hielt sich verborgen und hatte Segel und Mastbäume eingeholt, um nicht schon von weitem erkannt zu werden. Eine Kriegslist, um die Pisaner in einem Überraschungscoup anzugreifen.

In der Tat kam es zu einem dramatischen Überraschungseffekt. Kaum waren die feindlichen Schiffe mit Bug und Breitseite aneinandergeraten, tauchte plötzlich der Verband Zaccarias vor der Meloria auf, stieß wie ein Rammbock in die Flotte Morosinis, trennte einen Flügel ab und umzingelte ihn. Das war der Anfang des genuesischen Erfolges und das Ende einer seit langem bestehenden Rivalität zwischen Pisa und Genua um die Vorherrschaft im Tyrrhenischen Meer. Doch Pisa hatte auch eine lange ghibellinische Tradition, so daß die schwere Niederlage und die Vernichtung der pisanischen Flotte die toskanischen Guelfen wie die Schakale anlockte. Florenz und Lucca schlossen sich mit Genua zu einer Liga zusammen.

Diese Städte hatten von einem Wiedererstarken der Pisaner am meisten zu befürchten. Pisa war für sie ein «Unkraut», das es auszurotten galt. Das jedenfalls wurde in der Präambel zu dem von Brunetto Latini ausgehandelten Abkommen empfohlen. Aus diesem Grunde, aber auch, um von vornherein jegliche Möglichkeit eines Wiedererstarkens auszuschließen, wurde vereinbart, daß Florenz und Lucca jedes Jahr drei bis vier Monate lang Krieg gegen Pisa führen sollten. Ihre Heere sollten vom Festland her angreifen, Genua vom Meer aus. Darüber hinaus schlossen die Städte dieser Liga untereinander Handelsabkommen. Die von Genua erhobenen Zölle für die florentinischen Waren, die im Hafen der Stadt umgeschlagen beziehungsweise gelöscht wurden, waren minimal.

Wenn man sich jedoch das Recht vorbehielt, jedes Jahr gegen Pisa Krieg zu führen, warum sollte man dann nicht den Beschluß fassen, dieser Stadt ein für allemal den Garaus zu machen? Es wurde darüber diskutiert, ob es nicht besser sei, die Stadt dem Erdboden gleichzumachen, wie dies zu Zeiten Farinatas auch für Florenz vorgeschlagen worden war. Wobei man jedoch auf seiten der Florentiner offensichtlich vergaß, daß Pisa für Florenz den Zugang zum Meer gewährleistete.

Nicht vergessen wurde dies von den Geschäftsleuten. Man gelangte zu einem Kompromiß zwischen dem Bestreben, sich den Zugang zu erhalten, und dem Wunsch, der Stadt den guelfischen Stempel aufzudrücken, auch wenn das einen gewissen Verstoß gegen die Vereinbarungen mit Genua darstellte. Pisa wurde also weder vernichtet noch durch ständige Angriffe bedroht: statt dessen wurde – was natürlich sehr viel vernünftiger war – eine willfährige Regierung eingesetzt. Als *Podestà* wurde Graf Ugolino della Gherardesca eingesetzt, der in der Vergangenheit gewisser guelfischer Tendenzen beschuldigt worden war, die ihm sogar gegen Mitte der siebziger Jahre das Exil eingetragen hatten, nachdem er in einem Handstreich versucht hatte, Pisa auf die Linie der Partei einzuschwören, die in der Toskana in der Mehrheit war. Auf die Ernennung zum *Podestà* reagierte der Graf mit der Abtretung einiger Burgen an Florenz und an Lucca. Verrat an den Interessen der Stadt! befand Erzbischof Ruggieri degli Ubaldini.

Der Erzbischof hat in seiner Familie berühmte ghibellinische Vorfahren. Sein Oheim, Kardinal Ottaviano degli Ubaldini, hatte erklärt, wenn er je ein Herz gehabt habe, so habe er es «tausend Mal an die ghibellinische Sache» verloren. Dante jedenfalls hegte daran keinen Zweifel: er sollte den Kardinal in einen der brennenden Särge stecken, in denen die Ketzer schmachten mußten. Hier trat also dieser andere Ubaldini auf den Plan, der Neffe. Er hat beschlossen, es Ugolino heimzuzahlen, daß er sich mit den Guelfen eingelassen hat. Er wiegelt die Pisaner gegen ihn auf. Er läßt ihn gemeinsam mit zwei Söhnen, Gaddo und Uguccione, sowie seinem Enkel Anselmuccio und seinem Neffen Nino in den Kerker werfen. Dort unten im Turm der Familie Gualandi sollten sie so lange zu essen haben, wie ihre Angehörigen zu den entsprechenden Zahlungen bereit waren.

Die Mahlzeiten kosteten jedoch ein kleines Vermögen, und man kann sich kein Vermögen vorstellen, das länger als einige wenige Monate einen derartigen Aderlaß verkraftet hätte. Unter großer Anstrengung hielten die Grafen della Gherardesca acht Monate durch – länger schafften sie es nicht. Für die Gefangenen im Turm bedeutete das den Hungertod. Und so sollte auf die Verurteilung des Kardinals in der *Commedia* denn auch die des erzbischöflichen Neffen folgen, dem Ugolino della Gherardesca im *Inferno* den Kopf abnagt. Er zermalmt und vernichtet ihn auf alle Ewigkeit.

Er befindet sich am tiefsten Punkt der Hölle. Ringsumher herrscht die Öde einer Eislandschaft. Und das unerbittliche Licht des Eises, das dieser Landschaft harte Konturen verleiht, das keinen Spielraum läßt für Illusionen, für das Flackern der Flammen, das Huschen der Schatten. Jedes Detail ist klar und deutlich sichtbar, doch nicht die Details zählen, es gibt in einem Bild keine Details, die der unbewegten und ewigen Stofflichkeit der Dinge näherkämen als die Bewegung, das Leben. Die menschliche Präsenz ist auf ein Minimum reduziert. Das Gerangel der Leiber hat ein Ende, wird dadurch unterbunden, daß sich die Existenz der Menschen auf ihre Köpfe reduziert, die wie monströse Blumen aus der Erde ragen. Der Rest des Körpers ist im Eise festgefroren. Durch diese Blumen hindurch führt der Weg, wobei man ständig Gefahr läuft, sie mit Füßen zu treten – was Dante auch tatsächlich passiert. Hier befinden sich die Verräter am Vaterlande und an den eigenen Freunden. Unter ihnen also auch Ugolino della Gherardesca.

Ist er auch in Dantes Augen ein Verräter? Ja, vielleicht. Möglicherweise ist seine Strafe aber vor allem dadurch bedingt, daß auf diese Weise der Verrat des Erzbischofs noch grauenvoller erscheint. Ruggieri degli Ubaldini ist der wahre Verdammte, zumindest entladen sich ihm gegenüber Emotionen, wie sie angesichts eines verwerflichen Menschen zu erwarten sind. Ganz und gar anders, völlig entgegengesetzt sind diejenigen, die gegenüber dem Grafen zum Ausdruck kommen. So werden, um sein Ende noch bemitleidenswerter erscheinen zu lassen, der Neffe und der Enkel als seine Söhne vorgestellt. Er wird also verurteilt und dem Tode überantwortet, gemeinsam mit vier Söhnen, die kaum das Knabenalter erreicht haben und deshalb nicht als schuldig erachtet werden können. Aber nicht einmal diese Altersangabe entspricht voll und ganz der Wahrheit: der jüngste der Knaben, Anselmuccio, war bereits um die Fünfzehn.

Der Poet muß dem Historiker die Hand geführt oder aber sich auf die Seite des Politikers geschlagen haben. «Weh dir, Pisa, Schande über deine Leute...» All dies wurde erst später, sehr viel später niedergeschrieben, als Dantes Leben bereits durch den Parteienzwist geprägt war und die Verbitterung über das Exil seine Erinnerung vergiftete und sein Urteil über den Lauf der Dinge bestimmte – über jene Entwicklung, die nach der Schlacht bei Meloria dazu führte, daß die Florentiner mit Arezzo im Kriegszustand lebten.

Es erwies sich als notwendig, Vermessungsarbeiten durchzuführen und einige Burgen im Grenzbereich zu befestigen, um nicht einem Angriff ungewappnet ausgesetzt zu sein und um die ghibellinischen Verbannten abzuschrecken, die sich in der Umgebung von Arezzo aufhielten, wo sie Bundesgenossen fanden, zum Beispiel den Bischof – noch so einen schrecklichen Bischof – Guglielmino degli Ubertini.

Diese Burgen waren die Vorposten eines Verteidigungssystems, zu dem auch die neue Stadtmauer gehörte, die dritte, die der Stadt beträchtliche Expansionsmöglichkeiten eröffnete. Ihr Umfang betrug nun sechshundertdreißig Hektar; sie war von einem Ringgraben umgeben und hatte dreiundsiebzig Türme. Neben den acht Haupttoren gab es zahlreiche kleinere Pforten. Die Entstehung dieser neuen Stadtmauer von achteinhalb Kilometern Umfang konnte Dante von Anfang an mitverfolgen: die Planung, die Bauvorbereitungen wie auch die Bauausführung, die sich dann sehr lange hinzog.

Innerhalb der Stadtmauern vollzogen sich dadurch gewisse Veränderungen. Plätze wurden erweitert, neue Straßen angelegt, andere verbreitert, bei der Errichtung der Palazzi traten die Baumeister ebenso miteinander in Wettstreit, wie dies im gesamten christlichen Abendland im Hinblick auf den Bau der Kathedralen bereits der Fall war. Parks wurden angelegt, deren Grün sich zu dem der Obst- und Gemüsegärten gesellte, die sich vor allem bei Kirchen und Klöstern fanden. Dante schaute sich um, mit wachen Augen; er war ein Mann, dessen Charakter und dessen Gestalt nunmehr feste Konturen angenommen hatten.

Er war von mittlerer Statur. Zwar blickte er ernst drein, zugleich war er jedoch aufgeschlossen genug, um sich Achtung und Sympathie zu verschaffen. Er liebte die Stille und war zugleich ein gewandter Redner. Seine spontane Natürlichkeit im Auftreten ging einher mit einer gleichfalls spontanen Höflichkeit im Umgang mit anderen. Er zählte also zu jenen Menschen, die ebenso gerne alleine wie in Gesellschaft anderer sind, die sich in eine Traumwelt verschließen, sich aber auch jederzeit auf eine Diskussion einlassen, die sich indigniert zurückziehen oder aber alles aufs Spiel setzen. Eigentlich war sein ganzes Leben von diesen Stimmungsschwankungen bestimmt, die später noch an Stärke zunahmen und sich in erbittertem Haß und in Überheblichkeit, in Zorn und in sentimentalem Überschwang, in Tragik und grotesker Komik äußerten.

Doch vorerst kannte man den Jüngling mit dem schmalen Gesicht und der langen, entschlossen wirkenden Nase, mit den großen, durchdringenden Augen und dem schwarzen, krausen Haar als ernsthaft und maßvoll. Er war schlicht gekleidet, ohne Extravaganzen. Er gehörte nicht zu jenen, die darauf aus sind, die Aufmerksamkeit auf sich zu lenken. Man spürte, daß ein Urteil über ihn sich auf andere Anhaltspunkte stützen mußte als auf seine äußere Erscheinung. Übrigens muß er in jener Zeit Brunetto Latini kennengelernt haben, auch wenn er vielleicht noch keinen engen Kontakt zu ihm hatte; auf alle Fälle war es in diesen Jahren, in denen sich seine Persönlichkeit festigte, daß er für den Schriftsteller und Rhetor ein solches Gefühl der Hochachtung entwickelte, daß er für ihn zum Meister wurde.

Brunetto Latini war etwa fünfundsechzig. Und er war mehr denn je in der Politik engagiert, in jener Kunst also, die durch die gewandte Beherrschung der Sprache, durch deren Überzeugungskraft das friedliche Zusammenleben im Staate ermöglichte. Damit knüpfte er an Cicero und an die griechischen Ideale der *Polis* an. Nun, da das Sich-Bereichern derart in den Vordergrund gerückt war – und die diesseitsorientierte Mentalität des Kaufmanns das Leben in allen seinen Aspekten prägte, einschließlich der Politik –, kamen freilich Zweifel auf, ob es tatsächlich gerechtfertigt sei, der Politik jene ethische Größe, den Rang einer Königin unter den Wissenschaften zuzuschreiben, wie dies insbesondere nach der aristotelischen Lehre der Fall war.

Die neue Tugend hieß Nützlichkeitsstreben. Sie beherrschte so gut wie jeden, gleichgültig, ob Kaufmann oder Edelmann. Und der Staat gewann angesichts des neuen wirtschaftlichen Aufschwungs an Einfluß, was Konsequenzen und Implikationen mit sich brachte, denen sich der Rhetor verpflichtet fühlte: wer sonst, wenn nicht Brunetto wäre sich der Notwendigkeit bewußt gewesen, die Menschen davon zu überzeugen, «den Frieden zu wahren und Gott und den Nächsten zu lieben, Städte, Schlösser und Häuser zu errichten und Recht und Ordnung walten zu lassen». Die Rhetoren waren die neuen Helden der Nation, so wie es bei Platon die Philosophen waren. 1287 wurde Brunetto Prior. Dante war gerade zweiundzwanzig.

Er muß bereits in Bologna gewesen sein – ein wichtiger Meilenstein auf dem Weg zu einer umfassenden Bildung. Allein die Tatsache, schon einmal in Bologna gewesen zu sein, stellte fast so etwas wie einen Titel dar und hob das Prestige. Der Ruf Bolognas mit seiner seit mehreren Jahrhunderten berühmten Hochschule verbreitete sich in ganz Europa. Diese Universität war nicht anders entstanden als viele andere auch: einige Studenten taten sich zusammen, suchten sich ihre Lehrer, die sie selbst bezahlten, sprachen die Lehrinhalte mit ihnen ab und organisierten sich nach dem Vorbild der Handwerkerzünfte unter einem Rektor; dieser war einer der Ihren, ein Student. Sehr viel seltener dagegen erfolgte die Gründung auf Initiative von oben her, wie etwa im Falle Neapels, wo nach dem Willen Friedrichs II. die erste staatliche Universität eingerichtet wurde.

Eine Universitätsstadt erhielt von weit her Zulauf; genoß sie gar ein Renommee wie Bologna, kamen die Studenten sogar aus fernen Ländern. Die Begegnung so vieler junger Menschen schuf natürlich eine interessante, lebhafte, fröhliche Atmosphäre, wobei Anregungen aller Art aufgegriffen wurden, was natürlich der Tugend nicht gerade zuträglich war. Es sei denn, es drehte sich um die Eifersucht – wenn sie denn überhaupt als Tugend gelten konnte –, mit der das Wissen gehütet wurde, welche die Studiosi dazu veranlaßte, sich mit allen möglichen Verheißungen und ansehnlichen Honorarzusagen auf die Jagd nach den besten Lehrern zu machen.

Das Wissen stellte ein Feld dar, das es eher einzuzäunen, zu verteidigen als zu bebauen galt. Die Studenten übernahmen diese Verteidigungsfunktion gegenüber ihren Dozenten, die vielfach hofiert wurden und zuweilen ehrenvolle Angebote anderer Städte erhielten. Auch die kommunalen Behörden sorgten sich um Studenten und Dozenten gleichermaßen. Denn es lag auf der Hand, daß Tausende von Studenten, die zum großen Teil aus begüterten Familien stammten, für die Wirtschaft der betreffenden Stadt zu einem recht bedeutenden Faktor wurden. Dessen waren sich die Behörden durchaus bewußt; aber auch die Studenten waren sich ihrer Stärke, ihrer Verhandlungsposition bewußt. Nicht von ungefähr gerieten sie immer wieder aneinander. Eine Kleinigkeit konnte den Studenten bereits zum Anlaß dienen, gemeinsam mit ihren Dozenten in eine andere Stadt zu ziehen. Die Gründung der Universität Padua im Jahre 1222 war dadurch zustande gekommen, daß ein Teil der Bologneser Studenten und Professoren eine derartige Drohung wahrgemacht hatte.

Doch ungeachtet diverser Mißhelligkeiten und Schwierigkeiten – wie sie übrigens auch in Neapel oder in Salamanca, in Coimbra ebenso wie in Montpellier oder in Krakau auftraten – spielten die Universitäten weiterhin eine wichtige Rolle. Oxford hatte sich seine Sporen auf dem Gebiet der Philosophie erworben, Salerno auf dem Gebiet der Medizin, Paris auf dem Gebiet der Theologie, Bologna auf dem Gebiet des Rechts. Die Stadt verdankte ihr Renommee vor allem ihren Juristen. Das schlug sich in einem geradezu sprichwörtlich gewordenen Attribut nieder: *docta Bononia*, die gelehrte Stadt Bologna. Darüber hinaus war sie aber auch die Heimat eines Guinizelli oder eines Miniaturmalers Franco da Bologna, von dem Oderisi da Gubbio, der lange Zeit in Bologna gelebt und für verschiedene Päpste gearbeitet hatte, zugeben mußte, daß er ihm überlegen sei – ihm, der die Verkörperung des von sich eingenommenen, arroganten Künstlers gewesen war, der sich dafür die Verdammung in den Kreis der Stolzen einhandelte. Und hier, im *Purgatorio*, so sollte Dante sich dereinst ausmalen, würde er ihm begegnen und seine Demutsbezeugung entgegennehmen.

Möglich, daß dieser Begegnung und dem Gespräch eine reale Begegnung zugrunde lag. Könnte doch die Freude, die Dante zeigt, als er den anderen erkennt, darauf hindeuten, daß sie sich persönlich kennengelernt haben. Auf alle Fälle war es sicherlich ein Aufenthalt, der ihm reichhaltige Erfahrungen eintrug, wenn man Boccaccio Glauben schenken darf, der von Dante sagte: «in Bologna angelangt, verbrachte er dort nicht wenig Zeit». So konnte er in Bologna die Sprache der Bewohner von Borgo San Felice von derjenigen der Leute im Viertel um Strada Maggiore unterscheiden. Dies ist seinem Werk *De vulgari eloquentia* zu entnehmen, wo er auch auf jene «illustren Meister» der Volkssprache hinweist, zu denen neben Guinizelli, dem größten unter ihnen, auch Guido Ghisilieri, Fabruzzo, Onesto, *et alii poetantes Bononiae*, und andere bolognesische Poeten zählten. Auch in der *Commedia* bezeugte er seine Kenntnisse, die er sich über diese Stadt erworben hatte. Aus seiner Zeit in Bologna stammen eine Reihe von Episoden über verschiedene Persönlichkeiten, die von ihm in den Höllenschlund hinunterbefördert werden sollten. So findet sich etwa unter den Sodomiten einer der namhaftesten Meister der Alma mater Bolognas, Francesco d'Accursio, der später in Oxford gelehrt hat und sich zu einem Großmeister des Wuchers entwickelte. Und zu den Verführern zugunsten anderer, den Kupplern, zählte auch der Guelfe Venedico Caccianimico, ehemals *Podestà* von Mailand und Pistoia, der seine eigene Schwester Ghisolabella dem Marchese von Ferrara in die Arme trieb, vermutlich handelte es sich um Obizzo II. d'Este, der hier nun zusammen mit den schlimmsten Tyrannen in dem siedenden Blutstrom landete, der im ersten Ring unter dem wachsamen Auge der Zentauren dahinfließt.

Doch es fand sich in Bologna nicht nur Stoff für infernalische Visionen. Man ging auch dorthin, um Neues zu erfahren und sich geistige Anregungen zu holen, und man konnte sich in dieser Stadt des Lebens erfreuen und außerdem andere Toskaner treffen. Dante muß gerade erst in Bologna angekommen sein und derart in die Bewunderung der Garisenda, dieses berühmten schiefen Turmes versunken gewesen sein, daß er manch eine Schönheit, die seines Blickes würdig gewesen wäre, gar nicht wahrgenommen hat. Seine Augen sollten niemals genug der Buße tun können für ein derartiges Versehen. Dies ist das Thema eines kleinen Sonetts, kaum mehr als ein kleiner Scherz, das er jedoch als Zeichen für seinen Aufenthalt in Bologna hinterlassen hat. Es fand sich im Diarium des Notars Enrichetto delle Querce.

Es war nämlich üblich, die Ränder und Zwischenräume

der Notariatsurkunden mit Sprichwörtern, Gebeten und Versen zu beschreiben, um zu verhindern, daß am Vertragstext irgendwelche Zusätze und Fälschungen vorgenommen wurden. Auf dem Blatt des Bologneser Diariums, auf dem das Gedicht Dantes steht, ist die Jahreszahl 1287 verzeichnet: dasselbe Jahr, in dem Matteo d'Acquasparta zum Oberhaupt der Franziskaner gewählt wurde und ein zu den Spiritualen zählender Bruder Petrus Johannis Olivi sein Lehramt als Lektor im Studium generale seines Ordens von Santa Croce zu Florenz übernahm.

Er sollte sich alsbald – fünfzehn Jahre nach der Ankunft des Remigio de' Girolami an der Schule von Santa Maria Novella – als das kirchliche Pendant dessen erweisen, was Brunetto Latini für Dante in dieser Phase seiner Entwicklung darstellte. Zu Frater Remigio kam also noch Petrus Johannis Olivi hinzu, der diesem durchaus ebenbürtig war. Die Lehre des einen hätte sich im Geiste des Jünglings wohl kaum mit der des anderen vermischen können, doch mit Sicherheit bildeten beide bei ihm eine Synthese, das heißt, er verband die dominikanische Theologie mit der franziskanischen Mystik, den Thomismus des einen, dank eines sicheren Gespürs für geistige Konstrukte, mit dem prophetischen Feuer des anderen, mit seiner joachimitischen Tendenz zum Visionären.

Olivi nämlich, dessen Aufruf zur absoluten Armut sich deckte mit den apokalyptischen Weissagungen des kalabresischen Abtes, hatte sich mit einer Schrift hervorgetan (und sich damit bei einem Teil seiner Mitbrüder unbeliebt gemacht), in der er die Minoriten mit Nachdruck von der Notwendigkeit zu überzeugen suchte, dem Beispiel des Heiligen Franziskus zu folgen und sich zur Umkehr zu entschließen. Es hieß, er stehe unter dem Schutz des Matteo d'Acquasparta.

In Florenz bleibt er zwei Jahre lang, in denen er zweifelsohne einen gewissen Einfluß auf Dante ausübt, der den des Remigio de' Girolami wieder ausgleicht. Dies ist für Dante eine entscheidende Phase, die bei ihm jedoch nicht dazu geführt hat, daß der dominikanische Einfluß gegenüber dem franziskanischen Einfluß dominiert hätte, die theologische Lehrmeinung gegenüber der Utopie, der Baumeister gegenüber dem Träumer – eine Phase, in der jedoch der Konflikt zwischen beiden sozusagen institutionalisiert wurde. Auf der einen Seite standen Aristoteles, Thomas von Aquin und Albertus Magnus, auf der anderen Seite standen Franz von Assisi, Bonaventura da Bagnoregio und Joachim von Fiore. Sie vertraten zwei entgegengesetzte Standpunkte, deren Divergenzen dann in der *Commedia* ausgefochten werden sollten, wo es allerdings auch zum Versuch einer Aussöhnung zwischen ihnen kommt.

Deshalb also divergieren in der *Commedia* die dort zum Ausdruck gebrachten Lehrmeinungen so stark voneinander, was wiederum den tiefen Graben zeigt, der das geistige Leben jener Zeit kennzeichnet und der auch abzulesen ist an der gewissen Starzheit, die sich hinter dem poetischen Gewand verbirgt, an der Diesseitigkeit der Himmelsvisionen und sogar an den politischen Untertönen, mit denen der religiöse Eifer geäußert wird. Im übrigen macht die Politik, der es an hinreichenden weltlichen Erfahrungen noch mangelt, in ihrer Redeweise gerne Anleihen bei den Geistlichen, die von den Kanzeln herab und aus den Beichtstühlen heraus mit großer Eloquenz ihre teils stimmgewaltig erschallenden, teils verhalten gemurmelten Verheißungen verkünden. Eine politische Versammlung erinnert noch immer sehr stark an eine Predigt, sie wird vom gleichen Geiste getragen. Ein Bürger, der sich über die Probleme der Kommune und des Staates Gedanken macht, ist nämlich zumeist auch jemand, der eine

Grenze zieht zwischen dem, was sündig ist, und dem, was nicht als sündig anzusehen ist.

Und das nicht nur, weil derartige Probleme von der Bevölkerung erörtert werden, die sich zu einer Volksversammlung in einer Kirche oder aber auf deren Vorplatz eingefunden hat – was an sich schon bezeichnend ist –, sondern vor allem deshalb, weil ungeachtet der Tatsache, daß sich der Mensch in seinem Handeln von der Theologie freigemacht hat, so daß es nunmehr von ihm selbst abhängt, ob er einen Tyrannen oder einen Rat von Ehrenmännern an die Macht bringt, dennoch der Tyrann nach wie vor als göttliche Strafe für menschliches Verhalten angesehen werden kann. Wie es ganz klar heißt: «Gott läßt zu, daß der Tyrann herrscht, damit er das sündige Volke unterdrücke...» Diese Verse stammen von dem Sienesen Bindo Bonichi.

Was ist dann aber die augustinische Idee von der «Stadt Gottes» anderes als die ideale Projektion der irdischen Stadt? Der Veroneser Dichter Giacomino, ein unbedarfter Vorläufer Dantes, gibt sich in seinem Gedicht über *«Das himmlische Jerusalem»* größte Mühe, ein unglaublich detailliertes Bild dieser goldfunkelnden Stadt entstehen zu lassen, durch die natürlich der lieblichste aller Flüsse dahinfließt. In der die Straßen und Plätze mit kostbaren Metallen gepflastert sind, in der als Wohnhäuser prachtvolle Paläste dienen, deren Marmorverkleidungen in den zartesten Farben schimmern, in der die Luft von den Düften der in den Gärten erblühenden Blumen sowie von lieblichen Gesängen erfüllt ist. Wie könnte man sich in einer Stadt wie dieser einen Gewaltakt, eine Fehde auch nur vorstellen?

Natürlich kommt hier keine Spur von Gewalt vor, weil Parteiungen und Kriege völlig undenkbar sind. Völlig unbekannt sind auch die Instrumente, die Pein und Tod verursachen. Alles ist Harmonie, Ordnung, ewiges Leben,

Streben nach dem Guten, nach der weisen Herrschaft, dem *buongoverno*. Ist das die Stadt, wie sie sich Brunetto Latini erträumt? Gewiß nicht. Er ist zu sehr ein Mensch dieser Welt, als daß er sich der Illusion hingegeben hätte, in jener anderen Welt zu leben. Dann ist es vielleicht die von Remigio de' Girolami und Pietro di Giovanni Olivi erträumte Stadt? Auch das nicht. Der eine ist zu sehr in seinem scholastischen Rationalismus verhaftet, der andere ein halber Ketzer. Und dennoch bleibt dies ein in irgendeinem Winkel des Bewußtseins verborgener Traum, in dem der Bürger mit dem Edelmann Würfel spielt, die Zeit mit der Ewigkeit. Das klingt nach paradiesischen Vorstellungen, die einen Dichter durchaus zu beflügeln vermögen.

Doch das ist nicht das Thema, mit dem Dante sich nunmehr vorwiegend beschäftigt. Allenfalls ist es das Projekt einer Hölle (vielleicht nach dem Vorbild eines Giacomino da Verona, der nicht von ungefähr auch der Verfasser der Schrift «*De Babilonia civitate infernali*» ist), wie es sich aus den Lehren Olivis abzeichnet, die sehr viel weniger die Stadt Gottes schildern, als daß sie sich über die irdische Stadt ereifern, die voller Abscheu gegeißelt wird. Die Laster, die Sittenlosigkeit rechtfertigen diesen Abscheu. Und er wird insbesondere gerechtfertigt durch die Zustände innerhalb der Kirche, das Leben in den Klöstern, die Korruption in den päpstlichen Palästen. Die Leute hören ihm zu und sind zutiefst ergriffen von seiner Beredsamkeit, von der die Kunde bis nach Rom gelangt und dort viel Unbehagen auslöst. Später, als er nicht mehr in Florenz weilt, sollten die Leute seiner voller Verehrung gedenken, fast wie eines Heiligen. Der Papst dagegen sollte sein Grab zerstören und die Asche in alle Winde zerstreuen lassen.

Doch fürs erste ist er noch in Santa Croce, und Dante zählt zu jenen, die zutiefst ergriffen sind, ebenso wie der sechs Jahre jüngere Ubertino da Casale, ein anderer Minoritenfrater. Bis vor nicht allzu langer Zeit hatte sich Ubertino von den Dingen dieser Welt, von deren Blendwerk angezogen gefühlt. Nun saugt er begierig die Lehren und die Predigten Olivis in sich auf. Er übernimmt dessen inbrünstigen, ekstatischen Mystizismus. Kein anderer als er wäre besser in der Lage gewesen, das Vakuum aufzufüllen, das die Berufung dieses großen Spiritualisten an die Universität Montpellier nach zwei Jahren seines Wirkens in Florenz hinterließ.

Dante ist nun ganz und gar von Ubertino da Casale eingenommen, obgleich er später, als er Bilanz über das Wirken dieses Olivi-Schülers ziehen sollte, zu dem Schluß gelangte, daß durchaus nicht alles gebilligt werden könne. Er hatte die franziskanische Regel, die vom Meister gepredigt worden war, falsch ausgelegt und sie noch strenger gehandhabt als dieser. Und deshalb klingt auch in der *Commedia* ein tadelnder Unterton an. Fast als sollte damit zum Ausdruck gebracht werden, daß übertriebener Eifer letztlich der frevelhaften Trägheit gleichkommt. Wie gehabt: die Extreme gleichen sich. Das fanatische Ungestüm Ubertinos und die laxe Haltung des Generalministers Matteo d'Acquasparta, der Olivi zwar seinen Schutz hatte angedeihen lassen, im Grunde genommen jedoch auf der Seite der Konventualen stand, entsprechen einander. Dante ließ sie dieselbe Strafe erleiden.

Dies hindert ihn jedoch nicht daran, bei dem piemontesischen Frater Anleihen zu machen. Man braucht sich nur die Parallelen zwischen den Lehren Ubertinos, wie sie in einem seiner Werke *(Arbor vitae crucifixae)* zum Ausdruck kommen, und der in der ganzen *Commedia* mitschwingenden Empörung über die Kirche und ihre sklavische Unterwerfung unter Leidenschaften und weltliche Interessen vor Augen zu halten. Der *Arbor* diente der *Commedia* als

Quelle, Jahre später. Doch als Olivi Florenz verläßt, wird die Stadt von ganz anderen Problemen als von irgendwelchen dichterischen Entwürfen in Atem gehalten, und zwar von Waffenlärm: Florenz befindet sich im Kriegszustand mit Arezzo.

9

Guglielmino degli Ubertini war ein Bischof, dem der Bischofsstab nicht gerade gut anstand.

Als Ghibelline hatte er beschlossen, im Interesse seiner Partei die Gunst der Stunde zu nutzen. Die Stimmung war gedrückt, die Verwirrung groß in den guelfischen Reihen, nachdem die Aragonesen, die bei dem als Sizilianische Vesper in die Geschichte eingangenen Volksaufstand ihre Hände im Spiel gehabt hatten, sich nun zur Eroberung Unteritaliens anschickten. Karl I. von Anjou war tot. Bereits vor seinem Tode hatte sein Erbe Karl II. in einer Seeschlacht im Golf von Neapel eine Niederlage erlitten und war gefangengenommen worden.

Guglielmino ergreift die Initiative und trommelt die toskanischen Ghibellinen zusammen, stellt ein Heer auf und ersucht in anderen Staaten um Unterstützung. Sein Ziel ist es, dem guelfischen Feind eine derartige Lektion zu erteilen, daß er auf absehbare Zeit nicht wieder auf die Beine kommt. Er schlägt die Sienesen in einer Schlacht bei Pieve del Toppo. Sein Heer wird von Buonconte da Montefeltro kommandiert. Es überzieht praktisch das gesamte Umland von Florenz mit einem Kleinkrieg, unternimmt einen Handstreich nach dem anderen und dringt in mehreren Streifzügen bis wenige Meilen vor die Mauern der Stadt. Florenz seinerseits ist nicht untätig geblieben: es hat einige Städte auf seine Seite gezogen, unter anderem auch Siena sowie eine Reihe von Burgen.

Die Bundesgenossen treffen sich in Empoli und beschließen die Zerstörung Arezzos; unter ihnen befindet sich auch Brunetto Latini, der diesen Plan gutheißt. Es wird vereinbart, so schnell wie möglich zur Tat zu schreiten, nicht zuletzt, um auf diese Weise zu verhindern, daß sich den Aretinern unter Guglielmino degli Ubertini die Pisaner anschließen, an deren Spitze der andere ghibellinische Bischof steht, Ruggieri degli Ubaldini, der nach der Verurteilung Ugolinos della Gherardesca nun über die Stadt herrscht. Unterdessen jedoch wird Karl II. auf Betreiben Edwards I. von England freigelassen, dessen Tochter König Alfons von Aragon heiratet. Karl möchte die seiner Familie streitig gemachte Herrschaft über Neapel und Sizilien zurückgewinnen. Dazu muß er sich zuallererst einmal als Erbe seines Vaters krönen lassen.

Er macht sich auf den Weg nach Rieti, wo gerade der päpstliche Hof residiert. Eine auch nur halbwegs begehrenswerte Krone gibt es allerdings nur für den, der in der Lage ist, einen entsprechenden Batzen Geld dafür aufzubringen. Und genau das ist es, was Karl II. ganz dringend benötigt: Geld. Auf seiner Fahrt nach Rieti kommt er auch nach Florenz. Man schreibt den 2. Mai 1289. Er setzt sich mit verschiedenen Bankiers in Verbindung, die sich angesichts der ghibellinischen Bedrohung nicht lange darum bitten lassen, diesem Sproß des Hauses Anjou, der ihr bewaffneter Arm zu werden verspricht, ein Darlehen zu gewähren.

Karl entzieht sich der ihm zugedachten Rolle nicht: er gesteht der guelfischen Kommune das Recht zu, unter seinem Banner in die Schlacht zu ziehen. Auf diese Weise stattet er der Stadt seinen Dank ab, die ihn nicht besser hätte empfangen können. Lanzenschwingende Ritter hatten ihm das Geleit gegeben, als er unter seinem Baldachin durch die Straßen gezogen war. Eine Art offizieller Beglückwünschung zu seiner Freilassung seitens der Florentiner war von Frater Remigio de' Girolami in der Kirche Santa Maria Novella ausgesprochen worden.

Von Florenz aus bricht Karl nach Siena auf, wo ihm ebenfalls Darlehen gewährt und Ehrerbietungen entgegengebracht werden. Von Siena aus macht er sich schließlich auf den Weg nach Rieti. Von Papst Nikolaus IV. wird er in der Kirche des Franziskanerklosters gekrönt. Das Zeremoniell fällt ganz gewiß nicht so aus, wie er es sich erhofft haben mag. Es findet praktisch unter Ausschluß der Öffentlichkeit statt, ohne jedes Gepränge. Aber man darf an das Glück keine über Gebühr hohen Erwartungen stellen. Und man kann fürwahr schon von Glück sagen, daß es ihm gelungen ist, mit der Kurie und mit Florenz wieder jene Bande anzuknüpfen, die der Vater hatte reißen lassen.

Dante dürfte wohl kaum damit einverstanden gewesen sein, daß sich seine Vaterstadt mit diesem Anjou eingelassen hat. In der *Commedia* gedenkt er seiner, im Zusammenhang mit einer Reihe anderer verderbter Könige und Fürsten der Christenheit. Karl hat es nämlich tatsächlich fertiggebracht, seine blutjunge Tochter Beatrix an einen Markgrafen aus dem Hause Este zu verschachern und dabei wie ein Sklavenhändler mit ihm um den Preis zu feilschen.

Er war lahm. Wie er so mit seiner Krone und dem Segen des Papstes wieder aus Rieti davonzog, mag er sich wohl ein wenig auch im Glauben gewogen haben, nun für die Kirche und den Ruhm Christi zu kämpfen. Er hat ein Heer aufgestellt, um die in aragonesischer Hand befindliche Stadt Gaeta zu belagern. Unter seinem Banner marschieren auch Toskaner mit.

Die Toskaner haben allerdings selbst einen Feldzug geplant, für den sie sich Karls Hilfe erhoffen, als Gegenleistung für die ihm von guelfischer Seite gewährte Unterstützung. Florenz und seine Bundesgenossen beschließen, in einem Überraschungscoup unmittelbar in aretinisches Territorium vorzudringen. Am 2. Juni 1289 setzen sich zehntausend Fußsoldaten und eintausendsechshundert Reiter in Marsch und dringen am Arno entlang bis Pontassieve vor, um von dort aus ins Casentino einzufallen.

Sie werden befehligt von dem Franzosen Amerigo de Narbonne, den Karl II., genannt der Lahme von Neapel, für seine florentinischen Freunde abgestellt hat. Sie besetzen das Arnotal zwischen Bibbiena und Poppi. Bibbiena ist eine Burg des Bischofs Guglielmino degli Ubertini, Poppi dagegen eine Burg des Grafen Guido Novello, des *Podestà* von Arezzo, der bis 1266 kaiserlicher Vogt in der Stadt Florenz gewesen war, in die er mit den als Sieger aus der Schlacht bei Montaperti hervorgegangenen Ghibellinen eingezogen war. Dante, knapp vierundzwanzigjährig, ist einer der tausendsechshundert Kavalleristen.

Die Florentiner sind zahlenmäßig überlegen. Und eben das führt zu Meinungsverschiedenheiten unter den ghibellinischen Anführern; aber auch die Aussicht, zu einem späteren Zeitpunkt möglicherweise unter besseren Bedingungen, in einer günstigeren Ausgangsposition kämpfen zu können, spielt eine gewisse Rolle. Buonconte da Montefeltro, der erneut die Aretiner anführt, vertritt die Auffassung, man solle sich nicht auf eine Schlacht einlassen, sondern sich in ein Gebiet zurückziehen, in dem man dem guelfischen Angriff standhalten könne; Guglielmino degli Ubertini dagegen sieht darin ein Zeichen von Feigheit. Er befürchtet außerdem, das feindliche Heer, das sich bereits daran gemacht hat, die Ländereien des Grafen zu verwüsten, könne in Bibbiena ein gleiches tun. Die beiden Burgen liegen schließlich nicht sehr weit voneinander entfernt. Daher wendet er sich gegen seinen eigenen Heerführer und wirft ihm mangelnde Courage vor.

Das Schlachtfeld, auf dem die beiden Heere aufmarschieren, liegt nordwestlich von Poppi in der Ebene von Campaldino bei Certomondo. Eine im romanischen Stil errichtete Kirche und ein Kloster erinnern dort an den Sieg der Ghibellinen bei Montaperti. Dieses Gebiet gehört zum Territorium Guido Novellos.

An der Spitze des florentinischen Heeres stehen, wie üblich, die Schützen: Reiter im ersten Glied, deren Aufgabe es ist, die Schlacht zu eröffnen, eine Aufgabe, die verständlicherweise nicht zu den begehrtesten gehört. Dieses Mal freilich hatte es keiner großen Anstrengungen bedurft, um die dem Tode geweihten Schützen aufzustellen. Das war das Verdienst des heldenmütigen Vieri dei Cerchi.

Er zählte nicht mehr zu den Jüngsten und konnte sich wegen der großen Schmerzen, die ihm ein krankes Bein verursachte, kaum noch gerade im Sattel halten. Er hatte den Auftrag erhalten, die Schützen seines Stadtviertels zu rekrutieren – des Viertels Porta San Piero, in dem auch Dante lebte. Aber er hatte lediglich sich selbst, seinen Sohn und einen Enkel gemeldet. Von den anderen, so hatte er gesagt, mochte er Gleiches nicht verlangen. Er stellte es jedem frei, der seinem Vorbild folgen wollte, sich aus freien Stücken zur Verfügung zu stellen. Alsbald hatten sich zwanzig junge Leute gemeldet, die sich als Reiter aufstellen und ausrüsten ließen. Am Ende konnten die Florentiner hundertfünfzig Schützen aufbieten, unter ihnen auch Dante.

Flankiert wurden die Schützen von zwei jeweils im Halbkreis hinter ihnen aufgestellten Einheiten von Fußsoldaten, den Schildträgern. Sie rückten unter dem Schutz ihrer großen, rechteckigen Schilde vor, und mit ihnen die Armbrustschützen sowie die mit langen Lanzen ausgerüsteten Fußsoldaten. Reiterei und Fußvolk zusammen bildeten gewissermaßen die Phalanx. Das Gros des Heeres, also das Hauptkontingent, das von der restlichen Reiterei flankiert wurde, mußte den entscheidenden Teil des Kampfgeschehens bestreiten und sich in das Gemetzel stürzen, das von den Schützen eingeleitet worden war.

Amerigo de Narbonne, der hinter dem Gros des Heeres den Troß hat auffahren lassen, um mit Hilfe dieser Barriere das Heer am Zurückweichen zu hindern, hat dieses Mal beschlossen, nicht gleich die gesamte Reiterei in die Schlacht zu schicken, sondern hundertfünfzig Reiter in Reserve zu halten. Es handelt sich dabei um Leute aus Lucca und Pistoia, die dem Befehl Corso Donatis unterstellt sind, des derzeitigen *Podestà* von Pistoia. Sie haben Anweisung, erst dann in das Kampfgeschehen einzugreifen, wenn es darum geht, den Rückzug zu sichern, falls die Schlacht eine für die Florentiner ungünstige Wendung nehmen sollte. Keinesfalls früher. Corso Donati ist nicht der Mann, der gerne Befehle entgegennimmt. Keiner weiß dies besser als Dante und die anderen Bewohner des Viertels Porta San Piero: haben doch die Donati und die Cerchi, die ebenfalls in diesem Viertel leben, alles getan, um in ihrer Nachbarschaft Zwietracht zu säen, seit sie aufgrund politischer und privater Fehden miteinander auf Kriegsfuß stehen. Doch jetzt ist nicht der Moment, sich irgendwelchen Rankünen oder Animositäten hinzugeben. Corso Donati bezieht mit seinen Reitern an der von Amerigo vorgesehenen Stelle Position. Es ist ein furchtbar heißer Tag.

Auf der anderen Seite der Ebene haben die Ghibellinen doppelt so viele Schützen aufgestellt wie die Florentiner. Buonconte da Montefeltro beabsichtigt offensichtlich, ganz auf das erste Treffen zu setzen, auf die Schlagkraft seiner Schützen. Er hat sie seinen zwölf berühmtesten Befehlshabern unterstellt.

Inmitten einer wogenden Staubwolke – in die sich das grauenerregende Getöse des anhebenden Kampfgetümmels mischte – erlebte Dante die Furie der aretinischen Reiterei, von der er sich beinahe überwältigt fühlte. Wie ein Mensch, der in den Fluten unterzugehen droht, ist er offenbar wild gestikulierend auf seinem Roß vorangeprescht, wobei Rüstungen und Gesichter von Leuten, die ihm nach dem Leben trachteten, ihm unter ihren Helmen ingrimmige Blicke zuwarfen; zu Boden gestürzte Reiter, die in ihren Rüstungen steife, ungelenke Bewegungen vollführten und wie Reiterstatuen wirkten, die man von ihrem Sockel gestürzt hat. Dante schaut genau hin und kann doch nicht genau erkennen, er verschlingt mit den Augen, was immer ihm zu Gesicht kommt. Und alles landet in seinem Kopf, der zu einem regelrechten Tollhaus geworden ist; eine Unzahl von Bildern hat sich bereits in seinem Gehirn angesammelt, immer neue packt er hinein, bis sie schließlich ein reges Eigenleben zu führen beginnen. Immer wieder sollten sie in seiner Erinnerung umhergeistern, noch lange nach jenem Junitag des Jahres 1289. Zehn Jahre später ist in einem leider verlorengegangenen Brief davon die Rede. Leonardo Bruni berichtet über diesen Brief und zitiert einige Sätze daraus. In dem Brief gesteht Dante, zu Beginn der Schlacht große Furcht gehabt zu haben.

Und er hatte wahrlich allen Grund dazu. Buonconte da Montefeltro hatte nämlich gut daran getan, sich zu Beginn der Schlacht eine günstige Ausgangsposition zu schaffen, indem er die Anzahl der eigenen Schützen im Vergleich zu denen der Florentiner verdoppelte. Nachdem der erste Widerstand der unter dem Befehl von Vieri dei Cerchi stehenden florentinischen Schützen gebrochen war, drangen die Aretiner in die Reihen des feindlichen Hauptkontingentes vor und ließen immer lauter ihren

Schlachtruf erklingen: «San Donato! San Donato!» Von guelfischer Seite scholl es zurück: «Chevalier de Narbonne!»

Die einen beriefen sich also auf ihren Schutzpatron, die anderen auf ihren Feldherrn: den Sieg sollte der Heilige davontragen. Ungeachtet des von den Armbrustschützen abgefeuerten Pfeilhagels und des dichten Lanzenwaldes schritt er unbeirrt voran, so daß die arentinischen Soldaten sich in diese Bresche, in diesen von den Schützen eröffneten Durchgang stürzen, an die Rosse des Feindes heranmachen und ihnen die Bäuche aufschlitzen konnten. Die von Karl I. von Anjou gegen die Reiterei Manfreds angewandte Kriegslist hatte Schule gemacht. Die Situation spitzte sich zu. Von einem Augenblick zum nächsten konnte es zur entscheidenden Wende kommen, konnte die Chance, den Sieg zu erringen, für die Guelfen endgültig vertan sein. Erregt beobachtet Corso Donati das Geschehen.

Nur mit Mühe widersteht er dem Drang, sich ins Getümmel zu stürzen. Er zählt zu jenen, die sich stets im Zaum halten müssen – nur selten ist ihm das allerdings gelungen, und eigentlich ist er sogar stolz darauf. Schließlich ist er ein verwegener Mann: einer von denen, die zum Siegen geboren sind, deren Bereitschaft, sich selbst auf die riskantesten Abenteuer einzulassen, Rückschlüsse auf ihr Temperament zulassen.

Er ist ein ausgezeichneter Redner, und zu Pferde kommt ihm keiner gleich. Doch dieses Mal ist seine Beredsamkeit nicht zum Zuge gekommen, da er über den Befehl Amerigo de Narbonnes nicht mit ihm hat diskutieren können, und auch seine Gewandheit zu Pferde kommt – solange er auf seinem Beobachterposten ausharren muß – nicht zum Zuge, die ihn zweifellos in die Lage versetzt hätte, in die feindlichen Reihen vorzustoßen, um dort zum entscheidenden Schlag auszuholen und dem Gegner Tod und Verderben zu bringen.

Doch wie lange kann dieser Mann ausharren, der gewohnt ist, sich zu nehmen, was immer ihm beliebt, und sich keine Schranken aufzuerlegen, zumal er in Anbetracht der Umstände durchaus gute Gründe zum Ungehorsam gehabt hätte? Corso wendet sich an seine Reiter. Er spricht unverblümt aus, was für keinen mehr zu übersehen ist: in den Reihen der Florentiner zeigen sich erste Auflösungserscheinungen und Rückzugstendenzen. Sollte er da noch länger untätig zusehen? Egal, welche Konsequenzen das auch haben mochte, und sollte es ihn Kopf und Kragen kosten, er konnte nicht mehr länger zögern, sich mit seinen Leuten in das Kampfgetümmel zu stürzen, um dort einzugreifen, wo ihre Hilfe bitter nötig, ja unabdingbar geworden war. Nein, sie wollten nicht als bloße Zuschauer dereinst von der Niederlage ihres Heeres Kunde geben müssen. Sie gaben den Pferden die Sporen.

Sie preschten gegen die Aretiner vor, nahmen sie unter Beschuß und brachten deren Vorstoß zum Stillstand, der die Florentiner zu überrollen drohte. Völlig verblüfft hielten die Aretiner einen Moment lang inne, ehe sich ihre Offensive ins Gegenteil verkehrte und sie zur Defensive übergehen mußten. Ihr Vorstoß war so gewaltig gewesen, daß sie bis tief in die feindlichen Reihen vorgedrungen waren, die sich nun, kaum daß sie angesichts der Unterstützung durch Corso Donatis Reiterei neuen Mut gefaßt hatten, wieder schlossen und zum tödlichen Schlag ausholten.

Die Ebene von Campaldino war übersät von durchbohrten, verstümmelten Leibern: eintausendsiebenhundert allein auf seiten der Ghibellinen.

Die versprengten Haufen des ghibellinischen Heeres haben die Todesstätte in der Ebene hinter sich gelassen und sich nach Arezzo aufgemacht, um hinter den Mauern der Stadt Schutz zu suchen. Die Guelfen setzen ihnen nach, doch immer wieder lassen sie sich unterwegs davon ablenken, die Verfolgung ernsthaft zu betreiben. Sie delektieren sich an den Früchten des Sieges: an Raubüberfällen und Plünderungen. In den Gebieten, durch die ihr Raubzug führt, hinterlassen sie die gnadenlose Spur des Siegers. Eine Spur des Schreckens. Allein die Zahl der Burgen, die sie unterwegs zerstören, beläuft sich auf über vierzig. Und dann sind sie schließlich am Ziel ihrer Unternehmung angelangt: der Befestigungsring der Stadt Arezzo soll gestürmt werden. Die Stadt wird belagert. Doch die Florentiner müssen alsbald einsehen, daß das kein einfaches Unterfangen wird, auch wenn die Feinde aus der Schlacht von Campaldino sehr geschwächt hervorgegangen sind. Vor allem ist das offensichtlich keine Angelegenheit, die sich im Handumdrehen erledigen ließe.

Fürs erste gibt es also nichts Besseres zu tun, als die Raub- und Beutezüge fortzusetzen und die Belagerten vielleicht sogar noch zum Narren zu halten. Es werden Turniere und sonstige Wett- und Geschicklichkeitsspiele veranstaltet. Als ob den in der Stadt Eingeschlossenen damit gezeigt werden sollte, daß man auf sie nicht viele Gedanken verschwendet, daß man sich die Zeit außer mit Streifzügen durch die Umgebung mit Vergnügungen aller Art zu vertreiben weiß. Dante hat einige Eindrücke, einige Erinnerungen an diese Vorgänge aufgegriffen: in den ersten Versen des zweiundzwanzigsten Gesanges des *Inferno* klingen sie an, wo die bestechlichen Amtsträger im siedenden Pech schmachten, bewacht von Teufeln, die sie bei jeglichem Versuch, ihren Qualen zu entkommen, aufs grausamste peinigen. Aber die Aretiner kapitulieren nicht. Und schließlich ziehen die Florentiner es vor, die erfolglose Belagerung zu beenden und heimzukehren.

In Florenz werden sie empfangen vom Klerus, der ihnen in einer Prozession entgegenzieht, von den Vertretern der Zünfte und der Obrigkeit, an der Spitze die Prioren. Kreuze und Banner werden geschwenkt. Einer der Prioren ist Dino Compagni. Er ist fünf Jahre älter als Dante und hat damit begonnen, seine literarische Tätigkeit und seine politischen Aktivitäten miteinander zu verbinden. Er hatte zunächst Verse geschrieben, sich später jedoch dem Handel zugewandt. Als Kaufmann hat er dann durch die Vertretungsorgane seiner Zunft der Seidenhändler Zugang zur Politik gefunden. Und die Politik ließ ihn zum Chronisten werden. Er verfaßte die *Cronica delle cose occorrenti ne' tempi suoi*, eine Chronik also über die Vorgänge in der Stadt, die später als Ausgangspunkt für die *Commedia* dienen sollte.

Dante zieht mit den übrigen aus dem Felde heimkehrenden Kampfgenossen in die Stadt ein. Es wird ganz groß gefeiert. Natürlich auch im kirchlichen Rahmen: Dankgottesdienste finden statt in San Barnaba und in San Giovanni, in dessen Baptisterium neben anderen Trophäen auch Helm und Schild Guglielminos zur Schau gestellt werden. Da der Sieg von Campaldino am Tag des Heiligen Barnabas errungen wurde, wird dieser Heilige dem Patron der Stadt gleichgestellt. Die Guelfen betrachten ihn künftig als ihren Schutzheiligen.

Vielen der aus dem Felde Heimgekehrten, vierhundert Kavalleristen und zweitausend Fußsoldaten, war keine lange Verschnaufpause vergönnt. Nur wenige Wochen darauf brachen sie gemeinsam mit einem Heerhaufen aus Lucca erneut auf, um von den Pisanern jene Burgen zurückzuerobern, deren sich diese wieder bemächtigt hatten, nachdem sie zuvor an die zwischen Genua, Florenz und Lucca bestehende Liga abgetreten worden waren. Und wiederum tritt Dante als Kriegsmann in Erscheinung. Er nimmt an der Belagerung der Burg von Caprona teil, die mit deren Kapitulation endet.

Doch bald sollte das Soldatenleben der Vergangenheit angehören und eine jener Erfahrungen darstellen, die im Guten wie im Bösen zur charakterlichen Entwicklung beitragen, zur Disziplin erziehen, mit Blut und Leiden vertraut machen, die den Menschen mit sich selbst konfrontieren, ohne jedwede Verstellung. Erfahrungen, die ihn nicht zuletzt auch die positiven Seiten des Daseins erkennen lassen: Solidarität, Freundschaft, Sympathie. Nachdem Dante also Helm und Rüstung abgelegt hatte, mußte er sich wieder auf das Alltagsleben einstellen – einen Alltag, der Florenz keine Ruhe brachte.

Die unteren Bevölkerungsschichten gerieten immer wieder mit der Oberschicht aneinander, die sich ihrerseits kräftig revanchierte. Die Zünfte stellten zwar die Regierung, doch nach wie vor hatten die großen Familien das Sagen: Anspruch und Realität der Machtverteilung. Ein Mann namens Giano della Bella machte von sich reden. Er entstammte einem adligen Geschlecht, hatte sich aber auf die Seite des Bürgertums geschlagen und für die Popolanen Partei ergriffen, die nach Gerechtigkeit riefen.

Bestand die Hoffnung, daß Gerechtigkeit, wenigstens ein bißchen Gerechtigkeit, endlich auch den untersten Schichten widerfahren sollte? Jene, die auf der untersten Stufe der sozialen Hierarchie standen, die nicht einmal eine soziale Identität besaßen, konnten im Jahr 1289 zumindest die Befreiung von der Leibeigenschaft für sich verbuchen. Es wurde nämlich das Naturrecht des Menschen auf seine Freiheit proklamiert, die ihm als Gabe Gottes von niemandem, wer immer es auch sei, genommen werden könne. Ein überraschender Schritt, wenngleich die Selbstbestimmung des Menschen schon seit geraumer Zeit in dem Maße, da sich die urbane Kultur gegenüber der feudalen Kultur behauptete, immer mehr an Bedeutung gewonnen hatte und zunehmend als ein hehres Gut empfunden wurde, das es anzustreben beziehungsweise zu gewähren galt. Bezeichnend ist die Tatsache, daß im Geburtsjahr Dantes eine Dame edlen Standes ihre Leibeigenen freigelassen hat, als Suffragium für die Seele zweier ihrer Brüder, Alberico und jenes Ezzelino III. da Romano, von dem gemunkelt wurde, es handele sich bei ihm um den leibhaftigen Sohn des Satans.

Sie hieß Cunizza. Sie war bekannt für ihre Zügellosigkeit, für ihre Liebhaber, zu denen auch ein Ritter zählte, dessen Empfindsamkeit und Begabung ihn zum bedeutendsten italienischen Troubadour provenzalischer Sprache werden ließen: Sordello. Während der Jahre, die sein Verhältnis mit Cunizza währte, diente er am Hofe des Grafen Riccardo di San Bonifacio, des Gebieters über Verona. Und Cunizza war des Grafen Gemahlin. Sordello verliebt sich also in sie, sie ist nicht die Frau, die sich einem Abenteuer verschließt. Aber der verseschmiedende Kavalier war lediglich einer von all den vielen Liebhabern, die sie in ihrem Leben hatte. An der Schwelle des Alters verschrieb sie sich schließlich mildtätigen Werken, die sie mit nicht geringerer Leidenschaft betrieb als ehedem ihre Liebschaften. Eines der Indizien für ihren neuen Lebenswandel war die Freilassung ihrer Leibeigenen, zu der sie sich während eines Aufenthaltes in Florenz entschloß, wo sie als Gast der Familie Cavalcanti weilte.

Die fromme Cunizza, als die sie sich im fortgeschrittenen Lebensalter erwiesen hat, sollte für Dante Grund genug sein, die skandalumwitterte Cunizza ihrer früheren Lebensjahre vergessen zu lassen. Er beförderte sie ins *Paradiso*.

Nicht abgeschafft wurde freilich die Sklaverei. Das heißt praktisch: die Sklaven auf dem Lande wurden freigelassen, nicht aber diejenigen, die aus dem Orient und aus Afrika kamen, von wo die venezianischen und genuesischen Schiffe Nachschub an Sklaven herbeischafften, mit denen ein regelrechter Menschenhandel betrieben wurde. Allerdings hat sich manch eine Gebieterin mit ihrer Sklavin eine Rivalin ins Haus geholt. Mit dem Bürgertum kam auch die bürgerliche Komödie auf. Die häusliche Szene erfuhr eine Belebung durch verführte Sklavinnen, durch Kinder der Liebe, eifersüchtige Gattinnen, exotische und despektierliche Geliebte.

Der Herr und Gebieter seinerseits konnte seine Sklaven durch testamentarische Verfügung freilassen, und die aus der Verbindung mit einer Sklavin hervorgegangenen männlichen Nachkommen galten in jedem Falle als Freigeborene und standen in Würde und Ansehen auch keineswegs der ehelichen Nachkommenschaft nach. Florenz war stolz auf diese Regelungen. Eine derartige Freizügigkeit war auch nichts Ungewöhnliches in einer Stadt, in der das Konkubinat weit verbreitet war. Den Verfall der Sitten beklagte Dante später in seiner *Commedia* – die Prediger dagegen zeigten sich schon jetzt indigniert und wetterten von den Kanzeln herab und drohten mit allen Strafen der Hölle. Nicht von ungefähr gaben sich in der Stadt des *Dolce stil nuovo* die Mädchen bis zu ihrer Vermählung keineswegs nur ihren Seufzern oder ihren Träumereien von Umarmungen hin, die ihnen von den Poeten in Aussicht gestellt worden waren. Sie hatten so ihre Erfahrungen. Das jedenfalls behauptete Giordano da Rivalto, der in Santa Maria Novella predigte.

Nicht, daß das die Poeten abgeschreckt, ihrer Dichtung Abbruch getan hätte. Hatte nicht Bice sich mit Simone de' Bardi vermählt? Und dennoch sah Dante sie nach wie vor mit verzückten Augen an, denen sich eine Inkarnation der Reinheit darbot.

Er hatte sich in sie verliebt, als er neun Jahre alt war; neun Jahre später, zur neunten Stunde, war er ihr auf der Straße erneut begegnet. Immer wieder diese Zahl neun. Und als er eines Tages in einem – später verlorengegangenen – Streitgedicht (Sirventes) die Namen der sechzig schönsten Frauen von Florenz aufzählte, sollte er sich dessen gewahr werden, daß sie, Beatrice, den neunten Platz in dieser Rangliste einnahm. Aber es ging hier nicht darum, daß ein Liebender ganz objektiv einräumte, daß seine Geliebte nicht so attraktiv war wie andere, mit denen er sie verglich. Nein, der Vergleich diente lediglich als Vorwand; sein Zweck lag nicht darin, eine bloße Hierarchie der Schönheiten der Stadt aufzustellen.

Eben diese Zahl neun, der neunte Platz belegt dies, weist auf das Außergewöhnliche der Attribute hin, die der Tochter Folco Portinaris zugeschrieben werden. Diese magische Zahl strahlt eine besondere Harmonie aus. Hat Ptolemäus nicht neun Himmel beschrieben? Und ist die Wurzel daraus nicht drei, wie der Vater, der Sohn und der Heilige Geist der Dreifaltigkeit, die, eben weil sie eins und zugleich dreifaltig sind, Zeugnis des Wunders ablegen?

Dante selbst verweist darauf in *Vita nuova*. Ein Signal, das in seiner Beziehung zu Bice mehrfach aufleuchtet, als solle es ihr wunderbares Wesen unter Beweis stellen. Es erhebt sich natürlich die Frage, was einen Mann dazu veranlaßt haben mag, einer Frau bei der Schilderung der von ihm für sie empfundenen Liebe Fleisch und Blut abzusprechen und sie zu einem Ideal, einem Symbol zu erheben. Es lag nämlich auf der Hand, daß dies beim Leser dieser Schilderung erhebliche Verwirrung auslösen mußte, legte es doch der Autor darauf an, ein Gewirr von Fäden zu produzieren, ein Gespinst zu fabrizieren, das sich wie ein Schleier über die Dinge, über deren reale Existenz legte.

In der Tat stiftete Dante mit seiner *Vita nuova*, wo er sich nochmals seine innige Beziehung zu Bice in Erinnerung ruft, erhebliche Verwirrung; die unzähligen Fäden, die eigentlich zur Schilderung einer idealisierten Liebesbeziehung hätten verwoben werden sollen, verloren sich letztlich in einer Abhandlung über die Dichtkunst, beziehungsweise in der Schilderung einer ersten persönlichen Auseinandersetzung mit ihr sowie der Illusionen und Ängste, die das bei ihm ausgelöst hatte. Schließlich verwischten sich die Grenzen zwischen der Liebesgeschichte und den Reflexionen über die dichterische Form, mit der sie zum Ausdruck gebracht wurde.

Schon von der Form her waren die Grenzen fließend. Das Werk setzt sich aus ganz unterschiedlichen Teilen zusammen: Es umfaßt fünfundzwanzig Sonette, vier Kanzonen, eine Ballata, eine Stanze, jeweils gefolgt von einer gleichen Anzahl kleiner Prosakapitel mit den Erläuterungen des Autors, die offenbar nicht so sehr die Aufgabe haben, die autobiographischen Stationen der Entstehung der kommentierten Verse nachvollziehbar zu machen, als vielmehr den Gegenstand der Schilderung mit den Strategien der Inspiration zu verbinden, den einen Aspekt auf den anderen zu reduzieren.

Der Vers wurde zum Thema und umgekehrt. Die Poesie hatte die Gestalt Bices angenommen und jene Expressivität erlangt, die erforderlich ist, um ein Stück Leben zu Literatur werden zu lassen, zu einer Literatur freilich, die bereits einen Bereich darstellt, in dem über das Verhältnis der Geschöpfe zu Gott reflektiert wird. Ein Bereich der Wissenschaft, der Theologie. Bei *Vita nuova* haben wir es mit einem Werk zu tun, das noch am Rande dieser ganzen Entwicklung steht, wenn es auch bereits einen Hauch von

Mystizismus aufweist, einen Nebelschleier, bei dem man die sich abzeichnenden Gestalten nie mit Sicherheit zu identifizieren vermag.

Die Idealisierung geriet allmählich zur Transzendenz, wurde bis zur Perfektion betrieben, so daß nicht mehr erkennbar war, ob es das Menschliche war, das im Lichte ewiger Schönheit überhöht erschien, oder ob es nicht diese Schönheit war, die sich in den verschiedenen Seinsweisen Beatrices offenbarte. Fest steht nur, daß es in diesem verwirrenden Gefüge von Anspielungen so aussieht, als ob Bice gewissermaßen in der ersten ihrer Inkarnationen dazu veranlaßt werden sollte, die Gewänder der Allegorie anzuprobieren. Sie konnte die Poesie sein, in deren Gewand letztlich jede Idealisierung auftritt und auf die sich die Dichter des *Dolce stil nuovo* mit ihrer Vorstellung von dem engelhaften Wesen unweigerlich einen Reim zu machen pflegten; aber sie konnte auch etwas anderes sein, einfach sie selbst, mit den nötigen Korrekturen natürlich, die einen normalen Sterblichen zu einer bedeutenden Persönlichkeit aufsteigen lassen. Schließlich konnte Dante mit der Niederschrift des Berichts über seine Jugendliebe Bice auch ganz einfach bezweckt haben, sich als Schriftsteller zu präsentieren, der die Regeln der Kunst beherrscht, die zu seiner Zeit gültigen Regeln, natürlich, und der Forderung nach «wahrhafter Anmut» entsprach.

Doch welche Rolle Bice auch gespielt haben mag, welchen Intentionen Dantes sie auch entsprochen haben mochte, die Liebe zu ihr hatte eine verheerende Kraft. Dante erfährt dies nach seiner zweiten Begegnung mit Bice auf der Straße, im Anschluß an den Traum, den er im ersten der fünfundzwanzig Sonette schildert. Die Liebe raubt ihm seine Kraft, läßt ihn so elend aussehen, daß seine Freunde ihn voller Sorge (aber auch voll Neid) fragen, für wen er sich denn so verzehre.

Wie jeder Verliebte, der im Exil seiner Gefühle lebt, zieht er es vor, sich nicht zu offenbaren, sein Herz nicht auszuschütten, sondern sich hinter der melancholischen Distanz zu verschanzen, die zwischen ihm und den anderen besteht und die, so spürt er, immer größer wird. «Lächelnd schaute ich sie an und antwortete ihnen nichts.»

10

Aber immer wieder kommt unweigerlich ein Moment, in dem eine dritte Person ins Spiel kommt. Als Dante eines Tages in der Kirche Bice einen Blick zuwirft, erweckt er damit bei einer Dame, die genau in seiner Blickrichtung sitzt, den Eindruck, sie selbst sei mit dieser flüchtigen Botschaft gemeint. Sie ist «gar lieblich anzusehen». Sie zeigt sich verwundert über die «Blicke, die auf sie gerichtet schienen». Und sie entzieht sich ihnen nicht. Die beiden werfen sich suchende, fragende Blicke zu, was natürlich nicht unbeobachtet bleibt.

Da kommt Dante mit einem Male die Idee, sich diese Situation zunutze zu machen: er will diejenigen auf eine falsche Fährte locken, die gerne wissen möchten, wer seine Geliebte ist, wem seine Gedanken gehören. Er hat Erfolg damit. Nun gibt es unter all den Neugierigen keinen mehr, der nicht davon überzeugt wäre, in sein Geheimnis eingedrungen zu sein. Dante geht sogar so weit, der Dame, die ihm als Schutzschild dient, hinter dem er seine wahren Gefühle verbirgt, Gedichte zu widmen. Bis sie schließlich abreist, und er, nachdem er in weiteren Versen den Schmerz der Trennung besungen hat, um die Fiktion noch glaubhafter zu machen, sich eine zweite Dame aussucht. Auch sie dient ihm dazu, seine Freunde und Bekannten bezüglich der Person, der seine wahren Gefühle gelten, in die Irre zu leiten.

Allerdings hat er dabei nicht bedacht, daß man ein Spiel auch zu weit treiben kann. Das wird ihm erst bewußt, als er Bice begegnet und sie ihm den Gruß verweigert. Er ist verzweifelt. Im Traum, so berichtet er in *Vita nuova*, erscheint ihm ein «in ein reinweißes Gewand gekleideter Jüngling», der ihn dazu auffordert, der Heimlichtuerei ein Ende zu setzen und sein Herz der einzigen zu offenbaren, die er liebt. Bei einer anderen Gelegenheit geht diese Aufforderung noch mit dem Vorwurf einher, in seinen Versen nicht die Geliebte gepriesen zu haben, doch noch zuvor hat er erfahren müssen, was es bedeutet, von ihr mit spöttischer Miene angeschaut zu werden. Er verfaßt das Sonett: *«Con l'altre donne mia vista gabbate»* – «Ihr scherzet über mich mit anderen Frauen». Und er schreibt, wenn sie wüßte, wie es um ihn steht, würde sie sich anders verhalten und sich gewiß nicht über ihn lustig machen wegen der Kalamitäten, in die ihn die Liebe gestürzt hat.

Im Dezember 1289 stirbt Bices Vater. Dante widmet dem Ereignis zwei Sonette. «Der Erzeuger all dieser Wunder, die man in der holdseligsten Beatrice vereint sah», war dahingeschieden.

Er war ein überaus guter Mensch gewesen. Und er hatte auch einen sichtbaren Beweis dafür hinterlassen. Einige Jahre zuvor hatte er ein Hospital errichten lassen. Nach dessen Fertigstellung im Jahre 1288 hatte er noch eine Stiftung zugunsten des Hospitals verfügt, um auf diese Weise sicherzustellen, daß es den mildtätigen Zweck, für den es errichtet worden war, auch tatsächlich erfüllen konnte: die Unterstützung der Armen.

Dieses Hospital von Santa Maria Nuova hatte eine Vorgeschichte, bei der Tessa die Hauptrolle spielte, eine Dienerin im Hause Portinari. Sie war mit einem Sattler verheiratet und brachte ihre Tage mit den üblichen häuslichen Verrichtungen zu. Sie war jedoch eine Frau, der es weder an Tatkraft noch an Barmherzigkeit fehlte. Ihr Herr besaß ein Gebäude im Nordosten der Stadt, außerhalb der Mauern, ganz in der Nähe der Kirche Sant'Egidio, die in der Stadt allgemein unter dem Namen San Gilio bekannt war, und sie hatte diesen Bau zur Unterbringung bedürftiger kranker Menschen genutzt.

Damit war der erste Schritt zur Verwirklichung eines Projektes getan, das Gestalt anzunehmen begann, als Tessa ihren Herrn Folco Portinari davon überzeugen konnte, ein richtiges Hospital zu gründen. Hierzu stellte er Ackerland zur Verfügung und kaufte noch das Anwesen auf, das an sein eigenes Grundstück grenzte. 1287 wurde in Gegenwart des Bischofs von Florenz, Andrea de' Mozzi, der Grundstein gelegt. Es war kein großes Hospital, das da gebaut werden sollte, mit nur siebzehn Betten, aber es bestand die Möglichkeit, es im Laufe der Zeit weiter auszubauen. Im darauffolgenden Jahr konnte Tessa in den Krankenstationen von Santa Maria Nuova ihre Arbeit aufnehmen. Sie scharte einige Oblatinnen um sich und schuf damit einen Frauenorden, der sich die Pflege armer kranker Menschen zur Aufgabe machte. In der Kapelle des Hospitals wurde Folco Portinari beigesetzt.

Ihm wurde ein Grabmal errichtet, das in eine Wand der Kapelle eingelassen war. Auf ihm war das Wappen seines Geschlechtes abgebildet, ein Tor mit zwei aufrecht stehenden Löwen vor goldenem Hintergrund. Die Kosten für die Beisetzungsfeierlichkeiten hatte übrigens die Kommune übernommen.

Doch bekanntlich gibt es in jeder Familie dunkle Punkte, und die Portinari machten da keine Ausnahme. Folco verdankte einen nicht geringen Teil seines Vermögens der Tatsache, daß er Teilhaber der Bank der Cerchi gewesen war, die sich durch Wuchergeschäfte bereichert hatten. Allerdings hatte er sich auch als Bürger um seine Vaterstadt verdient gemacht, und in der Liste der Prioren von Florenz wird sein Name als einer der ersten genannt. Wenn die Stadt ihn somit nach seinem Tode ehrte, ist nicht anzunehmen, daß es zu seinen Lebzeiten hierzu keinen Grund gegeben haben sollte.

Dante jedenfalls hatte keine Zweifel daran, daß es dafür gute Gründe gab. Und zwar nicht so sehr deshalb, weil Folco Portinari seine Rechtschaffenheit und seine Großherzigkeit unter Beweis gestellt hatte, sondern weil man ihm als dem Vater Bices die Anerkennung seiner Qualitäten schlechthin nicht hätte vorenthalten können. Sein Tod jedoch war noch nicht alles, sondern lediglich der Vorbote eines noch sehr viel schwerer zu verschmerzenden Verlustes, eines noch wesentlich größeren Unheils, das Dantes Leben überschattete: im Juni 1290 starb Bice.

Dante hatte eine Vorahnung gehabt – gleichsam als ob die Natur sich verpflichtet gefühlt hätte, ihm noch vor den anderen die Tragödie zu offenbaren, die wenig später auf ihn zukommen sollte. Ähnlich wie bei manchen Tieren, die kurz vor dem Auftreten eines Erdbebens unruhig werden und ein auffälliges Verhalten zeigen, wurde auch sein Leib von jenem unvorstellbaren Ereignis heimgesucht, noch bevor es überhaupt eingetreten war. Etwas in ihm geriet aus den Fugen, kam aus dem Gleichgewicht. Eine «schmerzhafte Krankheit» überkam ihn. Und wie zum Beweis dessen, daß zwischen der eigenen Krankheit und dem Schicksal Bices ein Zusammenhang bestand, taucht ein untrügliches Zeichen auf: die Zahl neun. «Neun Tage lang litt ich ununterbrochen bitterste Pein.»

Am neunten Tage verfällt er in ein Delirium, in dessen Verlauf er den Tod Bices phantasiert. Vor seinen Augen beginnen Frauen herumzutanzen und sich die Haare zu raufen. Er sieht sie weinen, mit ihren im Winde wehenden Haaren, während sie «unsäglich traurig» von dannen ziehen. Angesichts dieses Schmerzes geht gleichsam ein

Erschauern durch die gesamte Natur. Unversehens erstirbt die Natur, und alles, was da kreucht und fleucht, fällt leblos zu Boden.

Dante sieht, wie die Sonne sich verfinstert; Vögel stürzen hernieder. Vom Tode überrascht, unterbrechen sie jäh ihre Flugbahn. Was hatte das alles nur zu bedeuten? Ein Freund ist gekommen, um ihm zu sagen: «Weißt du es denn nicht? Deine wunderschöne Herrin ist aus dieser Welt gegangen.» Und nun ist es an ihm zu weinen. Seine Augen füllen sich mit Tränen, während hinter einem leuchtend weißen Wölklein eine Schar Engel *Hosianna in excelsis!* singt. Und das schauerliche Traumgesicht geht weiter. Aber es sieht fast so aus, als ob es sich nun nicht mehr, wie soeben noch, in kosmischen Dimensionen abspielte, sondern als ob die durch den phantasierten Tod Bices verursachte Pein allmählich verinnerlicht würde. Keine Phantasien mehr von Vögeln, die «im Fluge tot niederfielen»; statt dessen kehrt er in die Einsamkeit seiner Kammer zurück und lamentiert «mit lauter Stimme: ‹Oh, wunderschöne Seele, selig, wer dich schaut!›»

Doch wenn Bice aus dieser Welt geschieden ist, wo sie ihm doch alles bedeutete, wozu dann weiter hienieden verweilen? Lieber will er den Tod herbeiflehen. Ein Flehen, das man nicht ohne Sorgen mitanhören kann. Sorgen macht sich, als sie das hört, Dantes Schwester, die ihm in seiner Krankheit beisteht. Ihr zur Seite stehen andere Frauen, die sich in der Kammer des Kranken aufhalten. Sie treten an sein Lager, sprechen auf ihn ein, schütteln ihn und können ihn schließlich aus seinem Delirium aufwecken. Er ist außerordentlich erleichtert. Er erkennt, daß er infolge der Krankheit lediglich in «trügerische Wahngebilde» verfallen war. Doch welch tragische, ganz und gar nicht trügerische Realität sollten sie nur wenig später, am 19. Juni, erlangen.

Er sucht Zuflucht in der Poesie, die es ihm ermöglicht, sich einerseits seinem Schmerz um Bice hinzugeben, andererseits aber auch, sich seinen Schmerz von der Seele zu schreiben. Ein Freund von ihm, und fast mit Gewißheit einer ihrer Brüder, Manetto, wendet sich in dieser Zeit an ihn und bittet ihn um einige Verse. Dante hat soeben die Kanzone *«Li occhi dolenti per pietà del core»* – «Die Augen, tief betrübt vom Leid im Herzen» – verfaßt, Manetto hat sie sich angehört und fragt ihn nun, ob er nicht etwas für eine jüngst Dahingeschiedene schreiben kann. Den Namen dieser Frau verschweigt er ihm, aber Dante braucht ihn gar nicht danach zu fragen. Sie wissen offenbar beide, daß sie einander verstehen. Daraufhin verfaßt er das Sonett *«Venite a intender li sospiri miei»* – «Kommt, höret meine Seufzer an, die herben».

Offenbar hat er aber den Eindruck, der Bitte des Freundes nicht in gebührender Weise, nicht mit der nötigen Empfindsamkeit entsprochen zu haben. So verfaßt er noch zwei Strophen einer Kanzone – *«Quantunque volte, lasso! mi rimembra»* – «Wie manches Mal, ach, denke ich daran» –, bei denen wir es nicht mehr mit der in Form eines Sonetts vorgebrachten konventionellen Klage um den Verlust eines geliebten Menschen zu tun haben. Hier tritt vielmehr der Liebende persönlich auf, der angesichts der noch offenen Wunde immer wieder mit den ergreifenden Worten *«Vieni a me»* – «Komm zu mir» – für sich selbst den Tod herbeifleht. Aber er findet kein Gehör, weshalb er jeden Sterbenden beneidet, wie er selbst es ausdrückt.

Doch um ihn herum nahm die Welt ihren gewohnten Lauf. Im Jahr 1290 starb, ohne Nachkommen zu hinterlassen, König Ladislaus IV. von Ungarn, und der Papst vermochte es nicht, Karl Martell von Anjou zu helfen, seine Rechte durchzusetzen. Obgleich Karl Martell, der Sohn

Karls II. und Gemahl einer Schwester von Ladislaus, im September des vorangegangenen Jahres auf den Thron berufen worden war, trug er die ungarische Krone nur nominell. Dante sollte ihm einen Gesang im *Paradiso* widmen.

Im ganzen christlichen Abendland herrschte große Bestürzung, nachdem im Heiligen Land die Festung Akkon gefallen war und die Kreuzfahrer von den Muslimen aufs Meer zurückgedrängt worden waren.

Aufs Meer hinaus, und zwar von Genua aus, fuhren auch die Schiffe, die auf dem Wege nach Indien Afrika umsegeln wollten. Diese Unternehmung wurde durch Kaufleute finanziert und stand unter der Leitung der Gebrüder Vivaldi. Deren Spur verlor sich allerdings irgendwo auf hoher See. Der Ozean schlug über den genuesischen Schiffen zusammen, so daß es späteren Vorstößen vorbehalten blieb, neue Verkehrswege zu eröffnen. Dante sollte den Gebrüdern Vivaldi und allen, die wie sie ihrem Forschungsdrang nachgegeben haben und die Grenzen der bekannten Welt zu erweitern suchten, mit seinem Ulysses Ehrerbietung erweisen – einem anderen freilich als dem homerischen, von Heimweh getriebenen Helden.

Bald schon jährte sich zum ersten Male Bices Tod, an dem Dante, wie er in *Vita nuova* selbst berichtet, abseits saß; «dieweil ich an sie dachte, zeichnete ich einen Engel auf eine Holztafel».

Es war ein Jahr, das er niemals vergessen sollte. Er kam von seiner Erinnerung an Bice nicht los; blutenden Herzens zog er durch die Straßen von Florenz. Und Florenz, eine der Metropolen jener Zeit, war plötzlich öde wie eine Wüste. Die Freunde waren zwar um ihn, Guido Cavalcanti fand stets das richtige Wort für ihn – und auch wer nicht in der gleichen Stadt lebte, wie Cino da Pistoia, ließ von sich hören, schickte ihm Briefe. Doch er sah nichts um sich herum als Schatten.

Sie tauchten scharenweise auf, fielen mitunter auf der Straße über ihn her oder lauerten ihm zu Hause auf, bestürmten ihn mit ihrer ewigen Litanei an Ermahnungen und an Vorwürfen, die alle letztlich darauf hinausliefen, daß die Welt doch schließlich nicht mit einer Frau steht und fällt, so sehr man sie auch geliebt haben mag.

Doch mit einem Male erwachten seine Lebensgeister wieder, als Dante sich einer Frau zuwandte. Das Mitleid, das ihm diese Frau zeigte, als sie ihn in so elender Verfassung dahinvegetieren sah, brachte die beiden einander näher. Und aus dieser Annäherung ergab sich alles Weitere, was eine Beziehung eben ausmacht. Zuweilen erinnerte ihn die Frau in ihrem Mienenspiel an Bice. Doch der Gedanke, seine Hingabe an seine neue Liebe könne seiner Erinnerung an Bice Abbruch tun, rief Angstzustände bei ihm hervor, versetzte ihn in einen Seelenzustand, der von tiefen Skrupeln gekennzeichnet war und ihm die Freude an einer erneuten Zuwendung zu den Dingen dieser Welt vergällte.

Um sich zu trösten, um ohne Gewissensbisse den von ihm eingeschlagenen Weg fortsetzen zu können, versuchte er sich einzureden: «Dies ist eine edle Frau, schön, jung und klug, und vielleicht wollte es Amor, daß sie mir erscheine, damit mein Leben seine Ruhe fände.» Aber der «Widerstreit der Gedanken» war lang und mühsam. Es kostete ihn einiges an Kraft, bis er den Kampf schließlich gewann und sich der Gefühle erfreuen konnte, die diese «edle Frau» bei ihm geweckt hatte.

Die Identität der «edlen Frau» ist nicht geklärt. Sie bietet Anlaß für verschiedene Interpretationen und Identifikationen. Es hat den Anschein, als ob es den Frauen, und zwar nicht nur dieser, sondern auch den anderen, die in

Vita nuova erwähnt werden, Bice eingeschlossen, durchaus nicht an einer gewissen menschlichen Realität fehlte. Sie wirkten jedoch wie Gestalten, die von einer hinter ihnen befindlichen Lichtquelle angestrahlt werden, die ihnen ihre Körperlichkeit nimmt und gleichzeitig ein Licht- und Schattenspiel hervorruft, das sie verklärt erscheinen läßt und ihnen eine transzendente Bedeutung verleiht. Auf alle Fälle verschafft die Liebe zu dieser «edlen Frau» Dante eine Verschnaufpause, ermöglicht ihm ein zeitweiliges Umlenken seines Gedankenstromes, der ihn in eine so schwere Krise gestürzt hat. Eine Krise, in der sich Dante zuweilen mit morbidem Vergnügen eingerichtet hat, auf dem besten Wege, sich selbst zugrunde zu richten. Eine Haltung, die den ihm Nahestehenden offensichtlich große Sorge macht.

Sein bester Freund Guido gibt ihm sogar in einem Sonett zu verstehen, wie er seine Situation beurteilt: «Ich komme des Tags viele Male zu dir / und finde dich in trübe Gedanken versunken.» Dante ist nicht in der Lage, sich selbst aus dem Sumpf zu ziehen, in dem er steckt. Er legt sich, wenn auch nur in Form von Versen, mit einem anderen seiner Freunde an, mit Forese Donati: Er versucht, ihn bloßzustellen, bekommt das aber mit gleicher Münze heimgezahlt. Allerdings könnten wir es hier auch mit einem Vorgang zu tun haben, der über eine momentane Anwandlung aufgrund der schwierigen seelischen Verfassung, in der Dante sich befindet, hinausgeht. Diese spielt zwar bei diesem Vorgang sicherlich ebenfalls eine gewisse Rolle, dahinter steht jedoch auch eine allgemeine Tendenz, eine Zeiterscheinung ...

Kennzeichnend für dieses Jahrhundert war nämlich der Hang, gewisse Alltagssituationen oder Lebensgewohnheiten aufs Korn zu nehmen und sich in einer humorvollen

Weise darüber auszulassen, die leicht in Ironie, in Spott oder in Possenreißerei umschlug. Eine ganze Heerschar von Spaßvögeln, Monsterwesen, Riesen, Gauklern, Zwergen, Narren war angetreten und brachte die Aufmüpfigkeit der Bevölkerung gegenüber der von Kirche und Feudalherren repräsentierten Obrigkeit zum Ausdruck. Der Ernst stand für Gelehrsamkeit, Reichtum, Adel; das Lachen dagegen für Subkultur und Machtlosigkeit. Auch bei den Volksfesten, die vielfach zu karnevalistischen Veranstaltungen gerieten, selbst wenn es sich dabei um kirchliche Feste handelte, wurden die Werte, die man hinter der Maske der Ernsthaftigkeit vermutete, verlacht.

Die Possenreißer hielten sich an eine Maxime, der zufolge das Lachen einerseits – nicht anders als der Regen für den Boden – ein Lebenselixier darstellt und andererseits eine Klinge, mit der man sowohl die anonymen Köpfe der kleinen Leute, als auch die edlen Häupter der Feudalherren, ja selbst die gekrönten Häupter der Monarchen gleichermaßen zum Rollen bringen kann. Doch solange die Leute es noch nicht vorzogen, dem flachen Land den Rükken zu kehren, um innerhalb der Stadtmauern Zuflucht zu suchen, war das Lachen eher ein Mittel gewesen, um Volkes Stimme Gehör zu verschaffen, als daß es als Waffe eingesetzt worden wäre. Es entstanden Liebeskanzonen und Sirventes, Verse zur Huldigung einer Frau und Gedichte politischen Inhalts, die ebenfalls in der Öffentlichkeit, bei festlichen Anlässen vorgetragen wurden. Mit der Entwicklung der Städte kam dann dem Lachen – vor allem dem von den Verseschmieden provozierten – eine ähnliche Funktion zu, wie sie sich bereits bei den Reimen der provenzalischen Dichter abgezeichnet hatte: nämlich die der Kritik an «denen da oben».

Vor allem das Individuum bediente sich dieser Waffe in

seinen aufgrund der beengten Verhältnisse nicht immer einfachen Beziehungen zu seinen Mitmenschen. Die Stadtluft vibrierte geradezu vom Klirren der Klingen, vom Schwirren der Lanzen und Pfeile. Man verspottete, schmähte, verhöhnte sich gegenseitig. Ein Anlaß dazu fand sich jederzeit: eine unbedachte Äußerung, ein falscher Schritt, eine schlechte Angewohnheit, eine vorschnelle Parteinahme. Die Folge war eine ständige Bedrohung für das friedliche Zusammenleben, für das Gemeinwesen wie auch für den einzelnen Bürger. Mag sein, daß das der Grund war für die von Dante bekundete Vorliebe für Arnaldo Daniello, die uns durch Guido Guinizelli überliefert ist – wobei es ihm wohl mehr um die Gegenüberstellung zweier verschiedener Arten der «Nutzung» von Poesie ging, und nicht so sehr um deren unterschiedliche Resultate.

Daniello war Dante also lieber als etwa Bertran de Born, ein anderer großer provenzalischer Dichter, in dessen Versen die leidenschaftliche politische und kriegerische Auseinandersetzung mit ihren vielfach satirischen Untertönen die gleiche Rolle spielte wie bei Daniello die Liebe. Im übrigen wußte man von dem aus dem französischen Limousin stammenden Edelmann und Krieger Bertran, daß er versucht hatte, einen Sohn des Königs von England gegen seinen Vater, Heinrich II., aufzuwiegeln. Diese Sache hat offenbar seinem Ruf als Dichter schwer geschadet, so daß Dante ihn zu den Zwietrachtstiftern in die Hölle schicken sollte. Er war eine Art weltlicher Schutzpatron der ganzen dichtenden Zunft, ein Schutzpatron, der durch seine Höllenbolge wandern und dabei seinen eigenen, vom Rumpfe abgetrennten Kopf an den Haaren vor sich hertragen sollte wie eine Laterne.

Diese dichtende Zunft, zu der sich noch die der Minne huldigenden Sänger gesellten, bei denen also satirische

Verse alternierten mit Liebesgedichten für eine Frau beziehungsweise mit Lobeshymnen für die jeweils gerade im Mittelpunkt des Interesses stehende Persönlichkeit, war in den Städten der Toskana zahlreich vertreten. Jeder verfaßte Verse über jedes beliebige Thema. Die Produktion florierte; sie machte in der Stadt die Runde und bildete gleichsam eine Nachrichtenbörse, ein Stimmungsbarometer. Diese Verse waren in einer Volkssprache geschrieben und hatten in den meisten Fällen keine künstlerischen Ambitionen.

Stärker noch als das Ringen um eine bestimmte Form war das Bedürfnis der Chronisten jener Zeit, sich überhaupt zu äußern und dem Trend zu folgen, alles registrieren, berichten, bezeugen zu wollen. Zwar war Schreiben einerseits eine Sache von Privilegierten, aber es blieb eng mit den Dingen des Alltagslebens verknüpft, griff dessen Themen auf und gehörte einfach mit dazu, sei es als Prosa, die mit leichter Feder in Form einer Notiz, einer Skizze, einer Anekdote zu Papier gebracht wurde, sei es als Dichtung, wobei sich Gefühlseindrücke mit Erlebtem vermischten, Schilderungen der Erlebnisse anderer mit Berichten über eigene Erlebnisse, Vergnügliches mit zuweilen bitteren, schmerzlichen Bekenntnissen.

Das also war der Gegenpol zum *Dolce stil nuovo*, das war die neue Dichtung, die sich mit ihrer Vorliebe für den Spott so eng an die Realität – auch in ihren weniger erfreulichen Aspekten – zu halten schien, wie sich der *Dolce stil nuovo* von ihr abkehrte. Letzterer war beispielsweise peinlich darauf bedacht, jede Anspielung auf Geldangelegenheiten zu vermeiden, während kaum jemand mit größerem Nachdruck davon hätte sprechen können als ein gewisser Cecco Angiolieri, der in seiner Heimatstadt Siena ein fideles Leben führte und der bei den Versen, die er verfaßte, schwerlich auf die Idee gekommen wäre, sich von Pegasus himmelwärts tragen zu lassen. Nie hätte er es sich träumen lassen, seine Geliebte «jenseits der Sphären, die zu äußerst kreisen», anzusiedeln, in der sogenannten neunten Himmelssphäre der ptolemäischen Astronomie, wie Dante dies im letzten Sonett der *Vita nuova* tut.

Cecco Angiolieri stand mit Dante im Briefwechsel, aber er hatte für die Qualitäten, die sein florentinischer Freund Beatrice zuschrieb, offenbar kein Verständnis. Er hatte vielmehr den Eindruck, als habe sich Dante in seinem Sonett über deren Qualitäten in einen Widerspruch verwickelt; und er zeigt ihn, ebenfalls in Versform, auf.

Er selbst hat für seine Becchina nur begehrliche, sinnliche, schmeichelnde Worte übrig, spricht zu ihr von Mann zu Frau. Sie zeigt ihm die kalte Schulter, und er bedauert daraufhin mit immer größerem Ingrimm, daß es ihm an dem einzigen Mittel fehlt, mit dem er sie hätte umstimmen können, nämlich am Geld. Geld ist für einen Mann die erstrebenswerteste Verwandtschaft: es verleiht ihm Sicherheit, gewährleistet ihm die Erfüllung jedweden Wunsches. Der Vergleich stammt von ihm, Cecco, der auf seine Weise, mit Sarkasmus nämlich, Kritik übt an einer Zeit und an einem Gemeinwesen, die in der Tat dadurch gekennzeichnet waren, daß jeder danach trachtete, Mammon zu seinem liebsten Verwandten zu erheben. Diese Kritik jedoch hatte ihren Ursprung darin, worunter er sein ganzes Leben lang gelitten hat: unter dem Geiz des Vaters und unter seinen ständigen Enttäuschungen als Liebhaber. Was letzten Endes bei seiner Dichtung wirklich zählte und was ungeachtet seines beredten Lamentos Bestand haben sollte, war deren volkstümlicher Charakter, der die aus seinen Versen sprechende Verbitterung weitgehend abmilderte.

Hinter ihm stand eine ganze Heerschar von Dichtern, für die es zum Alltagsgeschäft gehörte, sich über andere

Leute das Maul zu zerreißen. Insofern löste Cecco mit seinem Lamento eher Schmunzeln aus als Mißbilligung oder gar Indignation. Und dieser Mann, der bei jeder sich nur bietenden Gelegenheit die Gründe für seine dereinst erfolgende Verdammnis lieferte und ganz ungeniert die Flaggen hißte, unter denen er segelte – Wein, Weib und Würfelspiel –, gewann letztlich genügend Sympathien für sich, um das Urteil über ihn nicht allzu streng ausfallen zu lassen. Bei ihm überwog der Hang zur Übertreibung und zur Karikatur, wozu die satirische Volksdichtung in nicht unerheblichem Maße beigetragen hat.

Aber auch andere, sehr viel namhaftere Dichter zogen ähnliche Saiten auf, wenn sie ihren Ruf auch primär einer anderen Gattung von Dichtung verdankten. Selbst Guido Guinizelli und Guido Cavalcanti hatten es sich nicht nehmen lassen, sich an ein paar karikierenden Sonetten zu versuchen. Und sogar Dante unternahm mehrfach einen Vorstoß in diese durch derben Realismus gekennzeichneten Gefilde jenseits seiner eigentlichen Domäne und bediente sich dieses neuen Stils, an dem sich die Mitwelt mit Vorliebe ergötzte.

Hierzu gehören die *rime pietrose*, die sogenannten «Pietra-Kanzonen»; sie sind im Laufe eines unerquicklichen Abenteuers mit einer Frau entstanden, die wegen ihrer Herzenskälte den vielsagenden Namen *Pietra* (deutsch: Stein) trägt. Und auch die Streitsonette mit Forese Donati gehören dazu.

Es handelt sich dabei um sechs Sonette, die Dante und jener alte Jugendfreund sich gegenseitig gewidmet haben. Auch hier zeigt sich die Vorliebe für die derb-drastische Darstellung der Wirklichkeit, wobei Ingrimm und beißende Ironie mitschwingen. Diese Sonette begründeten eine literarische Tradition und machten den in Versen ausgetragenen Schlagabtausch gewissermaßen zu einem Duell, bei dem jeder hämische Freude empfand, wenn der von ihm ausgeteilte Hieb den anderen traf und ihn womöglich zutiefst verletzte. Jeweils drei derartige Hiebe haben Dante und Forese einander versetzt.

An Stoff dazu fehlte es ihnen offensichtlich nicht, wußte doch jeder genügend Dinge über den anderen. Beide Familien lebten in demselben Viertel, wenngleich sie auch manches trennte: so standen die Donati etwa auf seiten der schwarzen Guelfen, während die Alighieri sich aus den Parteiungen herauszuhalten suchten, obschon Dante selbst ja eine Verbindung mit einer Donati eingegangen war; allerdings gehörte Gemma einer Seitenlinie an. Forese war Sohn des Messer Simone; außer seinen Brüdern Corso und Sinibaldo hatte er noch eine Schwester namens Piccarda. Sie war außerordentlich schön, sehr sanft und wirkte fast ein wenig entrückt: die reinste Inkarnation der von den Dichtern des *Dolce stil nuovo* verherrlichten Frau.

Schon in ganz jungen Jahren hatte sie sich dazu berufen gefühlt, in den von der Heiligen Klara gegründeten Klarissenorden einzutreten. Vermutlich war sie aber bereits einem gewissen Rossellino della Tosa versprochen. Eines jener Verlöbnisse also, mit deren Hilfe Familien mit politischen Ambitionen ihre Machtbasis und ihre Einflußsphären zu erweitern suchten. Reine Zweckmäßigkeitserwägungen also, die allerdings zum gegebenen Zeitpunkt nicht einfach beiseite geschoben werden konnten, indem man das gegebene Versprechen nicht einlöste. Corso wurde damit beauftragt, für die Entführung seiner Schwester zu sorgen, die somit dem Klosterleben entrissen und Rossellino zur Frau gegeben wurde. Um den Ruf der Brüder dürfte es nicht zum besten gestanden haben, wenn sie in der Stadt unter dem Beinamen *Malefami*, «Hallodri», bekannt waren. Corso hatte sogar noch einen zusätzlichen Beinamen: wegen seines hochmütigen Charakters wurde er als «der Baron» bezeichnet, während Forese unter dem Namen Bicci bekannt war.

Mit Bicci redet auch Dante ihn in seinem ersten Sonett an, mit dem der Schlagabtausch beginnt. Er wirft seinem Freund vor, er vernachlässige seine Gemahlin Nella. Da sie von ihrem Ehegespons im Bette nicht gewärmt wird, hat sich die Ärmste eine Erkältung zugezogen, und das mitten im August. Wie soll das erst in den anderen Monaten aussehen... Nun, was ist wohl schlimmer: seine Frau zu vernachlässigen, die am Leben ist, oder die Erinnerung an den verstorbenen Vater?

Bicci reagiert also mit einer dunklen Anspielung auf den Vater Dantes, der diesem, wie er sagt, im Traume erschienen ist, mit einem unlösbaren Problem. Ob Bicci damit vielleicht auf eine Beleidigung anspielt, die Alighieri zu seinen Lebzeiten zugefügt wurde, oder aber, was noch wahrscheinlicher erscheint, auf dessen Wuchergeschäfte? Wie dem auch sei, das ist ein schlimmer Vorwurf für Dante, nicht dafür gesorgt zu haben, daß sein Vater von seinem Problem befreit wurde, im ersten Falle, indem er ihn rächte, im zweiten, indem er eine Sünde wiedergutmachte, die nach Auffassung der Kirche dadurch aus der Welt geschafft werden konnte, indem man die Gewinne zurückzahlte, die durch die mit hohen Zinsen belasteten Darlehen erzielt worden waren.

Das dritte Sonett: Diesmal ist es Dante, der dem anderen vorwirft, ein Vielfraß und ein Dieb zu sein. Woraufhin – viertes Sonett – Forese kontert: Ist nicht Dante selbst ein Tagedieb, der im Armenhospital landet, und sei es auch nur wegen seiner Stiefgeschwister Tana und Francesco?

Und dann die letzten beiden Hiebe. Dante greift nochmals den letzten Vorwurf auf – den der Freßsucht und des Diebstahls – und fragt weiter, wessen Sohn er, Bicci, eigentlich sei, ob man denn überhaupt mit Sicherheit wisse, wer sein Vater sei? Nur Monna Tessa, die Mutter, könne zuverlässig Auskunft geben. Keine Zweifel bestehen indessen – und das ist Foreses Replik – über seinen, Dantes, Vater. Jawohl, er war ein Wucherer, er hat auch in einer Geldangelegenheit einen schweren Affront hinnehmen müssen, doch wie schön und gut hatte der Sohn dafür Rache genommen! Bicci wird ironisch. Er mokiert sich über Dantes Feigheit. Doch endlich sind der Beleidigungen genug getauscht, und die beiden sollten, so scheint es, keinen Groll mehr gegeneinander hegen, als sich ihre Wege schließlich wieder kreuzen: im sechsten Kreis des *Purgatorio*.

Dort erhebt sich der dicht belaubte, voller Früchte hängende Baum, über den sich aus einer Felsspalte hoch droben herrlich klares Wasser ergießt. Aus dem dichten Laub heraus ertönt eine eindringliche Stimme, die den Baum wie ein Lebewesen erscheinen läßt. Die Stimme berichtet über berühmte Fälle von Mäßigung. Dante möchte sehen, wer sich hinter dieser Stimme verbirgt, aber vergebens späht er in das dichte Laubwerk.

Da hört man plötzlich Wehklagen und Singen, einen Bußgesang. Kurz darauf erscheint eine Schar bis aufs Skelett abgemagerter Geister mit eingefallenen, dunklen Augenhöhlen, so daß ihre Gesichter mit der fahlen Haut wie Masken wirken. Es sind unvorstellbar ausgezehrte Gestalten. Ein schrecklicher Anblick. Voller Entsetzen starrt Dante die Geister an; einer von ihnen wendet ihm den Kopf zu und begrüßt ihn voller Freude. Es ist Forese, der hier bei den Schlemmern seine Strafe abbüßt, die ihm seine Maßlosigkeit zu Lebzeiten eingetragen hat. Die beiden Freunde freuen sich über das Wiedersehen, die Polemik zwischen ihnen hat offensichtlich keine Spuren hinterlassen.

Forese erläutert Dante die Ursache all des Elends ringsumher: Hunger und Durst. Die Seelen in diesem Kreis des Fegefeuers verzehren sich im Begehren danach, mit den Früchten des Baumes und dem Wasser, das die Felswand herabsprudelt, ihren unerträglichen Hunger und den quälenden Durst zu löschen. Doch nicht nur von der Strafe für frühere Prasserei ist die Rede. Es findet sich auch eine kleine Anspielung auf den Streit der beiden Freunde. Die Frau Foreses wird erwähnt, von der Dante in seinem ersten Streitsonett behauptet hatte, sie sei von ihrem Herrn Gemahl vernachlässigt worden. Dabei ist Nella eine derart tugendhafte Frau, daß dank ihrer Fürbitte Biccis Zeit im Fegefeuer verkürzt wurde. Zwar hatte er kurz vor seinem Tode seine Verfehlungen bereut, aber dennoch wäre er ohne ihre Hilfe, ohne ihre Gebete seiner Läuterung nicht so schnell nähergekommen. Sie gehörte also nicht zu jenen «schamlosen Frauenzimmern von Florenz», die nach wie vor ein liederliches Leben führten und sich ungeniert den Blicken preisgaben ...

Forese konnte also auf seine Nella bauen – konnte Dante Gleiches von seiner Gemma sagen?

11

Für Gemma empfand Boccaccio wenig Sympathie. In seiner Dante-Biographie widmet er ihr eine Betrachtung über die Ehe. Dort heißt es, der Tod Bices habe Dante ein wildes Aussehen verliehen, er sei gegenüber früher mager und bärtig geworden und überhaupt sehr verändert. Sein Äußeres war also nicht minder in Mitleidenschaft gezogen als sein Herz: gebrochen dieses, mitleiderregend jenes. Die Eltern hatten den Eindruck, es sei nun an der Zeit, ihn mit Gemma zu vermählen. Vielleicht war das die richtige Kur für ihn: die Gründung eines Hausstandes, eine Ehefrau an seiner Seite. Aber: «Oh blinde Geister, oh unbedarfte Geschöpfe, oh irriger Glauben so vieler Sterblicher...»

Das ist der Anfang von Boccaccios Ausführungen, mit denen er seinen Kommentar abgibt über dieses Patentrezept, das Dante helfen sollte, über den Tod Bices hinwegzukommen. Und was für ein Patentrezept das war! Wie wenn man jemanden, dem es in Italien zu warm ist, zur Erfrischung «an die glühendheißen libyschen Gestade» schicken wollte. Wie wenn man Fieber mit Feuer und Kälte mit Schnee und Eis bekämpfen wollte.

Doch zurück zu Gemma: Ihre Anwesenheit hatte zur Folge, daß Dante in seinem Schaffen behindert wurde, daß er in seiner schöpferischen Einsamkeit, in seiner Freiheit, sich nach Belieben zu bewegen, so wie Lust und Laune es ihm eingaben, beeinträchtigt wurde. Lachte er? Schon mußte er Gemma einen Grund dafür nennen.

Weinte, seufzte, sang er? Über alles, über jede Falte seines Gesichtes und seiner Seele hatte er Rechenschaft abzulegen.

Für Boccaccio besteht kein Zweifel: das Weib ist der Ursprung allen Übels. Nicht dieses oder irgendein anderes, sondern das Weib schlechthin, mit dem der Mann sich durchs Leben schlagen muß. Nicht von ungefähr sollte Dante, als er wegen seiner politischen Haltung ins Exil gehen mußte, unter seiner Trennung von Gemma keineswegs leiden. Zwar hatten sie Kinder in die Welt gesetzt, was an sich schon eine Bindung bedeutete: Pietro, Jacopo, Antonia und vielleicht auch einen gewissen Giovanni, der in einer notariellen Urkunde vom 21. Oktober 1308 erwähnt wird. Aber hier erhält Boccaccio Schützenhilfe von Giannozzo Manetti, der einen Vergleich mit der sprichwörtlichen Frau des Sokrates anstellt.

Gemma als Xanthippe? Nein, andere sehen das nicht so, zum Beispiel Leonardo Bruni, ein Zeitgenosse Manettis, der Boccaccio wegen seiner Tirade gegen die Ehe kritisierte, die im übrigen gar nichts Neues sei, sondern auf Theophrast zurückgehe. Bruni kam letztlich zu dem Schluß: «Dante machte sich also, nachdem er sich verehelicht hatte und ein rechtschaffenes, ehrliches und arbeitsreiches Leben führte, um das Gemeinwesen sehr verdient», was auf ein Eheleben schließen ließe, das es ihm ermöglichte, sich in aller Ruhe seinen literarischen Studien zu widmen und sich zugleich im öffentlichen Leben verdient zu machen. Schade, daß Bruni seinen Standpunkt nicht mit besseren Argumenten belegt hat, als die Gegenseite sie vorzuweisen hatte.

Dante hat sich über seine Gemahlin ebenso ausgeschwiegen wie über seinen Vater, aber ist das ein Beweis dafür, daß Gemma ihm womöglich keine gute Ehegefährtin war? Sie sollten nach Dantes Vertreibung aus Florenz viele Jahre lang getrennt leben, aber damit ist noch lange nichts gesagt. Im übrigen ist in Dantes Werk auch von seinen Kindern nie die Rede, was jedoch nie zu irgendwelchen Spekulationen Anlaß gegeben hat. Ganz zu schweigen davon, daß man keinerlei Mutmaßungen angestellt hat hinsichtlich jener Frau, die in der *Vita nuova* Dante während seiner Krise im Anschluß an Bices Tod voller Mitleid beigestanden ist und in die er sich deshalb verliebt hat.

Und wenn nun ausgerechnet sie, Gemma, diese «mitleidige Frau» gewesen wäre? Wenn womöglich ausgerechnet sie ihm in einer derart schwierigen Situation jene Hilfe hätte angedeihen lassen, die ihn, wenn auch nur kurzfristig, in die Lage versetzte, seinem Leben eine neue Wendung zu geben? Eine Hypothese, mehr nicht, und nicht einmal die plausibelste unter all denen, die im Zusammenhang mit der *«donna gentile»* aufgestellt worden sind.

Wie immer diese Beziehung auch ausgesehen haben mag, begonnen hat sie wohl nach Bices Tod, etwa zur gleichen Zeit, da in Dante der Entschluß heranreifte, die Kraft, die seine Verzweiflung in Anspruch nahm, lieber für ein Unterfangen einzusetzen, das ihm zwar vielleicht nicht seine Seelenruhe zurückbringen konnte, ihn aber zumindest durch die damit verbundene Arbeit abzulenken vermochte. Mehr noch als mit den heiligen Schriften und den offenbarten Wahrheiten befaßte er sich mit denen der heidnischen Philosophen, der Wahrheitsuchenden; vielleicht suchte er dabei die einen und die anderen miteinander zu verbinden.

Dante war ein Mensch seiner Zeit – einer Zeit, in der jedes individuelle Erlebnis Bedeutung erlangte, wenn es sich zu einem allgemeingültigen Exempel erheben ließ, zu einer Angelegenheit aller wurde; und indem man darüber berichtete, legte man Zeugnis ab davon, wie es sich zuge-

Ansicht von Florenz, Ausschnitt aus dem Fresko *Madonna della Misericordia* eines anonymen Meisters des 14. Jahrhunderts. Florenz, Loggia de Bigallo. (Scala, Florenz)

Das Leben in der Stadt, Ausschnitt aus dem Freskenzyklus «Die Auswirkungen des guten und des schlechten Regiments in Stadt und Land» von Ambrogio Lorenzetti. Siena, Palazzo Pubblico, Sala della Pace. (Scala, Florenz)

Rechts: Der Dom *Santa Maria del Fiore* in Florenz, Ausschnitt aus dem Gemälde «Die drei Reiche» von Domenico di Michelino. Florenz, Dom. (Scala, Florenz)

Florentiner ziehen durch die Porta San Giovanni aus, um den von der Hungersnot von 1329 heimgesuchten Sienesen beizustehen. Florenz, Biblioteca Laurenziana, Ms. Tempi 3 f. 58 r. (Photoservice Fabbri, Mailand)

Links: Verteilung des Getreides in Orsanmichele. Florenz, Biblioteca Laurenziana, Ms. Tempi 3 c f 79 v. (Scala, Florenz)

Das vom Parteienkampf entzweite Florenz, Miniatur aus der *Cronica figurata* von Giovanni Villani, Biblioteca Apostolica Vaticana, Ms. Chig. L VIII 296 f. 49 r. (Photoservice Fabbri, Mailand)

Die Bestätigung des gegen Dante, seine Kinder und Nachkommen verhängten Todesurteils. Reproduktion nach dem *Libro del chiodo* (dem «Nagelbuch», einer Sammlung von Urteilssprüchen – so genannt, weil es an einem Nagel hängend aufbewahrt wurde). Darin heißt es: «Die Kinder von Mes. Cione del Bello und Dante Aligherio werden von der Gnade der Amnestie gemäß der Reform des Messer Baldo d'Aguglione ausgenommen.» Florenz, Staatsarchiv. (Photoservice Fabbri, Mailand)

Vorige Seite: Maestro di Filippuccio, «Das Schlafgemach». San Gimignano, Städtische Gemäldegalerie. (Scala, Florenz) tragen hatte, daß man der Schönheit Gottes teilhaftig geworden war. Und von daher ist davon auszugehen, daß es sich bei *Vita nuova* zum einen um eine reale Schilderung handelt, da der göttliche Wille im «Wachs der Erde» zu suchen ist und sich in ihm manifestiert, daß es sich zum anderen aber um eine Schilderung handelt, wie man zu höherer, transzendenter Erkenntnis gelangt, wenn man diesem Willen folgt. Etwa in diesem Sinne: die menschliche Liebe vermag eine Seele zu erheben und sie zu jenen Gefilden zu führen, von denen aus der Aufbruch zu einem noch grandioseren Unterfangen nicht auszuschließen ist, das der Autor am Ende von *Vita nuova* mit der Erklärung ankündigt, er hoffe von seiner geliebten und entrückten Herrin dereinst sagen zu können, «was noch von keiner Frau je gesagt ward».

Es ging ihm also zugleich um eine Glorifizierung Bices, um die Konzipierung der *Commedia* und, im einen wie im anderen Fall, um die Beschreibung der Art und Weise, wie eine Seele sich über das Elend des Zufalls zu erheben vermag, über die zweifelhaften Errungenschaften der Historie – eine Beschreibung, die nicht zuletzt auch einem politischen Ziel diente. Dieses Ziel deckt sich mit dem Streben nach dem Zustand ewiger Glückseligkeit, und zwar in dem Sinne, daß dieser Zustand nur dann zu erreichen ist, wenn man im Besitz jener Tugenden ist, die den guten Staatsbürger ausmachen. Die Lehre Brunetto Latinis sowie die Predigten des Remigio de' Girolami und des Petrus Johannis Olivi sind nicht zu überhören.

Doch vorerst sollte er mit seiner *Vita nuova* eine Phase seines literarischen Schaffens und seines Lebens abschließen und sich einem neuen Lebensabschnitt zuwenden, der von intensiven Studien gekennzeichnet war.

Bis fast an die Schwelle des Jahrhunderts war die Liebe zur Wissenschaft, der Wissensdurst – in dem im übrigen die Schlange der Erbsünde lauerte –, ein Bereich gewesen, der in der allumfassenden göttlichen Liebe mit eingeschlossen war. Alles, was Mühe und Arbeit kostete, diente ja dem Ziel, die Erbsünde zu sühnen, gegen die Schlange anzukämpfen. Das war die Folge von Adams Sündenfall. Die geistige Arbeit, das Vorrecht der Mönche und Kleriker, wurde so zum Teil ihrer Gottessehnsucht. Sie stellte eine Möglichkeit dar, sich der Strafe Gottes zu unterwerfen und zugleich sein Wort zu verkünden: vom Wort Gottes Zeugnis abzulegen und es auszulegen.

Doch dann trat ein neuer Typus des Gelehrten auf den Plan: einer, der seine Arbeit nicht als Preis ansah, den er zu zahlen hatte, um in den Himmel zu gelangen, sondern als eine Kraftanstrengung und einen Beitrag zur kulturellen Bereicherung, wofür er ein entsprechendes Entgelt erwarten durfte. Was sich unter dem Baum des irdischen Paradieses zugetragen hatte, war unerheblich für die Rolle, die er sich selbst zuschrieb. Er beanspruchte eine Autorität für sich, die nicht religiös begründet war. Schließlich kam sogar die Frage auf, ob eine Vermittlung des Wissens statthaft sei, bei der man von dieser Autorität und deren praktischen Folgen absah. Als Gabe Gottes ließ sich die Wissenschaft nämlich nicht verkaufen. Aber der neue Geistesarbeiter – angefangen vom Magister, der seine Schüler um sich scharte – hatte viele Argumente auf seiner Seite. Und letzten Endes konnte er sich mit seinem Standpunkt auch behaupten.

Recht bald schon setzte sich eine neue Auffassung von der geistigen Arbeit durch, wobei man freilich darauf bedacht war, diese der christlichen Ethik anzupassen, und nicht so sehr, sie ihr zu entreißen. Dadurch sollte sich sehr vieles ändern, wenn auch ein grundlegendes Faktum un-

angetastet blieb: Bildung als ein Privileg, das es zu verteidigen galt – ein Privileg, das über die Zugehörigkeit zu
einer bestimmten sozialen Schicht entschied. Die Gelehrten wachten eifersüchtig darüber, daß die Bildung nicht zu
einem Allgemeingut wurde. Hierzu bediente man sich einer Sprache, die nur Eingeweihte verstanden. Es war die
Blütezeit der Allegorie. Eine Art beschönigende Ara-
beske, hinter welcher der Sinn der Dinge verborgen war.
Und dies umso mehr, als die Tendenz, denjenigen den
Zugang zu diesem wunderbaren Reservat (nämlich der Literatur) zu versperren, die ihre Berechtigung hierzu nicht
in ausreichendem Maße nachweisen konnten, einherging
mit der Bestrebung, diesen Bereich gründlich zu erfor-
schen, um so zu den letzten Wahrheiten vorzudringen, für
welche die Poesie im Grunde genommen nur als Vehikel
diente, mochte sie in formaler Hinsicht noch so faszinierend und hehr wirken.

Die Form, die man vor allem bei Vergil so sehr bewunderte – dem Dante nach eigenem Bekunden seinen «schönen Stil» verdankte –, verbarg sich gleichsam unter einem
Schleier, der nur entfernt zu werden brauchte, um so zu
den tieferen philosophischen, theologischen Bedeutungen
vorzudringen, welche die Kleinodien der Gelehrsamkeit
des Poeten ausmachten, die Perlen seines Wissens. Gerade
Vergil wurde zu einem überaus ergiebigen Feld, das es
nun zu beackern galt. Selbst in der Reihenfolge seiner
Werke – *Bucolica, Georgica, Äneis* – sah man die Intention,
eine Beziehung zur Entwicklung der Menschheit, zu den
Etappen der Zivilisation herzustellen, ausgehend von der
Hirtenkultur über die bäuerliche Kultur bis hin zu den
kriegerischen Wirren. Man stellte Reflexionen an über
scheinbar simple Verse evidenten Inhalts, die aber eben
darum auf Skepsis stießen. Bei ihrer Auslegung ging man
nicht viel anders vor als beim Orakel, wo man ebenfalls

hinter dem Herniederfallen herbstlicher Blätter Gott weiß was für einen Symbolgehalt vermutete.

Man stand also vor einer Fülle von Rätseln, von erkannten und dann doch wieder in Frage gestellten Zusammenhängen. Im übrigen folgte man dem Vorbild zahlreicher Kommentatoren früherer Jahrhunderte – Donatus, Servius, Fulgentius –, die sich gleichsam als Archäologen, als Forscher betätigt und sich mit der Dichtung Vergils auseinandergesetzt und sie in jeder nur erdenklichen Hinsicht genauestens unter die Lupe genommen hatten.

Man wandte den Blick hinab in die tiefsten Tiefen oder erhob ihn und schaute in ungeahnte Weiten des Horizonts. Damit wurde eine Tradition begründet, die in der *Äneis* den Inbegriff des heiligen, die Weisheit offenbarenden Epos sah, eine Schilderung der Irrungen und Wirrungen des Menschen und zugleich eine Schilderung im christlichen Sinne mit der dazugehörigen Fahrt in die Unterwelt.

Man zweifelte nicht daran, daß die *Äneis* eine Allegorie auf die verschiedenen Lebensabschnitte des Menschen darstellte. Diese Auffassung vertrat bereits im sechsten Jahrhundert Fulgentius, der darüber ein Werk mit dem Titel *De continentia vergiliana* verfaßte, in dem er darlegte, daß der Schiffbruch des Äneas als erste Konfrontation des Individuums mit den Stürmen des Lebens zu verstehen sei. Ulysses dagegen verkörperte die Reife des Verstandes, die auf den noch unfertigen Verstand im Kindesalter folgt, symbolisiert durch den einäugigen Zyklopen. Der Tod des Anchises war als das Ende väterlicher Gewalt zu verstehen, Dido war die jugendliche Liebe, und die Fahrt in die Unterwelt bedeutete den Eintritt in das Reich der Wissenschaft ... aber damit hatte man nur die Spitze eines Eisberges ausgemacht, dessen übrige Teile allesamt unter der Oberfläche des Meeres verborgen blieben; Fulgentius schildert sein Zaudern und Erschauern: weiter vorzudringen wagte er nicht. Weiß der Himmel, welch mystische Tiefen seiner harrten. Nicht nur ein Eisberg war er, dieser Vergil, sondern ein ganzer Kontinent. Man denke nur an Gefilde wie die der *Bucolica* und der *Georgica*. Völlig undenkbar, sie ganz und gar ergründen zu wollen!

Die klassische Welt des Vergil wurde mit Hilfe der Allegorie der christlichen Welt angepaßt. Die Antike wurde nach Anzeichen durchforscht, die sich als Prophezeiung für das Christentum deuten ließen. So hatte man etwa entdeckt, daß die vierte Ekloge der *Bucolica* als Ankündigung des Heilands zu verstehen sein könne, und man fuhr eifrig fort, in Vergils Versen zwischen den Zeilen zu lesen, in der Hoffnung, auf Erkenntnisse und Handlungsanweisungen zu stoßen. Wenn es das war, was man bei Vergil zu finden hoffte, der als der Dichter schlechthin galt, so lag es nahe, daß man zu einer Dichtung tendierte, die schulmeisterliche, moralisierende Untertöne aufwies.

So kam man beispielsweise überein, bei der Auslegung der Dichtung habe man nicht nur allegorisch vorzugehen, sondern auch buchstabengetreu, moralisch und anagogisch. Die ersten beiden Maximen bezogen sich auf die unmittelbare Interpretation, die beiden letzten auf eine Interpretation, die auf das menschliche Leben und die höheren Wahrheiten abzielten. Dante sollte diese Ideen im *Convivio* darlegen. Dichter zu sein ist ihm nicht nur eine Frage der Inspiration, sondern auch einer umfassenden Gelehrsamkeit und der Fähigkeit, diese gehörig unter Beweis zu stellen. Nicht von ungefähr bestand der Unterschied zwischen einem Verseschmied und einem Dichter darin, daß der eine die simple Fähigkeit besaß, Reime zu verfassen, während der andere ein ausgeprägtes Talent hatte, ein wahres Feuerwerk des Wissens zu veranstalten.

Um als Dichter bestehen zu können, mußte man Kenntnisse auf den Gebieten der Rhetorik, der Dialektik, der Musik, der Astronomie besitzen, also im Grunde genommen alle Künste des Triviums und des Quadriviums beherrschen, als Voraussetzung für den Aufstieg zur höchsten Stufe, nämlich zur Philosophie und zur Theologie.

Wenn Dichter zu sein aber bedeutete, sich in den *Artes liberales* auszukennen, eine umfassende Bildung zu besitzen, und der Dichter infolgedessen – aufgrund der damit verbundenen Einblicke in die Geheimnisse der Natur – auch ein wenig als Hexenmeister galt, so gelangte Dante zu diesem Ziel erst nach einer Zeit intensiven Studiums. Nach einer ersten Phase der Orientierungslosigkeit hatte er sich ganz den Studien verschrieben, um so den Tod Bices vergessen zu können. Er lebte ganz seinen Autoren, setzte sich mit großem Eifer mit ihnen auseinander, so daß schließlich seine Augen Schaden nahmen. Wenn er nämlich zu den Sternen aufschaute, so seine eigenen Worte, konnte er sie nur als verschwommene Lichtflecken wahrnehmen. Er sah sich gezwungen, eine «lange Ruhepause» einzulegen, damit sich seine überanstrengten Augen im Dunkeln wieder erholen konnten.

Nachdem er sich jedoch den Studien gewidmet hatte, um zu vergessen, fand er sich in der Situation dessen wieder, der auf der Suche nach Silber ist und wider Erwarten Gold findet. Auch diese Formulierung stammt von ihm; damit wollte er zum Ausdruck bringen, daß die Autoren, mit denen er sich befaßte – vornehmlich Boethius und Cicero –, ihm nicht nur die erhoffte Ablenkung verschafft, sondern in ihm eine Liebe zur Wissenschaft erweckt hatten. Kurz, er verliebte sich in jene, die auch Herrin seiner Autoren gewesen war: in die Philosophie. Und wie ein echter Liebender begann er, dorthin zu gehen, wo er wußte, daß er sie antreffen würde, nämlich «in die Schulen

der Ordensleute und in die Disputationen der Philosophiebeflissenen. Und so begann ich in der kurzen Zeit von
etwa dreißig Monaten so sehr ihre Süßigkeit zu fühlen,
daß die Liebe zu ihr jeden anderen Gedanken verjagte und
zerstörte.»

Natürlich hieß Philosophie soviel wie Theologie, da
sich diese beiden Wissenschaften nicht trennen ließen. Allenfalls handelte es sich dabei – um auf das Bild der Frau
zurückzukommen – um Bild und Abbild, um Zwillings-
schwestern, geeint und entzweit durch eine subtile Tyrannis, die selbst unter den verträglichsten Zwillingen ent-
steht, und zwar insofern, als stets eine der beiden versucht,
der anderen ihren Willen aufzuzwingen, ihre Schritte zu
lenken, während sie selbst von der anderen in gleicher
Weise gegängelt wird. Im vorliegenden Falle liegt es auf
der Hand, wer das Sagen hatte, wenn Dante die Philosophie aufsuchte und hierzu bei den beiden größten Bettelorden, in Santa Maria Novella und in Santa Croce, das
Studium generale besuchte, mit gelegentlichen Abste-
chern zu den Augustinern in Santo Spirito.

Im Dominikanerkloster setzte er sich mit den Ideen
Thomas von Aquins auseinander, über die Frater Remigio
de' Girolami las, während er sich bei den Franziskanern
mit den Ideen des Bonaventura da Bagnoregio befaßte,
daneben aber auch mit dem Kommentar zu den Prophezeiungen des Joachim von Fiore. Er verglich die Ideen der
einen mit denen der anderen, nahm Korrekturen und Er-
gänzungen vor, wobei er zuweilen sich selbst und anderen
seinen abweichenden Standpunkt und seinen Unmut
nicht verhehlte. Gewaltig und großartig wie eine Kathedrale war die thomistische Lehre, zugleich aber auch ein
goldener Käfig. Faszinierend war die franziskanische Argumentation bezüglich der Dominanz des Glaubens: aber
welche Versuchung, vom mystischen Wege Bonaventu-

ras abzuweichen. Das waren die häretischen Tendenzen seiner Philosophie.

Er spürte, wie sie gärten, Gestalt annahmen, vor allem, wenn es darum ging, der Politik Schützenhilfe zu leisten, sie als Königin in einer Welt zu sehen, in der das Flehen des Leidenden zusammenfiel mit der Forderung, Korruption und Mißbrauch, Geiz und Skrupellosigkeit aus der Welt zu schaffen, die für so viele soziale Probleme und die daraus sich ergebenden Leiden verantwortlich waren. Neben dem intensiven Studium der Philosophie hielt Dante es für erforderlich, seinen Interessensbereich noch weiter auszudehnen und sich auch historischen und politischen Studien zuzuwenden. Das führte dazu, daß er den staatlichen Institutionen immer mehr die Verantwortung für den Bereich zuschrieb, in dem sich die Kirche, da sie selbst korrupt war, als unfähig erwiesen hatte: die Sorge für das Seelenheil.

Dies muß für Dante eine Zeit gewesen sein, in der sich bei ihm in seinem Verhältnis zu den Guelfen neue Überzeugungen, Orientierungen und Sympathien zu entwickkeln begannen. In der Stadt waren indessen Auseinandersetzungen zwischen den sozialen Schichten ausgebrochen, obwohl die Einsetzung des obersten Rates der alten Zünfte, der Prioren, nach Aussage Giovanni Villanis «eine glückliche und gute Zeit des Friedens» eingeleitet hatte.

In Wirklichkeit handelte es sich um einen Burgfrieden, und zwar um einen recht fragwürdigen, zwischen den sozialen und politischen Kräften, die alle ihre jeweilige Position erst noch näher bestimmen mußten und fürs erste nur mit ihrer derzeitigen unzufrieden waren. Wie lange würden sich die an der Macht befindlichen reichen Bevölkerungsschichten *(il popolo grasso)*, die Plutokraten, wohl noch als Herren über die Geschicke der Stadt behaupten können? Diese stand nämlich nach wie vor, und keineswegs nur indirekt, unter dem Einfluß des seit jeher dominierenden Adels *(i grandi)*, während die ärmeren Volksschichten *(il popolo magro)* ihrerseits ihrem Unmut darüber Luft machten, daß sich ihre Situation nicht geändert hatte, auch nachdem die frühere Regierungsform geändert worden war.

Wenn im übrigen die neuen Regierenden ihr Wohlwollen gegenüber den Forderungen – und Machenschaften – gewisser Leute zeigten, so lief das stets darauf hinaus, daß diese früher oder später in irgendeiner Weise zum Kreise der Mächtigen zählten. Im Grunde genommen gab es zwei Möglichkeiten: die Zugehörigkeit zum Adel oder der Aufstieg vom *popolo grasso* in den Adelsstand. Für diese beiden Gruppen gab es in Florenz die Bezeichnung *magnati per natura*, also durch Geburt, und *magnati per accidente*, also durch einen allmählichen sozialen Aufstieg aufgrund des gestiegenen Wohlstands. Für sie ließen sich die neunziger Jahre des 13. Jahrhunderts freilich nicht gut an.

Die Entwicklung hatte sich bereits vorher, im Jahre 1289, angebahnt, als die mittleren Zünfte den höheren Zünften gleichgestellt wurden und sich unter den «Popolanen» eine Front bildete und sie eine Übereinkunft erzielten, die es ihnen ermöglichte, einige gegen die Magnaten gerichteten Maßnahmen durchzusetzen. Aber nachdem der Karren einmal in Fahrt gekommen war, erreichte er schnell enorme Geschwindigkeit und eine furchtbare Stoßkraft.

Die Volkserhebung gegen die «Magnaten» (bei denen trotz gemeinsamer Interessen diverse Eifersüchteleien und Rivalitäten zu einer Spaltung in *magnati per natura* und *magnati per accidente* geführt hatte) nahm ihren Ausgangspunkt im Januar 1293, als eine neue Verfassung proklamiert wurde. Die Folge war eine regelrechte Kriegserklärung gegenüber einem Teil der Bevölkerung, dem grundlegende Rechte aberkannt wurden.

Niemand konnte Ratsmitglied werden oder durfte ein sonstiges hohes Amt übernehmen, wenn er nicht einen zunftgebundenen Beruf ausübte oder aber einen Ritter in seiner Familie hatte. Darüber hinaus konnte den Magnaten aufgrund einer bloßen Verleumdung eine Verurteilung blühen. Es genügte, wenn zwei Popolanen einen Magnaten eines Übergriffes beschuldigten, um damit einen Prozeß in Gang zu setzen, dessen Ausgang bereits feststand, da für den Angeklagten keinerlei Garantien vorgesehen waren. Das Urteil erstreckte sich auch auf die ganze Verwandtschaft des Magnaten, ebenso wie er selbst für die Tat eines Verwandten verantwortlich gemacht werden konnte. In einigen Fällen wurde das Strafmaß für ihn auf das Doppelte erhöht. Und es waren Strafen, die neben der Kerkerhaft noch die Konfiszierung des Vermögens und sogar die Demolierung *a furor di popolo* seines Hauses vorsahen.

Das Haus konnte etwa demoliert werden, wenn er der Störung der öffentlichen Ordnung für schuldig befunden wurde, aber auch dann, wenn er die für Leute seines Standes vorgesehene Kaution nicht zahlte. Versäumte er die Zahlung einer Geldstrafe, so wurde das mit dem Abhakken einer Hand geahndet. Im übrigen stand der Magnat unter strenger Kontrolle und mußte im Zweifelsfalle nachweisen, daß er sich nichts hatte zuschulden kommen lassen. Die Popolanen wollten damit der Übermacht der *grandi*, die durch deren Reichtum und die damit verbundenen Einflußmöglichkeiten bedingt war, einen legalen Riegel vorschieben. Aber es führte natürlich unweigerlich zu einer Atmosphäre des Terrors.

Guter Argumente bedurfte es also nicht, wollte man seine Rachegelüste stillen, es reichte, keine Skrupel zu haben. Ironie des Schicksals, daß man sich zur Verfolgung skrupelloser Ziele eines Mittels bediente, das man als *Ordinamenti di giustizia,* als «Verordnungen der Gerechtigkeit» bezeichnete.

Zunächst einmal bedeuteten diese Verordnungen für dreiundsiebzig Familien Exil und Enteignung. Ferner wurde das Amt des *Gonfaloniere di giustizia* eingeführt, der die Zügel des Stadtregiments in Händen hielt und dem eintausend Mann unterstanden, deren Zahl später noch verdoppelt wurde. Diese wurden ihm von den Zünften zugeordnet, damit er die gegen die Magnaten verfügten Maßnahmen auch vollstrecken konnte.

Giano della Bella, dessen turmbewehrter Palazzo im Viertel San Martino unweit desjenigen der Cerchi gelegen war, führte die Bewegung gegen die Magnaten an, obgleich er selbst von Geburt her einer der Ihren war. Aber ebenso, wie viele der aus den niederen Volksschichten aufgestiegenen Plutokraten nun feststellten, daß sich ihre Interessen mit denen der Magnaten deckten, mit denen sie daher gemeinsame Sache machten, gab es auch unter diesen Magnaten manch einen, der den umgekehrten Weg einschlug und sich auf die Seite der Popolanen stellte, die versuchten, sich die Stärke ihrer Zünfte zunutze zu machen, zumindest deren zahlenmäßige Stärke, um so ihren Einfluß an den Schaltstellen des Staates zu vergrößern. Die zahlenmäßige Stärke bedeutete, daß die Regierung der Plutokraten auf die Unterstützung und die Rückendeckung durch die einfachen Leute zählen konnte, jener niederen Volksschichten also, die zwar als das Lumpenproletariat angesehen wurden und daher vom Priorenamt ausgeschlossen waren, aber den Kampf gegen die Magnaten am entschiedensten führten. Und daß sie am entschiedensten, am erbarmungslosesten und am konsequentesten kämpften, lag auf der Hand, nachdem die Plutokraten ihnen gegenüber weniger Härte zu zeigen begannen, da ihre gemeinsamen Feinde vorübergehend bezwungen waren.

Sie befürchteten allerdings, auf die Dauer könne das Terrorregime dazu führen, daß das Lumpenproletariat immer mehr an Boden gewänne. Infolgedessen kam es bereits im Frühjahr 1293, trotz der Einführung einiger Zusätze zu den *Ordinamenti di giustizia*, zu den ersten Zwistigkeiten auf seiten der Kontrahenten der Magnaten, während diese sich endlich auf ein gemeinsames Ziel einigen konnten, das vor allem auf den Sturz Giano della Bellas hinauslief.

So ebneten die Plutokraten, die sich also einerseits vor dem niederen Volk und andererseits vor den Magnaten vorsehen mußten, letztlich den Weg für den Aufstieg des geschäftetreibenden und unternehmerisch tätigen Bürgertums, das von da an das Leben in Florenz dominieren und die politische und administrative Ordnung bestimmen sollte. Entscheidendes Faktum für diesen Aufstieg waren die *Ordinamenti*, die zugleich endgültig den Abstieg der alten Aristokratie besiegelten. Sie hatte jeglichen politischen Einfluß verloren, nachdem die Zugehörigkeit zu einer Zunft zur Voraussetzung für die Beteiligung an der Herrschaftsausübung geworden war. Den Frontenwechsel Giano della Bellas empfand Dante in gewisser Hinsicht als einen Verrat an der Sache der Aristokratie. Ein Hinweis hierauf findet sich im *Paradiso*, wenngleich an seiner gegen die Magnaten gerichteten Haltung keine Zweifel bestehen.

Diese Haltung zeichnet sich bereits in den Versen über den Adel ab; und im *Convivio* entwickelte Dante eine ethische Lehre, die man als «eindeutig popolan und antifeudal» bezeichnet hat. Doch davon einmal abgesehen gab es auch öffentliche Stellungnahmen, etwa eine Ratssitzung vom 5. Juni 1296, bei der Dante zugunsten der Maßnahmen stimmte, die sich gegen die Magnaten richteten. Denn in der Zwischenzeit hatten die oft blutigen Zusammenstöße, zu denen das neuentstandene Kräfteverhältnis in der Stadt geführt hatte, Dante dazu veranlaßt, sich am politischen Leben zu beteiligen.

Zu diesem Zwecke schrieb er sich in der Zunft der Ärzte und Apotheker ein. Das war ihm möglich geworden, nachdem die Bestimmung geändert worden war, der zufolge man ein Gewerbe auch tatsächlich ausüben mußte, wollte man sich in die entsprechende Zunft einschreiben. Von nun an genügte die formelle Zugehörigkeit zu einer Zunft, um Zugang zu öffentlichen Ämtern zu bekommen, so daß jetzt auch den Adligen wieder diese Möglichkeit offenstand, vorausgesetzt, daß sie selbst keine Ritter waren oder es in den letzten zwanzig Jahren mehr als zwei Ritter in ihrer Familie gegeben hatte. Im übrigen durfte man nicht zu den Magnaten zählen. Die lediglich nominelle Ausübung eines Berufes war im Grunde genommen ein Mittel, um seine Zustimmung zur Regierung zum Ausdruck zu bringen und um Zugang zu deren Institutionen zu erhalten.

Diese Leute wurden als *scioperati*, als Tagediebe bezeichnet. Dante war einer von ihnen.

12

Vermutlich im Jahre 1294 vollendete Dante sein Werk *Vita nuova*. Nebenher ging er weiterhin seinen Studien nach und verfaßte Gedichte. In diesem Jahr entstand wohl auch die erste Kanzone des *Convivio «Voi che 'ntendendo il terzo ciel movete»* – «Die denkend ihr bewegt der Himmel dritten», sowie die zweite Kanzone *«Amor che ne la mente mi ragiona»* – «Liebe, die mir im Geiste redet».

Die erste widmet er einem «Engel, der im Himmel gekrönt ist». Damit leitet er bereits die Verklärung Bices ein und nimmt deren Rolle vorweg, die er ihr später in der *Commedia* zuwies. Die zweite Kanzone, in der er nochmals auf die *«donna gentile»* zurückkommt, in die sich Dante nach Bices Tod verliebt hat und die nun zu einem Symbol der Philosophie aufsteigt, trägt ebenso wie die erste Kanzone mit ihren vielfältig verwobenen Motiven dazu bei, daß das *Convivio* zu einem Werk wird, das einerseits eine Fortsetzung von *Vita nuova* darstellt, andererseits aber auch im Gegensatz dazu steht, jedenfalls insofern, als die Manneszucht gegenüber der leidenschaftlichen Glut eine andere, eine spätere Lebenssphase repräsentiert.

Aber die beiden Kanzonen stehen auch für zwei Aspekte ihres Verfassers: der eine, den er in der Phantasie erlebt hat und der uns einigen Aufschluß gibt über seine Neigungen, seine Vorlieben, der andere, der sich auf einen historischen, mit der Geschichte der Stadt verknüpften Vorgang bezieht. Jeder dieser beiden Aspekte ist mit einem Namen verbunden: Casella und Karl Martell. Dante befindet sich an dem zum *Paradiso* führenden Gestade, als er ein Schiff erblickt, auf dem ein Engel steht, der es nicht mit Hilfe von Rudern oder Segeln, sondern mit seinen eigenen Flügeln vorantreibt. Dante beobachtet, wie das Schiff am Ufer anlegt, betrachtet die Ankömmlinge, sieht einen von ihnen auf sich zukommen.

Er merkt, daß der Unbekannte ihn umarmen will, woraufhin er seinerseits auf ihn zutritt und versucht, ihn in die Arme zu schließen, doch dreimal hintereinander umfassen seine Arme die Leere. Nicht anders, als es Äneas ergangen war, als dieser unter den Schatten der Verstorbenen seinen Vater Anchises getroffen hatte. Auch Dante versucht also, einen Schatten zu umarmen, der nun vor ihm steht und sich als sein alter Freund zu erkennen gibt.

Der Freund ist ein trefflicher Musiker gewesen. Möglicherweise hat er sogar Verse Dantes vertont. Aber er ist auch ein guter Sänger gewesen. Er heißt Casella. Wenn auch die ganze Umgebung bereits von Läuterung geprägt ist, wenn auch die Dinge so wirken wie alles, was aufgehört hat, in zeitlichen, vergänglichen Dimensionen zu rechnen, so ist doch die Erinnerung an das irdische Dasein durchaus nicht ausgelöscht. Als ob er dieser Erinnerung mit bewegter Stimme Ausdruck verleihen wollte, hebt Casella an zu singen.

Es sind die Verse der Kanzone «Liebe, die mir im Geiste redet». Ein Gesang von einem traumverlorenen Liebreiz, in dem das sehnsuchtsvolle Gedenken an Erlebnisse früherer Zeiten gemildert zu werden scheint durch den Abglanz der Ewigkeit, der von diesen Gefilden ausgeht. Sie müssen schließlich ermahnt werden, nicht länger zu verweilen, sondern ihren Weg weiter fortzusetzen, so daß dieser kurze Augenblick des Wiedersehens abrupt beendet wird. Casella wendet Dante den Rücken zu und geht davon.

Diese Begegnung wirft ein Licht auf die Freundschaften

des Dichters, seinen jugendlichen Hang, dort Anschluß zu suchen, wo gesungen und gespielt wurde. Boccaccio berichtet, Dante habe sich in seiner Jugend «an Musik und Gesang sehr erfreut» und sei ein Freund «aller trefflichen Sänger und Musiker seiner Zeit» gewesen. Zu seinen Freunden zählte noch einer, der sich auch der Musik sehr verbunden fühlte und dem er ebenfalls im Vorfegefeuer begegnet: es ist der ungemein träge Belacqua, der Lauten und Zithern anzufertigen pflegte.

Er lebte im Viertel San Procolo, in der Nähe von San Martino del Vescovo. Auch aus diesem Grunde war es naheliegend, daß Dante seine Bekanntschaft machte und freundschaftlichen Umgang mit ihm pflegte. Im übrigen ist anzunehmen, daß sein Name in Anbetracht seiner geradezu sprichwörtlichen Trägheit in aller Munde war. Von ihm hieß es, daß er sich am Morgen in seine Werkstatt begebe und sich, wann immer ihm das möglich war, niedersetzte, um sich allenfalls wieder zu erheben, wenn es Essenszeit war oder aber Zeit zum Schlafengehen. Wie sehr muß er es als ungebührlichen Einbruch in seine Mußestunden empfunden haben, wie sehr muß er es verabscheut haben, wenn ein Kunde oder auch nur irgendein Besucher seinen Laden betrat. Welche Gespräche mag daher Dante mit diesem Mann geführt haben, der nun im Schatten eines großen Felsblockes dasitzt und somit eben jene Haltung einnimmt, die schon im Leben für ihn kennzeichnend war.

Ein Widerhall dieser Gespräche scheint in den Worten Dantes anzuklingen, mit denen er sich nun an Belacqua wendet, der nicht geneigt zu sein scheint, unnötig Energien zu verschwenden, und sei es auch nur zum Reden. Ein Hauch von Ironie geht von seinen kurzangebundenen Worten aus, mit denen er offenbar eine seiner Weisheiten von sich gibt. Dante entgeht das natürlich nicht, und er reagiert mit einem Lächeln. Das ist einer der wenigen Momente auf Dantes Wanderung durch das Jenseits, in denen ein Lächeln über sein Gesicht huscht.

Zu den Freundschaften, die durch die gemeinsame Liebe zur Muse entstanden sind, zählt auch die zum Sohne Karls II. Anfang des Jahres 1294 wird bekannt, daß Karl Martell von Anjou, der König von Ungarn, die Absicht hat, nach Florenz zu kommen, wo er sich mit seinen Eltern treffen will, die aus Frankreich kommend sich auf dem Weg zum Konklave nach Perugia befinden, nachdem Papst Nikolaus IV. gestorben ist. Im März ist Karl Martell in Siena. Eine Gesandtschaft unter Giano di Vieri dei Cerchi wird ihm entgegengeschickt. Zweihundert Ritter «mit goldenen Sporen» geben ihm bei seinem Einzug nach Florenz das Geleit.

Man wußte von dem Monarchen, daß er der Dichtkunst huldigte, die Malerei liebte. So ließ man es sich nicht nehmen, ihn in den zwanzig Tagen, die er in der Stadt weilte, in die Werkstatt Cimabues zu führen. Cimabue war damals etwa fünfundfünfzig Jahre alt und lebte seit rund fünfzehn Jahren wieder in Florenz, nachdem er zuvor in Rom und in Assisi tätig gewesen war.

Cimabue hatte gerade ein neues Gemälde fertiggestellt, eine Madonna, über die schon viel geredet wurde. Eine Madonna war stets ein Gesprächsthema, bei dem es nicht nur um die Verdienste des Malers ging. Allerdings vermochte dieses Motiv mehr noch als jedes andere seine Leistung ins rechte Licht zu rücken, vor allem wenn es sich dabei um eine «*Maestà*» handelte, auf der die thronende, von Engeln umgebene Madonna dargestellt war. Mit ihr wurde das *buongoverno*, die «gute Herrschaft», verherrlicht. Auch aus diesem Grunde kam nichts der Verehrung der Jungfrau Maria gleich. Ihr waren die meisten Lobgesänge geweiht. Selbst die nicht-religiöse Dichtung, bei der sich die Grenze zwischen Frau und engelsgleichem, himmlischem Geschöpf verwischt hatte, machte seit geraumer Zeit für ihre Frauengestalten Anleihen bei der Madonna. Die Verse wiesen zum großen Teil eine gewisse Tendenz zur Spiritualität auf und erinnerten hier und da in ihrer Tonart sogar an Gebete, wobei die Angebetete allmählich ihre menschlichen Züge verlor.

Und nun also diese neue Madonna Cimabues, die noch keiner zu Gesicht bekommen hat und die bei den Florentinern gespannte Erwartung auslöst. Welche Gelegenheit wäre besser geeignet gewesen, um sie zu bewundern, als der Besuch eines Königs. Niemand von denen, die in der Stadt etwas darstellten, wollte sich das entgehen lassen. «Alle eilten herbei», berichtet Vasari, «es gab ein riesiges Fest mit einer unübersehbaren Menschenmenge.»

Dante, der Zeuge dieser Begebenheit wurde, sollte den König in den dritten Himmel der Venus versetzen. Das hätte man als Hinweis auf dessen amouröse Leidenschaften verstehen können, wären zu der Begründung für die Zuordnung zu diesem Himmel und zu dem Bedauern über den frühen Tod nicht noch zusätzlich einige Betrachtungen über die Ursachen des *malgoverno*, der schlechten Herrschaftsausübung, und über die Natur der Menschen hinzugekommen.

Trotz der aufwallenden Gefühle, die in der Schilderung dieser Begegnung inmitten der Seligen mitschwingen, geht es also nicht nur um den Dichter, sondern auch um den Politiker Dante, der voller Wehmut an seine Idealvorstellung vom *buongoverno* zurückdenkt. In seiner Abhandlung *Monarchia* stellte er darüber theoretische Betrachtungen an. Und sie sollten ihn dereinst sogar dazu veranlassen, sich von einem Kaiser, Heinrich VII. von Luxemburg, noch ungleich mehr als nur die Realisierung seines Ideals zu erwarten. Das also war das Holz, aus dem er geschnitzt war, und das nicht nur im Hinblick auf bestimmte Charaktereigenschaften. Erboste er sich doch im *Convivio* über jene italienische Literaten, die sich ihrer Gelehrsamkeit bedienten, um sich Einkünfte und Wertschätzung zu verschaffen; und zwar erboste er sich deshalb, weil er der Poesie eine Aufgabe zuschrieb, die nicht immer anerkannt, ja vielfach sogar vehement in Frage gestellt wurde.

Wahrhaftig Dichter zu sein, ein Dichter vom Schlage Vergils – dieses Gelehrten und Magiers, den er sich zu seinem Führer auf seiner Wanderung ins Jenseits auserkoren hat –, bedeutet, daß man sich der Aufgabe nicht entziehen kann, Erkenntnisse weiterzuvermitteln über die Menschen und die rechte Art, sie zu regieren. Das jedenfalls ist die Aufgabe, der er selbst sich verschrieben hat. Davon zeugt seine Begegnung mit dem Geiste Karl Martells, die in eben jenem Himmel der Venus angesiedelt ist, der bezeichnenderweise noch im *Convivio* der Rhetorik zugeordnet wird. Diese Rhetorik – das lehrt Brunetto Latini unter Berufung auf Aristoteles – verhält sich zu der Kunst der Herrschaftsausübung über die Stadt so, wie die Kunst der Herstellung von Zügeln und Satteln zur Reitkunst.

Damit ist eine Lehre angesprochen, deren Erkenntniswert in der alltäglichen Praxis ihm bald bewußt wurde. Das Todesjahr Karl Martells war nämlich auch das Jahr, in dem Dante an einer Ratsentscheidung mitzuwirken hatte. Noch immer galt Giano della Bella als derjenige, der für den Sturm, der durch den Erlaß der *Ordinamenti di giustizia* entfacht worden war, die Verantwortung trug – mit allen Vor- und Nachteilen, die das mit sich brachte; doch in welche Richtung der Sturm blies, das lag schon nicht mehr in seiner Hand.

Er selbst wurde auch vom Sturmwind erfaßt. Das war im Herbst des Jahres 1294, als er sich mit der Zunft der Richter und der Zunft der Fleischhändler anlegte. Diese hatten nach dem Erlaß der *Ordinamenti* die verworrene Lage zu ihren Gunsten genutzt und in einigen Fällen gewisse Angelegenheiten auf eigene Faust privat geregelt. Auf diese Weise hatten sie sich illegale Einnahmequellen erschlossen, der Korruption Tür und Tor geöffnet und waren daher ins Gerede gekommen. Damit zeichnete sich bereits ab, was auf Giano della Bella zukommen sollte. Noch konnte er sich halten, als sich aber kurz darauf in dem Ausschuß, der über die Revision dieser Gesetze zu befinden hatte, der Widerstand gewisser Kreise zu einer Verschwörung auszuwachsen drohte, machte sich manch einer Gedanken darüber, inwieweit ein Widerstand gegen die sich anbahnende Entwicklung denn überhaupt lohne.

Nichts strebt so sehr nach einem Zustand der Ordnung wie eine Revolution, oder tendiert zumindest zu einem gewissen Gleichgewicht, aber Giano hielt diese Revolution noch nicht für vollendet, wollte sie weiter vorantreiben, lehnte es ab, auf die Zugeständnisse der Plutokraten einzugehen, die doch die einzigen waren, die Vorteile aus den *Ordinamenti* gezogen hatten; er sah in diesen Zugeständnissen ein Zeichen von Lethargie.

Die Plutokraten wollten dem antiaristokratischen Terror ein Ende setzen und außerdem ihre Bindung an das niedere Volk lockern. Sie wollten einen Mittelweg einschlagen, um die ständigen Feindseligkeiten zu beenden. Die Folge war, daß das ausklingende Jahr 1294 alle Illusionen begrub, dieses «wahrhaftige und ewige Abkommen», auf das sich *«grassi»* und *«magri»* in den Tagen der Revolution gegen die Magnaten verschworen hatten, lasse sich weiterhin aufrechterhalten.

Eine nicht unbedeutende Rolle spielte von der Kanzel

von Santa Maria Novella herab auch Frater Remigio de' Girolami. Er war nach wie vor eine zentrale Figur, an die sich die Stadt wandte, wenn es darum ging, einen Ratschlag einzuholen oder eine Entscheidung zu treffen. Er wandte sich nicht gegen die demokratische Orientierung der durch die *Ordinamenti* ausgelösten Revolution, wohl aber gegen deren Folgen. Er wandte sich an die Prioren, sprach sie namentlich an und wies durch sie das Volk warnend darauf hin, daß eine sinnvolle Herrschaft nur dann möglich sei, wenn das Volk «so schwer» wäre «wie das Korn, und nicht so leicht wie die Spreu, die vom Winde hinweggeweht wird». Bis dahin habe es sich als «zu leicht» erwiesen, aber es gebe keinen anderen Weg, als «Gerechtigkeit walten zu lassen», wollte man «in Frieden regieren».

Frieden war jedoch ein Wort, das in Florenz nicht so leicht über die Lippen kam. Im Januar 1295 wurde Dante Zeuge eines Aufruhrs, bei dem sich die *magri* erneut wie scheu gewordene Rosse gebärdeten.

Ihren Ausgang hatte die Entwicklung ganz spontan auf der Straße genommen, um dann rasch um sich zu greifen. Giano della Bella selbst wurde von ihr überrollt. Er war sich nicht ganz darüber im klaren, ob er sich nun mehr vor dem Haß der «Granden» oder dem Grimm seiner «Popolanen» zu hüten hatte. Um so mehr, als er mit seiner aufrichtigen und geradlinigen Natur keine Kompromisse einzugehen vermochte. Der Vorfall, bei der er zum letzten Male als Anführer des Volkes auftrat, hatte eine Vorgeschichte: einen bewaffneten Vorstoß, den Corso Donati gegenüber einem seiner Verwandten, Simone Galafrone, angeordnet hatte und der mit einem Toten und mehreren Verletzten endete. Der Prozeß wurde vor dem Podestà, einem Lombarden, Gian di Lucino, auf der Grundlage der von einem Richter vorgelegten Akten geführt.

Aber der Richter hatte die Aussagen der Zeugen gefälscht. Und als der Podestà Corso Donati freisprach, kam die Vermutung auf, er sei bestochen worden. Empörung löste vermutlich nicht so sehr die Korruption an sich aus, sondern das anmaßende Gehabe eines «Granden». Waren die *Ordinamenti* nicht eben zu dem Zwecke erlassen worden, um einem derartigen Gehabe einen Riegel vorzuschieben, um sich dagegen zu verwahren? Einstimmig wurde Protest erhoben von den Popolanen, darüber hinaus aber auch von manch einem, der zwar nicht diesem Stand angehörte, aber dennoch den Freispruch Corsos mißbilligte, da er aus gutem Grunde Aversionen gegen ihn hegte. Diese Intimfeinde mehr noch als die Klassenfeinde waren es vor allem, die sich gegen den Richterspruch des Podestà auflehnten. Das niedere Volk empörte sich und beschloß, auf seine Weise dafür zu sorgen, daß es zu seinem Recht kam.

Giano della Bella war gerade bei den Prioren. Er hörte die Stimmen, die den Aufruhr ankündigten, ließ sich berichten, was da im Gange war, und preschte zu Pferde auf die Straße, um, wie er sagte, Gian di Lucino zu schützen. Inmitten der Menge, die sich bereits auf dem Weg zum *Palazzo del Podestà* befand, versuchte er die Ordnung wiederherzustellen, wollte Erklärungen abgeben, Zusagen machen. Laut schreiend und wild gestikulierend versuchte er sich Gehör zu verschaffen. Doch vergebens. Man erhob die Lanzen gegen ihn, um ihn vom Pferde zu stoßen.

Nun galt es nicht mehr, die Erstürmung des *Palazzo del Podestà* zu verhindern, sondern seine eigene Haut in Sicherheit zu bringen. In diesem kurzen Moment jedoch, in dem er von den Lanzen in die Flucht geschlagen worden war, hatte er mit einem Schlage seine ganze Autorität und seine Position als Anführer des Volkes eingebüßt. Allerdings auch deshalb, weil die Prioren und der *Gonfaloniere di giustizia*, «um dem Volke zu gefallen», wie Dino Compagni anmerkt, vor die Menge getreten waren. Vielleicht glaubten sie, ihre Anwesenheit könne die Wogen glätten, in Wirklichkeit jedoch gaben sie damit dieser Volkserhebung eine Legitimation und eine Bedeutung, die weit über eine einfache, wenn auch handgreifliche Unmutsäußerung hinausging. Der *Palazzo del Podestà* wurde gestürmt und verwüstet. Mit knapper Not konnte sich der Podestà in Sicherheit bringen. Corso entkam über die Dächer.

Dieses letzte Detail wird von Villani bezeugt, der auch darauf hinweist, wie wenig dieses Wüten den «Handwerkern und kleinen Leuten» letztlich eingetragen hat, wie viel dagegen die «Regierung der wohlhabenden und einflußreichen Popolanen» davon profitiert hat, daß das Idol Giano von seinem Sockel gestürzt worden war – und daß er sich für sein Eintreten zugunsten des Podestà die Anklage einhandelte, er habe die Rechtsprechung zu beeinflussen versucht. Nun war er völlig isoliert. Und diese Isolierung, die fehlende Unterstützung durch hochmögende Persönlichkeiten war bereits der erste Schritt zur endgültigen Verurteilung.

Sie ließ denn auch nicht auf sich warten: er wurde auf Lebenszeit aus Florenz verbannt. Am 5. März verließ er die Stadt. Damit war das eingetreten, was sich die Plutokraten erhofft und was die Magnaten unverhohlen angestrebt hatten. Die einen führten nun die Regierungsgeschäfte nach eigenem Gutdünken; die anderen versuchten – vergeblich – mit der Erhebung vom 6. Juli das gleiche zu erreichen.

Sie kämpften also weiter mit dem Ziel der Abschaffung der *Ordinamenti di giustizia*, die aber nur geringfügig modifiziert werden sollten. Am 6. Juli gingen sie auf die Straße, um mit Gewalt deren Revision durchzusetzen.

Noch am selben Tage wurden Änderungsvorschläge

vorgelegt und erörtert. Vorgetragen wurden sie von einem Richter auf der Regierungsbank, Palmiero degli Altoviti. Die Debatte, an der sich die Ratsversammlungen der verschiedenen kommunalen Behörden beteiligten, fand in der Kirche San Pietro Scheraggio statt. Für jede dieser Ratsversammlungen wurde ein Redner benannt. Die Änderungen wurden gebilligt. Sie sahen vor, daß künftig in den Prozessen die Zeugenaussagen zuverlässiger und fundierter zu sein hatten. Für einige Vergehen wurden neue, mildere Strafen festgelegt, und sie betrafen auch nur noch den Täter selbst; die Angehörigen konnten nicht mehr zur Verantwortung gezogen werden. Die Magnaten durften sich in die Zünfte einschreiben – sofern sie bereit waren, zu Popolanen zu werden, beziehungsweise sofern ihnen das überhaupt gestattet wurde. Das war die Grundvoraussetzung, um wieder zu einem Bürger im Vollbesitz seiner Rechte zu werden.

Aber keine der beiden Seiten zeigte sich zufrieden, weder diejenige, die gegen die *Ordinamenti* zu Felde gezogen war, noch diejenige, die sich die Änderungen hatte abnötigen lassen. Die eine fragte sich, ob nicht vielleicht mehr zu erreichen gewesen wäre, die andere, ob damit nicht erneut den Granden Tür und Tor geöffnet würde, wo es doch jetzt lediglich der Formalität bedurfte, seinem angestammten Stande zu entsagen, um wieder in die Reihe der Bürger aufgenommen zu werden, denen es gestattet war, Ämter zu übernehmen. Im November wurde Dante in den Spezialausschuß des Volkskapitans berufen, auch *Consiglio di Credenza* genannt. Er bestand aus sechsunddreißig Bürgern, unter ihnen die Konsuln der einundzwanzig Zünfte. Dies war Dantes erstes, zweifelsfrei belegtes öffentliches Amt.

In eben jenem Jahr 1295, in dem Dante erstmals seine Stimme in den Sitzungen des Ausschusses erhob, die ebenfalls in der Kirche San Pietro Scheraggio stattfanden, starb Brunetto Latini. Der Mann hatte sich zwar fleischlicher Sünden schuldig gemacht und sollte daher in der Hölle landen, bei den Sodomiten, aber andererseits war er in Anbetracht der Lehren, die er seinen Mitbürgern hatte angedeihen lassen, auch ein Meister, dem höchstes Lob gebührte.

Es herrschte große Trauer um den Verlust des Meisters, der den Florentinern «Schliff» gegeben hatte, der mehr als zwanzig Jahre hindurch im Dienste der Stadt tätig gewesen war: 1273 als Kanzler, 1275 als Konsul seiner Zunft, 1280 als Unterhändler in dem von Kardinal Malabranca zwischen Guelfen und Ghibellinen ausgehandelten Frieden, 1284 als einer der beiden Bevollmächtigten der Stadt Florenz in der Liga mit Lucca und Genua, 1287 als Prior, und daneben, bis kurz vor seinem Tode, als einflußreiches Mitglied verschiedener Gremien. Eine Aktivität, die es ihm erlaubte, seine praktische Lehre darüber, «wie der Mensch in die Ewigkeit eingeht», zu propagieren. Für diese Lehre zeigte sich Dante erkenntlich, indem er selbst die für einen aufrechten, selbstbewußten Bürger unabdingbaren Waffen einsetzte, allen voran die Rhetorik. Und von ihm, den er in den Höllenkreis der Verdammten versetzt hat, sollte er sagen: «das teure, gute, väterliche Bild», was durchaus kein Widerspruch war, allenfalls die Qualität des Meisters noch unterstrich.

Diese Formulierung mag ein Ausdruck persönlicher Zuneigung Dantes gewesen sein, vielleicht aber auch der Nachruf einer ganzen Generation, auf die Brunetto Latini in einzigartiger Weise einen geistigen Einfluß ausgeübt hatte, während sich allmählich eine neue soziale Schicht behauptete. Dieser neuen Schicht war er mit Rat und Tat zur Seite gestanden, sowohl in bürokratischen und politischen Fragen, als auch bei dem schwierigen Übergang von den alten – durch die soziale Herkunft bedingten – Werten zu dem neuen Wertsystem, in dem die individuellen Verdienste, natürlichen Begabungen eine immer größere Rolle spielten. Sie stellten eine Möglichkeit dar, die Geschichte nicht passiv erleiden zu müssen, sondern sie selbst zu gestalten, das Heft in die Hand zu nehmen, worauf ja letztlich die Lehre Brunettos hinauslief.

Durch ihn hatte sich in Florenz ein qualitativer Sprung vollzogen: ihm war es zu verdanken, daß diese Generation eine neue Rolle übernommen hatte. Nun, da er tot war, erkannte Dante, wieviel er diesem Manne verdankte. Er spürte, daß die Poetik jener Zeit, die nicht umsonst in Vergil ihre Leitfigur sah, nun in Brunetto Latini eine Entsprechung auf dem Gebiet der Staatskunst gefunden hatte.

Er hatte sich bereits daran gemacht, die Fäden seiner Poesie mit denen des politischen Engagements zu verweben, bis er schließlich mit seiner visionären Imaginationskraft unter Alpträumen und himmlischen Sphärenklängen einen Erfahrungsschatz angesammelt hatte, in dem die ältesten, vor allem auf Aristoteles und seine arabischen Kommentatoren zurückgehenden Lehren in Wettstreit traten mit der christlichen Philosophie. Damit war der Grundstein gelegt für die Entstehung der *Commedia*. Aber gerade dadurch sollte sich zeigen, daß dieses ganze Konstrukt zur Darlegung der Intentionen des Poeten nicht dazu angetan ist, den Politiker aus seiner Verantwortung, aus seiner zentralen Rolle als Protagonist zu entlassen. Man konnte die *Commedia* zwar als gewaltiges literarisches Kunstwerk rezipieren oder auch wie eine Kathedrale voller allegorischer Darstellungen bewundern, darüber hinaus aber, oder vielleicht auch dessenungeachtet, stellte sie eine «prophetische Vision» innerhalb einer biblischen Tradition dar, die Neuerungen aufgriff, wie Joachim von Fiore und Franz von Assisi, jeder auf seine Weise, sie eingeführt hatten.

Es handelte sich nach Auffassung von Bruno Nardi also um eine Vision, die Dante zuteil wurde, «nachdem er die Wahrheit über die Ursache für den Sündenfall der Welt erfahren hatte, und zwar eben zu dem Zwecke, daß er diese den Menschen verkündige und ihnen berichte, was er gesehen und gehört hatte». Also um so etwas wie einen großen Traum, den gewaltigsten, den ein Politiker je zu träumen gewagt hatte, in dem die Erlösung von den Übeln der Welt unmittelbar durch Gott erfolgt, in dessen Nähe man schließlich nach der langen Wanderung durch Bolgen, Höllenkreise und Himmel gelangt.

Jedem Abschnitt entspricht jedoch eine eigene Stufe. Unterdessen macht sich Dante mit den Obliegenheiten des Politikers vertraut, die er als Mitglied des Rates des Spezialausschusses des Volkskapitans kennengelernt hat. Allerdings scheint das Pflichtbewußtsein bei diesem ersten Amte nicht zu seinen Stärken gehört zu haben: sechsmal fehlte er bei den Sitzungen des Rates. Einmal unentschuldigt. Wofür er mit einer Geldbuße belegt wurde. Seine Amtszeit endete am 30. April 1296. Zuvor jedoch, das heißt eineinhalb Monate nach seiner Ernennung, trat er als einer der Weisen in Erscheinung, die am 14. Dezember gemeinsam mit den Konsuln der Zünfte über das Wahlverfahren der neuen Signoria beratschlagten, die am folgenden Tage ihr Amt antreten sollte.

Die Verfassung enthielt nämlich keine näheren Bestimmungen bezüglich des Wahlverfahrens, das vielmehr von Mal zu Mal beschlossen wurde. Das Fehlen eines festgelegten Wahlmodus sollte ein Schutz vor Wahlmanipulationen sein. Dieses Mal, da Dante über die Modalitäten der Priorenwahl mitzuentscheiden hatte, wurde der Vorschlag eines Lando Albizzi aufgegriffen, die Wahl den Konsuln und den Weisen zu überlassen.

13

Die Signoria, zu deren Obliegenheiten die politischen Beziehungen zu anderen Staaten zählten, bestand aus den Prioren und dem *Gonfaloniere di giustizia,* dem Bannerträger der Justiz. In ihren Händen sowie in denen des Volkskapitans lagen nun nach dem von Giano della Bella angeführten Volksaufstand Exekutive und Legislative. An der Spitze der Kommune stand nach wie vor der Podestà, aber sein Aufgabenbereich hatte sich allmählich auf die Aufrechterhaltung der inneren Ordnung reduziert. Einige seiner Kompetenzen waren an den *Gonfaloniere di giustizia* übergegangen.

Jedes Stadtviertel stellte eine Einheit für die Bürgerwehr auf, die einem eigenen Bannerträger unterstand. Die Bannerträger der einzelnen Viertel wählten gemeinsam den *Gonfaloniere di giustizia,* der die Einheiten einberufen konnte, was ihm natürlich eine militärische Machtstellung verlieh, auf der im wesentlichen seine Autorität beruhte. Unter seiner Leitung hielten die Prioren ihre Sitzungen ab.

Die Prioren wurden von einem Gremium gewählt, dem die zwölf Konsuln der oberen und der niederen Zünfte angehörten; sie blieben zwei Monate im Amt, während deren sie permanent im Dienst waren und unter strikter Bewachung standen, um jeglichen Kontakt mit der Außenwelt zu unterbinden. Ihre Beschlüsse hatten sie den vier obersten Führungsgremien zur Bestätigung vorzulegen. Zu ihnen gehörten der *Consiglio generale* der Dreihundert und der *Consiglio speciale* der Neunzig, die von der

Kommune beziehungsweise vom Podestà gewählt wurden, ferner der *Consiglio generale* sowie der *Consiglio speciale* des Volkskapitans. Zur Beratung finanzieller Angelegenheiten, aber auch wenn die allgemeinen Umstände dies erforderlich machten, konnte der 1289 etablierte Rat der Hundert einberufen werden – es sei denn, die Prioren hielten es aufgrund besonders schwerwiegender Umstände für angebracht, eine allgemeine Volksversammlung einzuberufen, zu der auch die Mitglieder der niederen Zünfte Zugang hatten.

Die Mitglieder der oberen Ratsversammlungen, auch *Opportuni* genannt, wurden alle sechs Monate neu gewählt; sie mußten das fünfundzwanzigste Lebensjahr vollendet haben. Von den während der Sitzungen geführten Debatten wurden Protokolle erstellt, die sogenannten *consulte*, die von einem Notar geführt wurden. In einem dieser Protokolle, in dem die Mitglieder des Rates der Weisen aufgezählt sind, taucht auch der Name Dantes auf. Bei diesen Weisen handelte es sich um Bürger, die von Mal zu Mal ausgewählt und angehört wurden, und zwar immer dann, wenn die Regierungsorgane es für geboten hielten, deren Rat einzuholen.

Das Streben nach möglichst weitgehender Einbeziehung der Bevölkerung in den Entscheidungsprozeß nahm geradezu exzessive Ausmaße an. Das führte nicht nur zu einem aufgeblähten Regierungsapparat mit unklarer Kompetenzverteilung, sondern auch zu sehr langwierigen Prozeduren bei der Verabschiedung von Gesetzen. Die Prioren durften nach Ablauf ihrer Amtszeit prinzipiell zwei Jahre lang nicht wiedergewählt werden, und sie durften weder der gleichen Zunft noch ein und derselben Familie angehören. Überhaupt gab es niemanden, der nicht mit Argwohn beäugt worden wäre, kaum war er zu Amt und Würden gelangt, und der nicht zuweilen sogar für sein Tun zur Rechenschaft gezogen wurde. Derartige politische Racheakte waren ein ganz normaler Vorgang; sie erfolgten stets dann, sobald jemand, der während seiner Amtszeit ein bestimmtes Verhalten an den Tag gelegt hatte, nicht mehr den Schutz seiner Amtswürde genoß. Dante sollte das am eigenen Leibe erleben, und rückblickend hat er seine Ernennung zum Prioren als den Ausgangspunkt all seiner Mißgeschicke bezeichnet.

So wurde in jenem Jahr, in dem Dante in den Spezialausschuß und in den Rat der Weisen berufen worden war, Dino Compagni vor Gericht zitiert, der 1293 *Gonfaloniere di giustizia* und vier Jahre zuvor Prior gewesen war. Dino hatte sich von den Ideen Giano della Bellas mitreißen lassen, mit dem er eine Neuordnung des Stadtregimentes ausgearbeitet hatte. Das war ihm nicht verziehen worden. Es sah also so aus, als wolle man den Stab über eben diesen ehemaligen *Gonfaloniere* brechen, wo er doch einen Frieden ausgehandelt hatte, der nach all den kriegerischen Auseinandersetzungen die Beziehungen zu Pisa normalisiert hatte, was ihm selbst und der Stadt durchaus zur Ehre gereichte. Das war ein gewichtiger Pluspunkt angesichts der diversen gegen ihn vorgebrachten Anschuldigungen, und er muß wohl zu seinen Gunsten zu Buche geschlagen haben: der Prozeß endete mit seinem Freispruch.

Nach Ablauf der sechs Monate, die Dante dem Rat des Volkskapitans angehörte, wurde er in den Rat der Hundert berufen. Diesem konnte angehören, wer mit einem jährlichen Einkommen veranschlagt war, das den Betreffenden als einigermaßen wohlhabend auswies. Und nach dem, was sein Vater ihm an Häusern und sonstigen Besitzungen hinterlassen hatte, muß er offenbar als wohlhabend gegolten haben. Allerdings ist dabei zu bedenken, daß es außer den Kindern aus Alighieros Ehe mit Bella noch die beiden anderen gab, Francesco und Tana, die aus der Ehe mit Lapa hervorgegangen waren. Vermutlich war es Francesco, der sich um die Verwaltung des Besitzes kümmerte und die für die Familie erforderlichen Gewinne daraus zog. Aber die Familie wuchs. Gemma, deren erstes Kind möglicherweise ein Sohn namens Giovanni war, gebar Dante Pietro, Jacopo, Antonia... Die Ausgaben mehrten sich. Im Jahr nach seiner Wahl in den Rat der Hundert sah sich Dante gezwungen, ein Darlehen über vierhundertachtzig Gulden aufzunehmen, für das der Großvater mütterlicherseits, Durante degli Abati, sowie der Schwiegervater Manetto Donati bürgten.

Stürme, die auf den Straßen entfacht wurden, hören nicht so ohne weiteres auf, etwa weil der Wind nachgelassen hätte. Der 6. Juli, an dem die Magnaten ihren großen Tag gehabt hatten und das Volk ihnen hinsichtlich der *Ordinamenti di giustizia* hatte Zugeständnisse machen müssen, kann zwar als Kompromiß angesehen werden, der geschlossen wurde, um weiteres Blutvergießen zu vermeiden, aber es war auch ein Kompromiß, bei dem jede der beiden Seiten das Gefühl hatte, mehr gegeben als bekommen zu haben. Und das bedeutete, daß die Winde wohl an Gewalt verloren hatten, sich aber trotz allem noch immer unangenehm bemerkbar machten. So fehlte es in dem Kampf gegen die Magnaten nicht an Leuten, die mit äußerstem Argwohn die Änderungen der gesetzlichen Bestimmungen verfolgten und sie geradezu als Verrat an der Sache des Volkes empfanden; die Folge war, daß die Prioren an jenem Tage beim Verlassen der Sitzungen der Ratsversammlungen ihren würdevollen Habitus ablegen und statt dessen zusehen mußten, wie sie sich vor dem Steinhagel schützen konnten, den die vor der Kirche San Pietro Scheraggio versammelte Menge auf sie niedergehen ließ.

Unterdessen schrieb man das Jahr 1296, und manch einer war sich nicht sicher, ob er nicht vielleicht doch den Tagen des gegen die Aristokratie gerichteten Terrors nachtrauerte. Viele erklärten sogar ganz offen, daß sie ihnen keineswegs nachtrauerten. Die Stimmung schlug also um zugunsten der Rückkehr Giano della Bellas.

Allmählich war es an der Zeit, so dachten nicht wenige, den Bann wieder aufzuheben. So nahm binnen kurzem die Aussicht auf eine Rückkehr Gianos aus dem Exil konkrete Gestalt an und war nicht länger nur eine aus einer momentanen Unmutsstimmung heraus in die Debatte geworfene Vermutung. Die Magnaten, die trotz gravierender Einschränkungen wieder Auftrieb bekamen, hielten es für geboten, zum Gegenschlag auszuholen. Und auch der Papst Bonifatius VIII. ließ in einem Schreiben zur Frage der Rückkehr Gianos aus dem Exil ein drohendes Nein anklingen. Er wünsche vielmehr, so fügte er hinzu, daß in den Bannstrahl gegen Giano auch einer seiner Brüder sowie ein Neffe von ihm einbezogen werde.

So war Bonifatius also Florenz gegenüber aufgetreten; zugleich hatte er zu verstehen gegeben, daß er sich durch nichts davon würde abhalten lassen, in die Angelegenheiten der Stadt zu intervenieren. Im übrigen berief er sich auf Eigentumsrechte der Kirche gegenüber der Toskana. Die Florentiner waren also gewarnt. Wer hätte da den Mut gefunden, sich diesem päpstlichen Einschüchterungsversuch entgegenzustellen?

In jenem Jahr beschloß Corso Donati, sich nach dem Tode seiner Frau erneut zu vermählen. Er hielt um die Hand der Tochter des Messer Accierito von Gaville aus dem Geschlecht der Ubertini an. Gaville lag im Arnotal. Accieritos Tochter hieß Tessa; auf sie kam eine ansehnliche Erbschaft zu, doch die Cerchi, die Verwandten der ersten Gemahlin Corso Donatis, versuchten, ihr einen

Strich durch die Rechnung zu machen. Das gelang ihnen zwar nicht, aber sie lösten damit eine «gewaltige Empörung in der Stadt aus» und brachten Florenz in große Gefahr.

Die Rache der Donati ließ nicht lange auf sich warten. Sie gehörten nicht zu denen, die sich beliebig auf den Zehen herumtreten lassen. Vielleicht bei dieser, vielleicht aber auch bei einer anderen Gelegenheit waren einige junge Leute aus dem Hause Cerchi mit Altersgenossen aus dem Hause Donati aneinandergeraten. Die Cerchi wurden im Hofe des *Palazzo del Podestà* festgehalten, da sie zu Geldbußen verurteilt worden waren, die noch nicht entrichtet worden waren. Sie bekamen Blutwurst zu essen. Fast alle von ihnen aßen davon, und fast allen wurde davon übel. Sechs von ihnen erging es sogar noch schlimmer: sie starben. Es handelte sich um vier Cerchi, um einen Portinari und einen jungen Mann namens Bronti.

Dieser «Schandtat», wie Compagni sie bezeichnet, wurde Corso bezichtigt, obschon die Versuche, einen Nachweis für seine Schuld dafür zu erbringen, ins Leere stießen. Aber dessenungeachtet trug dies dazu bei, den Haß zwischen den beiden Familien weiter zu schüren; der tiefere Grund für ihre gegenseitigen Aversionen war wohl in ihrer unterschiedlichen sozialen Herkunft zu suchen sowie in der jeweils daraus resultierenden politischen Orientierung. Steinreich, doch «niederen Standes», «Emporkömmlinge», einflußreiche Geschäftemacher die Cerchi; aus altem Adel, weltfremd die Donati, die sich mit ihrer unerbittlichen Sturheit der Sache der Guelfen verschrieben hatten, während die Gegenseite für das Guelfentum mit der gleichen Nüchternheit eintrat, mit der sie ihre Geschäfte betrieb.

Dieser nüchterne Geschäftssinn hatte die Cerchi nicht zögern lassen, sich «den Popolanen und den Regierenden» anzuschließen und zu den Magnaten auf Distanz zu gehen. Im Gegensatz zu ihren Kontrahenten traten sie nun für die Beibehaltung der *Ordinamenti di giustizia* ein; es konnte schließlich ihren Interessen als Geschäftsleuten und Bankiers nur dienlich sein, wenn sie auf seiten einer Klientel standen, die den nicht unerheblichen Vorteil bot, ihre Repräsentanten in der Regierung sitzen zu haben.

Bonifatius VIII. trat also auf der florentinischen Bühne in Erscheinung, als die Zwistigkeiten zwischen der Partei der Cerchi und jener der Donati in vollem Gange waren. Und sein Auftritt tat ein übriges, die beiden Parteiungen festzuschreiben, die sich im guelfischen Lager gebildet hatten, wobei jeweils die Haltung der beiden Gruppierungen gegenüber dem Papst eine wesentliche Rolle spielte. Dante wurde sogleich in diesen Konflikt hineingezogen, obgleich bei diesem Staat im Staate, wie ihn die Guelfen gleichsam darstellten, zwar jegliche Parteinahme letzten Endes auch politisch bedingt war, ursprünglich jedoch unter anderen Vorzeichen, dem der Konkurrenz im Geschäftsleben, entstanden war.

Die Konkurrenz hatte die großen florentinischen Geschlechter in zwei Gruppen gespalten. Und die Cerchi und die Donati hatten sich jeweils an die Spitze der beiden konkurrierenden Gruppierungen gestellt. Das neue und das alte Kapital. Skrupellosigkeit und Tradition. Es war ein Konflikt zwischen florentinischen Familien, der nicht ohne Auswirkungen auf die Handelsbeziehungen zu einem Großteil der damals bekannten Welt blieb, schickten doch diese Familien ihre Schiffe in die entlegensten Gegenden, um dort Niederlassungen zu eröffnen. Nicht von ungefähr herrschte großes Interesse an Neuigkeiten aus aller Welt. Im Jahr zuvor war Marco Polo nach Venedig zurückgekehrt. Und nach dem Scheitern der Unternehmung der Gebrüder Vivaldi wurden allenthalben Schiffe auf Reisen geschickt, um neue Verkehrsverbindungen zu erkunden. Doch mochte die Eroberung neuer Märkte im Orient noch so einträglich sein, so war doch nichts lukrativer als die Möglichkeit, die päpstliche Kurie zu seinen Klienten zählen zu können.

Die florentinische Bank der Mozzi hatte auf diese Karte gesetzt, und mit nicht minder spektakulärem Erfolg hatten weitere toskanische Familien wie die Buonsignori in Siena und die Riccardi in Lucca ihre Privilegien als Bankiers des Papstes zu nutzen gewußt. Nun aber werden, nachdem Bonifatius VIII. den Stuhl Petri bestiegen hat, die Cerchi und die Spini beim Papst vorstellig. Die Spini sind ebenfalls erst seit relativ kurzer Zeit zu Reichtum gelangt, zählen jedoch zu den Parteigängern der Donati.

Das Geschäft machen die Spini, denen das Alleinverfügungsrecht über die Unmengen der Gelder eingeräumt wird, die zwischen den päpstlichen Besitzungen in Umlauf sind: angefangen von der Erhebung der Tribute über den Einzug der Almosen und all die anderen finanziellen Transaktionen bis hin zu den Barzahlungen zugunsten der päpstlichen Kassen. Das wäre weiter nichts als ein spektakulärer Erfolg eines Unternehmens gewesen, wäre da nicht auch die Enttäuschung der Cerchi gewesen. Unversehens hatten sie andere Gleichgesinnte an ihrer Seite, die Mozzi nämlich, die von Bonifatius ausgebootet worden waren. Nachdem die beiden Gruppierungen den ursprünglichen Schauplatz ihres Wettstreites verlassen hatten, war nun jede von ihnen bestrebt, gegenüber der anderen die Oberhand zu gewinnen, und versuchte, die Signoria auf ihre Seite zu ziehen, sie für ihre eigenen Interessen einzuspannen und diese Interessen mit denen des Stadtregiments zu verquicken. So kam es denn, daß sich diese Interessen zu politischen Interessen entwickelten.

Natürlich sind nicht alle über einen Kamm zu scheren. Es gibt auch Leute, die, wie etwa Dante, sich nicht für Ziele oder Angelegenheiten schlagen, die außerhalb der Partei, auf anderen Gebieten angesiedelt sind. Dante führt zur Realisierung seiner Ideen keinen Kampf, der zugleich ein Kampf gegen Konkurrenten um die Anhäufung von Reichtümern wäre, um die Ausdehnung des eigenen Einflusses als Bankier, Kaufmann oder Unternehmer. Auch insofern strebt er nach Unabhängigkeit, die ihn dazu veranlaßt, da er um eine Entscheidung zwischen den beiden guelfischen Gruppen nicht herumkommt, sich letzten Endes auf die Seite der Gegner des Papstes zu stellen. Diese Parteinahme entspricht auch seinen Bestrebungen, der Stadt das Recht zu erwirken, sich von päpstlichen Einmischungen frei zu halten. Also steht er auf seiten der Cerchi. In erster Linie jedoch auf seiten der Gerechtigkeit.

Eben um der Gerechtigkeit zu ihrem Recht zu verhelfen, erhob er seine Stimme in einer Sitzung des Rates der Hundert, die im Juni stattfand. Es ging um einen Fall, in dem sich Magnaten in verletzender Weise über Popolanen geäußert hatten, die für die Art und Weise der Ausübung öffentlicher Ämter verspottet und kritisiert wurden. Das konnte man natürlich nicht hinnehmen. Aber obschon eine gegen die Magnaten gerichtete Maßnahme den Verdacht aufkommen ließ, ihre Befürworter orientierten sich an den *Ordinamenti di giustizia* Giano della Bellas, so schien das deswegen doch nicht minder legitim. Dante sprach sich dafür aus. Und er ergriff das Wort, um seine eigenen Beweggründe darzulegen.

Die Sitzung fand, wie üblich, in der Kirche San Pietro Scheraggio statt. In ihrem Verlauf wurden auch noch einige weitere Tagesordnungspunkte debattiert: Umbau- und Verschönerungsarbeiten am Baptisterium und an der Kathedrale Santa Reparata, Richtlinien für die Prozeßführung in zweiter Instanz, Verträge mit Pistoia... Sie wurden durchweg gebilligt. Die Verträge brachten einen weiteren Affront für die Magnaten mit sich. Sie sahen nämlich vor, daß die Pistoiesen Aufnahme finden sollten, falls sie aus ihrer Heimatstadt verbannt würden. Auch in Pistoia hatte nämlich die Partei der Popolanen das Heft in die Hand genommen. An ihrer Spitze stand eine Linie des Hauses Cancellieri. Man nannte sie die Partei der «Weißen». Ihre Kontrahenten, die Partei der «Schwarzen», standen unter der Führung einer anderen Linie desselben Geschlechts.

Wieder einmal hatten Gewalt- und Racheakte privater Natur auf eine ganze Stadt übergegriffen, sich mit politischen Auseinandersetzungen innerhalb der Kommune verquickt und bestimmten nun auch deren Beziehungen zu anderen Städten. Im Falle von Pistoia spielte die Stadt Florenz eine entscheidende Rolle. Denn die Weißen hatten beschlossen, sich auf fünf Jahre von Florenz unter die Fittiche nehmen zu lassen und ihr die Aufgabe übertragen, für die Aufrechterhaltung der Ordnung in Pistoia zu sorgen. Der Antrag hierzu war eineinhalb Monate zuvor, am 29. April, gestellt worden. Und Florenz sagte Pistoia seinen Schutz zu und verpflichtete sich, alle sechs Monate einen *Capitano del popolo* und einen *Podestà* mit dem ganzen Gefolge der übrigen Amtsträger nach Pistoia zu entsenden. Im Zusammenhang mit diesem Abkommen mit Pistoia hatte man es auch für nötig befunden, den florentinischen Magnaten zu untersagen, pistoiesische Verbannte zu beherbergen.

Wie sich alsbald erwies, führte das Abkommen dazu, daß die Zwistigkeiten auf die Nachbarstadt übergriffen, daß sich der Schauplatz der Auseinandersetzungen erheblich erweiterte, und zwar nicht so sehr oder ausschließlich derjenigen zwischen Popolanen und Magnaten, sondern vor allem zwischen rivalisierenden guelfischen Gruppen, die entweder mehr auf seiten des Volkes oder der des Adels standen. In Florenz vollzog sich infolgedessen eine ähnliche Entwicklung wie bereits in Pistoia: nun bekämpften sich nicht allein die Cerchi und die Donati mit ihrer jeweiligen Anhängerschaft, sondern wie in Pistoia wurde der Kampf zwischen der Partei der Weißen und der Partei der Schwarzen ausgetragen.

Von dieser Stadt, der die florentinischen Guelfen ihre Spaltung in Weiße und Schwarze verdankten, wußte Dante offensichtlich nichts zu berichten, worauf sich die Pistoiesen irgend etwas hätten zugute halten können. Ganz im Gegenteil. Im *Inferno* sollte er gegen Pistoia loswettern und bis zu den Ursprüngen der Stadt zurückgehen, um anhand der Geschichte den Nachweis zu führen, welch beispiellose Frevler ihre Einwohner sind. Und wer wäre ein würdigerer Exponent all dieser Ruchlosigkeit gewesen als jener Vanni Fucci, der ein fanatischer Parteigänger der Schwarzen war.

Wenn sie also offenbar eine so schwarze Seele hatten, jene Guelfen, daß man mit dieser Farbbezeichnung auf sie Bezug nahm, so war Vanni Fucci sicher bestens ausgestattet, um in die Hölle gejagt zu werden, und zwar zu den Schlangen, die den Dieben Gesellschaft leisteten und grausame Spiele mit ihnen trieben. So banden sie etwa denen die Hände auf dem Rücken zusammen, die zu Lebzeiten ihre Hände zum Stehlen, zum Sündigen gebraucht hatten. Hatte nicht Fucci, dieser Bluthund, der so furchtbar gegen die Weißen gewütet hatte, mit seinem Diebstahl des Altargeräts aus der dem Heiligen Jakob geweihten Kapelle im Dom zu Pistoia seine ruchlose Existenz unter Beweis gestellt?

Aber er ist noch schlimmer als ein Dieb, als ein gewissenloser Schurke. Er reagiert nicht so, wie die meisten der

Verdammten, die entweder sehr darauf bedacht sind, sich nicht zu erkennen zu geben, oder, wenn sie doch erkannt wurden, unumwunden ihre Scham über ihre derzeitige Situation zum Ausdruck bringen. Vanni Fucci jedoch fackelt nicht lange, als er nach seinem Namen gefragt wird. Und am Ende, nachdem er Dante seine ganze Misere vorgeführt hat, steht ihm nur eines im Sinn: jenem Wanderer durch das Jenseits nur ja nicht die Genugtuung zu verschaffen, womöglich in dem Gefühl von hinnen zu gehen, er habe als rechtschaffener Mensch einen Frevler büßen sehen. Um so mehr, als Dante ansonsten ja auch noch die Genugtuung gehabt hätte, daß der Frevler ein Parteigänger des anderen politischen Lagers ist. Vanni Fucci macht also eine Weissagung. Und er tut das mit hämischem Vergnügen, denn er weiß, daß er den anderen damit trifft.

Er prophezeit, die aus Pistoia verbannten Schwarzen bekämen in Florenz die Oberhand und würden die Weißen aus der Stadt verjagen. Doch nicht genug damit. Die florentinischen Schwarzen kämen den Schwarzen von Pistoia zu Hilfe und würden ihnen wiederum an die Macht verhelfen, nachdem sie die Weißen in der Schlacht auf dem Felde von Piceno besiegt hätten. Eine Episode der Geschichte, die nur wenige Jahre später einschneidende Folgen für das Leben des Dichters haben sollte.

Aus ganz anderem Holz geschnitzt ist Cino dei Sighibuldi, den Dante vielleicht während seines Aufenthaltes in Bologna kennengelernt hat. Die engen Beziehungen zwischen Florenz und Pistoia haben möglicherweise die Freundschaft zwischen Cino und Dante wieder aufleben lassen. Allerdings ist anzunehmen, daß die Fundamente dieser Freundschaft anderswo zu suchen sind. Im übrigen hält sich Cino zumeist in Bologna auf, das er erst einige Jahre später verlassen sollte, und außerdem steht er auf Seiten der Schwarzen. Er entstammt einem alten Feudalgeschlecht, das von jeher die Positionen der Schwarzen vertreten hat.

Er selbst tritt jedoch nicht sehr vehement für diese Positionen ein, er versucht nicht, sie anderen aufzudrängen. Er zeichnet sich wahrhaftig nicht durch ein besonders leidenschaftliches Engagement für das politische Leben aus. Größer noch als die Kluft, die ihn hinsichtlich seiner Gesinnung von Dante trennt – und gänzlich unberührt von ihr –, sind die Gemeinsamkeiten, die ihn auf dem Gebiet der Dichtkunst mit ihm verbinden. Seine Wertschätzung, die er für Dante empfindet, wird vom Freunde erwidert, der ihm einige Sonette widmet. «Eure Stimme ist so angenehm und so erhaben.» Und in *De vulgari eloquentia* sollte er bezüglich der von ihm verwendeten Volkssprache eine ganze Reihe positiver Attribute aufzählen: *egregium, extricatum, perfectum, urbanum* – erhaben, gewandt, vollendet, elegant. Welch schöneres Lob hätte er ihm zollen können?

Cino seinerseits hat es Dante zu verdanken, daß er eine gewisse Eigenständigkeit erlangt hat, indem er sich von allen intellektuellen Spiegelfechtereien und all den Einflüssen frei gemacht hat, die bis dahin seine Dichtung hatten schwerfällig erscheinen lassen und die verhindert hatten, daß seine geistvolle, elegante Ausdruckskraft, das Licht- und Schattenspiel des scharfsinnigen Psychologen zum Zuge kommen konnten.

Die Lieblingsbeschäftigung der Florentiner bestand darin, Geschäfte zu machen, sich zu bereichern, aus dem Nichts heraus immense Reichtümer anzuhäufen, die letztlich die Grundlage bildeten für ihr Staatswesen und das Zunftwesen, auf dem dieses beruhte. Der Tuchhandel, insbesondere der Handel mit Wollstoffen, aber auch mit anderen

Erzeugnissen, hatte ihnen in aller Welt Tür und Tor geöffnet. Das Kapital ihrer Banken hatte ihnen Zugang zu den europäischen Fürstenhöfen verschafft, wo sich selbst unter den gekrönten Häuptern manch ein Gläubiger fand.

Reichtum schuf neuen Reichtum, und der neue trat in Wettstreit mit dem altererbten. Die Neureichen versuchten mit ostentativem Gepränge die Verspätung auszugleichen, mit der sie in den Kreis der Erlauchten aufgestiegen waren. Die Stadt schmückte sich mit neuen Palästen. Der Architekt der Stunde hieß Arnolfo di Cambio. Seine Bauten waren in ihrer Linienführung von einer majestätischen, zugleich jedoch auch unprätentiösen Solidität, was durchaus im Einklang mit der Mentalität der Kaufleute stand, das heißt mit dem, wie sie sich selbst und ihre gesellschaftliche Rolle sahen.

Es war die Architektur einer Stadt, der – wie Machiavelli bemerken sollte – inzwischen die gesamte Toskana gehorchte, die ihr teils untertan, teils mit ihr befreundet war. Diese Position verdankte Florenz unter anderem den dreißigtausend Mann im waffenfähigen Alter, zu denen noch siebzigtausend Mann des *Contado* hinzukamen. Aber ihre eigentliche Stärke beruhte nicht auf Waffengewalt. Gerade in jenen Jahren waren die Auswirkungen auf die Stadtentwicklung deutlich zu sehen, vor allem auf die öffentlichen Bauwerke, die das Antlitz der Stadt ihrer internationalen Bedeutung anpaßten. Einmal abgesehen von Gebäuden wie etwa dem Gefängnis *Le Stinche*, das ständig mit säumigen Schuldnern überfüllt war – was jedoch in einer Stadt, in der in großem Maßstab Geschäfte abgewickelt werden, nicht weiter verwunderlich ist. Selbst Giovanni Villani sollte dort landen.

Unter den dort einsitzenden Schuldnern, Dieben und Dirnen fanden sich nicht selten auch Kinder. Sie mochten von ihren Eltern dorthin geschickt worden sein, sozusagen als Schule fürs Leben: um der Realität des menschlichen Daseins ins Auge sehen zu lernen, um Erfahrungen zu sammeln, um auf diese Weise den Charakter zu festigen, um die Kunst des Überlebens zu erlernen. Eine Schule, die an die Hölle erinnert – und vermutlich nicht nur vage Parallelen dazu aufweist. Bei diesem Gefängnis konnte von repräsentativer Monumentalität keine Rede sein, mochte es auch in gewisser Hinsicht die Kehrseite des Wirtschaftswunders von Florenz verkörpern. Im Gegensatz etwa zu den Abbrucharbeiten an der alten Kirche Santa Reparata – die dem Neubau einer Kirche voraufging, welche den Dimensionen dieser Stadt mit ihren über hunderttausend Einwohnern, einer der größten des ganzen Kontinents, eher angemessen war.

Die rege Bautätigkeit in Florenz mußte nicht nur der Stadtentwicklung Rechnung tragen, sondern zugleich auch Vorgaben für zukünftige Erweiterungen festlegen. Außerdem galt es, rechtliche Bestimmungen für Privat- und Nebenstraßen festzuschreiben. Insgesamt hatte man es also mit einer Vielzahl von Projekten zu tun, wobei freilich das Verkehrsproblem am schwierigsten anzugehen war. So kam die Idee auf, einen kommunalen Bauplan erstellen zu lassen, und zwar unter Mitwirkung eines speziellen Kommunalausschusses. Man schrieb das letzte Jahr des Jahrhunderts. Dem Ausschuß wurde die Aufgabe übertragen, die wichtigsten Straßen der Stadt auszubauen. Diesem Ausschuß gehörte auch Dante an, der bereits 1297 Mitglied eines Rates des Podestà gewesen war und später vermutlich auch in anderen Ratsversammlungen vertreten war.

14

Es ist eine Zeit intensiver Bautätigkeit, die sich bis ins neue Jahrhundert hinein erstreckt. Sie ist ein Beleg für den Wandel, der sich innerhalb der Gesellschaft vollzogen hat: nicht mehr das unübersehbare Gewirr kleiner Häuser und Hütten, aus dem sich einige Dutzend Türme erheben, bestimmt das Stadtbild, sondern ein ganzes Heer vornehmer Palazzi. Aber selbst in den Häusern einfacher Leute spiegelt sich das neue Lebensgefühl in einer Wohnungseinrichtung wider, die nicht mehr auf das unabdingbar Notwendige beschränkt ist.

Dieser neue Lebensstil wurde im wesentlichen von der Schicht der Emporkömmlinge geprägt; aber die alteingesessene Elite gestaltete das Leben farbenfroher und stellte ihren Reichtum zur Schau. Die Unterschiede zwischen beiden jedoch blieben weiterhin bestehen; letztlich entwickelte jeder seinen eigenen Stil. Der Reichtum war nicht nur, wie man immer geglaubt hatte, der erste Schritt zur Hölle, sondern er war auch ein Mittel zur Verfeinerung der Sitten, ein Anreiz zu erhöhtem Raffinement.

Allenthalben sieht man nun Samt und Seide, kostbare Stickereien, Gold- und Silbergeschmeide. Ein neues, gekünsteltes, weniger spontanes Gehabe greift um sich. Ein qualitativer Sprung beginnt stets mit einem Verlust an natürlicher Ungezwungenheit. Wer sich die neuen Moden leisten konnte, neigte unwillkürlich dazu, sich anders zu verhalten. Aber es tat wohl, über genügend Mittel zu verfügen, um sich ins rechte Licht rücken zu können.

Nun hielt man nicht länger hinter dem Berg mit den positiven Aspekten des Reichtums, mit den Vorzügen, die sich aus der veränderten Lebensweise ergaben. Vor diesem Hintergrund war es undenkbar geworden, das Weib als das «Gefäß des Bösen» anzusehen, wie das noch beim Heiligen Hieronymus der Fall gewesen war. Dennoch war die Welt, in der sich die Frau bewegte, nach wie vor rein männlich geprägt. Die Traktate über die richtige Erziehung des Weibes ließen sich entsprechend der mit ihnen verfolgten Zielvorstellung in zwei Gruppen einteilen, und zwar je nachdem, ob das Weib bei seinem Herrn und Gebieter Liebe entfachen oder aber ihm als seinem Ehegatten treu zu Diensten stehen sollte.

Ersteres Ziel galt für die Hofdamen, deren vornehmste Aufgabe darin bestand zu brillieren. Von ihnen wurde daher erwartet, daß sie sich auf alle möglichen Fertigkeiten verstanden: auf die Falkenjagd ebenso wie auf das Schachspiel und andere Spiele, die gerade *en vogue* waren, ferner darauf, Musikinstrumente zu spielen, Novellen zu lesen und wiederzugeben, zu singen und sich an der Unterhaltung mit der richtigen Dosis an Frivolität und Scharfsinn zu beteiligen, die sie begehrenswert machte; im übrigen hatte sie im richtigen Moment den Blick zu senken und vor allem nie die Stimme zu erheben. Daneben gab es aber auch noch das andere Ziel. Er setzte eine andere Erziehung voraus, je nachdem, ob es sich um eine Angehörige des Adels, des Bürgertums oder einer anderen Schicht handelte.

So steht für Francesco da Barberino eindeutig fest, was sich für die Tochter eines einfachen Ritters, eines Notars beziehungsweise eines Richters geziemt: sie soll lernen, wie man den Haushalt führt; dabei ist ihr nicht verwehrt – wie das dagegen bei einer Jungfrau höheren Standes der Fall ist –, sich frei zu bewegen und nach Herzenslust zu lachen, zu tanzen und zu singen. Leider läßt sich die Frage, ob es sich für sie geziemte, lesen und schreiben zu lernen, nicht schlüssig beantworten. Im Zweifelsfalle hatte sie sich anderen, weniger gefährlichen und womöglich nützlicheren Tätigkeiten zu widmen. Auf alle Fälle hatte sie bei ihrer Vermählung daran zu denken, daß sie die Frage, ob sie den ihr Zugedachten als ihren Herrn Gemahl begehre, nicht sogleich mit Ja beantworten dürfe, sondern daß sie sich diese Frage zwei-, dreimal wiederholen lassen müsse. Ferner wurde ihr empfohlen, heimlich etwas zu essen, um beim Hochzeitsmahle keinen Appetit zu zeigen. Und während ihrer Brautzeit sollte sie sich jeglichen Umgang mit anderen versagen. Wenn sie gelegentlich mit ihrer Mutter zusammen ausging, durfte sie niemanden auf der Straße grüßen. Sie hatte kleine Schritte zu machen, artig, bescheiden, sanft aufzutreten. Hatte sie jedoch noch keinen Bräutigam, obgleich sie im heiratsfähigen Alter stand, so galt es allmählich, sich vorzusehen: so sollte sie es unbedingt vermeiden, sich am Fenster zu zeigen, sich mit Novellen und Liebeskanzonen zu befassen; statt dessen sollte sie sich geeignete Kost auswählen – und sich im übrigen dem Himmel anempfehlen.

Aber gerade weil es in diesen Traktaten für die Frau darum ging, sich in den Dienst des Mannes zu stellen und ihm zu dienen, indem sie ihn eroberte, gereichte ihr diese Eroberung zum Vorteil – führte zu einem Machtzuwachs.

Auch in den Kirchen und Klöstern war eine neue Zeit angebrochen. Sie boten reichlich Stoff für eine Literatur, die von zügellosen, ausschweifenden Mönchen handelte, von Nonnen, denen der Sinn nach ganz anderen als nach göttlichen Diensten stand, von Priorinnen, die bereit waren, den Schleier zu lüften, um sich ihre Feiheiten zu nehmen. Eine wahre Fundgrube für die Novellenschreiber. Hinter deren ergötzlichen Übertreibungen verbarg sich eine Realität: das Klosterleben als Aufstiegsmöglichkeit für eine Tochter aus gutem Hause, ob sie sich nun aus freien Stücken oder gezwungenermaßen als Alternative zur Ehe dafür entschieden hatte. Aber auch das Kloster als Zufluchtsstätte – gewissermaßen als Pensionat – für reiche Witwen, und als Unterschlupf für Frauen, die vorübergehend des Schutzes ihrer Ehemänner entbehrten, da diese sich für Monate oder auch Jahre auf Reisen begeben hatten. Und nicht zuletzt und gewiß gar so selten das Kloster als eine Möglichkeit für den Mann, seine Angetraute sicher untergebracht zu wissen.

So kam es also, daß die Klöster selbst durch die Aufnahme von Angehörigen jener Schichten, die aufgrund ihres Standes beziehungsweise ihrer Erziehung den mondänen Ton jener Zeit angaben, dazu beitrugen, daß sich dieser Ton auch innerhalb der Klostermauern breitmachte. Man imitierte die Moden, sann auf Vergnügungen, um so in der Klausur die Zeit totzuschlagen. Man verließ zeitweilig das Kloster und empfing Besuch. Papst Bonifatius VIII. sah sich gezwungen, durch eine Bulle das allzu freie Kommen und Gehen zu unterbinden und genau vorzuschreiben, unter welchen Umständen die Nonnen ihre Gemeinschaft verlassen durften und welche Zerstreuungen ihnen in ihrer Einsamkeit erlaubt waren.

Die Kirche freilich ist auch nicht immer dort zu suchen, wo die Päpste sind. Und mit ihnen aneinanderzugeraten ist etwas völlig anderes, oder kann zumindest etwas ganz anderes sein, als sich mit der Kirche zu überwerfen. Mit diesem Argument versuchte Dante in den Ratsversammlungen das Zaudern, den Widerstand zu überwinden und andere dazu zu veranlassen, eine klare, harte Linie gegenüber Bonifatius zu vertreten. Eine Linie, die besagte: dort die Interessen des Papstes, hier die Interessen der Stadt

Florenz – und zwar unabhängig von der Zugehörigkeit zur Partei der Schwarzen oder der Weißen, unabhängig davon, ob man zu den Anhängern der Donati oder der Cerchi gehörte.

Dante wollte absehen von der Frage, wie sich Freund oder Feind verhielten: vielmehr versuchte er, sich klarzumachen, daß es Ziele gab, die nicht nur der einen oder der anderen Seite genehm waren, sondern dem Vorteil aller dienten. Das war wohl schwierig zu realisieren. Er mußte bereits einsehen, daß er mit seiner Politik der Unabhängigkeit von Einzelinteressen im Hinblick auf ein übergeordnetes Interesse einen Weg eingeschlagen hatte, bei dem nicht abzusehen war, wohin er führen würde. Aber spielte das überhaupt eine Rolle, wenn die eingeschlagene Richtung einem ermöglichte, sich aus den Zwistigkeiten herauszuhalten? Gewiß, er hatte sich auf die Seite der Weißen gestellt, aber jener Weißen, die den von Bonifatius erhobenen Ansprüchen entgegentraten, jedoch nicht auf die Seite derer, die durch ihren Widerstand wer weiß welchen Groll und welche Impulse abzureagieren suchten. Eben aus diesem Grunde hatte er sich nicht den Schwarzen angeschlossen.

Im übrigen hatte er sich sein Urteil gebildet über die Familien, die an der Spitze der Parteien standen, über deren Anführer Corso und Vieri: der eine wurde aufgrund seiner Überheblichkeit «der Baron» genannt, den anderen nannte der Baron «den Esel». Ihre Häuser lagen beide im Viertel Porta San Piero, in unmittelbarer Nachbarschaft. Nun stellte sich die Frage, ob die Arroganz eines Mannes, «der stets Böses im Sinn hatte», wie Dino Compagni von ihm sagte, oder aber die «Arglosigkeit» eines Vieri vorzuziehen sei. Auf jeden Fall war es eine Situation, in der die Gaukler und die Hanswürste ihr Spiel trieben, wobei sie sowohl bei den Donati als auch bei den Cerchi ein und aus gingen und beiden Familien jeweils die Lästereien der anderen hinterbrachten.

So kam es, daß auch auf diesen kuriosen, verschlungenen Umwegen die gegenseitigen Haßgefühle weiter geschürt wurden, was beide Seiten veranlaßte, ihre Fehden in die Ratsversammlungen zu tragen, wo sie ihrem Ingrimm freien Lauf ließen, was natürlich auch Auswirkungen auf die politischen Entscheidungen der Stadt hatte. Dies um so mehr, als die Cerchi keine Gelegenheit ausließen, um die guten Beziehungen, die sie zu Pisa und Arezzo hatten, mit drohendem Unterton geltend zu machen, woraufhin die Donati sie der Komplizenschaft mit traditionell ghibellinischen Kreisen bezichtigten. Und die Donati zogen derart über sie her, «daß es schließlich dem Papst zu Ohren kam». Auch dies eine Formulierung von Dino Compagni. Dante seinerseits zeigt sich empört über all diese privaten Händel und Zwistigkeiten, die das florentinische Schiff in gefährliche Wasser lenkten.

Ihren Niederschlag sollte diese Empörung in den Worten finden, die er im *Paradiso* Cacciaguida in den Mund legte und mit denen er zum Ausdruck brachte, mit welcher Wehmut er der Familien gedachte (der Ravignani, der Grafen Guidi ...), deren Häuser jetzt von Leuten wie den Cerchi bewohnt wurden. Da war es doch besser, weiterhin seinen Weg zu gehen, ohne sich in diese Zwistigkeit hineinziehen zu lassen, auch wenn ihm das unweigerlich den Argwohn jener eintrug, die ihm unterstellten, seine Distanz gegenüber den Ghibellinen sei womöglich geringer als die der beiden guelfischen Parteien untereinander.

Einerlei, ob die Weißen, seine Partei, mit einer bestimmten Position der Gegenseite eher übereinstimmten als mit der Position der anderen guelfischen Partei, es kam darauf an, die politische Auseinandersetzung auf das Wesentliche zu reduzieren und auf eine andere Ebene zu verlagern, wo es um Fragen universeller Bedeutung ging, um Kaiser und Päpste, und nicht um banales Parteiengezänk. Damit vertrat Dante eine recht abgehobene Auffassung. Doch zumindest fürs erste zahlte sich das aus. Und er gewann immer mehr an Ansehen bei seinen Mitbürgern, die sein unparteiisches und vertrauenswürdiges Auftreten zu würdigen wußten. Schon bald, darin war man sich einig, sollte er das Priorenamt übernehmen.

Wenn nun einem Menschen für seine Vorzüge, für sein Auftreten Lob gespendet wird und jemand davon Kunde gibt, bleibt es natürlich nicht aus, daß dieses Lob leicht in Verherrlichung umschlägt. So wurde Boccaccio zufolge keine Gesandtschaft empfangen, keine wichtige Entscheidung getroffen, ohne daß man sich an Dante gewandt hätte. Es muß in Florenz kaum etwas gegeben haben, in Friedens- wie in Kriegszeiten, zu dem man ihn nicht gebeten hätte, «sein Urteil abzugeben». Filelfo spricht davon, daß Dante immerhin vierzehnmal eine Mission übernommen hat – wobei merkwürdigerweise ein Fall unerwähnt bleibt, der unzweifelhaft im Jahre 1299 stattgefunden hat, als nämlich Dante nach San Gimignano entsandt wurde, um diese Kommune zu einer Versammlung der guelfischen Kommunen der Toskana einzuladen.

Mit Sicherheit verfügte er über das für die Diplomatie erforderliche Rüstzeug: Beredsamkeit, Kenntnis des Französischen sowie politisches Geschick. Über seine Gewandtheit bei Wortgefechten, sein Talent, den Schwachpunkt in der Argumentation seines Gesprächspartners ausfindig zu machen, ihn von seiner eigenen Auffassung zu überzeugen – also die von Brunetto Latini erteilte Lektion in die Tat umzusetzen –, gab es eine Vielzahl von Zeugnissen. Und diese Zeugnisse stellten seinen ganzen Reichtum dar. Denn wenn er auch in der Öffentlichkeit als reich bedacht galt, und zwar mit Talenten, so konnte im privaten Bereich von Reichtum keine Rede sein. Nach dem Darlehen, das er 1297 dank der Bürgschaft seines Großvaters mütterlicherseits und seines Schwiegervaters erhalten hatte, mußte er Manetto erneut um Darlehen angehen: einmal neunzig Gulden, das andere Mal sechsundvierzig Gulden. Und im Jahre 1299 mußte sein Stiefbruder Francesco mit einem Darlehen von hundertfünfundzwanzig Gulden beispringen, denen wenige Monate später weitere neunzig folgten. Die Familie wuchs, und damit stiegen auch die Bedürfnisse und die Ausgaben.

Dante war zwar ein guter Politiker, der sich in der Leitung der Geschicke der Stadt bewährt hatte, aber es gilt als sicher, daß seine private Haushaltführung weniger effizient war. Da war es ein Glück, daß ihm sein Halbbruder offenbar mehr als ein Bruder war. Es muß beruhigend für Dante gewesen sein, daß seine Beziehung zu ihm so gut war.

15

Für den Aschermittwoch war ein feierlicher Gottesdienst in San Giovanni in Laterano vorgesehen. Feierlich sollte er werden: Papst Bonifatius VIII. wollte persönlich die Messe zelebrieren, wie üblich unter der Mitwirkung von Kardinälen und Bischöfen, inmitten einer eindrucksvollen Schar hoher Prälaten und Priester.

Die Menge verfolgt jede Bewegung des Papstes. Aller Augen ruhen auf ihm. Plötzlich scheint er unter all denen, die sich im Halbkreis um den Altar versammelt haben, jemanden entdeckt zu haben, der seine Aufmerksamkeit auf sich lenkt. Er war gerade im Begriff, Asche über die Häupter der Gläubigen zu streuen, die da in langer Reihe vor ihm knien, unter ihnen auch, in eine Franziskaner-kutte gehüllt, jener Mann, der seine Aufmerksamkeit er-regt hat. Der Papst ist sichtlich irritiert. Er tritt vor den Mann in der Kutte, der in seiner demutsvollen Haltung verharrt, die Hände zum Gebet erhoben, den Blick zu Bo-den gesenkt. Der Papst reißt ihm den Kopf hoch und herrscht ihn mit lauten Worten an, so daß alle es hören können.

Er beschuldigt den Mönch, ein Ghibelline zu sein. Seine harschen Worte hallen dröhnend wider. Der Mönch ist wie versteinert. Der Papst wettert los, er solle nicht ver-gessen, welches Ende der Ghibellinen harre: daß sie zu Asche würden. Und als wolle er ihm einen Vorgeschmack auf sein Ende geben, wirft er ihm die für die Zeremonie vorgesehene Asche ins Gesicht.

In der Basilika macht sich Unruhe breit. Die Menge verhehlt nicht ihre Entrüstung, ebensowenig wie die zahlreichen Prälaten, die sich nun um Bonifatius drängen, oder auch die in dem Chorgestühl festsitzenden Würdenträger. Es spricht sich herum, daß es sich bei dem Mönch, den der Papst da in aller Öffentlichkeit gedemütigt hat, um den Erzbischof von Genua, Porchetto Spinola, handelt.

In der Tat, die ghibellinische Gefahr schien allgegenwärtig – selbst in Florenz, wo die Weißen und die Schwarzen derart in ihre Zwistigkeiten verstrickt waren, daß es fast so aussah, als hätten sie ihren alten Erzfeind darüber vergessen. Aber sie hatten ihn keineswegs vergessen, sie konnten ihn gar nicht vergessen.

Zu groß war ja die Anzahl der ghibellinischen Exulanten und zu gefährlich erschienen sie, als daß man nicht befürchtete, sie lägen ständig auf der Lauer, bereiteten jeden Moment ihre Heimkehr vor. Von daher war es wohl verständlich, daß die Florentiner versuchten, dem vorzubauen. Aus diesem Grunde entsandten sie nur wenige Wochen nachdem der Papst mit seinem Zornesausbruch gegenüber dem Erzbischof die im Lateran versammelte Menge konsterniert hatte, Dante nach San Gimignano.

Das war im Mai, und es ging darum, Repräsentanten der guelfischen Kommunen zu einer Versammlung einzuladen, um so der toskanischen Liga neue Impulse zu verleihen und sie zu stärken. Seit Monaten und Jahren hatten die Zwistigkeiten zwischen den Weißen und den Schwarzen den ghibellinisch geführten Kommunen wieder Auftrieb gegeben und bei ihnen die Illusion genährt, ihre Partei könne möglicherweise erneut in Florenz Fuß fassen. Wie oft hörte man nicht sagen, der Haß, der die beiden guelfischen Gruppierungen entzweite, habe bereits eine der beiden – zumindest einen Teil davon – dazu veranlaßt, mit den Ghibellinen zu liebäugeln?

Die Bezeichnung «Ghibelline» diente geradezu als Mittel zur Verteufelung der politischen Kontrahenten; das war an sich nichts Neues, nur daß diese Verteufelung inzwischen jeglicher Grundlage entbehrte, und zwar insofern, als von den Ghibellinen derzeit keine reale Gefahr mehr zu befürchten war. Und dennoch sah man eine solche Gefahr allenthalben lauern und belegte jedermann mit dem Vorwurf des Ghibellinentums. Wollten die Donati ihre ganze Feindseligkeit gegenüber den Cerchi zum Ausdruck bringen, so bezichtigten sie diese des Eintretens für die ghibellinische Sache. Wollte der Papst den Anhängern der Colonna eins auswischen, so warf er sie in einen Topf mit den Ghibellinen. Wenn man sich also nun für die guelfische Liga stark machte, so geschah das nicht so sehr in der Absicht, sich dadurch vor der Gefahr eines ghibellinischen Angriffs zu sichern, sondern vielmehr mit dem Ziel, eine politische Identität zu erlangen, um auf diese Weise den Graben, der aufgrund von Desinteresse, Bruderkämpfen und sonstigen Gegebenheiten allmählich zugeschüttet worden war, wieder in seiner ursprünglichen Tiefe entstehen zu lassen.

Vielleicht stand aber indirekt auch die Absicht dahinter, die Guelfen endlich wieder dazu zu bringen, sich ihrer eigentlichen und allen anderen Dingen übergeordneten Regentenpflichten zu besinnen, die Niederungen der Privatfehden zu verlassen und einen Kompromiß auszuhandeln, wenn schon nicht untereinander, dann doch wenigstens im Hinblick auf die Frage, welcher Spielraum künftig diesen Fehden eingeräumt werden sollte und wie sie sich mit der gewissenhaften Erfüllung der ihnen obliegenden Aufgaben vereinbaren ließen. Doch Dante gibt sich keinen großen Illusionen hin. Er hat bereits das Gefühl, die Position einer Minderheit zu vertreten; dies um so mehr, als es sich dabei um eine Position und um eine Überzeugung handelt, die nicht nur seine eigene Kompromißlosigkeit und eine gewisse Geringschätzung gegenüber den Hauptverantwortlichen für den Parteienhader widerspiegelt, sondern auch das stolze Bewußtsein der eigenen Vortrefflichkeit.

Und alsbald läßt dieses Bewußtsein neue Charakterzüge an ihm hervortreten, so, als ob nun nicht mehr die Prinzipien das Entscheidende wären, sondern das Engagement, mit dem diese vertreten werden, nicht mehr die Überzeugungskraft seiner Argumente, sondern die Art und Weise, mit der sie zum Ausdruck gebracht werden. Dante vertritt seine Ideen immer voller Leidenschaft, doch der Eindruck, den er hinterläßt, scheint in erster Linie von seinem aufbrausenden Temperament bestimmt zu sein und nicht so sehr von seinem sprühenden Geist. Davon zeugt selbst sein Traum von der Verwirklichung der Reichsidee, der angesichts der deprimierenden Situation einer in ihre blutigen Parteienkämpfe wie in ein todbringendes Spinnennetz verstrickten Stadt für ihn ein letztes Refugium der Leidenschaft darstellt, das sich zu seiner guelfischen Gesinnung so verhält, wie sich der Strand zum Meer verhält, der diesem zwar trotzt, aber doch mit ihm vereint ist zu ein und derselben Landschaft. Er befindet sich in einer recht merkwürdigen Situation: mit den Weißen teilt er nämlich deren Aversionen gegenüber der Politik des Papstes, die freilich noch überhöht werden durch seine ghibellinisch angehauchten Träume.

Seine engsten Vertrauten, die sein Denken und Fühlen zu deuten verstanden, erkannten durchaus, daß bei seinem Widerstand gegen die Bestrebungen des Papstes Bonifatius VIII., Florenz und die Toskana zu einer Provinz des Kirchenstaates zu degradieren, zwar einerseits der Florentiner aus Dante sprach, der sich für die Unabhängigkeit seiner Vaterstadt einsetzte, zugleich aber auch der Anhänger eines der beiden großen Lager, in die sich die Überreste des Heiligen Römischen Westreiches gespalten hatten und die sich seit mehr als zwei Jahrhunderten als erbitterte Kontrahenten gegenüberstanden: der Papst und der Kaiser.

Papst also war Bonifatius VIII.; der Kaiser dagegen gehörte einem fast unbekannten schweizerischen Geschlecht aus dem Aargau an, den Habsburgern, die an die Stelle der Staufer getreten waren.

Der Papst fühlte sich nicht recht wohl, da er unter Blasensteinen zu leiden hatte, aber auch unter anderen Gebrechen, was ihn freilich nicht daran hinderte, weiterhin den Gaumenfreuden zu frönen; aber er brachte es auch sonst nicht fertig, sich zu zügeln, seine anderen skandalösen Gelüste zu bändigen, wie sich einige seiner Kardinäle auszudrücken pflegten.

Er sollte es allen zeigen, der Kurie und den Monarchen, schließlich war er der Papst. Und wenn es ihm auch an Kräften fehlen mochte, so hält ja einen Papst letztlich die von ihm verkörperte Idee auf den Beinen. Es handelt sich nämlich um eine Idee, die etwas Himmlisches an sich hat, und der Himmel altert ja schließlich nicht, stirbt nicht, sondern bleibt stets derselbe. Bereits Papst Innozenz III., der von der Großartigkeit dieser Idee fest überzeugt war, hatte sich mit der Sonne verglichen und dem Papsttum die *plenitudo potestatis* zugesprochen.

Der Papst als Fixpunkt, gleichsam eine Sonne am Firmament, neben der all die anderen Gestirne aufleuchteten, eine Zeitlang erstrahlten und dann wieder verloschen: die diversen Herrscher nämlich, Fürsten, Könige und Kaiser. Eines dieser Gestirne war Albrecht von Habsburg, der die

Nachfolge seines Vaters Rudolf, des Begründers der Dynastie, angetreten hatte. Der Papst sollte ihm zeigen, welche Kluft einen Kaiserthron von dem des Stellvertreters Christi trennte! Er sollte ihn dazu zwingen, das Imperium der Kirche zu unterwerfen und deren Ansprüche auf die Toskana anzuerkennen.

Rudolf hatte übrigens keinerlei Interesse an der Toskana gezeigt, hatte sogar Italien den Rücken zugekehrt; offenbar war ihm gleichgültig, was dort vor sich ging, er marschierte statt dessen donauabwärts. Nachdem er Österreich in Besitz genommen hatte, beschloß er, seine Hausmacht dorthin zu verlegen. Sein Desinteresse hatte es dem Papst ermöglicht, erneut seine Herrschaft über Sizilien zu behaupten, sich in der Romagna und im Exarchat als Herr und Gebieter aufzuspielen. Und natürlich auch in der Toskana, wo Bonifatius bei passender Gelegenheit als Statthalter des Kaisers auftrat und wo er die guelfische Vorherrschaft zum Anlaß nahm, persönlich zu intervenieren. So zum Beispiel in Florenz, als dort die Stimmung zugunsten einer Rückberufung von Giano della Bella aus dem Exil umzuschlagen drohte.

Nun war er also entschlossen, die Gunst der Stunde zu nutzen und das Problem Toskana ein für allemal zu lösen. Es waren hartnäckige Gerüchte im Umlauf, das wußte er, Gerüchte, die ihm die Absicht unterstellten, für seine Familie, die Caetani, ein Königreich zu schaffen. Aber er scherte sich nicht darum. Ihm war nur daran gelegen, ein Gebiet unter seine Herrschaft zu bringen, das mit seinen Banken und seinen Handelshäusern als die Schatztruhe Europas galt. Ganz zu schweigen natürlich von den Florentinern, von Florenz, dem Nabel der Welt. Welche andere Stadt hätte sich einer derart vehementen Vitalität rühmen können, daß sie, wo immer sie in Erscheinung trat, großes Aufsehen erregte, sei es im positiven Sinne mit ihren Gelehrten und Künstlern, sei es im negativen Sinne mit ihren als Konkurrenten empfundenen Bankiers und Kaufleuten?

Eine Stadt also, die einige Ähnlichkeit mit Bonifatius hatte. Geprägt von Ungestüm, Skrupellosigkeit, Effizienz, Schaffenskraft, proletarischen wie aristokratischen Tendenzen. Die auf einer der Arnobrücken aufgestellten Überreste einer Marsstatue besaßen für Florenz offensichtlich größere Attraktivität als die Wunderkraft ihres Heiligen Johannes des Täufers. Und vielleicht war Florenz von daher eher geneigt, sich einer heidnischen Gottheit anzuvertrauen als einem Schutzpatron. Keine andere Stadt war dem Papst derart ähnlich. Nicht einmal mit der Stadt Rom hätte er sich in seinen Schwächen und Stärken so verbunden fühlen können. Auch aus diesem Grunde war er darauf aus, seine Ansprüche geltend zu machen, die ihm als Papst seiner Meinung nach zustanden. Nur mußte er die Widerstände überwinden, mit denen zu rechnen war. Man hatte ihm einige Namen zugeflüstert von Leuten, die man nicht aus dem Auge verlieren dürfe; einer davon war der eines gewissen Alighieri. Er war ihm als ein Dichter genannt worden, der Umgang hatte mit so gottlosen Menschen wie Guido Cavalcanti. Aber auch andere Dinge wurden über ihn verbreitet, die freilich ein überwiegend positives Bild ergaben und sein hohes Ansehen bei seinen Mitbürgern widerspiegelten. Eines Tages wollte er ihn persönlich kennenlernen, diesen Dante Alighieri. Wer weiß, womöglich ergab sich aus einer solchen Begegnung irgend etwas Interessantes. Er rechnete nicht damit, die Lösung seines Problems auf die lange Bank schieben zu müssen.

Er hatte so seine Leute, die in Florenz für ihn agierten: die schwarzen Guelfen nämlich, wie sie sich nun nannten, unter der Führung von Corso Donati. Die anderen würden dann nachziehen, freiwillig oder gezwungenermaßen.

Bonifatius war jedenfalls davon überzeugt, daß das Papsttum eine Lebenskraft besaß, wie man das von der anderen großen Idee, der des Imperiums, nicht mehr behaupten konnte. Er war sich ziemlich sicher, daß sich die Idee des Imperiums inzwischen in einer unaufhaltsamen Phase des Niedergangs befand. Und zwar aus mindestens zwei Gründen, die sich bis zu einem gewissen Grade gegenseitig bedingten: die Situation in Deutschland selbst sowie die Tatsache, daß es keine charismatischen Persönlichkeiten mehr gab wie etwa einen Friedrich II., die in der Lage gewesen wären, den Mythos des Imperiums wiederaufleben zu lassen.

Die deutschen Kurfürsten waren unterdessen so sehr auf ihre Unabhängigkeit bedacht, daß sie nicht daran dachten, sich von einem Kaiser darin beschränken zu lassen. Das ging so weit, daß sie sich nach den zwei Jahren des Interregnums, die der Wahl Rudolfs von Augsburg vorausgingen, für diesen schweizerischen Grafen entschieden hatten, und zwar einzig und allein im Hinblick auf das, was in ihren Augen seinen größten Vorzug darstellte, die Tatsache nämlich, daß er ihnen nicht gefährlich werden konnte. Das war auch ein Anzeichen für das Vakuum, das nun entstanden war, nachdem Persönlichkeiten wie Friedrich Barbarossa, der *stupor mundi*, wie sein Enkel genannt wurde, oder dessen natürlicher Sohn Manfred von der Bühne abgetreten waren. Dante, der wie vielleicht kein anderer dieses Vakuum erkannte, gab sich bezeichnenderweise denn auch wenig wählerisch: wann immer sich eine Gelegenheit bot, eine Möglichkeit auch nur von ferne abzeichnete, prompt war er bereit, sich den von ihm Auserkorenen, wer es auch sein mochte, im Federkleid des kaiserlichen Adlers vorzustellen, der sich mit seinen Schwingen aus diesem Vakuum erhebt.

Indes ging Bonifatius davon aus, daß nunmehr der Augenblick gekommen sei, den alten Plan Gregors VII., Innozenz' III. und anderer Päpste zu verwirklichen: die Universalmonarchie unter der Oberhoheit der Heiligen Römischen Kirche. Noch nie waren die Voraussetzungen für dieses Vorhaben derart günstig gewesen. Und er würde der Herrscher über diese allumfassende Monarchie werden. Wer anders als der Pontifex maximus wäre befugt gewesen, die Herrschaft über die christliche Welt für sich in Anspruch zu nehmen, sich zum Schiedsrichter über die Staaten zu erheben, sich in ihre Angelegenheiten einzumischen.

Es galt also, in aller Öffentlichkeit eine Demonstration päpstlicher Macht zu veranstalten. Sie sollte auch Philipp IV. eine Warnung sein, der am wenigsten von allen geneigt schien, sich der Autorität des Heiligen Stuhls zu unterwerfen, vielmehr offen gegen sie zu Felde zog. Es sollte eine Demonstration werden, die ihn in einem neuen Licht erstrahlen ließ und die Kritik an seinem Lebenswandel vergessen machen suchte. Vor allem wollte er die Beziehungen zur kirchlichen Hierarchie intensivieren. Und noch vieles andere bezweckte er, wenn er die Christenheit zu seinen Füßen versammelte. Das war es, was ihm vorschwebte: ein Fest der gesamten Christenheit zu veranstalten, die zu einer Pilgerfahrt nach Rom gerufen wurde, um dort Generalabsolution erteilt zu bekommen.

Ein Jubeljahr also.

Es sollte im bevorstehenden «hundertsten Jahr» begangen werden, dem Jahr 1300. Einer Jahrhundertwende maß man eine so große Bedeutung zu, als sei das eigene Leben und die gesamte Menschheit an einem Wendepunkt angelangt. Das war schon von alters her so – man denke nur an die *ludi secolari* der alten Römer. Nicht von ungefähr, unabhängig von den von ihm verfolgten Intentionen, «hatte der Römische Papst eine Stimme vernommen, die verkündete, jenes Jahr besäße eine solche Kraft, daß denen, die sich in die Basilika des Heiligen Petrus, des Ersten unter den Aposteln, begäben, der vollständige Ablaß aller Sünden zuteil werden würde». Sollte man einer solchen Stimme Gehör schenken? Der «Heilige Vater ordnete an, hierzu die alten Bücher zu befragen».

Es fand sich nichts, was Anlaß für eine feierliche Begehung des hundertsten Jahres gegeben hätte. Das geht aus dem Bericht des Kardinals Jacopo Caetani Stefaneschi über die Vorbereitungen für das Jubeljahr hervor. Dennoch wurde es mit großartiger Feierlichkeit begangen, die Jahrhundertwende wurde als ein Ereignis von Weltrang eingestuft. Heerscharen von Pilgern machten sich überall auf den Weg nach Rom. Zum Teil mußten sie wochen- oder sogar monatelange Märsche auf sich nehmen.

Ein Chronist beschreibt Bonifatius VIII., wie er in der einen Hand die päpstlichen Insignien hält und ein Herold neben ihm *urbi et orbi* verkündet, daß in ihm der Träger beider Gewalten zu sehen sei, der geistlichen wie der weltlichen. Bei der Beschreibung dieser Szene, mit der am 22. Februar des Jahres 1300 der Beginn des Jubeljahres ausgerufen wurde, entsprach manches mehr der Phantasie des Chronisten als der Realität. Aber man hätte nicht gerade behaupten können, daß das nicht den Intentionen von Bonifatius entsprochen hätte. Eine zweite Szene stellte ihn bei der Verlesung der Bulle zur Ausrufung des Heiligen Jahres dar. Diese Darstellung war von Kardinal Stefaneschi in Auftrag gegeben worden. Sie stammte von Giotto, der damit einen Pfeiler der Lateranskirche geschmückt hatte. Sie gehörte zu einem Freskenzyklus dieses Gotteshauses, mit dem der Maler aus dem Mugello mit seinem Meister Cimabue in Wettstreit getreten war.

Stefaneschi genoß im Kardinalskollegium hohes Ansehen. Er war Schriftsteller, Mystiker, hielt sich aus den Machtintrigen heraus und war der Kunst sehr zugetan. Er hatte Giotto auch für die sogenannte *Navicella* den Auftrag erteilt, auf dem Grab des Apostels ein Mosaik zu schaffen. Die von ihm vergebenen Aufträge und sein Mäzenatentum waren ein beredtes Zeugnis für den Enthusiasmus, mit dem sich Rom und die Kurie auf das Jubeljahr vorbereitet hatten. Neue Bauwerke waren errichtet, andere waren verschönert worden. Die geistlichen Orden waren ebenfalls von dieser Welle der Betriebsamkeit erfaßt worden. Die Franziskaner hatten die Kirche Aracoeli erneuert, die Domikaner hatten Santa Maria sopra Minerva gebaut. Es war die große Zeit der Künstler, von den Miniaturmalern bis hin zu den Steinmetzen.

Man arbeitete auf ein Ereignis hin, das nicht nur für die Zeitgenossen denkwürdig bleiben sollte, sondern auch für die Nachwelt; dieses Bestreben, diese Absicht war deutlich spürbar. Es galt, das «Andenken der Nachgeborenen» wachzuhalten, wie es in der Bulle hieß, die ein Diakon auf dem Fresko Giottos in Händen hielt.

Zunächst war als Datum der 16. Februar 1300 und als Ort der Lateran, der offizielle Sitz der Päpste, auf der Bulle verzeichnet gewesen. Dann aber hatte man es für nötig erachtet, sowohl das Datum zu ändern und es auf den 22. Februar zu verlegen, den Tag, an dem das Fest der *Cathedra Petri* begangen wurde, als auch den Ort, der nunmehr folgendermaßen ausgewiesen war: *datum S. Petri*. Eine zweifache Änderung, mit der Bonifatius offensichtlich seinen großen Vorgänger ehren wollte, dem die Schlüssel zum Himmelreich anvertraut worden waren. Erfuhr nicht hier die Geschichte des Menschengeschlechts ihre höchste Vollendung?

Das war es, wonach jeder strebte, was keiner sich entgehen lassen wollte, sobald sich auch nur die geringste Möglichkeit bot, seine Sünden erlassen, verziehen zu bekommen und sich damit Zugang zum Himmelreich zu verschaffen. Und welche Gelegenheit wäre günstiger und erschwinglicher gewesen als eine Pilgerfahrt nach Rom, zu der Bonifatius aufgerufen hatte? Andere Male hatte das, was man hier auf friedliche, ja erbauliche Weise erlangen konnte, unendliches Leid bis hin zum Tode auf einem der Schlachtfelder des Heiligen Landes gekostet. Infolgedessen, so berichtet Villani, «machte sich ein großer Teil der damals lebenden Christenheit, Frauen wie Männer, aus den verschiedensten und entferntesten Ländern, von nah und fern, auf besagte Pilgerfahrt. Und es war das Wunderbarste, was man je zu Gesicht bekommen hatte.»

Gläubige aus aller Herren Länder machten sich gleichzeitig auf den Weg: Italiener, Ungarn, Franzosen, Deutsche ... Die Herbergen waren überfüllt, die Wirtshäuser glichen eher belagerten Festungen als Stätten der Erquikkung und der Stärkung. Ein Chronist aus Asti, Guglielmo Ventura, berichtete, in seiner Gegend sei eine «gewaltige Menschenmenge, die niemand hätte zählen können», aufgebrochen – eine Formulierung, die alsbald von Chronisten anderer Gegenden, diesseits und jenseits der Alpen, aufgegriffen wurde und schließlich wie ein Echo von allen Seiten widerhallte. In dieser «gewaltigen Menschenmenge», die auf einen Erlaß ihrer Sünden erpicht war, gab es nicht wenige, die sich sogar noch mehr erhofften: Wunder. Krüppel und Blinde nämlich, Menschen mit allen nur erdenklichen körperlichen Gebrechen. Die Opfergaben, die sie im Vatikan hinterließen, türmten sich zu Bergen, die das Grab des Heiligen Petrus unter Gold und Silber verschwinden ließen. Und, so Villani, «der Kirche erwuchs daraus ein großer Schatz».

Er mag aus eigener Anschauung darüber berichtet haben. Als Fünfundzwanzigjähriger, aus einer einfachen florentinischen Familie stammend, Mitinhaber eines der größten Handels- und Bankhäuser der damaligen Zeit, dem der Peruzzi, hielt sich Giovanni Villani in jenem Jahr als Vertreter der Peruzzi beim Papst auf. Bei diesem Romaufenthalt sah er «dort Großartiges und Altertümliches und las die Geschichten und großen Begebenheiten der Römer» und wurde dadurch auf die Idee gebracht, Kunde zu geben von seiner Vaterstadt Florenz und von der Welt.

Das Ergebnis war eine Schilderung, die unvollendet blieb, aber von seinem Bruder Matteo und später von einem Neffen namens Filippo fortgesetzt wurde. Ihr ist zu entnehmen, daß er offenbar die *Commedia* gelesen hat und daß er mit Dante aus derselben Quelle schöpfte, nämlich einer *Cronica* von Ricordano Malispini, die über die Vorgänge in Florenz berichtet. Seine eigene Chronik bezeichnete Giovanni Villani dagegen als *Nuova Cronica*, so als wolle er damit nicht nur die zeitliche, sondern auch die politische Distanz gegenüber jenen Ereignissen herausstreichen.

Malispini hatte, nachdem er im Anschluß an den Sieg der Ghibellinen bei Montaperti aus Florenz verbannt worden war, Interesse für die Traditionen seiner Vaterstadt an den Tag gelegt, die sich, wie das nicht selten der Fall ist, in gewisser Hinsicht hemmend auswirken können. Ähnlich wie Cacciaguida sehnte er sich nach den guten alten Zeiten zurück, was ihn mit Alighieri verband und von Villani trennte. Im übrigen unterschieden sich die beiden hinsichtlich der Rolle und der Bedeutung, die sie der Vergangenheit zuschrieben. Während sie dem einen als Maßstab für den Vergleich mit der Gegenwart diente und daher seine Erbitterung und Verachtung rechtfertigte, die er angesichts der neuen Situation innerhalb der Kommune empfand, war sie für den anderen allenfalls eine Kulisse. Bei Dante hieß es also: weg von der Vergangenheit, die für ihn ein Gestade darstellte, nach welchem er sich ständig zurücksehnte und welches das Schiff auf seiner Fahrt in eine ungewisse Zukunft hinter sich ließ, bei Villani dagegen: hin zur Gegenwart, die für ihn das Gestade darstellte, an welchem das Schiff nach glücklich überstandener Fahrt zur Freude aller angelegt hat.

Etwas anderes wäre von einem Repräsentanten des großen Geldes auch gar nicht zu erwarten gewesen, der gewohnt war, der Welt mit dem Optimismus des unschlagbarsten aller Heere ins Auge zu blicken. Was für Recken waren sie doch, diese florentinischen Gulden! Und welch angenehmes Gefühl, auf der richtigen Seite zu kämpfen. Er, Villani, hielt es mit den Schwarzen, die sich anschickten, das Steuer in der Stadt zu übernehmen. Das sollte sich denn auch im Aufbau der *Nuova Cronica* widerspiegeln, die wie ein Kompaß einen *Tour d'horizon* vollzieht, bei dem die Vorgänge in der Stadt Florenz, der «Tochter und Kreatur Roms», im Mittelpunkt stehen. Daß er sich auf Rom beruft, scheint zum einen darauf abzuzielen, die Vortrefflichkeit von Florenz unter Beweis zu stellen, zum anderen aber auch darauf, aufzuzeigen, welche Machtposition Florenz im Vergleich zu Rom erlangt hat, die allmählich im Niedergang begriffen ist.

Möglicherweise war der Versuch, einen Zusammenhang herzustellen zwischen der Konzeption dieses Werkes und dem Rombesuch des Schriftstellers, während des Jubeljahres lediglich fiktiv. Um so mehr, als zu jener Zeit, da er sich an seine Chronik machte, immerhin bereits acht Jahre vergangen waren. Dennoch mag der Aufenthalt in Rom in einem derart außergewöhnlichen Jahr, in dem die Zeugen vergangener Größe wie Feuer in der Nacht aufloderten, durchaus seine Spuren hinterlassen haben. Von diesem Schauspiel blieb keiner der unzähligen Pilger unberührt, die von allen Seiten hereingeströmt kamen.

In den Mauerring, der die Stadt umgab, hatte man eigens eine Bresche schlagen müssen, in der ein neues Tor errichtet wurde, um so den Menschenmassen den Einzug in die Stadt zu ermöglichen, und es wurden Vorkehrungen erforderlich, um die Versorgung mit Lebensmitteln sicherzustellen. Bei der Engelsburg führte eine Brücke über den Tiber, die einzige, die den Vatikan mit dem linken Flußufer verband. Die Menge mußte in beiden Richtungen über diese Brücke geschleust werden. Dante sollte im *Inferno* darauf Bezug nehmen, wo er die Kuppler und Verführer beschreibt, die nackt und von den Teufeln gepeinigt sich in zwei entgegengesetzten Zügen aneinander vorbei bewegen. Dennoch ist es umstritten, ob er wirklich mit eigenen Augen gesehen hat, wie die Pilgerscharen über die Engelsbrücke zu Sankt Peter und wieder zurück gezogen sind.

Unruhe machte sich breit in der vom Glauben und vom Fanatismus aufgepeitschten Menge, mit all den Alten und Kranken, die von Angehörigen auf dem Rücken getragen oder auf sonstige Weise befördert wurden und beim Anblick des Ziels ihrer Wallfahrt in Heulen und Wehklagen verfielen. Während sich die anderen Chronisten in diesem Punkte ausschweigen, berichtet etwa Ventura aus Asti von Zwischenfällen, von Pilgern, die im Gedränge zu Boden stürzten und totgetrampelt wurden von Menschen, deren Geduld und Selbstbeherrschung am Ende war, die sich angesichts des Ziels, von dem sie nur noch wenige hundert Meter trennten, das letzte Stück gewaltsam ihren Weg bahnten. Nur unweit der Brücke erhob sich nämlich die Fassade der Basilika mit ihren sechs großen Fenstern, die zusammen mit den fünf Portalen das Band der Friese, das Funkeln der Mosaike unterbrachen.

Die Pilger beschleunigten ihren Schritt, hasteten voran und warfen sich, vor der Basilika angelangt, auf der Marmortreppe nieder. Kaum einer, der nicht diesen alten Brauch pflegte, der sich nicht niederwarf, auf Knien die Treppe emporrutschte und dabei jede einzelne Stufe küßte. Dann war man im Atrium angelangt mit seinen vier Portalen, seinen Bögen und Säulen – insgesamt waren es sechsundvierzig Marmorsäulen. Das war das sogenannte «Paradies». Man schritt über die in den Boden eingelassenen Grabplatten, über ihre Rankenmuster, die Wappen und all die anderen Motive, mit denen illustre Namen eingerahmt waren. Die Aufmerksamkeit richtete sich allerdings vor allem auf einen Brunnen mit vergoldeten Bronzedelphinen, der in der Mitte des «Paradieses» stand.

Seit acht Jahrhunderten stand er da, erbaut auf Geheiß des Papstes Symmachus, eines Sarden, der als erster den Versuch unternommen hatte, den Vatikan zur päpstlichen Residenz zu machen. Er hatte dort zwei *episcopia* errichten lassen, recht bescheidene Bauten, die dann jedoch dem Verfall preisgegeben wurden. Während des ganzen Mittelalters wohnten die Päpste also weiterhin im Lateran, mit Ausnahme von Nikolaus III., der ebenfalls den Vatikan vorzog, den er nur in den Sommermonaten verließ. Ihm folgte Bonifatius VIII. Es ist schon ein merkwürdiger Zufall, daß ausgerechnet diese beiden Päpste von Dante am schlimmsten malträtiert werden: den einen steckt er in der Hölle kopfunter in ein Loch, den anderen läßt er durch den Heiligen Petrus in einer geharnischten Strafpredigt abkanzeln, wobei dieser einen Moment lang seinen Heiligenschein beiseite legt und in geradezu menschlichen Zorn gerät.

Dermaßen groß ist die Entrüstung, die sein heiliges Blut in Wallung bringt, daß das Licht, das im Paradies erstrahlt, von Weiß in Rot umschlägt: die Farbe der Empörung. So ist es auch nicht weiter verwunderlich, daß Papst Orsini, der da in der Hölle mit seinen von Flammen umzüngelten Beinen in der Luft herumstrampelt, als er hört, daß jemand sich ihm nähert, schreit: «Ei, daß du schon unten bist! Ei Bonifaz, bist du schon hergesendet?» Dieser Jemand aber ist Dante, der mit Nikolaus III. ein Gespräch führt, das von Hohn und Ingrimm gekennzeichnet ist und bei dem kaum verhohlen die Genugtuung mitschwingt, hier einen Akt der Gerechtigkeit miterlebt zu haben.

Diese Strafe, die in der *Commedia* den simonistischen Päpsten zuteil wird, war in der Praxis der florentinischen Rechtsprechung unter der Bezeichnung *propaggine* bekannt. Auf diese Weise wurden Verräter, Meuchelmörder sowie Leute bestraft, die sich besonders brutaler Morde schuldig gemacht hatten. Es handelte sich dabei um ein Loch, in das der Frevler kopfunter hineingesteckt wurde und das dann mit Erde aufgefüllt wurde, bis er darin erstickte. Das geschah ohne jede Eile, denn man wollte den Tod ja nicht allzu schnell herbeizitieren, sondern ihm genügend Zeit lassen für seinen Auftritt.

Schließlich kamen ja die Leute zur Vollstreckung von Todesurteilen herbeigeeilt, um sich am Schauspiel des Leidens zu ergötzen, das heißt mitzuerleben, wie sich die Todgeweihten in ihrer Todesangst verzweifelt zur Wehr setzten, sich aufbäumten, groteske Verrenkungen vollzogen, ob es sich nun darum handelte, einen Einbrecher aufzuknüpfen, oder einem falschen Zeugen, der seine Geldstrafe nicht bezahlt hatte, die Hand abzuhacken, einem Dieb ein Auge auszustechen oder ihm ein Ohr abzuschneiden, einen Mörder zu enthaupten oder jemanden auf den Scheiterhaufen zu schicken, der eine Frau zur Hurerei gezwungen hatte ...

Für die weltlichen Machtgelüste der Päpste war kein Gesetz, keine Strafe vorgesehen. Und wenn sie gar überhand nahmen, wie das nach Meinung der Florentiner bei Bonifatius der Fall war, konnte man das Ausbleiben einer angemessenen Bestrafung allenfalls mit Empörung zur Kenntnis nehmen. Hier Abhilfe zu schaffen, dafür sollte er, Dante, auf seine Weise sorgen. Vielleicht sogar mit allzu harter Hand. Aber bekanntlich ist es gar nicht so leicht, Urteil und Schuld gegeneinander abzuwägen, sobald es um Fragen der politischen Gesinnung geht. Und die politische Gesinnung erhitzte allenthalben die Gemüter. Insbesondere in jenem Jahr 1300 loderte in Florenz nicht minder als am päpstlichen Hofe ein Feuer auf, das sich zu einem Flächenbrand auszuweiten drohte, der sich kaum mehr unter Kontrolle bringen ließ. In den Beziehungen zwischen den toskanischen Guelfen und dem Papst hatte eine neue Phase begonnen, die ihren Ausgangspunkt in der Teilnahme einer florentinischen Gesandtschaft an der Eröffnung der Feierlichkeiten zum Jubeljahr hatte.

16

Angeführt wurde die Delegation von Lapo Saltarelli, einem mittelmäßigen Reimedichter und Richter mit catonischem Gehabe, der seine Position der Tatsache verdankte, daß er mühelos zwei Pferde zugleich ritt: das des Richters und das des Politikers. Oftmals setzte er ersteres ein, um letzteres anzuspornen; oft wechselte er aber auch die Pferde. Auf diese Weise hatte er sich eine Machtposition in Florenz aufgebaut. Natürlich lösten seine Moralpredigten einiges Befremden aus, da seine Rechtschaffenheit ein ausgesprochenes Schattendasein führte.

Dante sollte ihn als den Inbegriff der Korruption hinstellen, als einen Vertreter jener Spezies von Bürgern, die jetzt in Florenz ihr Unwesen trieben – ein Urteil, das er Cacciaguida in den Mund gelegt hat. Nun aber, da Lapo als florentinischer Repräsentant zum Heiligen Jahr nach Rom entsandt wurde, holte er zu einem Schlag gegen Bonifatius aus, bei dem sich schwerlich sagen läßt, ob er eher seiner Courage zuzuschreiben war oder dem Vergnügen, in die Rolle eines Cato zu schlüpfen, oder aber (um ein Wort Cacciaguidas aufzugreifen) in die eines Cincinnatus.

Die Spini, die Bankiers des Papstes, wurden in Rom durch einen Verwandten, Simone Gherardi, vertreten. Dieser muß häufig Gelegenheit gehabt haben, mit dem Papst zusammenzutreffen und ihm über die Situation in Florenz zu berichten: darüber, wer als sicherer Bundesgenosse gelten konnte und wen es zu bekämpfen, zu eliminieren galt. Zwei weitere Landsleute, Cambio da Sesto und Noffo Quintavalle, machten ebenfalls ihren Einfluß beim Papst geltend. Diese drei schwarzen Guelfen versuchten nach Kräften, den Papst zu veranlassen, mit aller Härte gegen die Cerchi und gegen die Weißen vorzugehen, die von ihnen als Ghibellinen, womöglich gar als Parteigänger der Colonna hingestellt wurden.

Eben dies kommt nun Lapo zu Ohren, der die drei nach seiner Rückkehr aus Florenz bezichtigt, eine Verschwörung angezettelt zu haben, um dem Papst die Vorherrschaft über die Stadt zu sichern. Im April wird ihnen der Prozeß gemacht. Das Urteil lautet: Hochverrat. Die Reaktion des Papstes läßt nicht lange auf sich warten. Er wendet sich mit Nachdruck gegen dieses Urteil und pocht erneut auf sein Recht, sich Gehör und Gehorsam zu verschaffen. In diesem Sinne äußert er sich in einem Brief, den er im Mai an den Bischof und an den Inquisitor von Florenz schickt.

Aber da ist nichts zu machen. Nachdem sich die Frage der Legitimität der Verurteilung zu einer Grundsatzdiskussion entwickelt hat, sind sich die Florentiner – die nicht bereit sind, sich irgend jemandem zu beugen, nicht einmal dem Papst – mit einem Male einig. Mit der Darlegung der Argumentation, die sich die Stadt zu eigen gemacht hat, wird wiederum Dante betraut.

Ostern kam, ein ganz und gar nicht friedliches Fest, und gleich darauf verließ Bonifatius Rom, um sich für einige Zeit nach Anagni zu begeben, in seinen Heimatort im südlichen Latium. Die Spannungen gingen etwas zurück, und die Florentiner gaben sich «der Kurzweil und dem Tanz» hin, mochte auch der Kleinkrieg zwischen den Parteien weitergehen. Vielfach ging dabei beides ineinander über, man ließ sich von der ausgelassenen Stimmung der Maifeiern mitreißen und nutzte andererseits die dadurch entstandene Konfusion, um mit Waffengewalt aufeinander loszugehen. In kleinen Trupps zog man durch die girlandengeschmückten Straßen. Allenthalben Singen und Musizieren. Festlich gedeckte Tische waren in den Innenhöfen der Palazzi aufgestellt, teilweise sogar auf den Straßen und Plätzen.

Auf der Piazza Santa Trinita hatten sich etwa dreißig junge Leute versammelt, die Cerchi mit ihren Freunden. Es war Abend; sie tanzten. Plötzlich tauchte eine andere Clique junger Leute zu Pferde auf: die Donati mit ihrem Anhang. Sie kamen offensichtlich von einem Gelage. Einige von ihnen saßen nicht mehr ganz fest in ihrem Sattel. Beleidigungen flogen hin und her. Scheinbar voller Schadenfreude, den anderen einen Schrecken eingejagt zu haben, zogen sie wieder davon. Das aber war nur eine Finte: nach dem Tanz lauerten sie den Cerchi auf, als sich diese auf dem Heimweg befanden. Ein wildes Hauen und Stechen ging los, wie Giovanni Villani berichtet. Wild zwar, aber ohne allzu großes Blutvergießen, denn nur ein Hieb hinterließ sichtbare Spuren: einem der Cerchi, Ricoverino, wurde die Nase abgehauen.

Das war nicht eben viel, aber immerhin ausreichend, um die Rauferei womöglich in einen Bürgerkrieg ausarten zu lassen. Schwarze wie Weiße griffen zu den Waffen, bereiteten sich auf das Schlimmste vor. So klangen die Maifeiern mit der beklemmenden Stille aus, wie sie vor dem Ausbruch eines gewaltigen Sturmes herrscht. Alle verharrten im Zustand gebannter Erwartung angesichts eines unvermeidlich erscheinenden neuerlichen Zusammenstoßes. Doch an einen derartigen Zustand waren die Florentiner gewöhnt. Großzügigerweise wurde sogar der Versuch unternommen, sie von der Verantwortung für den Vorfall freizusprechen. Es hieß, das alles sei Schuld der auf einer der Arnobrücken stehenden Marsstatue. Einige Tage zuvor war sie nämlich im Zuge von Bauarbeiten versetzt worden. Nun schaute sie auf einmal nach Westen, und nicht mehr, wie zuvor, nach Osten. Daher also der Ingrimm des Gottes.

Der Papst blieb in seinem Heimatort Anagni nicht untätig. Er schickte Kardinal Matteo d'Acquasparta mit dem Auftrag nach Florenz, einen Versuch zur Aussöhnung der beiden guelfischen Fraktionen zu unternehmen.

Der Kardinal traf Anfang Juni ein. Als Theologe genoß der Franziskanergeneral hohes Ansehen. Daneben eilte ihm aber auch ein anderer Ruf voraus: er galt als eine Mischung aus Fuchs und Raubvogel, als schlau und als unersättlich, jederzeit zum Zuschlagen bereit. Selbst die damals in der Hand der Weißen befindliche Signoria schätzte ihn entsprechend ein. Bei passender Gelegenheit sandte sie ihm eine Silberschale mit zweihundert Goldgulden.

Dino Compagni war beauftragt worden, ihm die Schale zu bringen. Als er sie überreichte, meinte er, der Kardinal möge sie nicht zurückweisen, weil nur wenig darin sei. Dabei handelte es sich in Wirklichkeit um eine beachtliche Summe. Er aber entgegnete, sie sei ihm sehr teuer, «betrachtete sie eingehend und wies sie zurück». Ein gescheiterter Bestechungsversuch. Doch das war nicht der Grund, der Dante veranlaßte, seine Meinung über den Kardinal zu ändern. Was er über ihn dachte, sollte er im *Paradiso* Bonaventura da Bagnoregio sagen lassen, der Matteo d'Acquasparta an der Universität Paris kennengelernt hatte. Und es sollten keine schmeichelhaften Worte für das Oberhaupt des Bettelordens sein, der sich da im Bischofspalast eingenistet und der ganz Florenz in gespannte Erwartung versetzt hatte, wie er es wohl anstellen würde, die Aussöhnung zwischen den beiden guelfischen Lagern zustande zu bringen.

Eine Aussöhnung, die niemand für möglich hielt und

die vielleicht auch niemand wirklich anstrebte. Die Weißen jedenfalls tendierten eher zu einer argwöhnischen Haltung gegenüber dem päpstlichen Legaten, während die Schwarzen auf seine Unterstützung hofften, um ihre Gegenspieler aus dem Sattel heben zu können. Tatsächlich hatten die einen allen Grund, auf der Hut zu sein, die anderen aber guten Grund zur Zuversicht. Und doch stellte dieser Aussöhnungsversuch kein Täuschungsmanöver dar, zu dem Bonifatius den Kardinal in die Toskana entsandt hatte. Er muß vielmehr zu der Erkenntnis gelangt sein, daß es ein schwerwiegender Fehler wäre, Florenz nur mit Unterstützung einer der beiden guelfischen Parteien für sich gewinnen zu wollen.

Die Herrschaft, so wie er sie in der Tat für seine Familie etablieren wollte – womit er alle Mutmaßungen und Spekulationen bestätigte –, war nach Möglichkeit auf eine recht breite Basis zu stellen. Zu diesem Zweck hatte er, bevor er seinen Legaten nach Florenz entsandte, Vieri dei Cerchi nach Rom berufen, um ihn zu einer Übereinkunft mit Corso Donati zu veranlassen. Eine derartige Übereinkunft sollte reichlich belohnt werden, mit durchaus ansehnlichen Pfründen; doch Vieri hatte sich nicht darauf eingelassen, so daß nichts anderes übrig blieb, als auf einen Erfolg Matteo d'Acquaspartas zu bauen.

Bonifatius aber gab sich keinen Illusionen hin. Die Reaktion auf seine Intervention anläßlich der Verurteilung der Verschwörer ließ ihm für Illusionen keinen großen Spielraum. Die Prioren, die in den folgenden beiden Monaten die Amtsgeschäfte übernehmen sollten, waren dafür eine Bestätigung: war nicht einer von ihnen eben jener Dante Alighieri, der sich, wie ihm zu Ohren gekommen war, keine Gelegenheit hatte entgehen lassen, um ihm, Papst Bonifatius, das Recht abzusprechen, auch nur seine Stimme zu Angelegenheiten der Stadt Florenz zu erheben?

Sie hatten ihr Amt am 14. Juni angetreten, die neuen Prioren. Schon in den ersten Gesprächen konnte sich Matteo d'Acquasparta ein Bild davon machen, mit wem er es bei diesem Dichter im Priorenamt zu tun hatte. Nein, dieser Frieden war keine Angelegenheit, die sich mit der gleichen Eile erledigen ließ, mit der sein Aufbruch von Rom vonstatten gegangen war. Und schon bald sollten sich die Ereignisse überschlagen. Eines dieser Ereignisse war im übrigen nicht gerade dazu angetan, jene Kreise freundlicher zu stimmen, die ihm ohnehin einigen Argwohn entgegengebracht hatten.

Es war am Vorabend des Festes zu Ehren des Heiligen Johannes, als der Festzug der Zünfte, der sich mit den Konsuln an der Spitze auf dem Weg zum Baptisterium befand, wo traditionsgemäß dem Heiligen Kerzen geweiht werden sollten, plötzlich von den Magnaten angegriffen wurde. Die Angreifer schrieen: «Wir haben den Sieg von Campaldino errungen, und ihr habt uns aus den Ämtern und Würden der Stadt entfernt.» Sie hatten nicht unrecht, von ihrem Standpunkt aus betrachtet. Daß sie aber versuchten, ihrer Auffassung mit Gewalt Geltung zu verschaffen, indem sie über einen Festzug zu Ehren des Schutzheiligen der Stadt herfielen, erschien geradezu wie ein Sakrileg.

Die folgenden Tage hindurch richteten die Florentiner ihre Blicke voller Spannung auf den päpstlichen Gesandten, der inmitten dieses Festzuges den Übergriff der Magnaten miterlebt hatte. Wie würde er reagieren, wie würde er sich wohl äußern über diesen Vorfall, über die Schwarzen unter der Führung der Donati? Er vermied es, Stellung zu beziehen, ein Urteil abzugeben. Das wurde als ein Zeichen der Parteinahme angesehen, als eine Bestätigung dafür, wie sehr das Mißtrauen der Weißen ihm gegenüber gerechtfertigt war. Einer der Popolanen brachte die Stimmung eines Teils der Bevölkerung zum Ausdruck, indem er mit einer Armbrust einen Pfeil auf den Kardinal abschoß, während dieser von einem Fenster des Bischofspalastes aus einer Zeremonie zuschaute. Der Pfeil hatte ihn zwar nicht getroffen, aber ihm war dadurch klargeworden, daß er besser daran täte, sich an einen weniger exponierten Ort zurückzuziehen.

Er bezog das Palais der Mozzi jenseits des Arno.

Unter dem Vorwand, diesen Vorfall wiedergutmachen zu wollen, hatte ihm die Signoria die Schale voller Geldstücke schicken lassen.

Wenn es sich schon als unmöglich erwies, zwischen Schwarzen und Weißen Frieden zu stiften, so blieb immerhin die Möglichkeit, beide Seiten gleichermaßen zu bestrafen, um auf diese Weise ihren Anführern zu verstehen zu geben, daß die Stadt es leid war, ständig im Kriegszustand zu leben. Das war kein Akt der Gerechtigkeit – und sollte es auch gar nicht sein –, sondern der Versuch, durch die Verbannung einer willkürlich ausgesuchten Anzahl von Leuten dem blutigen Bürgerkrieg ein Ende zu setzen. Und dafür bot der Überfall der Magnaten auf den Festzug der Zünfte eine gute Gelegenheit. Im übrigen konnte die Signoria durch ihr Einschreiten sowohl gegen die Schwarzen als auch gegen die Weißen nicht nur unter Beweis stellen, daß sie über dem Parteienhader stand, sondern überdies auch noch die von den Zünften erlittene Schmach rächen und verhindern, daß dem Kardinal, und damit dem Papst, ein Vorwand geliefert würde, sie der Parteilichkeit zu bezichtigen.

Es war eine Idee Dantes, die nicht nur politisch, sondern vor allem auch psychologisch seiner Haltung entsprach, die er im Hinblick auf die beiden guelfischen Gruppierungen von jeher vertreten hatte. Jedenfalls war es eine Idee, die in ihm einen überzeugten Verfechter fand. Aber es war zugleich, wie er später feststellen sollte, der Anfang «allen Übels und all meiner Mißgeschicke...» Von diesem Zeitpunkt an, da Weiße wie Schwarze verurteilt worden waren und die Weißen daran zweifelten, ob er zu den Ihren zu zählen sei, während die Schwarzen sich in ihrer Auffassung bestätigt sahen, er sei ihr großer Widersacher – von da an hatte er mit einem Male den Eindruck, als ob sein Lebensrad sich plötzlich schneller drehte.

Die Anführer der Weißen werden nach Sarzana und die der Schwarzen nach Castel della Pieve verbannt. Unter den Weißen befindet sich auch sein Freund Guido Cavalcanti, der alsbald erkrankt und deshalb in die Heimat zurückkehren darf. Dies trägt Dante den Vorwurf der Parteilichkeit ein. Ein zweiter Vorwurf ergibt sich aus der Rückkehr der restlichen Weißen, schon kurz nachdem sie in die Verbannung geschickt wurden. Dantes Einwand, dieser Beschluß sei doch gefaßt worden, als er selbst schon gar nicht mehr das Priorenamt innehatte, verfängt nicht. Es muß an seiner Persönlichkeit liegen, daß er immer wieder zur Zielscheibe der Kritik von seiten der Donati wird. Für den Fall, daß auch sie nach Florenz zurückkehren, hat er um Leib und Leben zu fürchten.

Unterdessen trifft ihn ein schwerer Schlag: der Tod Guidos. Sie hatten keinen so engen Kontakt mehr gehabt wie im ersten Jahrzehnt ihrer Freundschaft; es war auch zu Mißhelligkeiten gekommen: ein Auf und Ab, wie es in der Beziehung zwischen zwei Menschen relativ normal ist. Doch wieviel Guido ihm bedeutete in den Jahren, in denen er zum Manne und zum Dichter gereift ist, das sollte er nie vergessen.

Dante entstammte nicht wie Guido einer Familie, die sich mit Nachdruck für die Wahrung der eigenen Interessen einsetzte. Eben das hatte dazu geführt, daß sich im Laufe der Zeit eine Kluft zwischen ihnen aufgetan hatte, der viele ihrer Gemeinsamkeiten zum Opfer gefallen waren. Bis Dante sich schließlich zurückgezogen hatte, nachdem er über den gegen Guido verhängten Bann zu befinden gehabt hatte. Im Grunde genommen war ihm das auch bei all den anderen Verbannten nicht gerade leicht gefallen: bei Gentile, Torrigiano und Carbone dei Cerchi, Baschiera della Tosa, Baldinaccio Adimari, Naldo Gherardini, Giacotto Malispini, oder auch bei den Schwarzen Corso und Sinibaldo Donati, Geri Spini, Rosso und Rossellino della Tosa, Giachinotto und Pazzino de' Pazzi ... Diese gelangten ebenso wie die übrigen Schwarzen, die von der Aufforderung, Florenz zu verlassen, nicht betroffen waren, zu dem Schluß, daß es nicht länger sinnvoll sei, sich in einer Vielzahl von Störmanövern zu verausgaben, der Regierung der Weißen einen beharrlichen, letztlich jedoch erfolglosen Widerstand entgegenzusetzen, ab und zu irgendwelche Zusammenstöße zu provozieren, die manch einen Verwundeten, aber auch manch ein Todesopfer forderten. Daß es nun vielmehr gelte, zu einer Lösung zu kommen und den Papst um Hilfe aus dem Ausland zu ersuchen.

Während des Pontifikats von Clemens IV. war aus Frankreich Karl von Anjou mit seinem Heer gekommen und hatte dank der Unterstützung einiger toskanischer Banken den Ghibellinen eine schwere Niederlage beigebracht; warum sollte Ähnliches nicht auch unter Papst Bonifatius VIII. möglich sein? Diese Frage wurde in einer geheimen Sitzung in der Kirche Santa Trinita aufgeworfen und diskutiert. Damit kam man freilich auch den Intentionen von Bonifatius entgegen, der bereits beschlossen hatte, den Prinzen Karl von Valois, den Bruder Philipps IV., nach Italien zu rufen, nachdem Matteo d'Acquasparta seine Mission hatte abbrechen müssen.

Matteo hatte vier Monate in Florenz mit dem vergeblichen Versuch zugebracht, dem Heiligen Stuhl zur Anerkennung seines Rechts auf Intervention in die florentinischen Angelegenheiten zu verhelfen und den weltlichen Arm zur Amtshilfe zu veranlassen, um ein Urteil des Inquisitors vollstrecken zu können. Letzten Endes hatte er aber unverrichteter Dinge wieder abreisen müssen, allerdings nicht ohne ein Interdikt über die Stadt verhängt zu haben. Dieses Interdikt mit seinen Folgen für das Wirtschaftsleben bewirkte mehr, als es die Anwesenheit des Kardinals vermocht hatte. Um eine Beeinträchtigung der Handelsbeziehungen zu verhindern, die negative Auswirkungen auf ihre Unternehmen gehabt hätten, suchten die Cerchi nun einen Kompromiß mit dem Papst.

Sie entsandten eine Delegation, in der sämtliche Kommunen der guelfischen Liga der Toskana vertreten waren. Die Delegation sollte sich für das Verhalten der Florentiner entschuldigen und ihr Ersuchen mit überzeugenden Argumenten untermauern: mit Truppen und Geld. Beides benötigte Bonifatius nämlich dringend, da er nach dem Feldzug gegen die Colonna einen weiteren in der Grafschaft der Aldobrandeschi führte. Dieses Possenspiel wurde von der Mehrzahl der Weißen veranstaltet, die sich zuvor aus den gleichen Gründen gegen den Papst gestellt hatten, aus denen sie nun seine Unterstützung suchten.

Nur wenige konnten noch von sich behaupten, derartige Überlegungen stets entschieden von sich gewiesen zu haben. Sie bildeten eine kleine Gruppierung, die sich mit der vehement antipäpstlichen Haltung ihres namhaftesten Repräsentanten, Dante, identifizierte. Für sie begannen mit dem Einzug Karls von Valois folgenschwere, sicher nicht eben glückliche Tage. Bonifatius tat alles, um den

Italienzug Karls so hinzustellen, als ob sich dieser lediglich auf dem Wege ins Heilige Land befinde. Am 30. November des Heiligen Jahres wurde im Lateran ein neuer Kreuzzug ausgerufen.

Damit wurden also erneut Vorbereitungen für einen Italienzug unter der Führung eines französischen Prinzen getroffen, obgleich die Nachwirkungen des letzten Italienzuges unter Karl dem Lahmen noch nicht überstanden waren, der den Aragonesen die Krone Siziliens wieder entreißen wollte. Im März 1301 ersuchte der Papst die Florentiner um Unterstützung für seinen Schützling, den König von Neapel. Dantes Nein – *Nihil fiat* – hierauf kam unverzüglich, wohlfundiert, kompromißlos. Ein Nein war auch drei Monate später die Reaktion, als für das Truppenkontingent, das dem Papst für den Feldzug gegen die Aldobrandeschi zur Verfügung gestellt worden war, eine Verlängerung beantragt wurde.

Sowohl im Rat der Hundert als auch im Allgemeinen Rat und im Spezialausschuß der Konsuln der höheren Zünfte trat Dante allen entgegen, die sich für eine Verlängerung aussprachen. Aber er selbst, und mit ihm die Minderheit der Weißen, als deren Anführer er galt, konnten sich mit dieser Auffassung weder in der Debatte im März, noch in der folgenden, im Juni stattfindenden Debatte durchsetzen. Im April – zwischen der ersten und der zweiten Debatte also – wurde Dante Mitglied eines Ausschusses, der für Straßen und Brücken zuständig war. Es war geplant, die Via San Procolo auszubauen. Die Verantwortung für die Ausführung dieser Maßnahme wurde Dante übertragen. Der neue Straßenabschnitt verlief über Grundstücke, die sich im Besitz seiner Familie befanden und die dadurch eine Aufwertung erfuhren. Im selben Monat, am 14., wird er als einer der *savi* erwähnt, als einer der Weisen, die gemeinsam mit den Konsuln der Zünfte dazu berufen waren, die Modalitäten für die Wahl der Prioren und des *Gonfaloniere di giustizia* festzulegen, die am folgenden Tag ihr Amt antreten sollten.

Einer dieser Prioren war Palmiero degli Altoviti, dessen Name ebenfalls in der Liste der Verurteilten auftaucht, die mit Dante zusammen ins Exil geschickt werden sollten. Unterdessen war der Vorstoß Karls von Valois, mit dessen Hilfe der Papst den Anspruch der Kirche auf die Herrschaft über Sizilien durchzusetzen gedachte, in die entscheidende Phase getreten. Schon seit längerer Zeit hatt er vorgehabt, Karl den Lahmen mit der Insel zu belehnen. Nachdem aber seine Pläne mit dem Anjou gescheitert waren, hatte er beschlossen, diesen Schachzug mit dem Prinzen aus dem Hause der Kapetinger zu wiederholen. Und nicht nur diesen Schachzug: derjenige, der auf die Toskana abzielte, lag ihm gleichermaßen, wenn nicht sogar noch mehr am Herzen. Dort wurde er nun von den Schwarzen ersucht, Karl von Valois dazu zu veranlassen, in Florenz einen Halt einzulegen, um etwas Ordnung in die Angelegenheiten der Stadt zu bringen – das heißt also, die Weißen vertreiben –, bevor er sich an die Eroberung Siziliens machte. Sie waren auch bereit, Karls Hilfe großzügig zu entlohnen. Sie stellten ihm siebzigtausend Goldgulden zur Verfügung.

Anfang Juli wurde aus Turin gemeldet, Karl sei mit fünfhundert Rittern eingetroffen.

Dann begann sein Marsch gen Süden. Der Papst weilte erneut in Anagni. Dort empfing er ihn und erfüllte seinen florentinischen Freunden deren Bitte. Der Franzose wurde vom Papst mit der gleichen Mission betraut, mit der schon Matteo d'Acquasparta gescheitert war: die Toskana zu befrieden. Doch dieses Mal handelte es sich um einen Auftrag, bei dem die Scheinheiligkeit des Papstes geradezu groteske, ja beklemmende Züge annahm angesichts der Tatsache, daß die Befriedung der beiden guelfischen Parteien in Florenz die Eliminierung einer von ihnen zur Folge haben sollte. Das jedenfalls stand zu erwarten. Sogar der Himmel sandte den Florentinern ein warnendes Zeichen: «Man sah in der Luft in Kreuzesform eine große Menge von Feuerdünsten im Gefolge des Mars.» Einen Kometen also. Dante erwähnt ihn im *Convivio,* und auch bei Villani und Compagni ist von ihm die Rede.

Die von Süden heranziehende Gefahr verstärkte die Spannungen in der Stadt. Die Stimmung der Schwarzen stieg, und es sank die Hoffnung der Weißen, ihre politische Haltung mit der Wahrung ihrer Sonderinteressen in Einklang bringen zu können, indem sie einfach wie beim Schachspiel im richtigen Moment die Position wechselten.

Für kleine Schritte, taktische Winkelzüge war nun keine Zeit mehr. Wo aber zeichnete sich eine Möglichkeit ab, sich doch noch Gehör zu verschaffen? Dante versuchte es mehrfach im September. Unterdessen mußte jedoch ganz offensichtlich davon ausgegangen werden, daß die Cerchi und ihre Anhänger mit ihrer etwas unklaren Haltung angesichts zweier radikaler, bedrohlicher Alternativen auf eine dritte, weniger einschneidende hofften, auch wenn diese nur vorübergehender, kurzfristiger Natur sein konnte.

Mindestens dreimal hat Dante im Laufe dieses Monats das Wort ergriffen: das erste und das dritte Mal am 13. beziehungsweise am 28., als es um die Einschätzung der Lage ging. Die eine Rede hielt er vor dem vom Podestà einberufenen Rat, der in außergewöhnlichen Situationen und dringlichen Fällen tagte. Dante hält seine Rede; der Notar, der das Sitzungsprotokoll zu führen hat, verzeichnet seinen Namen und läßt einige Zeilen frei für eine kurze

Zusammenfassung seiner Ausführungen, aber dem *Dante Alagherii consuluit* folgen keine weiteren Eintragungen, der dafür vorgesehene Platz bleibt unbeschrieben.

Was da auf die Stadt zukam, ließ es dem Notar geraten erscheinen, sich lieber eine verzeihliche Unterlassung zuschulden kommen zu lassen als möglicherweise einen Mangel an Vorsicht. Vorsicht aber war das Gebot der Stunde. Darüber waren sich alle im klaren, ausgenommen Dante und einige seiner Anhänger. Man diskutierte über die *Ordinamenti di giustizic,* und Dante – der von der Demokratie, von einer Herrschaft des Volkes, nicht besonders angetan gewesen zu sein scheint, der jedoch bei verschiedenen Gelegenheiten gezeigt hatte, daß er sie der Unzuverlässigkeit, der Arroganz der Magnaten vorzog – sprach sich für die Beibehaltung der *Ordinamenti* aus.

In seinen Ausführungen ging er selbstverständlich auch auf den Vorstoß Karls von Valois ein. Damit versuchte er, die drohende Gefahr abzuwenden, denn unter den Weißen konnte sich natürlich niemand irgendwelchen Illusionen über diesen neuerlich vom Papst entsandten Friedensstifter hingeben. Guidotto de' Corbizzi erklärte, er wolle nach Abschluß der Versammlung sogleich nach Hause eilen und alles verriegeln.

In der anderen Rede vor dem Rat der Hundert hatte Dante beantragt, den Prioren außerordentliche Vollmachten zu übertragen. Doch das Schicksal nahm für Dante eine bedrohliche Wendung. Die Signoria entschied, ausgerechnet ihn als Gesandten zu Bonifatius zu schicken, damit dieser Karl von Valois Einhalt gebiete.

Karl war am 4. Oktober in Castel della Pieve eingetroffen, wo sich ihm die im Exil befindlichen Schwarzen anschlossen. Die Gesandtschaft durfte also keine Zeit verlieren. Aber auch Dante selbst scheint sich gefragt zu haben, ob er der Richtige für eine derartige Mission sei, nach all seinen gegenüber Bonifatius geäußerten Vorbehalten. Er sah keine Alternative. Seine Redegewandtheit, sein diplomatisches Geschick, seine einzigartige Persönlichkeit, das Bewußtsein, allenthalben in hohem Ansehen zu stehen, und der Stolz, mit dem er diese hehre Aufgabe übernahm, zeigten sich an den wenigen Fragen, die er Boccaccio zufolge gestellt haben soll: «Wenn ich gehe, wer bleibt? Und wenn ich bleibe, wer geht?» Also ging er.

Neben Dante waren noch Maso di Ruggerino Minerbetti und Corazza da Signa zu Gesandten bestimmt worden.

Bonifatius liebte großartige Inszenierungen. Wann immer er es mit einem Menschen zu tun hatte, der sich gegen ihn gestellt oder sich nicht zur rechten Zeit unterworfen hatte, setzte er alles daran, um ihn während des Empfangs durch grandiose Prachtentfaltung zu beeindrucken. Er versammelte seinen ganzen Hofstaat um sich, die scharlachrot gewandeten, auf Lateinisch miteinander tuschelnden Mitglieder des Konsistoriums mit ihrer unnahbaren Miene, außerdem zahlreiche nicht-kirchliche Würdenträger. Aber bei Dante und den beiden Vertretern des wohlhabenden Bürgertums hatte er es vorgezogen, ihnen nicht durch allzu großes Gepränge Sand in die Augen zu streuen. Zwar hatte er es sich nicht nehmen lassen, sie durch sein imponierendes Auftreten einzuschüchtern, doch zum Gespräch zog er sich mit ihnen in einen kleineren Raum zurück.

Dort sprach er mit ihnen, wie jemand, der das Beste für sein Gegenüber will, nicht wie jemand, der seinen eigenen Willen durchzusetzen sucht. Er sagte zu ihnen: «Warum seid Ihr nur derart verbohrt? Hört doch endlich auf, in mir einen Feind zu sehen, unterwerft Euch meinem Willen, und Ihr werdet es nicht bereuen. Ich will nichts anderes, als in Eurer Stadt den Frieden wiederherstellen...» Doch wie er es anstellen wollte, Weiße und Schwarze miteinander auszusöhnen, das verriet er nicht. Worum es ihm zunächst einmal ging, war die Anerkennung der von ihm beanspruchten Rechte, die er durch die Unterwerfung von Florenz durchzusetzen gedachte. Und der Ton, den er Minerbetti und Corazza gegenüber anschlug, war offenbar der richtige und scheint genau dem entsprochen zu haben, was die beiden sich von ihm erwartet hatten. Ja, im Grunde genommen erwarteten sie von Seiner Heiligkeit nichts als ein Zeichen, und sei es auch noch so unscheinbar, um ihm seine guten Absichten abzunehmen, die er angeblich im Hinblick auf die Weißen hegte.

Der Gedanke, der allen Anwesenden ständig präsent war, daß nämlich Karl von Valois sich auf dem Vormarsch nach Florenz befand, besaß vermutlich für die beiden florentinischen Gesandten bei den Worten des Papstes die größte Überzeugungskraft. Bonifatius unterzog beide nun einer eingehenden Prüfung, um festzustellen, ob er in ihnen nun seinerseits zuverlässige Gefolgsleute in Florenz haben würde. Dann sagte er Minerbetti und Corazza, sie sollten in ihre Heimatstadt zurückkehren und der Signoria seine Absichten kundtun. Und er verharrte in Erwartung einer Geste der Unterwerfung. Dann fügte er hinzu, er habe beschlossen, den dritten Gesandten bei sich zu behalten: Dante...

«Gehet hin», hatte der Papst abschließend gesagt, «und empfanget meinen Segen, wenn es Euch denn gelingen soll, meinem Willen Geltung zu verschaffen.» So verließen die beiden Dante, wobei nicht ganz klar war, unter welchen Bedingungen er zurückblieb. Als Gefangener des Papstes?

Nein, das ergab keinen Sinn. Minerbetti und Corazza diskutierten lange darüber während ihrer Reise, die sich –

einen Tag mehr, einen Tag weniger – rund eine Woche hinzog. Sie hatten also reichlich Zeit und Muße, alle denkbaren Möglichkeiten durchzuspielen. Dante hatte unterdessen das Gefühl, als ob er auf einem Meer dahintriebe, dessen Küsten in der unendlichen Weite dem Blickfeld entschwunden waren. Ihm war nicht klar, ob sich aus dem Verhalten des Papstes irgendwelche Schlußfolgerungen ziehen ließen, und wenn ja, welche. Dafür hatte er keinerlei Anhaltspunkte.

Es kam schließlich so weit, daß ihn die Ungewißheit seiner Situation, das Außergewöhnliche, geradezu Irreale daran derart packte, daß er sich mehr noch hierdurch als Gefangener fühlte, denn durch das Geheiß des Papstes, an seinem Hof zu bleiben. Jahre hindurch hatte er sich über diesen Papst abfällig geäußert, Jahre hindurch hatte er sich mit aller Kraft seinen Plänen widersetzt, und nun stand er ihm von Angesicht zu Angesicht gegenüber. Eigentlich hätte er sich auf alles gefaßt machen müssen, aber nichts von alledem, was ihm hätte widerfahren können, nichts, was den Gefühlen und Impulsen eines solchen Mannes hätte entsprechen können, widerfährt ihm. Statt dessen tritt etwas ein, worauf er überhaupt nicht gefaßt ist, weil es jenseits jeglicher Logik liegt. Er wird nämlich völlig sich selbst überlassen und versucht nun – ganz auf sich gestellt – herauszufinden, warum er daran gehindert wurde, gemeinsam mit Minerbetti und Corazza nach Florenz zurückzukehren.

Und er stellt ihn sich vor, diesen blutrünstigen Widersacher. Gewiß hat Bonifatius ihn in voller Absicht in eine Situation versetzt, die keinen Sinn zu haben scheint. Und er hat es auch nicht für nötig gehalten, ihm irgendeine Erklärung, eine Begründung dafür zu geben. Lag vielleicht gerade darin seine Rache? Möglicherweise wollte er ihm seine ganze Geringschätzung und seine Überlegenheit zum Ausdruck bringen, indem er über ihn befand, ohne auch nur im Traum daran zu denken, irgendwelche Erklärungen abzugeben.

Doch mit einemmal wird Dante in dieser unwirklichen Situation plötzlich unvermittelt mit der Realität konfrontiert. Er erfährt, daß Karl von Valois am 1. November in Florenz einmarschiert ist.

Kurz darauf treffen auch Minerbetti und Corazza in Florenz ein. Die Stadt steht am Rande des Abgrunds. Es ist mit allem zu rechnen, auch damit, daß sich die Feinde gegenseitig in ihren Häusern aufstöbern, um sich den Garaus zu machen. Da drängt sich Dante mit einem Male der Verdacht auf, der Papst könnte ihn in Rom festgehalten haben, um ihn daran zu hindern, zu einem Zeitpunkt in Florenz zu intervenieren, in dem sich dort eine entscheidende Wende vollzog. Bereits in der im September abgehaltenen Ratsversammlung hatte er ja schon mehr als deutlich seinen Standpunkt vertreten. Er lehnte jedweden Kompromiß ab und vertrat eine harte Linie, mochte der Blutzoll dafür auch noch so hoch sein. Und außerdem hatte er in diesem Zusammenhang die Forderung erhoben, den Prioren weiterreichende Kompetenzen einzuräumen.

Verdeutlicht wurde Dantes Position, die er in den Ratsversammlungen vertrat, noch durch eine dritte Stellungnahme, bei der er sich – wie Leonardo Bruni berichtet – dafür aussprach, das Volk, auf das sich die Prioren stützen sollten, zu bewaffnen. Ein Vorschlag, der deutlich machte, daß es nicht mehr darum ging, ob man zu den Weißen zählte oder zu den Schwarzen, ob man für oder gegen den Papst eintrat, ob man Parteigänger einer bestimmten Familie oder aber ihr Gegenspieler war, sondern vielmehr darum, eine grundlegende Umwälzung herbeizuführen, die zu einer neuen Ordnung führen sollte. Hierin ist vielleicht ein plausibler Grund zu sehen für die zunächst so merkwürdig erscheinende Anordnung des Papstes, Dante in Rom festzuhalten, während die beiden anderen nach Florenz zurückkehrten.

Die Gesandten Minerbetti und Corazza waren also nach Florenz heimgekehrt und mußten feststellen, daß ihre Vaterstadt Karl von Valois in die Hände gefallen war.

Sie berichteten, was der Papst ihnen aufgetragen hatte, womit sie einige Hoffnungen bei den Weißen weckten, die daraufhin beschlossen, Dante neue Instruktionen zukommen zu lassen. Sie erklärten sich bereit, von nun an dem Papst Gehorsam zu leisten, doch Bonifatius möge, wenn er denn unbedingt einen Friedensstifter einschalten wolle, einen anderen schicken und den französischen Prinzen von seiner Aufgabe entbinden. Sie nannten ihm sogar einen Namen: er könne ihnen beispielsweise Kardinal Gentile da Montefiore schicken. Diese Instruktionen sollten Dante jedoch nicht erreichen. Irgend jemand hatte Verrat begangen und die Schwarzen informiert, die es für angezeigt hielten, die Stadt mit Feuer und Schwert zu verwüsten, ehe es zu irgendwelchen Veränderungen oder zu einer anderslautenden Anweisung des Papstes kam. Ihnen hatte sich der aus dem Exil zurückgekehrte Corso Donati angeschlossen, der nun durch die einzelnen Viertel zog und zeigte, daß er wieder im Lande war.

Die Wohlhabenden unter den Weißen fanden nicht den Mut, ihm entgegenzutreten, und die einfachen Leute waren nicht in der Lage, sich der Rückkehr der Magnaten zu widersetzen. Corso drang in die Häuser einiger seiner Gegner ein und schlug sein Hauptquartier im Hause Corbizzi im Viertel Porta San Piero auf. Er ließ die Kerkertore öffnen. Angst und Schrecken griffen um sich. Da erschien plötzlich an einem Montagabend, am 6. November, ein Komet am Himmel: «ein wunderbares Zeichen», das über dem Priorenpalast die Form eines «roten Kreuzes» annahm. Der Komet zeigte sich den Florentinern nur so lange, wie ein Pferd braucht, um im Turnier zwei Runden zu drehen, und er gab zu düsteren Prognosen Anlaß.

Diese Angabe stammt von Dino Compagni, der am folgenden Tag sein Priorenamt niederlegte, zu dem er in dieser schweren Zeit berufen worden war. Das war das Ende seines politischen Wirkens.

Er war einundvierzig Jahre alt und hatte für eine große Familie zu sorgen. Jetzt galt es, sich möglichst unauffällig zu verhalten angesichts der Tatsache, daß es an diesen ersten Novembertagen, daran konnten keine Zweifel mehr bestehen, zu einem Wechsel der Regierung kommen würde. Schon kurze Zeit darauf mußte er sich des Versuches erwehren, ihn ins Exil zu schicken. Er konnte sich retten, indem er sich auf ein Gesetz berief, das die Bestrafung derjenigen untersagte, die im Laufe des vorangegangenen Jahres das Priorenamt innegehabt hatten. Das war für ihn der letzte Anstoß, einen endgültigen Schlußstrich unter seine politische Karriere zu ziehen und auch das Amt des Konsuls seiner Zunft niederzulegen. Nach elf Jahren politischer Aktivität seit seiner Einschreibung in die Zunft der Seidenhändler zog er sich damit ins Privatleben zurück. Später, vermutlich von 1310 an, schrieb er die Erinnerung an diese Jahre in seiner *Cronica delle cose occorrenti ne' tempi suoi* nieder.

Bereits eine Woche nachdem Karl von Valois seinen Einzug in Florenz gehalten hatte, übernahmen die neuen Prioren die Amtsgeschäfte. Dino Compagni bezeichnete sie als «miserable Popolanen», da es sich um Leute handelte, die zwar vom Volk gewählt worden waren, aber nicht mehr auf dessen Seite standen. Wie Dante in der *Commedia* berichtet, war Karl «ohne Waffen» und ohne Gefolge gekommen; doch alsbald sind offenbar seine Ritter zu ihm gestoßen und auch die schwarzen Guelfen, die sich ihnen während ihres Zuges durch die Toskana nach und nach angeschlossen hatten.

Die Stadt hatte sich Karl von Valois praktisch ergeben, auch wenn sie noch den Versuch unternommen hatte, sich abzusichern, indem sie ihn in Santa Maria Novella hatte geloben lassen, die *Ordinamenti di giustizia* und die Verfassung der Stadt zu respektieren. Die Weißen hatten sich – was Dante keineswegs überraschte, als er in Rom davon erfuhr – auf Versprechungen eingelassen.

Natürlich waren das Versprechungen, die darauf abzielten, zu einem Frieden zu gelangen, zu einem Frieden allerdings, an den offensichtlich nicht einmal der Prinz selbst glaubte, wenn er die einst auch Karl von Anjou zuteil gewordene Ehre ablehnte, von der Signoria im Kloster Santa Maria Novella einquartiert zu werden. Statt dessen zog er es vor, auf der anderen Seite des Flusses, im Hause Frescobaldi, Quartier zu beziehen. Er mied also jene Viertel, in denen der Kampf am heftigsten geführt zu werden drohte. Vom jenseitigen Arnoufer aus konnte er, als die Donati mit ihrer Brandschatzung der Stadt begannen, die Feuer auflodern sehen. «Und wenn ein Haus in Flammen aufging, ... so fragte er: ‹Was ist das für ein Feuer?›» Und man antwortete ihm, so berichtet Dino Compagni, es sei eine armselige Hütte, die in Brand geraten sei, während es sich in Wirklichkeit um einen großartigen Palast handelte. Doch das reichte ihm offensichtlich aus, um die Fiktion aufrechtzuerhalten, er sei gekommen, um eine Friedensmission zu erfüllen: nicht von ungefähr hatte man die siebzigtausend Goldgulden, die ihm von den Schwarzen gezahlt worden waren, damit er nach Florenz komme, noch um weitere siebzehntausend aufgestockt, damit er seinen Vormarsch beschleunige.

Dieser Handel hat Dante zu der Anmerkung veranlaßt,

Karl sei zwar ohne Begleitung gekommen, aber: «er führt die Lanze nur, die Judas schwang». Und Dino Compagni berichtet über die Brandschatzung: «dieses Unwesen währte sechs Tage, denn so war es angeordnet».

Nach Ablauf dieser sechs Tage, am 9. November, wurde der neue Podestà gewählt. Dieser über den Parteien stehende Amtsträger war bislang von außerhalb der Stadt berufen worden, damit er unbeeinträchtigt von den Auseinandersetzungen innerhalb der Stadt mit größtmöglicher Unabhängigkeit agieren konnte. Nun aber waren die Zeiten vorüber, da man nach Unabhängigkeit gestrebt hatte: sie war gar nicht mehr erwünscht. So lag es denn auf der Hand, auf wessen Seite der neue Podestà Cante de' Gabrielli aus Gubbio stand. Damit war das Ende eines Regimes gekommen, und es begannen die Prozesse, mit denen jedes Regime mit dem vorherigen abzurechnen pflegt.

17

Prozesse, Verfolgungen waren an der Tagesordnung. Das hatte inzwischen derartige Ausmaße angenommen, daß man schon sagen konnte, die eine Hälfte der Florentiner sei angetreten, der anderen den Prozeß zu machen, deren Verfolgung aufzunehmen. Hiervon gelangte Kunde nach Rom, wo man sich beunruhigt zeigte, nicht zuletzt deshalb, weil eine im Bruderkrieg sich zerfleischende Stadt für niemanden von Vorteil sein konnte. Die Herrschaft lag nunmehr in Händen der Schwarzen – die ihren Handstreich hatten durchführen können, während sich im Hause Frescobaldi Karl von Valois angesichts einiger in der Ferne auflodernder Brände erstaunt gab.

Erneut schickte Bonifatius Kardinal Matteo d'Acquasparta nach Florenz mit dem Auftrag, die Sieger zur Mäßigung anzuhalten. Der Monat November war noch nicht ganz zu Ende, als der Kardinal bereits einige vielversprechende Erfolge verbuchen konnte. Er hatte eine Reihe von Eheversprechungen zwischen den großen Familien der beiden guelfischen Lager angebahnt.

Wenn es auch politisch klug scheinen mochte, sich den Anordnungen des Kardinals und damit dem Willen des Papstes zu fügen und verwandtschaftliche Beziehungen mit der Gegenseite zu knüpfen, schien es der Partei der Donati doch offenbar politisch nicht klug zu sein, in eine Teilung der Herrschaft einzuwilligen. Kurz, die Weißen hatten sich damit abzufinden, von den Staatsämtern ausgeschlossen zu sein, genauso wie das bislang den Schwarzen ergangen war. Der Kardinal sah keinen Ausweg mehr. Seinen Versuchen, eine Aussöhnung zwischen beiden Lagern herbeizuführen, war – einmal abgesehen von dem bescheidenen ersten Schritt – kein glücklicheres Geschick beschieden als seiner vorhergehenden Mission, die mit der Verhängung des Interdikts über die Stadt geendet hatte. Und darauf lief es auch diesmal hinaus.

Er kehrte also nach Rom zurück, wo Anfang des folgenden Jahres auch Karl von Valois weilte. Der Prinz hielt die Zeit für gekommen, sich für ein anderes Unternehmen zu rüsten, für seinen Zug nach Sizilien. Und er suchte um Geld nach. Geld? Aber er hatte ihn doch an den Quell des Reichtums versetzt. So lautete die Antwort des Papstes, der damit sagen wollte, er selbst, der Prinz, möge dafür Sorge tragen, den Quell zum Sprudeln zu bringen. Gemeint war natürlich Florenz. Also kehrte er dorthin zurück.

Er entdeckte, daß gegen ihn ein Komplott geschmiedet worden war, ihm nach dem Leben getrachtet wurde. Unter den Verschwörern befand sich auch einer seiner Gefolgsleute, der sich mit Baschiera della Tosa, Baldinaccio Adimari und Naldo Gherardini abgesprochen hatte – drei Weißen also. Florenz galt als eines der bedeutendsten Handelszentren: war es da verwunderlich, daß selbst über dieses Komplott in Anwesenheit eines Notars eine Urkunde, versehen mit zahlreichen Unterschriften und Siegeln, aufgesetzt wurde?

Die Urkunde war auf den 26. März 1302 datiert. Für Karls Ermordung sollte dessen Gefolgsmann die Stadt Prato und zwei Burgen in der Gegend von Lucca erhalten. Und weitere Vorteile waren ihm in Aussicht gestellt worden. Ein Komplott, das liegt in der Natur der Sache, wird im Verborgenen angezettelt und ist geheimnisumwittert. Das galt auch in diesem Fall, wenn man einmal von der notariellen Beurkundung absieht, die offensichtlich alles genauestens regelte. Ließ es sich eigentlich mit Sicherheit ausschließen, daß es sich hier womöglich nur um eine Finte der Schwarzen handelte – um eine Falle, in die Karls Gefolgsmann tappte und die dann als Vorwand für die massenhafte Ausweisung ihrer Widersacher herhalten sollte?

Es war noch nicht einmal sicher, daß sich die vier Komplizen tatsächlich zum Notar begeben hatten. Es gab zwar diese Urkunde, aber es war keineswegs ausgeschlossen, daß sie von den Schwarzen selbst aufgesetzt worden war. Letzten Endes erschien diese Hypothese sogar mehr als wahrscheinlich, ja, sie lag geradezu auf der Hand. Dennoch hinderte das keineswegs daran, ganze Familien aus der Stadt zu verjagen; die Liste war lang, sie umfaßte sechshundert Namen, allen voran die Mitglieder der Familie Cerchi. Die Plutokraten taten sich mit den Magnaten zusammen und teilten sich mit ihnen die Macht.

Den Schwarzen ging es nun nicht mehr nur darum, eine Regierung nach ihren eigenen Vorstellungen einzusetzen, sondern auch darum, ihre Leute unterzubringen: die Spini, della Tosa, Pazzi . . . Das war im April. Dino Compagni erwähnt in seiner Aufzählung der namhaftesten Verbannten auch Dante, «der Gesandter in Rom war».

Allerdings war Dante zu diesem Zeitpunkt kein Gesandter mehr. Es dauerte keine fünf Monate, bis gegen ihn die schwerste aller Strafen verhängt wurde. Dazu freilich waren einige Winkelzüge notwendig. Die Eile, welche die neuen Herren von Florenz an den Tag legten, war der Beweis dafür – dieser Ansicht war auch Boccaccio –, daß Dante bei seiner Abreise nach Rom als einer der Hauptakteure auf der politischen Bühne galt. Im Gegensatz zu den anderen Akteuren wurde er allerdings nicht deshalb mit besonderem Ingrimm bekämpft, weil es sich bei ihm um eine führende Persönlichkeit einer anderen Gruppierung handelte, sondern, weil er mit anderen als den üblichen Waffen kämpfte, nämlich mit seiner umfassenden Bildung und seinem überragenden Verstand, die bei ihm im Dienste eines Ideals standen, während praktisch alle anderen die Beibehaltung ihres sozialen Status, die Wahrung ihrer Handelsinteressen, die Verfolgung konkreter Interessen im Auge hatten.

Sie spürten, daß sein Ideal überaus hoch angesiedelt war und nichts gemein hatte mit ihrem eigenen Leben und Streben, mit den Niederungen des menschlichen Daseins mit all seinen Licht- und Schattenseiten. Und sie spürten auch ein gewisses Feuer, das dieses Ideal entfachte, ein Feuer, das zwar nicht vergleichbar war mit ihrem Parteienhader und der Wut und Verbissenheit, mit der er ausgetragen wurde, das aber dennoch außergewöhnliche Situationen mit sich bringen konnte, mochte der dafür zu zahlende Preis auch noch so hoch sein. Ja, auch er, der sich doch einen großen Namen als Dichter gemacht hatte, besaß ein gerüttelt Maß an Verbissenheit und Ingrimm. Da die andere Seite das aber nicht einzuordnen vermochte, empfand sie es als um so bedrohlicher. Da schien es doch besser, unverzüglich Vorkehrungen zu treffen. Bereits am 27. Januar unterzeichnete der Podestà Cante de' Gabrielli das gegen Dante ergangene Urteil: wegen unrechtmäßiger Bereicherung im Amte, wegen seiner feindseligen Haltung gegenüber Bonifatius VIII. und Karl von Valois, wegen seiner Mitverantwortung dafür, daß das unter florentinischer Verwaltung stehende Pistoia in die durch den Sturz der weißen Guelfen in Florenz verursachten Unruhen mit hineingezogen worden war.

Dafür wurde folgende Strafe gegen ihn verhängt: Verbot, jemals wieder ein öffentliches Amt zu übernehmen, eine zweijährige Verbannung aus der Toskana sowie eine Geldstrafe in Höhe von fünftausend kleinen Goldgulden.

Von diesem Urteil erfuhr er auf dem Rückweg nach Florenz, nachdem Papst Bonifatius ihn freigelassen beziehungsweise er selbst sich seiner Gewalt entzogen hatte. Villani zufolge befand er sich gerade in der Nähe von Siena.

Für die Zahlung der fünftausend Gulden war ihm eine Frist von drei Tagen gesetzt worden. Das war ein überaus hoher Betrag, und im übrigen war die Frist bereits verstrichen. Nun war also mit dem Schlimmsten zu rechnen. Am 10. März war es soweit: in Abwesenheit wurde er zum Tode auf dem Scheiterhaufen verurteilt. Sein Besitz wurde konfisziert. Ein Schicksal, das er mit weiteren vierzehn zu den Weißen zählenden Prioren beziehungsweise *Gonfalonieri* teilte. In derartigen Fällen kam es vielfach vor, daß eine Meute zum Haus des Verbannten zog, sich gewaltsam Zutritt verschaffte, die Wohnung plünderte und alles kurz und klein schlug. Auch den Alighieri erging es so. Das berichtet Leonardo Bruni.

Da also mit einem solchen Überfall zu rechnen war, hatte Gemma in aller Eile noch schnell einige Truhen mit Dingen gefüllt, die für die Familie von besonderem Interesse waren, und hatte sie an einen sicheren Ort bringen lassen. In einer dieser Truhen befanden sich Schriften Dantes.

Jahre später gerät jemand durch Zufall an eine der Truhen und zieht eine merkwürdige, in lateinischen Versen geschriebene Schilderung einer Reise ins Jenseits hervor. Sie umfaßt sieben Gesänge, das heißt also den ersten Teil einer, wie zu vermuten steht, breit angelegten, eingehenden Darstellung. Es ist nicht zu verkennen, daß man es mit dem Anfang einer Dichtung von einzigartiger Schönheit zu tun hat, die Höhepunkte und Persönlichkeiten der florentinischen Geschichte in Erinnerung ruft, also auch von daher von größter Bedeutung ist. Um sich diesen Eindruck bestätigen zu lassen, gibt man sie einem Mann von umfassender Bildung zu lesen, einem «weithin berühmten Reimedichter» – so berichtete Boccaccio diesen Vorfall. Die Rede ist von Dino Frescobaldi, der große Begeisterung zeigt und Abschriften anfertigt, die dann im Freundeskreis zirkulieren. Es handelt sich um die ersten sieben Gesänge der *Commedia.*

Natürlich stellt sich die Frage, inwieweit dieser Bericht Teil der Legenden ist, die sich um diese Dichtung ranken. Boccaccios Kritiker fanden von jeher seine Phantasie lobenswerter als seine Wahrheitsliebe. In diesem Fall kann man zu seinen Gunsten sagen, daß er selbst am Wahrheitsgehalt dieses Berichts Zweifel äußerte. Mit größerer Sicherheit kann man davon ausgehen, daß der Autor der sieben Gesänge, als er von seiner Verurteilung erfuhr, nach Siena ging, in eine Stadt also, in der man sich auch nicht sonderlich in Sicherheit wiegen konnte. Wurde sie nicht wegen der Leichtfertigkeit, mit der sie ihre Liebhaber wechselte, *la lupa* genannt, die unersättliche Wölfin?

«Die hurende Wölfin», das war eine geläufige Wendung. Ein weiterer Umstand veranlaßte Dante und die anderen, die sich in der gleichen Lage befanden wie er, dieser Stadt zu mißtrauen. Siena war zwar guelfisch, doch die aus Florenz vertriebenen Weißen wurden eher mit den Ghibellinen gleichgesetzt, als daß man sie als die unterlegene Partei innerhalb des guelfischen Lagers angesehen hätte. Sogar sie selbst fühlten sich eher den Ghibellinen nahestehend. Es gab auch einen objektiven Grund dafür – abgesehen davon, daß die Ghibellinen sich ebenfalls im Exil befanden –, nämlich die Tatsache, daß ebenso wie im Lager der Guelfen, die sich in Weiße und Schwarze aufgespalten hatten, sich nun auch bei den Ghibellinen eine Spaltung in Gemäßigte und Radikale vollzogen hatte. Die Gemäßigten wurden als die *verdi,* die «Grünen» bezeichnet, die Radikalen dagegen als die *secchi,* die

«Trockenen». Zwischen Guelfen und Ghibellinen bestand eine tiefe Kluft, wobei allerdings nicht zu übersehen war, daß die guelfischen Weißen von den ghibellinischen Grünen weniger weit entfernt waren als von den Schwarzen und die Grünen ihrerseits von den sogenannten Trockenen. Noch unübersichtlicher wurde die Lage dadurch, daß die weißen Guelfen in einen Topf mit den Ghibellinen geworfen wurden.

Von daher ist es verständlich, warum diejenigen Weißen, die nicht in das guelfische Siena geflüchtet waren, sich für das ghibellinische Arezzo entschieden hatten und sich dort sicherer fühlten als in Siena. Nachdem sie beschlossen hatten, sich zu sammeln, ihre zahlenmäßige Stärke festzustellen, sich zu formieren, trafen sie sich in einer Burg der Ubertini in Gargonza auf halbem Wege zwischen Siena und Arezzo. Die Ubertini waren seit jeher Ghibellinen, ebenso wie die Herren von Arezzo, das Geschlecht della Faggiuola. Einer von ihnen, Uguccione della Faggiuola, war dort Podestà. Für Dante war der Umgang mit ghibellinisch gesonnenen Kreisen gleichbedeutend mit einer offiziellen Kundgabe seiner Gesinnung.

Bis dahin hatte er sein Ghibellinentum erlebt wie einen Fieberanfall. Nun, da er sich in ghibellinischen Kreisen bewegte und das Gefühl hatte, mit seiner neuerworbenen Bewegungsfreiheit gleichsam eine Schwelle überschritten zu haben, fühlte er sich wie ein Patient und zugleich wie ein Arzt, der das Fieber als eine Art Legitimation für seine eigene Berufung empfindet. Das heißt, die Tatsache, daß er seiner Berufung folgen konnte, wog den Nachteil auf, gleichzeitig auch Patient zu sein. Wenn er also auch an seiner Situation leiden mochte, so ermöglichte sie ihm doch auch, als Arzt der Menschheit aufzutreten.

Genau das war er nun: Arzt der Menschheit, denn jetzt hatte er gleichsam die Fesseln gesprengt, die ihm die Rivalitäten innerhalb des einen politischen Lagers angelegt hatten – die zwischen Schwarzen und Weißen –, und er hatte sich aufgemacht, auf einer höheren Ebene zu agieren, bei der es um weit größere Gegensätze ging: die zwischen Guelfen und Ghibellinen, zwischen Papsttum und Kaisertum.

Viele seiner im Exil lebenden Gefährten gaben sich noch immer der Illusion hin, Albrecht von Habsburg werde ihnen zur Seite stehen. Albrecht machte jedoch keinerlei Anstalten, sich mit den italienischen Problemen zu befassen, ebensowenig wie sein Vater Rudolf dies getan hatte. Beide waren sie so sehr mit den Problemen ihrer Donaumonarchie beschäftigt, daß Italien darüber in Vergessenheit geriet. Und infolgedessen glaubten immer weniger Ghibellinen, für ihre eigene Sache zu kämpfen, indem sie sich für die Sache des Kaiserreichs einsetzten. Viele von ihnen waren reichlich ernüchtert, waren kompromißbereit geworden, vor allem die Grünen. Und Dante selbst hätte sich inzwischen wohl eher zu den Grünen zählen können als zu den weißen Guelfen.

Den Schritt vom Guelfen zum Ghibellinen hatte er noch nicht getan; auch im Exil war er nach wie vor einer der namhaftesten Vertreter der Weißen. In seinem Innersten hatte er ihn allerdings bereits vollzogen, und zwar nicht in dem Sinne, daß er einfach zum anderen Lager übergewechselt wäre, sondern insofern, als er mit seinen alten Auffassungen, die seine antipäpstliche Haltung bestimmt hatten, nunmehr den Rahmen des parteigebundenen Individuums sprengte, und sich dem – vielleicht utopisch anmutenden – Plan zuwandte, die Menschheit unter den Fittichen des kaiserlichen Adlers zu vereinen und sie von allen Übeln zu heilen.

Es handelte sich dabei um einen Plan, der im gleichen Maße reifte wie die zu schreibende Abhandlung, der er den Titel *Monarchia* geben sollte. Schon der Titel machte hinreichend deutlich, in welche Richtung seiner Meinung nach alle Flüsse der Welt flossen und wo sie mündeten, wenn auch die gegenwärtigen Schwierigkeiten, die sich der Realisierung dieses Planes entgegenstellten, nicht zu übersehen waren – angefangen von der Gleichgültigkeit des Kaisers gegenüber den Vorgängen in Italien. Und dennoch konnte ihn nichts daran hindern, das Beste zu erhoffen, die Dinge, an die er glaubte, inbrünstig herbeizusehnen. Schließlich stand ja die Reichsidee über den einzelnen Persönlichkeiten, die sie jeweils verkörperten. Das war ein guter Ausgangspunkt, um die Rückkehr nach Florenz zu betreiben, das heißt, um Florenz den Krieg anzusagen. Vor allem jedoch galt es nun, da sich ein Kontakt zwischen den weißen Guelfen und den grünen Ghibellinen ergeben hatte, einen Standort zu finden, von dem aus sich die gemeinsamen Anstrengungen fortsetzen ließen.

Bei dem Treffen auf der Burg der Ubertini in Gargonza fiel die Wahl auf Arezzo, das unter Uguccione della Faggiuola, der schon zum sechsten Male Podestà war, hinreichenden Schutz bot. Zweifellos konnten diejenigen, die den Weißen ghibellinische Tendenzen vorgeworfen hatten, als diese noch Florenz beherrschten, nun für sich in Anspruch nehmen, daß sie mit diesem Vorwurf richtig gelegen hatten. Selbst Papst Bonifatius VIII. konnte angesichts des Verhaltens der Weißen während ihres Exils, angesichts ihrer Bündnispolitik, zu dem Schluß kommen, daß diese Vorwürfe nicht unbegründet waren. Aber bekanntlich lassen sich die Menschen lieber durch äußere Umstände lenken als durch ihren eigenen Willen, und so waren es auch die Umstände gewesen, die die Weißen dazu veranlaßt hatten, ihre Sicherheit Uguccione anzuvertrauen. Und so kam es denn, daß Dante dessen Bekanntschaft machte.

Er war sehr beeindruckt von Uguccione. Wie immer das bei den anderen ausgesehen haben mochte, bei ihm jedenfalls bewirkten diese Umstände, daß er eine gewisse Verachtung gegenüber den Weißen empfand, die sich aus der Regierung hatten ausbooten und in die Verbannung schicken lassen. Ihr Verhalten war gekennzeichnet durch einen Mangel an Ehrgefühl und die Unfähigkeit, die Zähne zu zeigen, was nicht so sehr den einzelnen anzulasten war, etwa den Cerchi oder den anderen wohlhabenden Familien, als vielmehr der gesamten sozialen Schicht, der sie angehörten.

Diese Ereignisse hatten gezeigt, daß es sich bei ihnen noch nicht um eine eigenständige soziale Schicht handelte; eine solche muß nämlich erst einmal Wurzeln schlagen, um überhaupt Früchte tragen zu können, das heißt um Werte zu schaffen, was freilich nicht zu verwechseln ist mit dem Geschick, das diese Gruppierung im Geschäftsleben an den Tag legte, oder mit der Skrupellosigkeit, mit der sie ihre Interessen zu wahren wußte.

Natürlich ließ sich daraus auch folgern, daß sich jede soziale Schicht in kritischen Situationen in einer Weise verhält, die Rückschlüsse auf ihre Mentalität zuläßt, die zeigt, ob sie Rückgrat besitzt oder nicht. Die *grassi* also hatten sich ihrer Mentalität entsprechend verhalten, hatten ihre hinterhältige Krämerseele offenbart. Auch wenn sie dieses Mal eine Niederlage hatten hinnehmen müssen, handelte es sich im Grunde genommen um eine Mentalität, die für die neue Kultur kennzeichnend war, um die Alternative zu einer Lebensauffassung, die üblicherweise der alten Feudalaristokratie zugeschrieben wird.

Der Adel – beziehungsweise dessen Überreste – vegetierte dahin wie ein Baum, der nichts mehr gemein hat mit der Landschaft um ihn herum, die im Laufe der letzten Jahrzehnte tiefgreifende Änderungen durchgemacht hat. Aber eben angesichts dieses Relikts, dieses Baumes, war Dante davon überzeugt, daß es kein Ding der Unmöglichkeit war, die alte Landschaft wiederherzustellen. Dieses Unterfangen mochte gewagt, äußerst diffizil erscheinen, war jedoch zweifellos faszinierend und verdiente den Einsatz aller Kräfte. Teil seiner politischen Zielvorstellungen war, die Kräfte zu einem Ausgleich zu bringen, die sich die Herrschaft über die Welt streitig machten, und zwar dadurch, daß der unersättlichen Theokratie das genommen wurde, was ihr nicht zustand, ihr nicht zustehen konnte: die Territorien der weltlichen Herrschaft, des Kaisertums.

Dante war der Meinung, daß die staatliche Autorität im Kaiserreich ebenso als gottgewollt zu gelten habe wie die geistliche. Und doch konnte er ungeachtet derartig hehrer Argumente gewisse Sympathien nicht verhehlen, die ihn dazu veranlaßten, für die eine Partei einzutreten und nicht für die andere. Vermutlich hatte er bei seiner Entscheidung für die Ghibellinen auch das Gefühl, daß es um eine Entscheidung zwischen zwei Charakteren, zwei Lebensweisen ging.

Dante hatte niemals großen Enthusiasmus für die Demokratie gezeigt, auch wenn er sich zugunsten der *Ordinamenti di giustizia* ausgesprochen hatte. Nun aber sah er sich in seinem Argwohn gegenüber den Aristokraten bestärkt und fand sich plötzlich durch eine Kluft von seinen wohlhabenden Freunden getrennt. Bei den Magnaten, den Granden hatte ihn von jeher die harsche Arroganz abgestoßen, bei den Weißen störte ihn jetzt fast noch mehr der fehlende Edelmut, die Ignoranz und das ewige Zaudern. Das war der Grund, warum er sich zu Uguccione della Faggiuola hingezogen fühlte. So suchte er schon gleich zu Beginn des Exils Kontakt zu Aristokraten wie den Faggiuola – nicht zuletzt weil er sich an Aristokraten halten mußte, um den für sein Dasein als Verbannter notwendigen Schutz und die materielle Hilfe zu bekommen.

Uguccione war von riesenhafter Gestalt und besaß eine Kraft, für die er nicht minder gerühmt wurde als für seinen Mut. Von seinem Blick hieß es, er könne Angst und Schrecken einflößen. Die Natur hatte diesem Haudegen, der in das Amt des Podestà von Arezzo berufen worden war, mit all dem ausgestattet, was einem Mann eine eindrucksvolle Erscheinung verleiht, ohne ihm jedoch Eigenschaften zu versagen, die eine gewisse Anziehungskraft besitzen: ein heiteres Wesen, Verstand, die «Kunst zu fabulieren». Diese Eigenschaften besaß er in hinreichendem Maße, so daß sie sehr wohl als Grundlage für eine freundschaftliche Beziehung zu dienen vermochten.

Eine derartige Beziehung verband ihn mit Dante. Und dieser sollte von ihm nicht enttäuscht werden.

Dante machte sich daran, die in Gargonza gefaßten Beschlüsse in die Tat umzusetzen. In Arezzo vereinen Weiße und Grüne ihre Kräfte unter der Führung von Alessandro da Romena.

Man rüstete zum Angriff auf die Schwarzen, und die Ubaldini, die das mit diesem Angriff verbundene Risiko auf sich nahmen, versuchten sich nach Möglichkeit abzusichern. Sie verlangten eine Entschädigung eventuell entstehender Schäden an ihren Burgen im Mugello. Diese Vorsichtsmaßnahmen waren keineswegs überzogen. Die Schwarzen selbst lieferten hierfür den Beweis, als sie im August einen Überraschungsangriff auf die Exulanten unternahmen und das Gesetz des Handelns an sich rissen. Die Weißen warfen sie bei Monte Accianico zurück.

Dante wird zu Scarpetta degli Ordelaffi nach Forlì entsandt, der sich einst mit Uguccione die ghibellinische

Herrschaft über die Romagna geteilt hatte. Das erste Treffen mit den Schwarzen muß die Exulanten davon überzeugt haben, daß es ganz anderer Kräfte bedurfte, um Florenz zurückzugewinnen, um die Stadt in die Knie zu zwingen. Scarpetta geht auf ihr Ersuchen ein und gründet eine Liga verschiedener Städte, darunter Forlì, Imola, Faenza, Bologna, Arezzo, der sich auch Bernardino da Polenta anschließt, der Bruder Francescas, den Dante in Campaldino kennengelernt hatte. Unterstützt wurde die Liga durch Pisa und Pistoia, denen die Aufgabe zufiel, die Florentiner in Ablenkungsmanöver zu verwickeln, so daß das Heer Scarpettas ungestört anrücken konnte. Verstärkung traf sogar aus Verona ein, die Bartolomeo della Scala geschickt hatte, bei dem Dante ebenfalls als Gesandter gewesen war.

Insgesamt wurden viertausend Fußsoldaten und siebenhundert Reiter aufgeboten. Sie nahmen die Burg Pulicciano in der Nähe von Borgo San Lorenzo ein. Damit hatte das Heer allerdings schon das Ende seines Vormarsches erreicht: vom Nachfolger von Cante de' Gabrielli, dem Podestà Fulcieri da Calboli, einem Intimfeind der Ordelaffi, wurde es in die Flucht geschlagen und aufgerieben. Das war im März 1303. Die Gefangenen wurden mit unvorstellbarer Grausamkeit zu Tode geschunden, zur Abschreckung vor jeglichem weiteren Versuch, die Rückkehr in die Heimat mit Waffengewalt zu erzwingen. Im *Purgatorio* sollte Dante voller Wut und Empörung des Fulcieri gedenken. Gedrückter Stimmung kehrte man nach Arezzo zurück.

Wie Villani berichtet, sind Weiße und Ghibellinen «geschlagen und zersprengt» aus der Niederlage hervorgegangen. Schon bald stellt sich heraus, daß in der Beziehung zwischen den Verbannten und der Stadt, die ihnen Zuflucht gewährt hat, eine Veränderung eingetreten ist. Sie können sich dort nicht mehr in Sicherheit wiegen. Uguccione gibt zu verstehen, daß er den tristen Anblick und die unterschwelligen Ressentiments der Verbannten auf den Straßen von Arezzo nicht länger zu dulden gewillt ist. Überdies hatte er den Frieden mit den Guelfen der Romagna unterzeichnet.

Papst Bonifatius VIII. hatte alles darangesetzt, um den Spielraum der florentinischen Weißen, die nun ghibellinischer Tendenzen bezichtigt wurden, immer weiter einzuschränken. Er hatte den Versuch unternommen und setzte seine Bestrebungen weiterhin fort, die gemäßigten Ghibellinen auf seine Seite zu ziehen. Einen von ihnen, Scarpetta degli Ordelaffi, hat er sogar zu seinem Statthalter in der Romagna ernannt. Dann hatte er die gegen Uguccione wegen seines Eintretens für die ghibellinische Sache verhängte Exkommunikation aufgehoben und durch das Versprechen, einen seiner Söhne zum Kardinal zu machen, eine Annäherung herbeigeführt. Eine Annäherung an Uguccione hat auch Corso Donati vollzogen.

Corso ist mit den anderen Exponenten der Schwarzen aneinandergeraten; seine Situation wird auf einmal sehr schwierig, da sich Florenz seinen Ambitionen entgegenstellt. Es heißt, er strebe danach, die Herrschaft über die Stadt an sich zu reißen. Sicherlich auch aus dem Grunde, sich einen einflußreichen Bundesgenossen zu sichern, hat er um die Hand einer Tochter Ugucciones angehalten, die nun seine dritte Frau wird, nachdem auch seine zweite Frau gestorben ist. So kommt Uguccione also zu diesem Schwiegersohn und zu einer erheblich abgeschwächten antiklerikalen Haltung, was zur Folge hat, daß seine Verläßlichkeit stark in Frage gestellt scheint. Er macht Zugeständnisse, die bei den Weißen erhebliche Verunsicherung auslösen. Seine Freundschaft zu Dante bleibt davon unberührt, aber die Weißen halten es für angebracht, Arezzo zu verlassen, und Dante zieht mit ihnen.

Ihre Wege trennen sich. Eine Gruppe wendet sich nach Pisa, eine andere nach Pistoia, der größte Teil zieht nach Forlì, wo man bei Scarpetta Schutz zu finden hofft... Sie schlagen also verschiedene Richtungen ein. Dantes Weg hat ihn vermutlich nach Bologna geführt; er hat es offenbar vorgezogen, sich nicht einer Gruppe anzuschließen. Von Natur aus ist er eigentlich eher ein Einzelgänger, auch wenn die Ereignisse ihn dazu veranlaßt haben, in der Öffentlichkeit aufzutreten und ihn zu einem wichtigen Akteur auf der politischen Bühne gemacht haben. Einzelgänger ist er stets geblieben, und zwar insofern, als er nicht in der Lage war, seine Überzeugungen mit denen anderer in Einklang zu bringen.

An Ausnahmen hat es nicht gefehlt. Er hat durchaus auch Menschen kennengelernt, die die gleichen Einstellungen hatten, auf gleichem Niveau standen wie er, etwa Guido Cavalcanti, Cino da Pistoia, und nun Uguccione della Faggiuola, allerdings nicht so sehr in dem Sinne, daß er mit jedem von ihnen völlige Übereinstimmung der Auffassungen erzielt hätte, vielmehr schöpfte ihre Freundschaft aus anderen Quellen, beruhte auf anderen Faktoren als der gleichen politischen Gesinnung. Im Moment war nicht einmal abzusehen, wo oder bei wem er eine Übereinstimmung der politischen Auffassungen hätte finden können: Seine Isolation war ebenso groß wie seine Enttäuschung. Aber er war nicht mehr bereit, sich von den äußeren Gegebenheiten lenken zu lassen, er

wollte sich nicht mehr auf derartige Enttäuschungen einlassen. Wenn diese Isolation denn sein sollte, so zog er es
vor, sie zu seinem Lebensplan, zu seinem Lebensstil zu
erheben.

Er handelte von nun an in eigenem Namen, ohne links
oder rechts nach eventuellen Weggefährten Ausschau zu
halten. Er war nun selbst Partei. Im *Paradiso* sollte er sich
von Cacciaguida während eines Gespräches in dieser Entscheidung bestärken lassen: «. . . zum Lob wird's dir gerei-
chen, daß du dich selbst gemacht hast zur Partei.» Im übrigen gab es gar keinen anderen Weg: wenn sich die Parteien
nicht überwinden ließen, so blieb nichts anderes übrig, als
sich zurückzuziehen. In seiner Enttäuschung erkannte er
nun, daß sein vernichtendes Urteil über die Weißen auch
auf die Grünen zutraf, die keinen Deut anders waren: auch
sie waren jederzeit bereit, die Farbe zu wechseln, ihre
Fahne nach dem Winde zu hängen, auch sie waren lediglich auf die Wahrung ihrer eigenen Interessen bedacht, im
steten Bestreben, ihren Einflußbereich noch weiter abzusichern, wann immer sich dazu die Gelegenheit bot. Er
hatte sich etwas vorgemacht, als er glaubte, eine Hinwendung zum Ghibellinentum würde neue, andere, weitere
Räume erschließen.

Nachdem er also schon kein Weißer wie die anderen
Weißen gewesen war, mußte er nun feststellen, daß er
auch kein Ghibelline wie die anderen Ghibellinen sein
konnte. Die Antwort auf die Frage, was des Kaisers sei
und was Gottes, dieses beherrschende Thema seiner Abhandlung über die *Monarchia*, nahm nun in dem Maße in
ihm Gestalt an, in dem er seine Abkehr von der erdver-
bundenen Politik aller übrigen Verfechter der Reichsidee
vollzog und immer höher in die Gefilde seiner Abstraktio-
nen aufstieg.

In dieser Zeit fühlte er sich durch die päpstliche Bulle

Unam Sanctam indirekt darin bestärkt, seinen Weg fortzusetzen. Verfasser der Bulle war offensichtlich Egidio Romano. Diesem Kanonisten, der schon die Rechtsgrundlagen für die Abdankung Cölestins V. geliefert hatte, war nun auch die Aufgabe übertragen worden, im Namen des Geistes die absolute Vorherrschaft des Papstes gegenüber jeder anderen Macht zu rechtfertigen. Das nämlich war die Aussage dieser Bulle: die Pflicht zur Unterwerfung unter den Papst war nicht nur die Voraussetzung für das ewige Heil eines jeden Menschen, sondern auch die Voraussetzung für die Legitimität all dessen, was sich im Bereich der weltlichen Herrschaft abspielte. Verweigerte man eine derartige Unterwerfung oder lehnte sich gegen sie auf, so bedeutete das nichts anderes als Häresie.

Sie wirkte wie eine Herausforderung gegenüber der Welt, diese *Unam Sanctam*. Und Dante spürte, daß er sich dieser Herausforderung nicht verschließen konnte.

18

Dante war also bei Bartolomeo della Scala gewesen, um ihn um Unterstützung für die von Scarpetta degli Ordelaffi angeführte Liga zu ersuchen. Von diesem Aufenthalt in Verona blieb ihm die Erinnerung an eine für ihn neue Landschaft im Gedächtnis haften, die er am Ufer der Etsch kennengelernt hatte. Sie sollte ihm als Vorbild für die Schilderung einer Szene im *Inferno* dienen, wo er vom Kreis der Erzketzer hinabsteigt in den Kreis der Gewalttätigen wider den Nächsten, in dem sich auch Ezzelino III. da Romano befand, der «Sohn des Satans», wie er im Volksmund genannt wurde, dessen Herrscheramt das Geschlecht der Scaliger übernommen hatte.

Albertino Mussato hatte die Gerüchte um Ezzelin und um seinen Bruder Alberico aufgegriffen und in der Tragödie *Ecerinis* verarbeitet, die sich damals großer Beliebtheit erfreute. Der aus Padua stammende Notar und Politiker Mussato, der gegen die Herrschaftsform der Signoria ankämpfte, die seiner Meinung nach der Tyrannis Vorschub leistete, war also gleichen Geistes Kind wie Dante. Auch er war ein engagierter Bürger und einer der bedeutendsten Köpfe seiner Zeit. Ihm sollte zuteil werden, was dem Florentiner von seinen Mitbürgern versagt geblieben ist: mit Efeu und Myrten gekrönt zu werden.

Was er mit Dante gemein hatte, war sein Eintreten für die Sache der Guelfen, seine Entsendung zu Papst Bonifatius VIII. sowie seine Hoffnung auf einen dereinst von der Vorsehung geschickten Mann, der in der Lage sein würde, die politische Entzweiung und das sich daraus ergebende Unheil zu überwinden. Auch er war daher hocherfreut über die Nachricht, daß Heinrich VII. von Luxemburg nach Italien ziehen wollte. Ihm sollte er seine *Historia Augusta* in sechzehn Bänden widmen, die er nach dem Vorbild des Livius verfaßt hatte. Damit war Albertino Mussato einer der ersten, der wieder auf die für die klassische Literatur charakteristischen Merkmale und Stilelemente zurückgriff. Und insofern war er einer der Vorläufer des Humanismus. Mit Dante teilte er in diesen Jahren das Los der Verbannung. Auch Cino da Pistoia traf dieses Los; bis zum Jahre 1306, als er wieder in seine Heimat zurückkehren durfte, tauschte er mit Dante Sonette aus.

Während sich die beiden Freunde mit Versen über das Los der Verbannung hinwegtrösteten, erlangte ein anderer Dichter glücklicherweise wieder die Freiheit. Jacopone konnte endlich den Kerker verlassen, in den ihn Papst Bonifatius VIII. nach der Niederlage der Colonna hatte werfen lassen. Doch die Gnade der Freiheit verdankte er nicht dem Papst selbst. Viele gravierende Dinge hatten sich unterdessen zugetragen mit der Folge, daß Papst Caetani hatte abtreten müssen. Die Bulle *Unam Sanctam*, mit der die theokratischen Ansprüche aufs neue erhoben worden waren, hatte den Konflikt insbesondere mit Philipp dem Schönen wieder aufleben lassen. Dieser Konflikt war seinerzeit wegen der Steuern ausgebrochen, die der König vom Klerus erhoben hatte, und hatte sich zugespitzt durch die *Clericis laicos*, mit welcher der Papst auf diese Entscheidung reagiert hatte; dann war der Konflikt vorübergehend in den Hintergrund getreten, nachdem der Papst den Bruder des Königs, Karl von Valois, nach Italien gerufen hatte, von dem er sich erhoffte, er könne das Problem Toskana lösen und dem Heiligen Stuhl das Königreich Sizilien zurückerobern.

Das war die beste Phase in den Beziehungen zwischen Philipp und Bonifatius gewesen. Aber sie war nicht von langer Dauer. Der König unternahm alsbald neue Vorstöße, um den Klerus dem weltlichen Recht zu unterwerfen. Vermutlich war Philipp ganz bewußt darauf aus, den Papst zu provozieren. Es war nicht auszuschließen, daß er es auf einen Bruch mit Rom anlegte, um die Besitztümer der kirchlichen Orden einkassieren zu können. Dem Papst war freilich nicht so leicht beizukommen. Im Dezember 1301 wandte er sich mit einer Bulle an Philipp, die in strengem, zugleich aber auch väterlichem Tone gehalten war, wie sich schon aus den einleitenden Worten ergab: «*Ausculta Fili*», «Höre, mein Sohn». Weiter hieß es: «Laß dir, mein lieber Sohn, nicht einreden, du seiest niemandem untertan und brauchtest dich dem Oberhaupt der Kirche nicht zu unterwerfen. Wer so denkt, ist ein Tor, wer das hartnäckig behauptet, ist ein Ungläubiger und gehört nicht zur Herde des guten Hirten.»

In derselben Bulle forderte er ihn auf, vor eine nach Rom zu berufende Synode der französischen Bischöfe zu treten, um mit ihnen über die Übergriffe zu sprechen, die zu Lasten der kirchlichen Freiheiten erfolgt waren, und um ein für allemal zu klären, wie sich diese Freiheiten gewährleisten ließen. Der König war dieser Aufforderung nicht gefolgt, und er war nicht bereit, sich auf eine Diskussion über seine Haltung in Fragen bezüglich seines eigenen Staates einzulassen; er stritt dem Papst das Recht ab, Prälaten zu berufen, die über Dinge urteilen sollten, die nationale Fragen betrafen, und berief seinerseits im April des Jahres 1302 eine Versammlung ein, die das Vorgehen des Papstes mißbilligen sollte.

Diese Mißbilligung richtete sich nicht so sehr gegen die Institution des Heiligen Stuhls, als vielmehr gegen Benedetto Caetani selbst, gegen dessen Person eine regelrechte

Kampagne zur Untergrabung seiner päpstlichen Würde gestartet worden war. Er wurde der Häresie, der Simonie, magischer Praktiken sowie der Sodomie bezichtigt. Diese Anschuldigungen und noch weitere wurden durch wahre und erfundene Vorfälle sowie durch gefälschte Urkunden untermauert. Eine Reaktion darauf konnte nicht ausbleiben: Bonifatius erließ die *Unam Sanctam*. Was hatte man nun von seiten Philipps zu erwarten? Die Kardinäle Jacopo und Pietro Colonna erhoben wieder ihren alten Vorwurf, Bonifatius habe den Stuhl Petri usurpiert, indem er seinen Vorgänger zum Rücktritt gezwungen hatte – ein einmaliger Vorgang in der Kirchengeschichte. In Paris kam es erneut zu einer heftigen Polemik gegen den Papst, und im Juni 1303 wurde eine andere Versammlung dorthin einberufen, die mit dem Beschluß endete, dem Papst auf einem allgemeinen Konzil den Prozeß zu machen.

Bonifatius ging zur Verteidigung und zum Gegenangriff über. Unter Eid versicherte er, die gegen ihn erhobenen Vorwürfe entbehrten jeder Grundlage, und er beschloß, den Kirchenbann gegen Philipp zu verhängen. Er hatte vor, diesen Beschluß am 8. September öffentlich kundzutun, und zwar in seinem Palast in Anagni, wohin er sich häufig zurückzuziehen pflegte und wo er sich auch jetzt gerade aufhielt. Am Tag zuvor jedoch tauchte ein Trupp Bewaffneter in dem kleinen Ort im Saccotal auf, «mit den Feldzeichen des Königs von Frankreich». So berichtet Villani.

Sie standen unter dem Befehl von Sciarra aus dem Geschlecht der Colonna sowie von Guillaume de Nogaret, einem der Ratgeber Philipps. Doch wie immer, wenn es um die Staatsräson geht, wird diese vorgeschoben, um hinter ihr die mannigfaltigsten Interessen zu verbergen. So ist es auch in diesem Fall, wo sich zu den Überlegungen

Philipps noch die Interessen einer großen Bank wie die der Familie Peruzzi hinzugesellen, die offenbar zu dem Schluß gekommen ist, daß unter einem anderen Papst noch größere Gewinne zu erzielen wären. Giovanni Villani finanzierte im Auftrage der Peruzzi den Überfall von Anagni. Die Kardinäle und praktisch das gesamte Gefolge des Papstes suchen das Weite oder verstecken sich, als die Soldaten auftauchen. Bonifatius hat nur noch einige wenige Angehörige um sich.

Wenn er jetzt sterben muß, denkt er, dann so, wie es sich für «einen Papst geziemt». Er läßt sich die für feierliche Gelegenheiten vorgesehenen Paramente anlegen und läßt sich «mit den Schlüsseln und dem Kreuz in der Hand auf den päpstlichen Stuhl» nieder, umgeben von seinen Angehörigen. Sonst ist von seinem Hofstaat niemand mehr anwesend. Dieses Mal, das ist ihm klar, wird es nicht die Feierlichkeit der Zeremonie sein, die seine Feinde einschüchtert, ihnen Einhalt gebietet.

Doch obgleich er beschlossen hat, sich über nichts zu wundern, in seiner Reglosigkeit einen entrückten Eindruck zu vermitteln, hätte wohl nicht einmal er selbst damit gerechnet, daß eine Hand sich gegen ihn erheben würde. Es ist die Hand Sciarra Colonnas. Sciarra beginnt, ihn wüst zu beschimpfen, wie er ihn so dasitzen sieht in seiner ganzen Würde, wie versteinert, in unnahbares Schweigen gehüllt und jene Gleichgültigkeit zur Schau stellend, mit der die Unantastbarkeit der geistlichen Herrschaft zum Ausdruck gebracht werden soll, deren höchster Repräsentant er ist. Die Hand Sciarras trifft ein kaltes, regungsloses Gesicht, das keinerlei Anstalten macht, dem Schlag auszuweichen.

Auch Guillaume de Nogaret trägt sein Teil bei. Er hält ihm vor, sich gegen seinen König gestellt zu haben, droht, ihn in Ketten legen und wie einen Schurken nach Lyon bringen zu lassen, wohin das Konzil einberufen worden ist, das ihn absetzen und verurteilen soll. Aus den anderen Räumlichkeiten des Palastes dringt der Lärm der Soldaten, ihres gewalttätigen, raublustigen Treibens, das ganz ihrem martialischen Aufzug entspricht, der Angst und Schrecken ausgelöst hat.

Nachdem die Soldaten die Angehörigen des Papstes abgeführt haben, beratschlagen sie, wie sie sich gegenüber dieser auf dem Thron sitzenden Statue verhalten sollen, die nach wie vor eine gewisse Ausstrahlung besitzt.

Sciarra Colonna und Guillaume de Nogaret können Bonifatius offenbar nicht zu einem Akt der Unterwerfung bewegen. Ein erster Tag vergeht und dann ein zweiter, und ein dritter bricht an. Man hat den Eindruck, als solle mit Beleidigungen und Drohungen Zeit geschunden werden. Doch mit einemmal wird das hinhaltende Warten unterbrochen. Eine wilde Horde rückt an. Da merken die Soldaten, daß ringsumher alles in Aufruhr geraten ist, daß ganz Anagni sich zusammengerottet hat, um den Papst zu befreien, um zu verhindern, daß er fortgeführt werde. Da es nicht ratsam scheint, sich auf eine Schlacht einzulassen, beschließt man, das Feld zu räumen.

Von diesem Anschlag auf seine Würde sollte sich Bonifatius indessen nicht mehr erholen. Während er der Provokation sein Schweigen entgegensetzte, hatte er sich selbst Mut gemacht, indem er sich den Tod Christi in Erinnerung rief. Wenn Christus Golgatha hingenommen hatte, so wollte er auch ohne mit der Wimper zu zucken die Gewalttätigkeiten hinnehmen, die ihm diese finsteren Gesellen androhten. Nun aber mußte er erkennen, daß dieser Lanzenstich in die Seite zwar kein Blut hatte fließen lassen, darum aber nicht weniger lebensbedrohlich gewesen war.

Knapp einen Monat nach der von Sciarra Colonna erteilten Ohrfeige hauchte er sein Leben aus: am 11. Oktober des Jahres 1303. Er endete, so sagten seine Feinde, elend wie ein Hund.

Bonifatius werde das Pontifikat antreten wie ein Fuchs, herrschen wie ein Löwe und enden wie ein Hund, hatte sein Vorgänger auf dem Papstthron angeblich geweissagt. Während er noch wie ein Löwe herrschte, hatte er bei Arnolfo di Cambio ein Grabmal für Sankt Peter in Auftrag gegeben. Das schönste, so hieß es, das je ein Papst gehabt habe. Aber obgleich er wie ein Hund endete, also einen erbarmungswürdigen Tod fand, ersparte ihm das nicht harsche Kritik an seiner Amtsführung, wenn ihn auch der plötzliche Tod vor der Demütigung eines Prozesses bewahrte, für den ein gewisser Guillaume de Pleisans dem König von Frankreich neunundzwanzig Anklagepunkte vorgelegt hatte.

Die darin aufgeführten Anschuldigungen bestätigten, daß der Teufel, wie Ubertin von Casale in *Arbor vitae crucifixae* schrieb, unter den Menschen keinen Verderbteren als diesen Benedetto Caetani für die Besetzung des Stuhles Petri hätte finden können. Selbst Dante hätte kaum einen schlimmeren Vorwurf erheben können. Wer weiß, ob sich nun, da Bonifatius tot ist, für ihn die Möglichkeit eröffnet, in die Heimat zurückzukehren. Die Weißen beginnen Hoffnung zu schöpfen. Was über den Nachfolger von Bonifatius, den dreiundsechzigjährigen Nicolaus Boccasini aus Treviso, der als Benedikt XI. das Pontifikat antritt, bekannt ist beziehungsweise über ihn erzählt wird, gibt Anlaß zu neuen Hoffnungen. Die Situation in Florenz allerdings läßt nicht viel Raum für Illusionen.

An die Stelle des Konfliktes zwischen Weißen und Schwarzen ist ein neuer getreten, der die Schwarzen untereinander entzweit. Den Ambitionen Corso Donatis auf die Übernahme der Herrschaft widersetzen sich nämlich einige seiner Parteigänger aufs heftigste, an ihrer Spitze Rosso della Tosa. Rosso hat die Führung der *grassi* übernommen, die gemeinsam mit den Schwarzen die Herrschaft über die Stadt ausüben. Der Zwist zwischen dieser Gruppierung und derjenigen Corso Donatis kommt im ersten Sommer des Pontifikats Benedikts XI. offen zum Ausbruch. Verschärft wird die Situation sowohl durch die Aversionen der *magri* als auch durch die geheimen Machenschaften der *grassi* selbst.

Die einen betrachten sich als Widersacher der Donati wie auch als Widersacher ihrer ehemaligen Freunde, die nun gemeinsam mit den ehemaligen Weißen die Macht ausüben. Die anderen befürchten, die Auseinandersetzungen zwischen den großen Familien der Schwarzen könnten zu ihren Lasten gehen; daher versuchen sie, Verbindung mit ihren im Exil befindlichen Leuten aufzunehmen, obgleich deren Zusammenarbeit mit den ghibellinischen Reaktionären zu einer ausgesprochen verzwickten Situation führt, die erhebliche Probleme aufwirft. Die Stadt erlebt unterdessen einen Sittenverfall (Giordano da Rivalto wettert von der Kanzel herab gegen das immer früher beginnende Liebesleben der jungen Leute) und eine besorgniserregende Zunahme der Kriminalität, wie das in turbulenten Zeiten vielfach der Fall ist. Die Justiz hat alle Hände voll zu tun. In den Monaten August und September des Jahres 1303 werden ein gutes Dutzend Urteile vollstreckt, die auf Tod durch den Strang, durch das Schwert beziehungsweise den Scheiterhaufen lauten.

Die Zahl der Todesurteile und der Hinrichtungen steigt allerdings auch dadurch, daß manch einer aus Angst vor der Sünde in das andere Extrem des ketzerischen Fanatismus verfällt. Bis vor wenigen Jahren gab es in der Stadt nicht wenige «Brüder des apostolischen Lebens» oder, wie sie allgemein genannt wurden, Apostoliker, deren Lebensweise auch in Florenz Verbreitung gefunden hatte. Ausgangspunkt dieser Bewegung war Parma gewesen, wo ein Laie angefangen hatte, Jünger um sich zu scharen, indem er eine Lebensweise predigte, die sich an der Armut der Apostel orientierte. Seine Anhänger bekleideten sich nur mit Lumpen, zogen von einer Gegend zur anderen und teilten sich Besitztum und Frauen. Sein Name war Gerardo Segalelli. Er war lebendig verbrannt worden, doch seine Ideen lebten weiter: sie wurden von Dolcino Torniello aus Novara aufgegriffen, der die Führung der Sekte übernahm. Dante sollte seiner im *Inferno* gedenken.

Viele Florentiner fühlten sich von seinen Predigten angesprochen und zogen mit Tausenden seiner Anhänger in das Valsesia. Wenige Jahre später wurde ein Kreuzzug gegen sie ausgerufen. Ein vergebliches Unterfangen, da die Apostoliker in ihren Berghütten sehr wohl dem Vorstoß gegen sie zu trotzen wußten. Daraufhin wurde beschlossen, in der Gegend, in der sie sich versteckt hielten, sämtliche Felder und Ortschaften zu verwüsten, um sie auf diese Weise auszuhungern. Dante sollte im *Inferno* einem der Verdammten die an Dolcino gerichtete Empfehlung in den Mund legen, er möge sich mit Proviant wohl versehen, wenn er es vermeiden wolle, sich ergeben zu müssen. Aber der Ratschlag kommt zu spät, der Hunger hat die Apostoliker gezwungen, aus ihrem Unterschlupf hervorzukommen. Zu Hunderten werden sie unter greulichen Martern hingerichtet. Dolcino und seine Gefährtin Margherita werden gefangengenommen. Zuviel der Gnade wäre es gewesen, sie sogleich dem Scharfrichter zu überantworten.

Ihnen droht der Scheiterhaufen. Doch zuvor wird ihnen das Fleisch mit glühenden Zangen vom Leibe gerissen. Das trägt ihnen Dantes respektvolles Mitgefühl ein. Fra

Dolcino ist der einzige Führer einer häretischen Bewegung seiner Zeit, von dem in der *Commedia* die Rede sein sollte – auch wenn das Mitgefühl Dante nicht daran gehindert hat, ihn unter die Schismatiker einzureihen, denen ein Teufel mit seinem Schwert entsetzliche Wunden beibringt. Damit bringt Dante seine Mißbilligung darüber zum Ausdruck, daß Fra Dolcino zum Ungehorsam gegenüber der Kirche aufgerufen hat.

Florenz blieb weiterhin, wie schon seit eh und je, uneins, in sich zerrissen. Zunächst waren es die Guelfen und die Ghibellinen gewesen, die sich bei diesem Tauziehen um die Vorherrschaft gegenseitig zu übertrumpfen versucht hatten; dann war die Reihe an den Weißen und den Schwarzen gewesen; nun sind es die Schwarzen, die sich untereinander bekämpfen: auf der einen Seite Corso Donati, der nicht der Regierung angehört, und auf der anderen Rosso della Tosa, der in Amt und Würden steht, beide jedoch mit dem Ziel – Corso erklärtermaßen, Rosso vielleicht etwas weniger offenkundig –, sich zum Alleinherrscher über Florenz aufzuschwingen. Doch abgesehen von diesen Zwistigkeiten der Schwarzen untereinander besteht nach wie vor deren erbitterte Feindschaft gegenüber den Weißen im Exil. Immer wieder hatten die Päpste Legaten entsandt, um die Gemüter zu beschwichtigen und einen Ausgleich zwischen den verfeindeten Parteien zu suchen. Papst Benedikt XI. bildete da keine Ausnahme.

Er gehörte dem Orden der Prädikanten an, deren Generalprior er gewesen war. Und ein Angehöriger seines Ordens, Niccolò da Prato, den er gerade zum Kardinal erhoben hatte, war es auch, den er in diese infernalische Stadt an den Ufern des Arno entsandte. Seine Gelehrsamkeit verschaffte Niccolò hohes Ansehen, aber trotz seiner bescheidenen Herkunft blieb er doch von Hause aus Ghibelline. Das war natürlich nicht gerade hilfreich, die Schwarzen günstig zu stimmen, selbst wenn sie bereit gewesen wären, einer Vereinbarung zuzustimmen, die zur Heimkehr der Weißen aus dem Exil geführt hätte. Zumindest in den Reihen der Guelfen wollte man eine allgemeine, umfassende Aussöhnung herbeiführen, die selbstverständlich auch die Verbannten mit einschließen mußte, deren Hoffnungen mit dem Tode des Papstes Bonifatius VIII. neue Nahrung erhalten hatten.

Sie sahen sich bereits heimkehren, was freilich die Mienen der Schwarzen verfinsterte, die versuchten, die Pläne des päpstlichen Gesandten zu durchkreuzen. Dieser setzte mit Unterstützung des Volkes, dem die neue Regierung alles andere als genehm war, seine Bemühungen fort. Es gelang ihm, einige der großen Familien dazu zu bewegen, wieder freundschaftliche Beziehungen miteinander aufzunehmen und dies öffentlich auf dem Platz vor Santa Maria Novella zu bekunden, wo am 26. April 1304 die Aussöhnung in einer feierlichen Zeremonie mit einem Kuß auf den Mund besiegelt wurde.

Darüber hinaus hatte er auch Kontakt mit den Verbannten aufgenommen, um deren Stimmung und Absichten zu ergründen. Sie hatten sich erneut in Arezzo eingefunden, unter ihnen auch Dante. Sein Bruder Francesco nahm in Arezzo ein Darlehen über zwölf Goldgulden auf, die zweifellos für den Exulanten bestimmt waren, der überdies noch ein anderes Zeichen seiner Anwesenheit in dieser Stadt hinterlassen hat, nämlich einen Brief an Oberto und Guido di Aghinolfo, die Grafen von Romena und Neffen des Führers der Weißen, Alessandro da Romena. Niccolò da Prato versucht, den Verbannten das Versprechen abzunehmen, nach ihrer Heimkehr der Rache zu entsagen und überhaupt alles zu tun, um nur nicht wieder in den alten Teufelskreis der Parteienkämpfe zu verfallen.

Dante befindet, daß die Bedenken und die Vorschläge des Kardinals nicht unberechtigt sind. Und es steht zu vermuten, daß er seinen ganzen Einfluß geltend gemacht hat, um die Weißen zu veranlassen, entsprechende Zusagen zu machen. Ein Brief, höchstwahrscheinlich von ihm selbst im Namen von Alessandro da Romena geschrieben, in dem es dem Kardinal anheimgestellt wird, die Bedingungen für die Rückkehr der Weißen festzulegen. Niccolò läßt eine Abordnung von ihnen, bestehend aus vierzehn Delegierten, nach Florenz kommen, mit denen diese Bedingungen ausgehandelt werden sollen. Die Vierzehn werden jenseits des Arno im Hause Mozzi untergebracht, für das zusätzliche Schutzmaßnahmen angeordnet werden. Auf diese Weise soll ein Anschlag auf sie verhindert werden, der das Werk des Kardinals hätte scheitern lassen können.

Man konnte nicht gerade behaupten, daß das Klima besonders günstig gewesen wäre, um die guten Absichten unter Beweis zu stellen; selbst die Zeremonie auf dem Platz vor Santa Maria Novella weckte nur bei sehr wenigen Illusionen (auch wenn der dabei niedergehende Regen der Begeisterung der Beteiligten keinen Abbruch getan zu haben scheint: «Keiner verließ den Platz», berichtete Compagni). Angeheizt wurde die Stimmung durch die drohende Haltung der Schwarzen, die sich einer Finte bedienten wie vor einigen Jahren, als sie die Vertreibung der Weißen in die Wege geleitet hatten. Damals mußte ein Vorwand für ihre Vertreibung gefunden werden, dieses Mal ging es darum, sie an der Rückkehr zu hindern. Sie überredeten Niccolò, sich nach Pistoia zu begeben. Das geschah am 8. Mai. Und das war praktisch das Ende seiner Friedensmission. Die Schwarzen nutzen seine Abwesenheit, um die Behauptung zu verbreiten, Niccolò betreibe die Sache der Weißen und dadurch möglicherweise zugleich die Sache der mit ihnen verbündeten Ghibellinen. Gefälschte Briefe werden in Umlauf gebracht, mit denen die Absichten des päpstlichen Legaten belegt werden sollen.

Er kehrt nach Florenz zurück und muß feststellen, daß die Stimmung gegen ihn umgeschlagen ist. Nach einigen Tagen bleibt ihm nichts anderes übrig, als abzureisen. Zuvor jedoch macht er seiner Verärgerung Luft und verhängt, wie seinerzeit Matteo d'Acquasparta, ein Interdikt. Das geschieht Anfang Juni.

Mit dem Interdikt belegt, doch endlich frei, ihren tiefsitzenden Ressentiments wieder freien Lauf zu lassen, gibt sich die Stadt erneut voller Inbrunst dem Bruderzwist hin. Und dies um so mehr, als im Juli Papst Benedikt XI. stirbt, und zwar, wie gerüchteweise verlautet, an vergifteten Feigen, die ihm ein als Frau verkleideter junger Mann gereicht hat. Damit haben die Verbannten eine Persönlichkeit verloren, die für ihre Situation Verständnis aufzubringen schien; woraufhin Corso Donati den Versuch unternimmt, mit einem Handstreich die Herrschaft über die Stadt an sich zu reißen. Aber er scheitert. Auch der ebenfalls im Juni unternommene erneute Versuch der Verbannten, mit Waffengewalt nach Florenz zurückzukehren, ist zum Scheitern verurteilt.

Sie verfügen über tausendsechshundert Reiter und neuntausend Fußsoldaten, einschließlich der aus der Romagna, aus Arezzo, Bologna und Pistoia herbeieilenden Ghibellinen. Ein taktischer Fehler besiegelt jedoch bei La Lastra ihre Niederlage. Damit wird für Dante das Exil zum Dauerzustand: von nun an muß er sich damit abfinden, auf die Gastfreundschaft anderer angewiesen zu sein. Nun sieht er sich endgültig isoliert.

Dante beschloß, nach Verona zu gehen, wo er im Auftrag der von Scarpetta degli Ordelaffi angeführten Liga schon einmal gewesen war. Verona war also seine erste «Zufluchtsstätte», und wie sehr er den Scaligern Dank schuldet, sollte er in der *Commedia* zum Ausdruck bringen. Er weilte dort vermutlich von Mitte des Jahres 1303 bis wenige Wochen nach dem Tode des «großen Lombarden», des gastfreundlichen Bartolomeo della Scala, dessen Nachfolge im März 1304 sein Bruder Alboino antrat. Alboino muß wohl von anderem Schlage gewesen sein, so jedenfalls ist anzunehmen, da Dante sich im *Convivio* bei der Diskussion über den Ursprung des Wortes *nobile* einen Seitenhieb gegen ihn nicht verkneifen kann. Damit begann also für Dante die Zeit seiner Abhängigkeit von der Gunst und der Laune anderer.

Dante ist nun, wie er es formulierte, ein «Boot ohne Segel und ohne Steuer, verschlagen zu verschiedenen Häfen und Buchten und Ufern durch den trockenen Wind, welchen die schmerzenreiche Armut ausatmet...».

Auch das sagt er im *Convivio,* mit dessen Prosateil er im Jahre 1304 beginnt, nachdem er an den darin enthaltenen Kanzonen bereits zwischen 1293 und 1295 gearbeitet hatte. Die Arbeit an diesem Werk zog sich dann noch etwa drei bis vier Jahre hin, ohne daß er sie jedoch zu Ende führen konnte. Nur drei der ursprünglich vierzehn geplanten Kanzonen sind von ihm kommentiert worden. Diese Kommentare einschließlich des einleitenden Teils waren gedacht als Teil einer Enzyklopädie in fünfzehn Traktaten.

Dante, der nun immer mehr eine «Partei für sich» bildet, unternimmt mit diesem geplanten Opus den Versuch, sich den Weg zur Rückkehr in die Heimat zu ebnen. Das nämlich ist insgeheim der eigentliche Beweggrund. Wer weiß, ob er dadurch, daß er unter Beweis stellt, über welch umfassende Kenntnisse er verfügt, welcher Höhenflüge sein Geist fähig ist, die Florentiner nicht dazu zu bewegen vermag, ihm jene aufrichtige, einmütige Anerkennung zukommen zu lassen, die sie ihm als Politiker versagt haben. Er hat vor, wie er es bereits im Titel ausdrückt, ihnen ein wissenschaftliches Gastmahl zu offerieren.

Mit diesem Gastmahl knüpft er an eine andere Enzyklopädie an: die seines Meisters Brunetto Latini. Daß er sich damit an einen breiten Leserkreis zu wenden beabsichtigt, ist daran abzulesen, daß er sich der Volkssprache bedient. Vor allem stellt er jedoch anhand der Sprache seine Fähigkeit als Politiker unter Beweis, seine Kenntnisse in die Praxis umzusetzen, das Wissen seiner Zeit zusammenzufassen, eine *Summa* all dessen zu erstellen, was einerseits von Nutzen ist und andererseits der Wahrheit dient. Die Philosophie ist seine Herrin, sie ist diejenige, die ihn nach dem Tode Beatrices in Bann geschlagen hat, aber die Beziehungen, die er zu ihr unterhält, sind kein Selbstzweck, sie sind nicht nur durch das intellektuelle Vergnügen gerechtfertigt, das sie ihm bereiten. Sie zielen weiter. Ein Mann der Tat hätte schwerlich mehr Sinn für das Machbare aufweisen können, und er ist in erster Linie ein Mann der Tat, wenn er auch im Gewande eines Dichters, eines Philosophen auftritt. Nicht von ungefähr spricht er im ersten Traktat, in dem er die Verwendung der Volkssprache rechtfertigt und deren Lob singt, von ihr als von einer «neuen Sonne, die da aufgehen wird, wo die alte untergeht», die denen Licht geben wird, «die in Finsternis und Schatten» sitzen, da die «alte» Sonne, nämlich das Lateinische, nicht zu ihnen dringen kann.

Der Vergleich mit der Sonne ist natürlich nicht alles; mehr noch als nur Betrachtungen über das Licht hat man sich zu erwarten von dieser Lektion über die Dinge der Welt, die sich auf die Erkenntnisse der größten Denker der

Antike stützt; sie kann zu Recht noch etwas Konkreteres für sich in Anspruch nehmen. Insofern ist es bei dieser Enzyklopädie, die sich wie ein Gastmahl präsentiert, nicht verwunderlich, daß der Vergleich von Volkssprache und lateinischer Sprache mit zwei Sonnen, der neuen und der alten Sonne, auf eine stärker diesseitig orientierte Ebene verlagert wird: die Rede ist nun von «Weizen-» statt «Haferbrot». Aber über die Unterschiede zwischen diesen beiden sowie über die Anforderungen, denen die Volkssprache genügen muß, um zur bevorzugten, zur idealen Sprache zu werden, «davon will ich jedoch, so Gott will, ausführlich in einem Buche sprechen», sagt Dante, «das ich ‹Über die Volkssprache› betiteln werde».

Auch dies ist ein Satz aus dem ersten Traktat des *Convivio*, praktisch die Ankündigung seiner Abhandlung *De vulgari eloquentia*, deren Niederschrift er parallel zu der des *Convivio* begonnen hat, die ihn jedoch vermutlich nicht länger als das folgende Jahr in Anspruch genommen hat und ebenfalls nicht zu Ende geführt wurde. Dante macht es sich darin zur Aufgabe, den Ursprung der verschiedenen Sprachen zu erklären, und beginnt bei der Sprachfähigkeit des Menschen und deren Entwicklung. Eine dieser Einzelsprachen ist die italienische Volkssprache, bei der sich wiederum vierzehn Hauptdialekte unterscheiden lassen, die sich ihrerseits in untergeordnete Mundarten, in sekundäre Varietäten gliedern.

Dante stellt fest, daß eine Sprache, die eine eigene nationale literarische Geltung für sich in Anspruch nehmen kann, «erhaben» und «maßgeblich» zu sein habe, *illustre* und *cardinale*, zwei Adjektive, die sich auf die erforderliche vollendete Form und die ihr zugedachte Funktion als allgemeine Grundlage beziehen. Überdies habe sie *aulica* und *curiale* zu sein, also sowohl für den Gebrauch bei Hofe geeignet sein als auch im Senat, der politischen Institution *par excellence*. Nachdem er das Werkzeug mit all seinen Eigenheiten und Besonderheiten vorgestellt hat, erhebt sich die Frage nach seiner Handhabung. Hier nun entwikkelt sich *De vulgari eloquentia* von einem philologischen Traktat zu einer Abhandlung über die Dichtkunst. Auch hier also zeigt sich das für Dante typische Verfahren, das man als ständiges Pendeln zwischen der Technik und dem Stil bezeichnen könnte, zwischen den konkreten und den fiktiven Aspekten, die nebeneinander existieren und ständig ineinander übergehen.

Unterdessen schreibt man das Jahr 1305, und nun, da er nicht mehr damit rechnen kann, mit seinen ebenfalls im Exil lebenden Gefährten in die Heimat zurückkehren zu können, ergreift er selbst die Initiative und schreibt – abgesehen von den literarischen Werken, mit denen er wohlwollendes Interesse bei seinen Mitbürgern zu gewinnen hofft – mehrere Briefe, und zwar nicht nur an einzelne Mitglieder der Regierung beziehungsweise an Persönlichkeiten, die der Regierung nahestehen, sondern auch an das Volk. Das belegt auch Bruni, der ebenfalls einen Brief erwähnt, der mit den Worten beginnt: «*Popule mee, quid feci tibi?*» – «O mein Volk, was habe ich dir getan?» Der Brief ist verlorengegangen, aber die Haltung, die in ihm zum Ausdruck kommt, ist die gleiche wie in der Kanzone von den drei Frauen, «*Tre donne intorno al cor mi son venute*», in welcher sich der Dichter ausmalt, sein Herz drei Frauen zu öffnen – der Gerechtigkeit, dem Naturrecht und dem Menschenrecht –, die wie er selbst heimatlos sind, so daß ihre Gesellschaft ihm Trost spendet und er fast schon Stolz auf seine Verbannung empfindet. Aber das ist nur ein rasches, trotziges Aufbegehren, und sogleich senkt er wieder demütig sein Haupt, um am Ende die Hoffnung zum Ausdruck zu bringen, diese Kanzone möge ihm die Gunst der Weißen wie auch die der Schwarzen eintragen, vor denen er fliehen mußte, die ihm jedoch nun «Frieden geben», das heißt ihm vergeben mögen. Schließlich, so sagt er, ist die Vergebung ein schöner Triumph.

Das ist eine überraschende Wendung für einen derartig widerborstigen Geist, aber es ist auch ein Zeichen dafür, wie schwer ihm das Leben bei Hofe fällt, im Dienste von Herren, die von oben herab bestimmen, wie die zwischen ihnen bestehende Beziehung beschaffen sein soll, die ihm eigentlich nur das Überleben ermöglichen, aber nicht als Mäzene auftreten, unter deren Fittichen er sich in aller Ruhe seinem Werk hätte widmen können. An Ausnahmen sollte es zwar nicht fehlen, an Persönlichkeiten, denen er sich zu Dank verpflichtet fühlte, doch zunächst einmal stellt schon die Tatsache an sich, als Verbannter fern der Heimat leben zu müssen, für ihn ein trauriges Los dar. Immer wieder sollte er von neuem aufbrechen müssen. Nach dem Tode Bartolomeos della Scala führt ihn das Schicksal von Verona aus zu verschiedenen Städten und Burgen, auf einer nur schwer nachvollziehbaren, nicht immer mit Sicherheit abzusteckenden Route.

19

In seiner Schilderung der Umstände, unter denen die ersten sieben Gesänge des *Inferno* aufgefunden wurden, gibt Boccaccio gewissen Zweifeln Ausdruck. Gemma hat die Truhen öffnen lassen, in denen sie Hab und Gut der Familie vor dem heranstürmenden Mob in Sicherheit gebracht hatte, der sofort nach Dantes Verurteilung das Haus der Alighieri heimsuchte. Sie hatte die Truhen irgendwo untergestellt, und nun beschließt sie also – Jahre später –, aus ihnen einige Aufzeichnungen heraussuchen zu lassen. Aber es kommen andere Aufzeichnungen zum Vorschein, eben jene sieben in lateinischer Sprache verfaßten Gesänge. Gemma hatte sich in dieser Angelegenheit an einen Neffen gewandt, an Andrea, den Sohn der mit Leone Poggi vermählten Schwester Dantes.

Der junge Mann war seinem Oheim «in seinen Gesichtszügen», aber auch «in seiner Statur» und in seiner «etwas gebückten Haltung» erstaunlich ähnlich. Andrea war es, der Boccaccio von diesem Fund berichtete und der zur Klärung der Frage, was es damit auf sich habe, die sieben Gesänge Dino Frescobaldi zu lesen gegeben hatte. Dieser ließ sie dann ihrem Verfasser zukommen, und zwar durch einen Markgrafen Malaspina, bei dem Dante zu jener Zeit in der Lunigiana zu Gast war. Allerdings war Andrea nicht der einzige, der sich in dieser Sache Meriten zuschrieb. Derselbe Vorgang wird Boccaccio auch von anderer Seite berichtet: von Dino Perini, einem Freund Dantes. Und eben hier setzen seine Zweifel ein, da er nicht weiß, welchem der beiden Informanten er Glauben schenken soll. Sie beruhen vor allem darauf, daß im sechsten Gesang Ciacco Dante das Exil prophezeit, also von einem Ereignis spricht, von dem Dante noch keine Kenntnis haben konnte, wenn er diese ersten Gesänge tatsächlich noch während seiner florentinischen Zeit geschrieben haben sollte.

Das waren freilich keine Zweifel, die sich nicht hätten ausräumen lassen. Denkbar wäre etwa, daß Dante, nachdem er erneut in den Besitz des ersten Teils seines Poems gelangt war, diesen nicht nur in die Volkssprache übertrug, sondern auch Veränderungen vorgenommen und dabei seiner Situation als Verbannter Rechnung getragen hat. Unabhängig davon, unter welchen Umständen seine Aufzeichnungen tatsächlich aufgefunden worden sind, und was immer auch ihr Inhalt gewesen sein mag, auf jeden Fall läßt sich aus Boccaccios Bericht eine Schlußfolgerung ziehen. Es ist mit einiger Sicherheit anzunehmen, daß Dante bereits während seiner florentinischen Zeit damit begonnen hatte, die *Commedia* zu konzipieren, auf die sich ja schon am Ende von *Vita nuova* ein Hinweis findet, wo er ankündigt, von Beatrice sagen zu wollen, «was noch niemals von einer Frau gesagt ward». Und auch die Erwähnung des Geschlechts der Malaspina kann als Anhaltspunkt für die Zeit gelten – Dante war zwischen 1306 und 1307 deren Gast –, in der er sich an die Ausführung seines Planes machte, der Himmel und Erde umfaßte. Letzteres mehr noch als ersteres, scheint doch das ganze Werk geprägt zu sein vom Erdenleben seines Urhebers, durchwoben von den Fäden seiner eigenen Lebensgeschichte wie auch den Fäden der Geschichte anderer Persönlichkeiten, die sich teils mit seiner eigenen kreuzten, teils den Hintergrund für sie bildeten.

Die Autobiographie des Autors durchzieht wie Filigran

sein gesamtes Werk, und dementsprechend ist sein Urteil über Menschen und Dinge bald mehr, bald weniger geprägt durch Ressentiments und Sympathien, durch Ereignisse, die ihm Anlaß zu tiefem Groll oder aber zu großer Dankbarkeit geben. Ein rastloses, beschwerliches Leben, gekennzeichnet von Phasen bitterer Not, so daß sein Urteil über Gut und Böse zwangsläufig je nach den für das Überleben unabdingbaren materiellen Gegebenheiten ausfallen mußte. Unter derartigen Umständen kann es sogar so weit kommen, daß die eigenen Gefühle entweder hintangestellt oder aber mit einer solchen Bereitwilligkeit an die jeweiligen Gegebenheiten angepaßt werden, daß nicht einmal der Zugehörigkeit zu unterschiedlichen politischen Lagern Rechnung getragen wird. Moroello Malaspina beispielsweise ist ein weiser Mann, die Malaspina sind vorbildliche Gastgeber (einer von ihnen, Franceschino, hat ihn sogar zum Prokurator ernannt in einer Auseinandersetzung mit dem Bischof von Luni, die er, Dante, offenbar mit dem zu Sarzana ausgehandelten Friedensabkommen zur Zufriedenheit beider Seiten beigelegt hat); was macht es da, wenn eben dieser Moroello, der Markgraf von Giovagallo, der Anführer der mit den florentinischen Schwarzen verbündeten Lucchesen, erstere einige Jahre zuvor in der Schlacht gegen die pistoiesischen Weißen zum Sieg geführt hat? In seinem Schloß hat er Dante Gastfreundschaft gewährt, wo dieser sich an die Arbeit an der *Commedia* macht, nachdem er beschlossen hat, die Arbeit am *Convivio* zurückzustellen.

Es ist gut arbeiten, wenn man sich von der Hochschätzung seiner Mitmenschen getragen weiß und abgeschirmt von den teuflischen Heerscharen lebt, die außerhalb der zinnenbewehrten Mauern über einen herfallen und einen mit Fragen, Problemen, Forderungen hart bedrängen könnten. Dante kann diesem Geschlecht nur huldigen, ihm seine Dankbarkeit nur offenbaren, indem er sich ausmalt, auf einer kleinen blumenübersäten Wiese im Vorfegefeuer Corrado Malaspina zu begegnen, dem Enkel Corrados des Älteren, des Begründers der ghibellinischen Linie dieses Geschlechts. Er ist einer jener Ritter, deren er niemals ohne den Ausdruck tiefster Bewunderung gedenkt: er ist ein Mann vom Schlage Farinatas, dessen Heldenmut und Hochherzigkeit zu seinen herausragendsten Tugenden zählen.

Solche Leute können sich allenfalls der Maßlosigkeit schuldig machen. Ist es nicht die maßlose Liebe für seine eigene Familie, die er inmitten des duftenden Blumenflors abzubüßen hat, den Verführer in Gestalt der Schlange fortwährend vor Augen? Eine Liebe, die ihn saumselig gegenüber anderen Pflichten hat werden lassen. Jeden Abend erscheint die Schlange in diesem Tal, gleitet zwischen den Seelen einher und führt sie in Versuchung. Doch schon ist es für Dante erneut an der Zeit, wiederum aufzubrechen aus seinen elysischen Gefilden in der Lunigiana. Was immer der Grund hierfür sein mag: auch sein Aufenthalt bei den Markgrafen Malaspina stellt lediglich eine Etappe dar in seinem unsteten Vagantenleben. Einige Monate des Jahres 1307 verbringt er als Gast der Grafen Guidi auf deren Burg bei Poppi im Casentino.

Kaum im Casentino angelangt, «erschien mir wie ein herniederfahrender Blitz eine Frau, die in Auftreten und Erscheinung ganz und gar meinen Vorstellungen entsprach». Er hat das Bedürfnis, in einem Brief an Moroello hierüber zu berichten.

Diese Erscheinung versetzte ihn in großes Erstaunen: «Aber das Erstaunen wich der Angst vor dem Donner, der sogleich erschallte. Wie nämlich dem Blitz am heiteren Himmel alsbald der Donner folgt, so bemächtigte sich der schreckliche und gebieterische Amor meiner, kaum daß ich die Flamme dieser Schönheit erblickt hatte, und wie ein aus seiner Heimat vertriebener Herrscher, der nach langem Exil nach Hause zurückkehrt, machte er sich mit wildem Ungestüm daran, alles in mir, was sich ihm entgegenstellte, zu töten, zu bannen oder in Ketten zu legen.» Kurzum, die Leidenschaft hat voll und ganz von ihm Besitz ergriffen, er kann an nichts anderes mehr denken als an die Schöne aus dem Casentino.

Boccaccio, der diese Liebe zu dem «Mädchen aus den Bergen» am Oberlauf des Arno bestätigt, fügt hinzu, daß sie, wenn man ihn nicht belogen hatte, «zwar ein hübsches Gesicht hatte, aber auch einen Kropf». Als wolle er damit zur Vorsicht mahnen angesichts dieses *coup de foudre,* durch den sich der Dichter dazu hingerissen sah, «mehr und mehr Lobenswertes in Reime zu fassen».

Davon zeugt auch die Kanzone *«Amor, da che convien pur ch'io mi doglia», «*Amor, der auch betrübt mich macht», die er zusammen mit seinem Brief an Moroello schickt. Sowohl der Brief als auch die Kanzone entfachten kontroverse Diskussionen: handelte es sich bei dem Amor der Kanzone vielleicht um eine Allegorie, die er nach Art der *Vita nuova* in dem Begleitschreiben kommentierte? Jedenfalls war der Liebe, die ihn im Casentino hielt, nur kurze Dauer beschieden. Denn bald schon wendet Dante sich einer anderen Stadt zu: Lucca. Und einer anderen Liebe.

Lucca ist eine Stadt, über die es allerhand Schlimmes zu berichten gibt. Das tat er denn auch in der fünften Bolge des *Inferno*, in der die Sünder schmachten, die sich der Korruption schuldig gemacht haben und die nun im siedenden Pech stecken und von den Teufeln gepeinigt werden, sobald sie zu entfliehen versuchen. Ja, eine vermaledeite Stadt, wo ihm jedoch das Glück widerfährt, einem

Menschen zu begegnen, der ihn durch seine Gastfreundschaft zu einem Sinneswandel veranlaßt: Gentucca. Sehr wahrscheinlich Gentucca di Ciucchino Morla, eine liebenswerte Edelfrau, Gemahlin des Bonaccorso Fondora.

Dante lebt zwischen Ende 1307 und Anfang 1309 unter einem Dach mit ihr und wird mit allen möglichen Aufmerksamkeiten bedacht, die er seinem Ruhm als Dichter zu verdanken hat. Wäre es Liebe gewesen – wie immer sie sich auch manifestiert haben mag, worauf sie sich auch gegründet haben mochte –, so wäre das Fegefeuer wohl nicht der richtige Ort gewesen, um ihrer zu gedenken, ein denkbar ungeeigneter Ort für zweifelhafte Anspielungen. Im *Purgatorio* nämlich sollte Gentuccas gedacht werden, und zwar im Gespräch mit Bonagiunta Orbicciani. Auch hier also eine Huldigung, der für erwiesene Liebenswürdigkeiten geschuldete Dank. Es könnte natürlich auch so sein, daß diese Huldigung sehr viel mehr ist als nur eine vom Gast geschuldete Pflichtübung, daß wesentlich mehr dahintersteht.

Ja, vielleicht war er mehr als nur ein Gast, der sich im Hause Gentuccas wohl gefühlt hat, wo jedenfalls seine Arbeit an der *Commedia* in einem Maße Fortschritte gemacht hat, wie das nicht einmal im Schloß Moroello Malaspinas oder in der Burg der Grafen Guidi im Casentino der Fall gewesen ist.

Daß in absehbarer Zeit eine Entwicklung eintreten könnte, die ihm die Stadttore von Florenz wieder öffnen würde, steht nicht zu erwarten. Wenn es auch verwegen, geradezu paradox erscheinen mochte, so hat Dante doch insgeheim noch bis vor wenigen Monaten die Hoffnung gehegt, daß Corso Donati es schaffen könnte, gegenüber seinen Widersachern die Oberhand zu gewinnen und die Herrschaft über die Stadt an sich zu reißen. Corso war nämlich Schwiegersohn und Bundesgenosse von Uguccione della Faggiuola, und Uguccione war sein Freund; abgesehen davon, daß über Gemma sogar verwandtschaftliche Beziehungen zwischen ihnen bestanden.

Der Tatsache, daß Corso verwandtschaftliche Beziehungen zu Uguccione geknüpft hatte, war es möglicherweise zuzuschreiben, wenn sich nun in Florenz neuer Argwohn gegen ihn erhob; vielleicht hatte er damit aber auch seinen Gegnern unter der Führung von Rosso della Tosa nur einen Vorwand geliefert, um sich seiner zu entledigen – nicht nur, weil Uguccione nach wie vor Ghibelline war, sondern vor allem deshalb, weil Corso sich dadurch gleichzeitig militärischen Beistand gesichert hatte, der ihn gegebenenfalls in die Lage versetzte, sich der Herrschaft über die Stadt zu bemächtigen. Auf alle Fälle kam diese Tatsache noch zu den übrigen Vorbehalten und Bedenken hinzu, die sich daraus ergaben, daß es Corso gelungen war, diejenigen der großen Familien auf seine Seite zu ziehen, die allen Grund hatten, mit der Regierung unzufrieden zu sein, und die es darauf angelegt hatten, die *Ordinamenti di giustizia* außer Kraft zu setzen. So kommt es, daß sie vereinbaren, an einem bestimmten Tage vor die Prioren zu treten, um ihnen zu sagen, Florenz wolle ein anderes Regiment, «und bei diesen Worten die Waffen zu zükken». Eine Verschwörung also.

Rosso della Tosa jedoch und die anderen führenden Männer der Stadt, unter ihnen Pazzino de' Pazzi, Betto Brunelleschi, Geri Spini, riechen Lunte, bekommen Wind von der Sache; ihnen wird klar, daß sie unverzüglich handeln müssen, um dem Ansinnen der Donati-Anhänger zuvorzukommen. Sie wenden sich an den Podestà, um ihn zur Verbannung Corsos wegen Hochverrats zu veranlassen. In der Zwischenzeit sorgen sie dafür, daß Corso keine Gelegenheit bleibt, sich zu verteidigen, seine Beziehungen geltend zu machen oder irgendwelche Gegenmaßnahmen zu ergreifen. Unvermittelt sieht er sich mit den Vertretern der Obrigkeit konfrontiert, die herbeigeeilt sind, um ihm das Urteil zu verkünden und dessen Vollzug zu überwachen.

Sie kommen in Begleitung eines Trupps Bewaffneter und befehlen ihm, Florenz unverzüglich zu verlassen. Es herrscht eine überaus gespannte Atmosphäre in der Stadt: die Glocken läuten Sturm, wie in Zeiten höchster Gefahr, wenn die Bürger zu den Waffen gerufen werden. Derjenige, der Corsos Verurteilung erwirkt hat, weiß sehr wohl, daß es nicht so sehr darum geht, einen Mann in die Verbannung zu schicken, mag er auch noch so einflußreich sein, sondern vielmehr darum, eine politische Gruppierung auszuschalten. Er weiß also auch, daß er sich auf Reaktionen gefaßt machen muß. Deshalb also der Appell an die gesamte Bürgerschaft. Im übrigen versucht Corso tatsächlich, wie erwartet, Vorkehrungen zu treffen, um seine gewaltsame Vertreibung aus der Stadt zu verhindern.

Es gelingt ihm, sich in dem Viertel, in dem er und seine Anhänger wohnen, zu verbarrikadieren. Der Widerstand, den er leistet, erfolgt zwar spontan, ist nicht von langer Hand geplant, reicht aber aus – so glaubt er, so versucht er sich einzureden –, bis seine Freunde ihm zu Hilfe kommen können, bis Uguccione herbeieilen kann, wie nach dem Plan der Verschwörer vorgesehen. Für den Tag, an dem sich die Abordnung der Donati-Anhänger zu den Prioren begeben wollte, war ein Aufstand geplant. Dieser Tag aber ist noch nicht gekommen. Ihre Gegner haben gut daran getan, auf eine rasche Entscheidung zu setzen, die Entwicklung zu beschleunigen, so daß der Zeitplan von Uguccione nun über den Haufen geworfen ist.

Uguccione ist nicht weit entfernt, aber man hat dafür

gesorgt, wie sich später herausstellen sollte, daß er bei Remole, in der Nähe von Pontassieve, in einen Hinterhalt gerät und aufgehalten wird. Merkwürdigerweise läßt allerdings auch die Hilfe der anderen Verschwörer auf sich warten, der Bardi, der Buondelmonti, der Tornaquinci, der Rossi, der Frescobaldi und fast aller anderen aus dem Viertel Oltrarno. Doch man wartet vergeblich auf sie. Nur die Bordoni aus dem Viertel San Pancrazio eilen mit ihren Anhängern herbei. Auch sie sind, ebenso wie Corso, verurteilt worden. Unterdessen bricht der Kampf aus. Vor allem die Armbrustschützen treten in Aktion; sie versuchen, die Angreifer daran zu hindern, die Barrikaden, mit denen der Zugang versperrt wurde, zu überwinden.

Corso eilt hin und her, erteilt Anweisungen, spricht Mut zu. Aber er ist bereits vom Schicksal gezeichnet. Die Gicht setzt ihm derart zu, daß er nicht einmal mehr richtig die Waffe führen kann.

Vom Schmerz gezeichnet, entstellt, entwaffnet, klammert er sich an eine Rolle, die ihm nicht mehr zukommt: die des Anführers, der Anweisungen erteilt und Mut zuspricht. Und so kommt es, daß er dieses Viertel, in dem er sich mit seinen Getreuen eingeigelt hat, dieses Areal, in dem er keine andere Autorität anzuerkennen bereit ist, aufgeben muß.

Es gelingt den Angreifern, die Barrikaden zu überwinden und sich Zugang zu verschaffen; sie stürmen herbei, tragen den Kampf bis in die Räume seines Palazzo und lassen allenthalben Tote und Verwundete zurück. Corso bleibt nichts anderes mehr übrig, als sein Heil in der Flucht zu suchen. Einige Freunde, die sich bereits auf ihre Pferde geschwungen haben, treiben ihn zur Eile. Er schließt sich ihnen an.

Sie reiten in Richtung der östlichen Vororte und erreichen das freie Feld. Aber ihre Gegner haben die Verfolgung aufgenommen. Mit Erfolg. Einer nach dem anderen werden die Flüchtigen eingeholt und niedergemacht. An einem kleinen Fluß in der Ebene bei San Salvi endet die Jagd für Gherardo Bordoni. Doch sein Tod ist seinen Verfolgern noch nicht genug. Einer von ihnen, Boccaccino Cavicciuoli, verschafft sich noch eine makabre Trophäe: er schlägt ihm eine Hand ab und nimmt sie mit nach Hause, um sie an die Türe des Tedice degli Adimari zu heften, eines Verwandten, mit dem er im Streit liegt und mit dem Gherardo Bordoni gegen die Cavicciuoli gemeinsame Sache gemacht hat.

Auch Corsos wird man habhaft. Dieses Verdienst kommt einigen katalanischen Söldnern zu, die in den Diensten der Signoria standen, allerdings gehen hier die Berichte auseinander. Zum einen heißt es, man sei seiner habhaft geworden, nachdem ihm eine Lanze am Hals und eine andere an der Brust tödliche Verletzungen beigebracht haben, zum anderen heißt es aber auch, Corso habe noch versucht, die Katalanen zu bestechen, damit sie ihn nicht ihren Herren ausliefern sollten, was den sicheren Tod für ihn bedeutete. Aber es gelingt ihm nicht, sie mit finanziellen Zusagen auf seine Seite zu ziehen. Und da erscheint es wie eine endgültige Kapitulationserklärung, als ob er den Tod suchte, um der Demütigung eines Prozesses zu entgehen, daß er sich vom Pferde fallen läßt. Möglicherweise hat bei diesem Vorfall aber auch die Gicht – die ihm, wie Villani anmerkt, «an Händen und Füßen arg zusetzte» – eine Rolle gespielt. Einer der Söldner erhebt die Lanze und sticht sie dem am Boden Liegenden in den Hals. Das geschieht am ersten Sonntag im Oktober 1308.

Es gibt noch eine andere Version, die sich Dante im *Purgatorio* zu eigen machen sollte: Corsos Bruder Forese prophezeit ihm dort sein Ende und gibt ihm eine genaue

Schilderung davon. Dieser Version zufolge wird Corso nicht von seinen Verfolgern eingeholt, sondern stürzt vom Pferde, verfängt sich mit dem Fuß im Steigbügel und wird in wildem Galopp zu Tode geschleift. Schließlich ist sein Leichnam bis zur Unkenntlichkeit entstellt. Und dann fährt er zur Hölle, so ist jedenfalls anzunehmen in Anbetracht des Grolls gegenüber diesem Anführer der Schwarzen, den Dante seinem alten Freund Forese in den Mund legt.

Corso ist tot, beigesetzt in der Abtei San Salvi, wohin ihn die Mönche gebracht haben. Für Dante besteht nun keine Hoffnung mehr, dank seiner Beziehungen zu Uguccione doch noch heimkehren zu können. Da beschließt er, nach Frankreich zu reisen.

Die Universität zu Paris war ein Zentrum der Philosophie und Theologie. Boccaccio berichtete später über legendäre wissenschaftliche Disputationen, die Dante in Paris bestritten hat, einmal sogar mit vierzehn Gelehrten gleichzeitig. Dabei soll er stets allgemeines Erstaunen und große Bewunderung hervorgerufen haben. Aber Boccaccio neigt dazu, seiner Phantasie freien Lauf zu lassen, und wenn Dante sich schon nach Frankreich begeben hat, so ist Boccaccio ohne weiteres bereit anzunehmen, daß er auch den Kanal überquert habe, um in England Roger Bacon an der Universität Oxford aufzusuchen.

So als ob er die beiden Hochburgen der Philosophie jener Zeit habe kennenlernen wollen, die der Dominikaner (und der Franziskaner), die sich an die aristotelische Tradition hielten, bei der Thomas von Aquin die führende Rolle gespielt hatte, sowie die der Franziskaner, die sich an die platonische Tradition hielten, auf die sich neben Bacon auch Occam, Duns Scotus, Bonaventura da Bagnoregio beriefen. Boccaccio berichtet von dieser Reise nach England in einem lateinisch verfaßten Lied, das er zusammen mit einer

Abschrift der *Commedia* an Petrarca geschickt hat. In einem Kommentar zur *Commedia*, den der Bischof von Fermo, Giovanni da Serravalle, ein Jahrhundert später geschrieben hat, wird diese Behauptung nochmals aufgegriffen.

Sie läßt sich jedoch historisch nicht belegen. Da diese Reise nach Oxford keinerlei Spuren hinterlassen hat und sich weder Hinweise auf Lebensgewohnheiten noch auf irgendwelche örtlichen Gegebenheiten finden, gilt sie schon bald nicht nur als wenig glaubwürdig, sondern geradezu als unwahrscheinlich. Im Gegensatz dazu hat Dante im *Paradiso* in einer Terzine, in der er Siger von Brabant huldigt, die *Rue des Fouarres* erwähnt, die «Strohstraße», in der sich der Hörsaal für die Philosophievorlesungen befand, angeblich so genannt, weil die Studiosi auf Stroh- oder Heuballen zu sitzen pflegten.

Einer der Meister, die dort gelehrt haben, war tatsächlich Siger von Brabant. Er war Anhänger des Averroes und hatte sich mit Thomas von Aquin und mit der offiziellen katholischen Lehrmeinung angelegt; bei der Kurie war er in Ungnade gefallen, weil er die Beweisbarkeit einiger Glaubenssätze anzweifelte. Er war seit einem Vierteljahrhundert tot, als Dante nach Paris kam, aber seine Lehre fand nach wie vor Anhänger. Diesem großen Geiste gebührte Anerkennung dafür, daß er sich für die Durchsetzung einer von ihm erkannten Wahrheit eingesetzt und dafür die Konsequenzen auf sich genommen hat.

Alle Wahrheiten können im übrigen eine gewisse Legitimität für sich in Anspruch nehmen; alle sind sie anerkennenswert, wenn sie nur in der Weise vertreten werden, daß die ewigen Wahrheiten unangetastet bleiben. Das veranlaßt Dante, sich im dritten Teil seines Werkes einen Reigen der weisen und seligen Geister auszumalen. Sie bilden zwei Kreise: der eine dreht sich um Bonaventura, der andere um Thomas von Aquin. Und da bei beiden der Ausgangspunkt ihrer Lehre und die Erkenntnisse, die sie daraus ableiten, unterschiedlicher Art sind, so gibt es in beiden Kreisen Geister, die entgegengesetzte Auffassungen vertreten: im einen sind das Bonaventura und Joachim von Fiore, im anderen Thomas von Aquin und Siger von Brabant. Und Dante geht noch einen Schritt weiter. Wenn es nämlich zutrifft, daß alle Wahrheiten jeweils ihren Teil zu der Einen Wahrheit beitragen, so trifft es auch zu, daß sie durch dieses Zusammenwirken, durch diesen Aufstieg zum Licht der Ewigkeit die Schranken der Parteinahme und des Fanatismus überwinden.

Während seiner Studien in Paris trägt Dante das Material zusammen, das ihm als theologische Grundlage zur Vollendung seiner geplanten Reise in das Jenseits dienen sollte. In seiner Situation als Exulant, die er, so wird berichtet, «nicht ohne große Entbehrung selbst des Lebensnotwendigen» meistert, macht er gleichsam die Hölle durch. Armut und Studien haben in seinem Leben ein läuterndes Feuer entfacht, als ob er fern der Ratsversammlungen und der Schlachtfelder seine Verwicklung in den Parteienhader abbüßen sollte. Natürlich ist nicht vorherzusehen, wohin das führen wird, auch wenn er sich in seinen Träumen fragt, ob es nach Hölle und Fegefeuer nicht das unvergängliche und vollkommene Reich des Ruhmes sein wird, welches das Paradies darstellt.

Auf diese Frage ist mit einer eindeutigen Antwort nicht zu rechnen. Und dennoch, wenn er sich vorgenommen hat, den Florentinern zu zeigen, was für einen Mitbürger sie aus ihrer Stadt verjagt haben, so muß er schon eine ausgesprochen hohe Meinung von sich selbst haben: seit der Zeit, da er die Arbeit an der *Commedia* begonnen hat, entwickelt er nämlich von jenem Reich eine immer genauere Vorstellung. Er hat nun keinen Zweifel mehr daran, daß er etwas vollbringt, was sehr viel mehr, unendlich viel mehr dazu beitragen wird, seinen Namen unsterblich zu machen, als alles, was er aufgrund der Rolle bewirkt hat, die er in den politischen Auseinandersetzungen seiner Vaterstadt spielte, auch wenn seine jetzige Situation eng verknüpft ist mit seiner früheren Rolle.

Schließlich hat er ja nicht aufgehört, Partei zu ergreifen. Viele Umstände seines neuen Daseins zwingen ihn, die Dinge mit einer gewissen Weitsicht zu betrachten, aber dennoch wird er hin und wieder von Wut und Empörung erfaßt, die wie Feuer im trockenen Heu auflodern. Vielleicht wäre er gar kein Dichter, kein bedeutenderer Dichter als seine Freunde Cino und Guido und all die anderen, welche die literarische Szene der Zeit beherrschen, ohne dieses ureigene Laster seiner Parteinahme, ohne die Tendenz, seine Parteinahme auf dieses Laster zu reduzieren, das heute als Ghibellinentum bezeichnet wird und gestern noch weißes Guelfentum hieß, wenn auch beiden ein erbitterter Widerstand gegenüber den weltlichen Ansprüchen des Papsttums gemein war.

Von daher dürfte er trotz der Unannehmlichkeiten, die ihm die Politik eingetragen hat – vielleicht sogar eben deswegen –, schwerlich ein anderer geworden sein, nun, da er sich auf dem Weg nach Italien befindet, kaum daß die Wahl des Nachfolgers von Albrecht von Habsburg dem ghibellinischen Banner wieder Auftrieb gibt. Der neue Kaiser heißt Heinrich VII., Graf von Luxemburg. Er hat beschlossen, nach Italien zu ziehen, und hat damit den ghibellinischen Hoffnungen Dantes neuen Auftrieb gegeben.

Im November 1308 war Heinrich VII. gewählt worden. Nun trug er die Krone, die zuvor von Albrecht und dessen Vater Rudolf getragen worden war, von zwei Kaisern, die an den Vorgängen in Italien keinerlei Interesse gezeigt hatten. Aber schon seine Wahl hatte die Welt in Aufruhr versetzt, da Philipp der Schöne, nachdem im Mai Albrecht gestorben war, Ansprüche geltend gemacht hatte für seinen Bruder Karl – Karl Ohneland, wie er genannt wurde. Er vertraute darauf, daß «sein» Papst Clemens V. ihm die erforderliche Unterstützung werde zukommen lassen.

Offenbar fühlte sich der Papst jedoch inzwischen geradezu als Gefangener Philipps und war nicht länger bereit, sich seinen Handlungsspielraum noch weiter einschränken zu lassen. Er wünschte nicht mehr, von «seinem» König in völliger Abhängigkeit gehalten zu werden. In diesem Bestreben wurde er durch die Ratschläge des Kardinals Niccolò Albertini bestärkt, der im Kardinalskollegium über eine große Anhängerschaft verfügte.

Kardinal Albertini fürchtete, Italien könne vollends der Gewalt Frankreichs anheimfallen, was unweigerlich der Fall wäre, wenn Karl zum Kaiser und Römischen König gewählt würde. Er wies Papst Clemens V. auf diese drohende Gefahr hin, woraufhin der Papst seinen ganzen Einfluß geltend machte, um die deutschen Kurfürsten dazu zu veranlassen, gegen Karl zu stimmen. Im übrigen sei die Wahl Heinrichs vorzuziehen – so Kardinal Albertini weiter –, da es sich bei ihm um einen Herrscher über ein so kleines Land wie Luxemburg handelte. Und tatsächlich erhielt Heinrich die Mehrheit der Stimmen und wurde im Januar darauf zum König von Deutschland gekrönt.

Mit seiner Bulle *Divinae Sapientiae* vom 26. Juli 1309 ging Papst Clemens V. sogar so weit, offen seine Zustimmung zur Entscheidung der Kurfürsten zum Ausdruck zu bringen und zu erklären, er wolle eigenhändig Heinrichs Krönung in Rom vornehmen. Das war für den König von Frankreich geradezu ein Schlag ins Gesicht, aber das Verhalten des Papstes entbehrte auch nicht einer gewissen Ironie, war er doch im Begriff, sich aus dem Netz zu befreien, in das er aufgrund seiner Politik des ständigen Nachgebens und der Zugeständnisse gegenüber einem König geraten war, um sich nun wiederum seinem alten Widersacher, dem Kaiser, zuzuwenden.

Doch fast zwei Jahre lang verläßt Heinrich Deutschland nicht. Es sieht fast schon so aus, als ob auch er auf die beiden anderen ihm zustehenden Kronen verzichten wollte: auf diejenige des Königs von Italien in Mailand und auf die des Römischen Königs, mit der die offizielle Anerkennung der Kaiserwürde verbunden ist. Da taucht er plötzlich in Piemont auf, nachdem er den Sommer in Lausanne verbracht hat.

Dort hatte er die Huldigung fast aller italienischen Städte entgegengenommen. Unter denen, die durch Abwesenheit glänzten, die also keine Gesandtschaft zu ihm geschickt hatten, war auch Florenz. Man fürchtete dort, ein Italienzug Heinrichs könnte womöglich den Verbannten Tor und Tür zu ihrer Heimatstadt öffnen. Der Kaiser hatte nach dem Grund für das Ausbleiben der florentinischen Gesandtschaft gefragt. Man hatte ihm den Grund genannt. Seine Reaktion: sie haben nicht gut daran getan, es war unsere Absicht gewesen, ihre Stadt zum Prunkgemach des gesamten Reiches zu machen. Daraufhin war er durch die Grafschaft Savoyen marschiert, hatte den Mont Cenis überquert und war nach Susa hinabgezogen. Im Oktober war er dann in Turin eingetroffen. Unterdessen hatte Papst Clemens V. eine neue Bulle erlassen, in der er Heinrich den Italienern als den Wahrer von Gerechtigkeit und Frieden anempfahl. Schon der Titel der Bulle ist aufschlußreich: *Exultet in gloria*.

Ein Papst, der den Kaiser als Friedensstifter und Hüter der Ordnung hinstellt! Damit war also die jahrhundertelange, blutrünstige Geschichte des Zwistes zwischen

Guelfen und Ghibellinen mit einem Schlage erledigt, hinfällig, gegenstandslos geworden. Aber so einfach ließ sich das nicht bewerkstelligen, man konnte nicht einfach mit einem päpstlichen Siegel auf einer Bulle einen derartig tiefen Graben zuschütten. Und in der Tat begegnete Heinrich, der am Dreikönigstag des Jahres 1311 in Mailand seine zweite Krone empfangen hatte, auf seinem Weg nach Rom immer häufiger einer ausgesprochen feindseligen Haltung. Ganz abgesehen von mehr oder minder verhohlenen Zeichen des Mißtrauens und des Widerstands. Die Guelfen mißtrauten ihm ungeachtet der vom Papst gegebenen Garantien: für sie blieb er nach wie vor in erster Linie der Kaiser, das heißt die höchste Instanz und der Urquell der ghibellinischen Idee; aber auch die Ghibellinen mißtrauten ihm, da besagten Garantien das Odium des Kompromisses, des Nachgebens gegenüber den Guelfen anhaftete, die zu vertreiben endlich die Gelegenheit gekommen zu sein schien.

20

Keine der beiden Parteien wollte einsehen, was für ein unerhörter Vorgang das war, daß der Papst sich auf einmal für einen Kaiser stark machte. Dante sah sich genötigt, auf diesen außergewöhnlichen Umstand hinzuweisen, ihn zu verherrlichen, und zwar in einem Brief an die Fürsten und Völker Italiens. Darin heißt es, Heinrich sei derjenige, den zu ehren der Stellvertreter Christi aufgerufen habe, mit dem die Morgenröte eines neuen Tages anbreche: «... schon erheben sich die Winde aus dem Osten; am Horizont färbt sich der Himmel rosa und sein mildes Licht gibt den Menschen neuen Mut. Auch wir, die wir lange Nächte in der Wüste zugebracht haben, werden die heißersehnte Freude erleben, denn der Triumphator und Friedensstifter naht, und die Gerechtigkeit, die lange darbte wie eine Sonnenblume ohne Sonnenschein, wird beim ersten Strahl der Sonne erneut aufleuchten. Alle, denen nach Gerechtigkeit hungert und dürstet, werden sich am Lichte ihrer neuen Strahlen laben, und wer sich der Ruchlosigkeit hingegeben hat, wird von ihrem flammenden Antlitz geblendet werden.»

All das schreibt er in lateinischer Sprache, in der auch seine folgenden Briefe verfaßt sind. Seine beschwörenden, fast schrillen Töne hat er aus den Predigten übernommen, mit denen von den Kanzeln herab Lohn und Strafe im Jenseits in den schillerndsten Farben ausgemalt werden; daran zeigt sich, wie groß seine Hoffnungen sind. Heinrich erscheint ihm als «Erlöser des Menschengeschlechts».

In seiner Begeisterung über Heinrichs Ankunft in Italien schwingt tatsächlich eine Inbrunst mit, in der sich nicht nur die Stimmungslage des Verbannten widerspiegelt, sondern mit der er sich zugleich als der Prophet einer neuen Ordnung ausweist. Und wie ein wahrer Prophet richtet er einen emphatischen Aufruf an seine Landsleute: «Freue dich nun, o Italien . . Trockne deine Tränen und beseitige die Spuren des Schmerzes, o du Schöne, denn jener, der dich aus der Knechtschaft der Ruchlosen befreien wird, ist nahe; mit seinem Schwerte wird er die Frevler vernichten, und er wird andere in seinen Weinberg berufen, auf daß sie ihn bestellen und die Frucht der Gerechtigkeit einfahren, wenn die Zeit der Ernte gekommen ist.»

Damit hat dieser Prophet also über die Gräben der Parteien hinweg die Rede auf die Verantwortung vor der Ewigkeit gebracht. Es geht nun nicht mehr um die Frage, ob jemand zu den Guelfen oder den Ghibellinen zählt, sondern darum, ob er zu den Gottesfürchtigen oder den Gottlosen, zu den Arbeitern im Weinberg der Gerechten zählt oder nicht, über die der Kaiser wie ein gestrenger und gerechter Gott, als Gott des Alten Testamentes richten wird, je nach Schuld oder Verdienst. Auf diesen Appell folgt daher ein weiteres bei den Predigern recht beliebtes Mittel, mit dem die Zuhörer aufgerüttelt werden sollen: die rhetorische Frage. Wird er wohl äußerste Strenge gegenüber einem jeden walten lassen, dieser Kaiser? Nein, keineswegs: «Er wird allen vergeben, die um Erbarmen flehen, denn er ist Cäsar, und seine Erhabenheit entspringt dem Quell der Barmherzigkeit.» Vermag dieser Quell seiner Erhabenheit jedoch auch bei jenen Hoffnung zu wecken, die nicht bereit sind, sich zu unterwerfen? «Nein, denn er ist Augustus. Und wenn er Augustus ist, wird er dann nicht die Missetaten der Verbohrten bestrafen und wird er sie nicht bis nach Thessalien verfolgen, bis in das Thessalien der endgültigen Vernichtung?»

Der gesunde Menschenverstand legt denn auch keinen anderen Schluß nahe als diesen: »So gehet denn zu ihm, tut Buße und unterwerfet euch, stimmt Bußpsalter an und bedenket, daß ‹wer sich der Herrschaftsgewalt widersetzt, damit dem Gebot Gottes zuwiderhandelt›; wer aber dem Gebot Gottes zuwiderhandelt, lehnt sich gegen den Willen des Allmächtigen auf; und ‹es ist von Übel, wider den Stachel zu löcken.›» Sich dessen bewußt werden heißt «den Rechen der Demut» ergreifen und die «Grasschollen des erneut aufflammenden Parteienhaders» bearbeiten, den Acker des Geistes bestellen, «auf daß der himmlische Regen zur Zeit der Aussaat nicht etwa fruchtlos herniederströme». Das ist der Zustand der Gnade, die Möglichkeit, in den Genuß der Herzensgüte des «guten Hirten», des Kaisers Heinrich also, zu gelangen, in dem sich «die Herzensgüte dessen widerspiegelt, der Ausgangspunkt der Herrschaftsgewalt des Papstes und des Kaisers ist». Dabei erwähnt er ganz beiläufig eine Idee, auf der die gesamte Konzeption seines Werkes *Monarchia* basiert: daß nämlich die Autorität des Kaisers nicht abgeleitet ist von derjenigen des Papstes, sondern daß beide unmittelbar auf Gott zurückgehen und von ihm geschieden werden. Von daher ergänzen sich also diese beiden Sonnen wechselseitig.

Heinrich, der sich nun anschickt, Italien den Frieden zu bringen, kommt Gottes Willen nach – daran besteht auch für Dino Compagni kein Zweifel –, um die «Tyrannen der Lombardei und der Toskana zu stürzen und zu bestrafen, bis jegliche Tyrannei ausgerottet sein wird». Vierzig Jahre ist er alt, von mittlerer Statur und angenehmer Erscheinung, ein ausgezeichneter Redner, aber «ein wenig kurzsichtig», doch er verbringt seine Tage nicht mit «Musizieren, Vogelfangen oder sonstigen Vergnügungen», sondern damit, in den Fürstentümern, die er auf seinem Weg durch die Halbinsel mit seinem kleinen Heer durchquert, «die Streitigkeiten zu schlichten». Er trägt dafür Sorge, daß Reichsvikare eingesetzt werden, die als über den Parteien stehend gelten. Von Guelfen oder Ghibellinen will er nichts wissen.

Einem Menschen in der Situation Dantes, der die Erfahrung hat machen müssen, daß im Grunde genommen einer wie der andere ist, und der infolgedessen beschlossen hat, «Partei für sich» zu bilden, muß Heinrich VII. als eine ganz außergewöhnliche Persönlichkeit erschienen sein. Darin stimmen übrigens auch Cino da Pistoia und Guelfen wie Albertino Mussato und Giovanni Villani mit ihm überein.

Auf die Nachricht hin, daß nun nach mehr als fünfzig Jahren wieder ein Kaiser nach Italien zog, war Dante aus Frankreich herbeigeeilt, und er könnte ihn durchaus in Mailand getroffen haben; schließlich waren viele Verbannte Heinrich entgegengeeilt, kaum daß er die Alpen überquert hatte, um ihm ihre Hoffnungen zum Ausdruck zu bringen. In Asti, wo der Kaiser nach einer Zwischenstation in Turin fast einen Monat lang weilte, scharten sich bereits zahlreiche Verbannte um diesen «Bändiger des menschlichen Willens» und baten ihn, das auf sich gestellte, «geschundene Italien» nicht mehr im Stich zu lassen. Mit Sicherheit war der ehemalige Prior Palmiero degli Altoviti unter ihnen, dessen Name zusammen mit Dantes Namen in der Urteilsschrift genannt wird. Dante hatte es, falls er den Kaiser tatsächlich schon in Mailand getroffen haben sollte, offenbar recht eilig, dessen Bekanntschaft zu machen.

Im letzten der drei Briefe, die er anläßlich der Ankunft Heinrichs in Italien geschrieben hat, heißt es: «Als meine

Hände deine Füße berührten, sah ich deine einnehmende Erscheinung und hörte deine freundliche Stimme, die deiner kaiserlichen Würde wohl anstehen.» Diesen Brief hat er am 17. April 1311 von der Burg Poppi im Casentino aus geschrieben, wohin er unterdessen erneut zurückgekehrt war und die Gastfreundschaft der Grafen Guidi genoß.

Er war an Heinrich gerichtet und forderte ihn in feierlichem Tone dazu auf, Italiens Vertrauen auf ein besseres Zeitalter wiederherzustellen und jenem Reich wieder zu Recht und Geltung zu verhelfen, das den Plänen der Vorsehung entsprach. Angesichts derartig hochgespannter Erwartungen und gewaltiger Aufgaben, so befand er, dürfe er sich nicht durch kleinliches Geplänkel, durch die Provokationen einiger Städte aufhalten lassen.

In der Tat befand sich Heinrich noch immer in Oberitalien, wo er Brescia belagerte, nachdem er bereits bei Cremona auf Widerstand gestoßen war. Dort hatten offenbar auch die Florentiner ihre Hand mit im Spiel, die von der feindseligen Haltung der Cremonesen gegenüber dem Kaiser erfahren hatten und sogleich einen Gesandten geschickt hatten, auf daß «das Feuer nicht erlösche». Sie boten militärische und finanzielle Unterstützung an. Die Cremonesen nahmen das Angebot an und «befestigten ihre Stadt», so berichtet Dino Compagni, um einer Belagerung standhalten zu können.

Nach der Belagerung Cremonas nun also die Belagerung Brescias. Auch hier haben die Florentiner ihre Hand im Spiel und schicken den Brescianern mindestens zweitausend Gulden. Sie setzen also ihre in Cremona begonnene Kampagne fort und dehnen sie auf weitere «Städte der Lombardei» aus, denen eine Summe von vielleicht zwölftausend, vielleicht auch fünfzehntausend Gulden gezahlt wird, die von den toskanischen Guelfen aufgebracht worden sind. Aber bedeutete diese Belagerung von Brescia und anderen Städten, die ihm gegenüber eine feindselige Haltung eingenommen hatten, nicht eine gefährliche Verzögerung? Hätte er nicht besser sein Augenmerk jener Hochburg des gegen den Kaiser gerichteten Widerstandes zugewandt, zu der sich Florenz von Tag zu Tag mehr entwickelte?

Florenz entwickelte hektische Aktivität. So waren etwa Verhandlungen aufgenommen worden mit dem König von Neapel, Robert von Anjou, der im Herbst des Jahres 1310 als Gast in Florenz geweilt hatte. Als erlauchter Kunde florentinischer Banken hatte er im Palais der Peruzzi residiert. Zum Abschied hatte Robert auf einem Silbertablett zweitausendfünfhundert Goldgulden in einer goldenen Schale überreicht bekommen. Man wußte, daß dies das überzeugendste Argument war.

Florenz setzte seine Kampagne fort, zog hier und dort neue Bundesgenossen auf seine Seite und entwickelte sich immer mehr zu einer Hochburg des guelfischen Widerstandes. Dante war empört über das, was er als einen Affront gegenüber seinem «edlen Herrn und Gebieter» empfand. Und er sparte nicht mit Vorwürfen gegenüber seinen Mitbürgern, die es fertigbrachten, die schändlichsten Bündnisse einzugehen, diese «Eingebildetsten unter den Tusziern, von Natur und durch das Laster besinnungslos». Diese Auffassung vertritt er – achtzehn Tage vor seinem Schreiben an Heinrich – in einem Brief, in dem er sich als *exul immeritus*, als unschuldig Verbannter bezeichnet und sich an die *scelestissimi Florentini intrinseci* wendet, seine ruchlosen Mitbürger daheim, denen er ein geradezu frevelhaftes Verhalten vorwirft. Er macht sie nämlich dafür verantwortlich, die Realisierung einer von der Vorsehung bestimmten Ordnung der italienischen Fürstentümer zu behindern, die mit Hilfe Heinrichs und unter seiner Führung errichtet werden könnte.

«Ihr habt wohl, weil Ihr blind seid, noch nicht die Leidenschaft erkannt, die Euch beherrscht, Euch mit giftigem Flüstern schmeichelt und mit hinterlistigen Drohungen umgarnt, und die Euch in der Tat einfängt, gegen das Gesetz zu sündigen und Euch hindert, den heiligen Gesetzen zu gehorchen, die das Ebenbild der natürlichen Gerechtigkeit abformen. Deren Befolgung erweist sich, wenn sie freudig und ungezwungen ist, nicht nur als kein Knechtsdienst, vielmehr offenbart sie sich dem, der gründlich hinsieht, als das, was sie eigentlich ist: die höchste Freiheit. Denn was ist diese anders, wenn nicht der freie Lauf des Willens zur Tat, den die Gesetze ihren Befolgern eröffnen? Da also die einzig Freien die sind, die dem Gesetz aus freiem Willen gehorchen – was wollt dann Ihr sein, die sich unter dem Vorwand der Liebe zur Freiheit gegen alles Recht wider den Fürsten der Gesetze verschwören?»

Die Florentiner waren davon überzeugt, daß die kaiserliche Herrschaft über ihre Stadt nach dem Tode Friedrichs II. verjährt sei. Für Dante ist das jedoch nur eine absurde Ausrede: «Wißt Ihr nicht, Ihr Wahnsinnigen und Verwahrlosten, daß das öffentliche Recht einzig mit der Zeit selbst zu Ende gehen wird und keiner Verjährungsrechnung unterworfen ist? ... Was allen nützt, kann nur zum Schaden aller untergehen oder entkräftet werden.» Und der Schaden bestand in diesem Falle darin, daß gegen die Weltordnung verstoßen wurde, in der sich gemäß der Vorsehung die kaiserliche Autorität widerspiegelte. Aber sie sollten schon noch merken, was ein derartiger Verstoß für Konsequenzen haben würde! «Der schreckliche Adler im goldenen Feld» stand im Begriff, sich auf sie herniederzustürzen und die Bollwerke und Zinnen ihrer Stadt überflüssig zu machen ...

Doch sie zeigen keinerlei Furcht, bereuen nicht ihren Hochmut – auch wenn die mahnenden Worte Dantes nicht ganz ungehört verhallen. Einige Monate später, im September, sollten sie sich dieser Worte erinnern, als nämlich den Verbannten eine Amnestie gewährt wird; genauer gesagt, einer bestimmten Anzahl unter den Verbannten, die ihre guelfische Gesinnung unter Beweis gestellt haben. Dies ist eine wesentliche Einschränkung, und die Tatsache, daß Dante von dieser Maßnahme ausgenommen wird, deutet darauf hin, daß er inzwischen bei seinen Mitbürgern als eingefleischter Ghibelline gilt. Auf völlig taube Ohren dagegen sind Dantes mahnende Worte bei Heinrich gestoßen, er möge schleunigst zum Herzen der Rebellion vorrücken. Und auch drei weitere Briefe, die Gherardesca, die Gemahlin Guido Guidis von Battifolle an die Gemahlin des Kaisers, Margarete von Brabant, geschickt hat, können nicht dazu beitragen, Dantes mahnenden Worten Nachdruck zu verleihen und das Heer, wie gehofft, gen Süden in Bewegung zu setzen.

Diese drei Briefe sind ebenfalls von Dante verfaßt worden. Doch auch sie bewirken nichts: Auch nachdem Heinrich dank der Vermittlung einiger Kardinäle ein Abkommen mit Brescia geschlossen hat, hält er sich weiterhin in Oberitalien auf. Die Kardinäle reisen mit ihm: Niccolò da Prato, Bischof von Ostia, Luca Fieschi aus dem Geschlecht der Grafen von Lavagna, Leonardo Patrasso da Guercino, Bischof von Albano, und Arnauld de Faugères aus der Gascogne, der Neffe von Papst Clemens V. Letzterer hatte unterdessen seine Haltung gegenüber Heinrich revidiert: Er wollte ihn nun nicht mehr eigenhändig krönen, wie er ihm das zugesagt hatte, sondern delegierte diese Aufgabe an die vier Kardinäle, die ihn auf seinem Zug nach Rom begleiteten.

Clemens zeigte sich nun besorgt über den Widerstand,

der sich offen oder versteckt gegen Heinrichs Ankunft in Italien regte. Er hatte ihm nahegelegt, alles Erdenkliche zu unternehmen, um die Gunst der Florentiner und ihrer Bundesgenossen zu erlangen, allen voran die des Königs von Neapel, Roberts von Anjou. Doch war nicht das Eintreten des Papstes für das französische Herrscherhaus ein Hinweis darauf, daß er erneut unter den Einfluß Philipps des Schönen geraten war? Gewiß, er war nicht zu vergleichen mit Bonifatius VIII. Auch neigte er trotz erheblicher Beschwerden – er wurde häufig von starken Leibschmerzen heimgesucht – nicht zu solch heftigen, gereizten Ausbrüchen, wie dies beim Caetani-Papst der Fall gewesen war. Allerdings beeinträchtigten diese Beschwerden seine Widerstandskräfte. So daß Dante schließlich von ihm sagte: «ein Hirt von Westen, allen Rechts Verschmäher». Und noch negativer äußerte sich Heinrich über ihn: Er gibt sich als Freund aus, in Wirklichkeit jedoch ist er ein Verräter.

Durchkreuzte er nicht durch sein Abrücken von seiner ursprünglichen Haltung letztlich die Aussöhnungsbemühungen, die Heinrich mit seiner zweifachen Krönung in Mailand und in Rom hatte verbinden wollen? Er entsandte einen seiner Neffen nach Florenz, den Kardinal Pelagru von Bordeaux, der mit enormem Gepränge empfangen wurde, womit sich die Stadt seine Gunst zu erringen hoffte. Zweifelsohne hat der päpstliche Legat bei seiner Abreise aus Florenz ein Geschenk über zweitausend Goldgulden nicht ausgeschlagen und als Gegenleistung versprochen, sich beim Papst zugunsten der Stadt zu verwenden, um auf diese Weise die Zusage zu erwirken, den Vormarsch Heinrichs zu verzögern – offensichtlich mit dem Ziel, das Unterfangen durch das Aufreiben seiner Truppen und seiner finanziellen Mittel zu vereiteln.

Dante hat Papst Clemens V. diesen Verrat nicht verziehen. In der Bolge der Simonisten läßt er Papst Nikolaus III. gegen ihn loswettern. Und auch der Heilige Petrus läßt sich voller Abscheu über die seiner Nachfolge unwürdigen Päpste aus.

Das mit Hilfe der Kardinäle ausgehandelte Abkommen mit Brescia sah die Kapitulation der Stadt vor. Sie sollte an den Kaiser übergehen, der sich im Gegenzug dazu verpflichtete, sich für seine Verluste nicht an den Belagerten oder deren Hab und Gut schadlos zu halten. Dafür erhielt er eine finanzielle Entschädigung. Er ließ die Mauern der Stadt schleifen, ernannte einen Reichsvikar, so wie er für Verona kurz zuvor oder wenig später Cangrande della Scala zu seinem Statthalter ernannte, der sich die Herrschaft mit seinem Bruder Alboino teilte. Dann zog er weiter nach Genua, wo er im Oktober eintraf und sich sechs Monate aufhielt.

Die Belagerung von Brescia hatte trotz der Unterstützung durch einen Großteil der lombardischen Fürsten, die fast alle auf seiten des Kaisers standen, seine Truppen so stark dezimiert, daß sie einem Feldzug, der mehr Kräfte als erwartet in Anspruch nehmen würde, nicht mehr gewachsen waren. Krankheiten hatten noch das Ihre dazu beigetragen. Tausende von Soldaten waren auf beiden Seiten gefallen, unter ihnen auch der jüngere Bruder des Kaisers, Walram. Er hatte sich unbehelmt unter den Mauern der belagerten Stadt aufgehalten und war von einem Pfeil getroffen worden. Das war ein erstes Zeichen dafür, unter welchem Stern das Unterfangen Heinrichs stand. Ein zweites Zeichen zeigte sich in Genua, wo die Kaiserin der unter den deutschen Soldaten wütenden Pest erlag. Das war im Dezember.

Im Februar machte sich Heinrich endlich auf den Weg gen Süden. Am 6. März traf er in Pisa ein. Aus der ganzen Umgebung und aus der Romagna eilten die Ghibellinen herbei, um ihm zu huldigen. Dante konnte natürlich nicht fehlen. In Pisa blieb Heinrich bis zum 22. April. In diesen anderthalb Monaten war Pisa zu einem Treffpunkt all derer geworden – seien sie nun adlige Ghibellinen oder einfache Exulanten –, die sich von Heinrichs Kommen den Beginn eines Goldenen Zeitalters für Italien erhofften. Endlich machte Heinrich sich auf den Weg nach Rom, wo er zur Krönungszeremonie erwartet wurde.

Erwartet wurde er allerdings auch von Robert von Anjou, der Rom mit neapolitanischen und französischen Miliztruppen besetzt hielt. Sein Verhalten war weder gegenüber den mit ihm verbündeten toskanischen Guelfen noch gegenüber seinem Widersacher Heinrich besonders fair. Insgeheim hatte er nämlich über Gesandte mit ihm Kontakt aufgenommen und ihm den Abschluß eines Bündnisses vorgeschlagen, das durch die Vermählung seines ältesten Sohnes Karl von Kalabrien, des Thronfolgers von Neapel, mit des Kaisers Tochter Beatrix besiegelt werden sollte. Im Gegenzug dafür sollte Heinrich seinen Schwiegersohn Karl von Kalabrien in der Toskana zum kaiserlichen Vikar auf Lebenszeit einsetzen. Das hätte also eine Vereinigung der Toskana und des Königreichs Neapel unter ein und derselben Krone bedeutet. Mit anderen Worten: der Anjou hatte es darauf angelegt, durch die Anbahnung einer Ehe die Früchte des vom deutschen Kaiser unternommenen Italienzuges zu ernten.

Aber das Vorhaben flog auf. Mit seiner Doppelzüngigkeit zog Robert von Anjou sich den heiligen Zorn der Florentiner zu. Sie ließen ihn wissen, daß sie sich über seine Expansionsbestrebungen keinerlei Illusionen machten, und warnten zugleich Heinrich, er möge sich vor Robert vorsehen. Da die Zeit jedoch drängte und sie nicht umhinkamen, sich einerseits nach wie vor an Robert zu halten, obschon sie ihm mißtrauten, und andererseits Heinrich zu bekämpfen, um nicht von ihm unterjocht zu werden, entsandten sie schließlich, nachdem der Konflikt sich in dramatischer Weise zugespitzt hatte, viertausendfünfhundert Elitesoldaten nach Rom.

Das Mißtrauen gegenüber Robert hatte sie allerdings das Hauptziel ihrer Politik nicht aus den Augen verlieren lassen, das darin bestand, sich einem Monarchen entgegenzustellen, der als ausländischer Eroberer über die Alpen nach Italien gekommen war. Indem sie seine Rolle als Eroberer in den Vordergrund stellten, betrieben die Florentiner eine nationale Politik gegen einen vom Papst gewählten Kaiser, der für sich in Anspruch nahm, die Herrschaft auszuüben, ohne freilich stark genug zu sein, um Frieden und Ordnung auf eine solidere Basis stellen zu können. Man kämpfte also gegen ein Ideal, das bereits einem neuen Ideal Platz gemacht hatte, das aber erst in sehr viel späteren Zeiten Früchte tragen sollte: das Recht der Völker auf Selbstbestimmung.

Im Grunde genommen war das genau die richtige Antwort auf die Vorstellungen Dantes – eine von festem Willen diktierte Antwort auf die Appelle einer sentimentalen Vernunft, welche die unterschiedlichsten und abwegigsten Argumente unter einen Hut zu bringen suchte: von eschatologischen bis hin zu sozialen Argumenten, vom Naturrecht bis hin zur Androhung von Fluch und Unheil jeglicher Art. Doch zunächst einmal geht es um die unerhörte Situation eines Kaisers, der die Stadt, in der er gekrönt werden soll, von fremden Truppen besetzt findet. Die Attacke wird von dreitausend Soldaten mit Unterstützung einiger aus Umbrien und dem Latium entsandter Kontingente geführt, um eine Bresche in die feindliche Front zu schlagen, durch die Heinrich am 7. Mai 1312 endlich seinen Einzug in die Stadt Rom halten kann, angeführt von den Colonna und begleitet von zweien der vier Kardinäle seines Gefolges.

Innerhalb der Stadtmauern geht jedoch der Kampf um jeden einzelnen Straßenzug weiter: kleine Siege und kleine Niederlagen auf der einen wie auf der anderen Seite summieren sich, gleichen sich aus. Schließlich gelingt es dem kaiserlichen Heer, einige der Stadtviertel in seine Gewalt zu bringen, auch das, in dem sich die Lateranbasilika befindet, während andere Viertel nach wie vor durch die neapolitanischen und französischen Truppen okkupiert sind, die von Roberts Bruder Johann von Anjou, Fürst von Tarent, befehligt werden.

Mit Unterstützung der Orsini schlagen die Anjou jeglichen Versuch zurück, sie zur Aufgabe jenes Viertels am Tiberufer zu bewegen, wo sich der Petersdom erhebt, in dem die Krönung Heinrichs erfolgen sollte. Schließlich wird am 29. Juni der Beschluß gefaßt, sich mit dem Lateran zufriedenzugeben, wenn es denn nicht möglich ist, sich Zugang zum Petersdom zu verschaffen.

Niccolò da Prato übernimmt die Aufgabe, Heinrich die Krone aufzusetzen. Dieser erhebt dreimal das Schwert, ehe er es zusammen mit der goldenen Schild auf dem Altar niederlegt, um sich so als gehorsamer Diener der Kirche, als deren Schutzherr auszuweisen. Die Krönung an einem Ort, an dem sie nie zuvor stattgefunden hat, die Geschehnisse während des anschließenden Krönungsbanketts zeigen jedoch, wie es in Wirklichkeit um die Macht des Kaisers bestellt war.

Das Bankett fand traditionsgemäß im Freien statt, auf dem Aventin, in der Nähe des Klosters Santa Sabina. Heinrich, mit der Kaiserkrone auf dem Haupte, thronte über den anderen an einer erhöhten Tafel, während links und rechts von ihm «an niedrigeren und kleineren Tafeln» die Kardinäle und die übrigen Ehrengäste Platz genommen hatten. Etwas abseits dirigierte ein Truchseß zu Pferde mit seinem Stab die Dienerschaft, die, ebenfalls zu Pferde, «die Speisen in güldenen Schüsseln und den Wein in güldenen Krügen» herbeischaffte.

Eine feierliche, prunkvolle Szene, allerdings überschattet durch eine gespannte, gekünstelte Atmosphäre, wie sie immer dann herrscht, wenn so getan wird, als amüsiere man sich, als lasse man sich die Freude nicht verderben, während man ängstlich um sich schaut, ob nicht womöglich irgendeine Gefahr droht.

Und Gefahr drohte bei diesem Bankett in der Tat, wenn auch eine Gefahr ganz besonderer Art: Hohngelächter und Steine. Infolgedessen konnte sich keiner der Gäste sorglos der Unterhaltung beziehungsweise den Gaumenfreuden widmen, da er stets vor den durch die Luft pfeifenden Steinen auf der Hut zu sein hatte. Es handelte sich um Störmanöver der Widersacher, die letzten Endes fataler waren, als es deren Pfeile hätten sein können, da sie einer Apotheose den Garaus machten. Die Kommentare der Zaungäste über den Verlauf des Banketts waren nicht zu überhören, das sich um diesen kurzsichtigen Mann drehte, der keine besondere Ausstrahlung besaß und der offenbar damit beschäftigt war, die schwere Krone auf seinem Haupte im Gleichgewicht zu halten.

Heinrich hatte noch eine entscheidende Schlacht zu schlagen. Ein Angriff auf Florenz, diese unbeugsame, ihm so feindlich gesonnene Stadt, war das letzte Mittel, um sich bei Dante und denjenigen, die auf seiner Seite standen, die ihm gebührende Anerkennung zu verschaffen.

Endlich scheint Heinrich nun den Erwartungen seines großen Mitstreiters gemäß zu handeln: Er will jetzt offenbar keine Zeit mehr verlieren, den mahnenden Worten des Papstes Gehör zu schenken, der ihn dazu aufgefordert hat, sich die Freundschaft der Florentiner und ihres treulosen Bundesgenossen Robert von Anjou zu sichern. Fünf Tage nach der Krönung faßt Heinrich den Entschluß, mit dem König von Sizilien, Friedrich von Aragon, ein Bündnis zu schließen. Das hätte er auch schon früher tun können: der Aragon hatte ihm nämlich ebenso wie der Anjou ein entsprechendes Angebot unterbreitet und ihm ebenfalls die Vermählung seines Sohnes Peter mit Beatrix in Aussicht gestellt; die Furcht, sich damit gegen Papst Clemens V. zu stellen, hatte Heinrich allerdings davon abgehalten, diesen Plan in die Tat umzusetzen. Aber nun war für ihn ein Angriff auf das Königreich Neapel nicht mehr völlig auszuschließen, und damit ergab sich die Notwendigkeit, ein Abkommen mit Friedrich zu treffen. Nun schickte er sich endlich an, zum entscheidenden Schlag auszuholen und sich, auf dem Wege über Umbrien, in Richtung auf die Toskana in Marsch zu setzen.

Dante, der Blitz und Donner prophezeit hat, frohlockt. Aber er ist nicht der einzige, der in Heinrich einen Rachegott sieht. Dino Compagni, der in jenen Tagen die Arbeit an seiner *Cronica* abschließt, beendet sie mit der Meldung, der Kaiser befinde sich auf dem Vormarsch nach Florenz. «Oh ungerechte Bürger, die Ihr die ganze Welt korrumpiert und mit schlechten Sitten und falschen Gewinnen verdorben habt. Ihr seid es, die jedwede schlechte Gewohnheit in die Welt gebracht habt. Nun aber beginnt die Welt, sich gegen Euch zu erheben . . .» Der moralisierende Ton seiner Strafpredigt, sein Hinweis auf Habgier und Reichtum als Quell allen Übels erinnert an Dante. Aber alles hat sein Ende, auch die schamloseste Korruption. Und Dino Compagni zufolge naht sich nun, zusammen mit dem Kaiser, das Ende.

Daß der Kaiser den Sieg davontragen wird, steht für ihn außer Zweifel. Wenn Dino Compagni also seine *Cronica* an dieser Stelle abbricht, am Vorabend dieses grandiosen Aktes der Gerechtigkeit, dann kann das auch bedeuten, daß nach langer, gefahrvoller, ständig von Schiffbruch bedrohter Fahrt endlich der rettende Hafen in Sicht ist: die politische und die gesellschaftliche Stabilität. Und beides ist Voraussetzung für die Wiederherstellung von Anstand und Sitte, ohne die der Sieg Heinrichs Flickwerk bleiben müßte. Schließlich gibt es für den Menschen kein Streben nach einer besseren politischen Ordnung ohne die Bestrebung, sich zugleich auch selbst weiter zu vervollkommnen. Die Ankunft des Kaisers geht also einher mit der Hoffnung auf eine Wiedergeburt. Nachdem Heinrich nun endlich Umbrien durchquert hat und in die Toskana einmarschiert ist, macht er in Arezzo halt und ordnet dem Heer an, sich zur Schlacht zu rüsten. Kriegsgeschrei liegt in der Luft. Auf dem Weg nach Florenz läßt er einige Burgen angreifen und erobern.

Bei Incisa angelangt, überquert er den Arno und trifft auf das florentinische Heer, das ihn bereits erwartet. Er läßt sein Heer in Schlachtordnung Aufstellung beziehen, doch da beschließen die Florentiner plötzlich, der Schlacht auszuweichen. Sie haben festgestellt, daß sie gegen Heinrichs Heer mit seiner überlegenen Reiterei in einer offenen Feldschlacht kaum eine Chance hätten. Sie weichen zurück. Ihr Ziel ist es nun, sich so schnell als möglich hinter die schützenden Mauern von Florenz zurückzuziehen, die sie unbewehrt zurückgelassen haben. Aber dem Kaiser gelingt es, ihnen zuvorzukommen. Er hat ihnen gegenüber einen eindeutigen Vorsprung – doch er geht nicht zum Angriff über. Vermutlich um seinen Soldaten eine Ruhepause zu gönnen, läßt er in der Nähe der Abtei San Salvi das Heerlager aufschlagen: dort, wo einst Corso Donati seinen Traum von der Macht hatte begraben müssen.

Dieses Mal geht es jedoch um einen sehr viel bedeutsameren Traum. Es ist der große Augenblick, der nach Dantes Überzeugung über die neue Weltordnung entscheidet – letztlich aber eine ganz andere Wendung nimmt. Welch fatale Fehlentscheidung, das nahezu wehrlose Florenz nicht sofort anzugreifen!

Graf Ludwig von Savoyen hatte dem Abt von San Salvi von der Prophezeiung eines Astrologen erzählt, der zufolge das kaiserliche Heer bis zum «Ende der Welt» vordringen würde. Der Vallombrosanerabt hatte sich die Worte des Grafen angehört und dann entgegnet, wenn das die Prophezeiung des Astrologen sei, so sei das Heer nun an seinem Ziel angelangt. Der Graf verstand die Antwort des Abtes nicht. Daraufhin erläuterte dieser ihm, es gebe ganz in der Nähe eine Straße, die als Sackgasse endete und die man daher als *«Capo di mondo»,* als «Ende der Welt» bezeichnete.

Das mag vielleicht nur ein Wortspiel gewesen sein, aber es sollte sich, falls der Vorfall nicht der Legende entspringt, als bitterernste Wahrheit erweisen. Als nämlich Heinrich, nachdem er seinem Heer eine Ruhepause gegönnt und vielleicht noch die in Umbrien zurückgebliebene Nachhut abgewartet hatte, den Befehl zum Angriff gab, hatte Florenz seine Tore bereits wieder hinter seinen Truppen geschlossen. Die einmalig günstige Gelegenheit war vorüber. Nun war es zu spät, um einen Überraschungsangriff auf die Stadt zu unternehmen, und vor allem, um deren Truppen zu schlagen, die in der Zwischenzeit noch Verstärkung von den Bundesgenossen erhalten hatten und dadurch doppelt so viele Soldaten aufbieten konnten als das kaiserliche Heer. Jetzt scheute Heinrich das Risiko der Schlacht, der Niederlage.

Mehr als einen Monat lang lagerte er vor den Stadtmauern von Florenz, ohne den Mut aufzubringen, zum entscheidenden Schlag auszuholen, ohne daß sich ihm auch nur eine Gelegenheit geboten hätte, einen Vorstoß zu unternehmen. Allmählich muß er erkennen, daß zumindest fürs erste das Spiel aus ist. Am 1. November, in der Nacht zu Allerheiligen, ordnet er an, das Lager abzubrechen.

Man kann sich für Dante kaum eine niederschmetterndere Nachricht, eine schlimmere Enttäuschung vorstellen. Er befindet sich in Verona am Hofe von Cangrande della Scala, nachdem er das Casentino verlassen hat, wo ihn das Verhalten des Guido Guidi von Battifolle gewiß zutiefst verbittert haben muß, denn er hatte sich auf die Seite der Florentiner geschlagen und sich somit vom Kaiser abgewandt. Entmutigt, verunsichert, mit einem durch Fahnenflucht und Krankheit stark dezimierten Heer unternimmt dieser Kaiser nun Streifzüge durch die Toskana.

Im März des Jahres 1313 weilt Heinrich erneut in Pisa. Auch ein Jahr zuvor war er im März, von Genua kommend, dort eingetroffen. Doch wie anders war die Situation heute. Damals hatte er die Huldigung unzähliger Ghibellinen entgegengenommen, die sich in Scharen seinem Heer angeschlossen hatten; jetzt war sein Heer durch Epidemien geschwächt – von der miserablen Moral der Soldaten einmal ganz abgesehen. Auch damals hatte er den Fehler begangen, den Angriff auf Florenz zurückzustellen und statt dessen nach Rom zu ziehen, um sich krönen zu lassen; eine Fehlentscheidung, welche die zweite um so gravierender erscheinen läßt. Dante mag wohl damals nach Heinrichs erstem Verzicht auf einen sofortigen Angriff auf Florenz zu der Einsicht gelangt sein, es wäre an der Zeit, sich nach einem neuen, einflußreichen Gönner umzusehen. Von Verona aus verfolgt er jedoch weiterhin jeden Schritt des Kaisers.

Die großen Hoffnungen, die Dante in Heinrich gesetzt hatte, schwanden von Tag zu Tag immer mehr. Hinsichtlich der Zukunft gab er sich keinen großen Illusionen mehr hin, zumal sich hartnäckig Gerüchte hielten, um Heinrichs Gesundheit sei es nicht zum besten bestellt, sie gebe vielmehr Anlaß zu ernsten Sorgen.

Es hieß auch, er habe sich zu etwas hinreißen lassen, was eines «Monarchen» gewiß unwürdig war: falsche Münzen zu prägen. Das war ein Vergehen, für das Dante dem Meister Adam, jenem Fälscher in Diensten des Grafen von Romena, einen Platz in der Hölle reservieren sollte. Hier aber lag der Fall ganz anders: man kann ja schließlich nicht seinen größten Traum verdammen. Das nämlich war es, was Heinrich für ihn verkörperte: einen Traum. Und da er nun der Gerechte und der über alle Erhabene war, so war es schließlich nicht seine Schuld, wenn er den Italienern, einschließlich der Florentiner, diesen Traum nicht hatte verwirklichen können. Die Schuld lag allenfalls bei den anderen, bei seinen Widersachern. Ihm sollte daher das Paradies vorbehalten bleiben, das Empyreum, jenes Reich des reinen Lichts, in dem sogar ein prachtvoller Sitz mit einer Kaiserkrone darauf seiner harrt.

Heinrich sollte sein italienisches Abenteuer nicht lebend überstehen. Von Pisa aus brach er ohne allzu großen Enthusiasmus zu einem Waffengang gegen Lucca auf, so als wolle er das Heer mit Scharmützeln in Trab halten, während er auf neue Truppen aus Deutschland wartete und mit der Malaria kämpfte, die ihn seit einiger Zeit immer wieder mit Fieberanfällen heimsuchte. Die Monate vergehen, der Sommer kommt. Nachdem die Florentiner ihn gezwungen haben, klein beizugeben, beschließt er – um seinen sinkenden Stern aufzuhalten –, daß es nun an der Zeit sei, das Gesetz des Handelns wieder an sich zu reißen. Er wendet sich gegen das Königreich Neapel.

Nicht nur bei den Sizilianern unter Friedrich von Aragon findet er Unterstützung, sondern auch bei den Genuesen. Deren Schiffe sollten gemeinsam mit denen aus Pisa vom Meer her die Küstengebiete Kalabriens angreifen. Anfang August beginnt sein Feldzug, sein erneuter Vorstoß gen Süden.

Angesichts dieses Angriffs auf den alten Bundesgenossen des Heiligen Stuhls in Neapel bezieht Papst Clemens V. sogleich Stellung gegen Heinrich und verhängt den Bann gegen ihn. Damit stehen sich erneut Kaiser und Papst als die beiden Repräsentanten zweier entgegengesetzter Welten feindselig gegenüber. Heinrich ist fest entschlossen, sich nicht von seinem Vorhaben abhalten zu lassen. Aber er hat seinen Vormarsch in Richtung auf die Grenzen des Königreichs Neapel kaum begonnen, als das Malariafieber in die Geschicke der Welt eingreift. Am 24. August stirbt Heinrich in Bonconvento unweit Sienas. Der Leichnam des Kaisers wird nach Pisa überführt und im Dom aufgebahrt.

Man balsamiert ihn ein, ebenso wie auch die Idee von der Weltherrschaft. Für die Florentiner besteht jedoch kein Anlaß zum Jubeln. Heinrich ist von der Weltenbühne abgetreten und mit ihm die Idee, für die er stand. Sie aber sehen sich gezwungen, einem ungeliebten Gast in ihren Mauern Einlaß zu gewähren. Angesichts der Gefahr, die ihnen von den in Heinrichs Heer kämpfenden Ghibellinen und den im Exil lebenden Weißen drohte, hatten sie es für geboten gehalten, sich den Fittichen des Oberhauptes der gegen den Kaiser gerichteten guelfischen Koalition, Robert von Anjou, anzuvertrauen. Die Verfassung der Kommune war zwar noch nicht entsprechend geändert worden, dennoch sollte Robert nun für fünf Jahre die Herrschaft über die Stadt innehaben.

21

Die Idee des Kaisertums, das an die Seite des Papsttums hätte treten und ein Gegengewicht zu ihm bilden können, war noch nicht endgültig gestorben. Sie lebte in einigen namhaften Persönlichkeiten, die sie nach wie vor verkörperten, wie etwa der Reichsvikar Cangrande della Scala, als Illusion weiter.

Cangrande wurde, wie im *Paradiso* von Cacciaguida zu erfahren ist, unter dem Einfluß des Planeten Mars geboren. Damit steht fest, daß ihm ein kriegerisches Wesen und die entsprechenden Eigenschaften in die Wiege gelegt wurden. Er steht auch im Rufe, der Literatur zugetan zu sein und seinen Schützlingen gegenüber außerordentlichen Großmut an den Tag zu legen. Er hat noch keine Gelegenheit gehabt, seine überragenden Fähigkeiten in vollem Umfange unter Beweis zu stellen, ist er doch schon seit Jahren in Kämpfe mit Padua verstrickt, aber über seine Zukunft bestehen nicht die geringsten Zweifel: er wird Bedeutendes vollbringen. Und in der Tat steigt er nur wenige Jahre später, im Jahre 1318, zum Führer der ghibellinischen Liga auf. Doch schon jetzt kann er dadurch, daß Mantua mit der Festung Peschiera in seiner Hand ist, einen Teil der Lombardei einschließlich Brescias und Bergamos in Schach halten.

Er ist nicht einmal halb so alt wie Dante, der beim Tode Heinrichs auf die Fünfzig zugeht, aber er genießt bereits ein derart hohes Ansehen, daß sogar Dante, stets auf der Suche nach einer Vaterfigur, auf die er seine Ideen von der

Weltordnung projizieren und dem er sich voller Hingabe anvertrauen kann, in ihm einen würdigen Nachfolger für jenen Neugestalter Italiens sah, als der Heinrich hätte auftreten sollen. Dante ergeht es an seinem Hofe recht gut.

Im April 1314 stirbt Papst Clemens V., so daß nach dem Tode Heinrichs VII. nun gleichzeitig Papstthron und Kaiserthron vakant sind. Um den Kaiserthron streiten sich Friedrich von Österreich und Ludwig der Bayer. Der Tod von Papst Clemens V. könnte sehr vieles ändern, vorausgesetzt natürlich, daß es mit seinem Nachfolger nicht genauso kommt, wie es mit ihm selbst gekommen war, als er, nach dem kurzen Intermezzo Benedikts XI., das Amt von Bonifatius VIII. übernommen hatte.

Clemens hatte nämlich dieselben Schwächen an den Tag gelegt wie der Caetani-Papst, der seinen Verwandten skrupellos Vergünstigungen und Ämter verschafft hatte. Clemens hat ihm in dieser Hinsicht gewiß nicht nachgestanden, wenn es zutrifft, daß nicht weniger als fünf seiner Verwandten von ihm die Kardinalswürde verliehen bekommen haben. Sein Tod scheint von grotesken Umständen begleitet gewesen zu sein.

Seine Angehörigen vollführen einen begehrlichen, entwürdigenden, ausgelassenen Tanz um seine Reichtümer; sie merken nicht einmal, wie ein Leuchter auf den Leichnam fällt. Die Paramente fangen Feuer, der halbe Leib verbrennt. Damit wird gleichsam im Diesseits vorweggenommen, was ihn im Jenseits erwartet. Das steht für Dante außer Zweifel. Doch während Clemens zur Hölle fährt, muß dafür Sorge getragen werden, daß sich das Papsttum von seinem tiefen Fall wieder erholt. Ein erster Schritt hierzu besteht darin, den Päpsten wieder ihren angestammten Amtssitz in Rom zuzuweisen und sie auf diese Weise dem direkten Einfluß des französischen Monarchen zu entziehen. Zu diesem Zwecke verfaßt Dante ein Schreiben an die italienischen Kardinäle, die sich zu Carpentras in der Provence versammelt haben, um den neuen Papst zu wählen.

Er fordert sie auf, sich für die Rückkehr des Papstes aus Avignon einzusetzen. Rom, das von der Vorsehung zur Hauptstadt des Cäsarenreiches ausersehen und dann zur Hauptstadt der Christenheit erhoben worden war, stellte im übrigen einen Kernpunkt seiner Heilslehre für die Welt dar, die sich als göttliche Geschichte vor dem Hintergrund des zu errichtenden Imperiums vollenden sollte. Natürlich hat er keinerlei Anspruch darauf, sich vor einem derartigen Gremium Gehör zu verschaffen; keinerlei Anspruch außer dem, eines der «kleinsten Lämmer in der Herde Jesu Christi» zu sein, das sich um die Zustände, die in diesem Pferch herrschen, Sorgen macht. Aber was er den italienischen Kardinälen nahelegt, ist nicht gerade wenig. Es handelt sich vielmehr um einen verwegenen Vorstoß, der nur dann gelingen kann, wenn sie sich untereinander einig sind: Niccolò da Prato, Jacopo und Pietro Colonna, Guglielmo Longo, Napoleone Orsini und Jacopo Caetani Stefaneschi.

Orsini und Stefaneschi sind die einzigen, die schon das vorherige, in Perugia abgehaltene Konklave miterlebt haben. Sie zählen zu den Schlüsselfiguren, und zwar insofern, als Orsini sich für Bertrand de Got stark macht, den führenden Kopf einer Philipp dem Schönen nahestehenden «französischen» Gruppe unter den Kardinälen, während Stefaneschi, der Neffe Matteo Rossi Orsinis (der an der Spitze der franzosenfeindlich eingestellten Bonifatius-Anhänger steht), sich in Abwesenheit seines Oheims des Einschwenkens auf die Linie der Gegner schuldig gemacht hat.

Das ist der Grund, warum diese beiden in dem Schreiben Dantes ausdrücklich erwähnt werden. Da sie im Anschluß an die Verlegung der päpstlichen Residenz nach Avignon eine wichtige Rolle bei der Wahl von Papst Clemens V. gespielt hätten, sei es nun an ihnen, die Reihen zu schließen, um auf diese Weise «mannhaft und einmütig... für die Braut Christi, für den Sitz der Braut Christi zu Rom, für unser Italien» zu kämpfen, «und, um es ganz deutlich zu sagen, für das ganze Menschengeschlecht auf Erden».

Der Appell an ihre italienische Herkunft wird so zu einem Aufruf, das Wiedererstarken der Kirche zu betreiben, das zu einem sittlichen Wiedererstarken der ganzen Nation beitragen soll. Auch insofern sollen die italienischen Kardinäle sich bei dem Kampf, zu dem sie aufgerufen werden, ihrer Rolle als die Vertreter einer Nation nicht minder als ihrer eigentlichen Aufgabe im Rahmen ihres Hirtenamtes bewußt sein: «... Indem Ihr versäumtet, die Braut Christi den vom Gekreuzigten angezeigten Weg einschlagen zu lassen, seid Ihr nicht weniger vom rechten Pfade abgewichen, als der falsche Fuhrmann Phaeton, und Ihr, deren Aufgabe es war, die Herde zu erleuchten, die Euch auf den verschlungenen Wegen dieser Pilgerfahrt folgte, habt sie mit Euch in den Abgrund gerissen.» Hier klingt wiederum jener eindringliche, prophetische Ton an, der auch seine Briefe anläßlich des Italienzuges von Heinrich VII. gekennzeichnet hatte, wobei er dieses Mal seinen Appell mit einem Wort aus Jeremias einleitet:

«Ach wie sitzt so einsam die Stadt, einst reich an Volk! Wie ist sie zur Witwe geworden, die groß war unter den Völkern, die da Fürstin war unter den Städten!»

Damit spielt Dante auf die vereinsamte Stadt Rom an, die in ihrem Schmerz darüber, nicht länger die von der Vorsehung für die Krönung der Kaiser auserwählte Stätte zu sein, nunmehr auf Erlösung durch die Hinwendung zu den Ursprüngen der im Evangelium verkündeten Wahrheiten hofft. Mit dieser Thematik weist die *Commedia* Parallelen zu der in Dantes Schrift *Monarchia* behandelten Thematik auf. Diese Thematik war im Feuer einer *ars dictandi* geschmiedet worden, einer Redekunst, die seit Jahrhunderten den Brief zu einer literarischen Gattung gemacht hat (auch wenn sie in die Dienste der politischen Publizistik gestellt wurde, die sich zumeist an Persönlichkeiten richtete, die einen gewissen Einfluß auf die öffentliche Meinung ausübten).

Das gilt es zu bedenken, will man ein Urteil fällen über das, was bei einem Mann des Mittelalters geradezu als Anmaßung erscheinen könnte, wenn er an die Mächtigen seiner Zeit schreibt und, wie im Falle Dantes, sich sogar an einen Kaiser oder an eine Gruppe von Kardinälen wendet. Es handelt sich also um eine literarische Gattung, die eine besondere Rolle spielte und hohes Ansehen genoß, da sie in jeder Kanzlei produziert wurde und die einzige Art von Literatur war, die von sich behaupten konnte, Einfluß zu nehmen auf die internen Angelegenheiten eines Staates, auf die Beziehungen zwischen den Staaten. Der in den Kanzleien übliche elegante Stil setzt sich allmählich auch in den *artes notariae* durch und bereicherte das Repertoire des juristischen Schrifttums.

Im übrigen war seit den Zeiten Karls des Großen in den Schulen das Briefeschreiben die geläufigste Methode, um sich im Verfassen von Prosa zu üben. Es gehörte zu jener Art der Persuasion, deren sich auch die Rhetorik bediente, die nicht von ungefähr unter dem Zeichen der Venus stand. Allerdings handelte es sich dabei um ein Instrument der Persuasion, bei dem der Kunstfertigkeit, das heißt dem Zierat, eine wichtigere Rolle zukam als der Überzeugungskraft der Ideen. Es gab sogar verschiedene

«Schulen», die sich bezüglich der von ihnen aufgestellten Regeln für das Verfassen offizieller Schreiben voneinander unterschieden. Derartige Schulen gab es etwa in Monte Cassino, Bologna, Tours, Orléans, und natürlich auch bei der Kurie in Rom, was das große Interesse an dieser literarischen Gattung belegt. Nicht selten kam es vor, daß ein schöner Brief öffentlich verlesen wurde.

Jahrhunderte hindurch griff diese Gattung direkt auf die Klassik zurück, auf deren Mythen, vor allem aber auf einige ihrer Schriftsteller, deren Stil als vorbildlich galt. Allen voran Cicero. Zu Zeiten Dantes hat sich der Geschmack allerdings gewandelt. Ein Brief wird nun in der Weise verfaßt, daß gleichsam die Miniaturausgabe einer feierlichen Rede dabei herauskommt. Man wendet sich daher Cassiodor zu, dessen zwölf Bücher der *Variae* nachahmenswerte Vorbilder enthalten.

Die Gesellschaft des Mittelalters, die einen so ausgeprägten Sinn für hierarchische Strukturen besaß, hatte in der Kommunikation mit den Mitmenschen ein wesentliches Element gefunden, um diese Hierarchie kenntlich zu machen. Man wurde danach begutachtet, wie man mit seinem Gesprächspartner kommunizierte. Es wäre völlig undenkbar gewesen, sich an eine hochgestellte Persönlichkeit mit der gleichen Sprache wenden zu wollen, wie sie innerhalb der Familie üblich war. Und noch viel abwegiger wäre es gewesen, so zu schreiben, wie man sprach.

Man konnte adliger oder auch niederer Abstammung sein, aber neben diesem grundlegenden, ein für allemal feststehenden Gegensatz gab es noch einen anderen, der unter Umständen zur Überbrückung, Verringerung, zuweilen sogar zur Überwindung dieser ursprünglichen Kluft beitragen konnte, nämlich das jeweilige Bildungsniveau, das sich unweigerlich in dem Moment offenbarte, in dem man mit einem anderen Menschen Kontakt aufnahm, sei es mündlich oder schriftlich. Cassiodor hatte befunden, daß die Sprache jedem gegeben sei, daß sich jedoch nur anhand des *ornatus,* des schmückenden Beiwerks, die Bildung ablesen lasse, die den Gelehrten vom Unwissenden unterscheidet. Diente nicht bei Dante selbst das schmückende Beiwerk dazu, seinen Gedanken in ihrer Erhabenheit zu ihrem Recht zu verhelfen, ihnen Anerkennung zu verschaffen? In *De vulgari eloquentia* schreibt Dante: «Da die Sprache ein ebenso notwendiges Werkzeug unseres Denkens ist, als das Pferd für den Krieger, und da den besten Kriegern die besten Pferde zukommen, so wird... den besten Gedanken die beste Sprache zukommen. Aber die besten Gedanken sind nur da möglich, wo Wissen und Verstand ist. Daher kommt die beste Sprache nur denjenigen zu, in denen Verstand und Wissen ist.»

Wenn Dante in seinen Briefen also ganz gezielt den Ton eines großen Predigers anschlägt, so ist das darauf zurückzuführen, daß er über ein ausgeprägtes Selbstbewußtsein verfügte, das im übrigen noch durch das große Echo verstärkt wurde, welches das *Inferno* ausgelöst hatte, das sich im Jahre 1314 bereits im Umlauf befunden haben muß. Francesco von Barberino erwähnt dieses Werk nämlich in einer handschriftlichen Anmerkung zu den *Documenti d'amore,* die sich auf die Zeit zwischen Ende des Jahres 1313 und den ersten Monaten des darauffolgenden Jahres datieren läßt. Sein Bewußtsein von der eigenen Größe läßt sich auch an einem anderen Brief vom Mai 1315 ablesen.

Dieses Mal ergeht sich Dante nicht in Höhenflügen, hier greift er nicht auf große Worte zurück, sondern wählt Formulierungen, bei denen die Worte gleichsam gesenkten Hauptes einherschreiten, obgleich sie seinen Ingrimm nicht verhehlen. Anlaß des Briefes ist eine private, höchst betrübliche Angelegenheit: ein erneuter Gnadenakt eröffnet den Florentinern die Möglichkeit der Heimkehr.

Ein Freund hatte ihm mitgeteilt, die Verbannten dürften unter der Bedingung heimkehren, daß sie eine Geldbuße entrichteten und darin einwilligten, in einer feierlichen Zeremonie zu Ehren des Schutzpatrons von Florenz, des Heiligen Johannes, dessen Fest am 24. Juni begangen wurde, «geopfert» zu werden. Damit wurden die aus politischen Gründen Verurteilten den gemeinen Verbrechern gleichgesetzt, da es sich um eine Amnestie anläßlich des Patronatsfestes handelte, in deren Genuß normalerweise nur kam, wer zu Kerkerhaft verurteilt war. Bei dieser Zeremonie gingen die Gefangenen in einer langen Prozession zum Baptisterium, mit einer brennenden Kerze in Händen und einer Papiermitra auf dem Kopf, auf der Name und Vergehen des Betreffenden geschrieben stand. Dante weigert sich, derart demütigende Bedingungen zu akzeptieren. Und er teilt das seinem Freund in Florenz mit.

In seinem Brief heißt es: «Ist das der Gnadenerlaß, mit dem Dante Alighieri in die Heimat zurückberufen wird, nachdem er nahezu drei Jahrfünfte das Exil hat erleiden müssen? Hat die für jedermann augenfällige Unschuld das verdient? Oder der Schweiß und die unermüdliche Mühsal der Studien? Das sei einem der Philosophie zugetanen Manne fern, eine dermaßen unerhörte Erniedrigung hinzunehmen, sich wie ein gemeiner Verbrecher als Opfer darzubieten... das sei einem Manne fern, der sich für die Gerechtigkeit einsetzt...» Lieber lebt er weiterhin fern der Heimat und der Familie, wenn der Preis, den man ihm für seine Rückkehr abfordert, dermaßen hoch angesetzt ist. Und das, obgleich die Familie ihn drängt, diesen Bußakt doch auf sich zu nehmen, auch wenn er eine demütigende und im Grunde genommen absurde Formalität darstellt. Dazu indessen ist er nicht bereit.

Man schreibt das Jahr 1314, jenes Jahr, in dem das *Inferno* seinen Siegeszug angetreten hat und von Hand zu Hand weitergereicht wird. Uguccione della Faggiuola, noch Regent zu Pisa, hat unterdessen Lucca eingenommen. Daraufhin verläßt Dante den jungen Cangrande, um sich zu seinem alten Freund zu begeben. Nach einem kurzen Aufenthalt in Pisa läßt er sich in Lucca nieder. Er ist zu der Überzeugung gelangt, Uguccione sei der Mann, der den von Heinrich nicht verwirklichten Traum von der Unterwerfung der Stadt Florenz in die Tat umsetzen könne. Eine weitere Fehleinschätzung. Der Sieg, den Uguccione im August des Jahres 1315 bei Montecatini über die Florentiner davonträgt, fällt nicht so aus, daß er ihm die Tore der Stadt öffnen würde. Aufs neue ist damit für Dante ein Vorstoß zur Rückkehr in die Heimat gescheitert.

Im Mai war er es gewesen, der darauf verzichtet hatte; drei Monate später sieht er all seine Hoffnungen enttäuscht, die er auf Ugucciones Truppen gesetzt hat, und weitere fünf Monate später sollte es für ihn noch schlimmer kommen. Nach der Niederlage bei Montecatini wird in Florenz offenbar ein erneuter Versuch unternommen, die Beziehungen zu den Exulanten auf eine andere Basis zu stellen: die von Cante de' Gabrielli verhängten Todesurteile werden in Verbannungsstrafen umgewandelt. Hierzu müssen die Exulanten allerdings persönlich vorsprechen, um zu erfahren, wohin und wie lange sie verbannt werden, und um sich finanziell dafür zu verbürgen, daß sie den Anordnungen auch Folge leisten werden. Das weist Dante empört von sich. Daraufhin wird die Todesstrafe gegen ihn nochmals bekräftigt und sogar auf seine Kinder ausgedehnt, denen nichts anderes übrigbleibt, als ihrem Vater ins Exil zu folgen.

Ihr Weg sollte sie allerdings in noch weitere Ferne führen als ursprünglich erwartet. Weitere fünf Monate später nämlich wird Uguccione aus Pisa und Lucca vertrieben. Dante macht sich erneut auf den Weg gen Norden. Er geht nach Ravenna, wo Guido Novello da Polenta die Herrschaft übernommen hat, ein Enkel von Guido dem Älteren, einem alten Haudegen, unter dem Ravenna eine gewisse Vormachtstellung über die gesamte Romagna erlangt hatte. Im Jahre 1285 war er, Guido der Ältere, Anführer der toskanischen Liga der Guelfen und im Jahre 1290 Podestà von Florenz gewesen. Dante wird ihn also mit Sicherheit gekannt haben. Er hatte drei Kinder: Lamberto, Bernardino und Francesca, die mit Gianciotto Malatesta, dem Herrn von Rimini, vermählt worden war – dieselbe Francesca, die im zweiten Kreis der Hölle zusammen mit ihrem Schwager Paolo dem ewigen Wirbelsturm ausgesetzt ist. Guido *Novello*, das heißt «der Jüngere», ist ein Sohn Lambertos. Man hört sehr viel Gutes über ihn. Noch so einer, den Dante in die Schar der Wohltäter vom Schlage eines Uguccione, Cangrande, Moroello Malaspina einreihen kann. Vielleicht ist er sogar in noch höherem Maße als jene der Literatur und der Kunst zugetan. Literaten und Künstler gehen an seinem Hof ein und aus. Dante trifft in Begleitung seiner Kinder Pietro, Jacopo und Antonia dort ein.

Die beiden höchsten Throne sind nach wie vor vakant. Der Streit um die beiden Anwärter auf den Kaiserthron hat die deutschen Kurfürsten entzweit; nicht weniger feindselig stehen sich die Kirchenfürsten in der Frage der Nachfolge für Papst Clemens V. gegenüber. Dabei wird über diese Frage bereits seit zwei Jahren gerungen. Zwei Jahre nicht enden wollender Verhandlungen, erbitterter Auseinandersetzungen, ja sogar gewalttätiger Übergriffe. Gegen Ende des Jahres 1314 war eine Gruppe bewaffneter Gascogner, angeführt von einem Neffen des verstorbenen

Papstes, der den gleichen Namen führte, in den Palast eingedrungen, in dem das Konklave tagte, und hatte die italienischen Kardinäle in die Flucht geschlagen. Die Verhandlungen waren daraufhin unterbrochen worden; als sie jedoch wieder aufgenommen wurden, hatte sich natürlich innerhalb des Kardinalskollegiums die Atmosphäre nicht gerade verbessert.

Auch Philipp der Schöne vermochte daran nichts zu ändern: er starb wenige Monate nach Clemens V. Desgleichen sein ältester Sohn und Nachfolger Ludwig X. Nun aber, nachdem Ludwigs Bruder Philipp V. König von Frankreich geworden ist, vertritt dieser die Auffassung, es sei nun an der Zeit, der Christenheit endlich wieder einen neuen Papst zu geben, was immer auch die Streitpunkte sein mögen (in Wirklichkeit reduzieren sie sich auf die eine Frage: Rückkehr nach Rom oder nicht). Er ordnet daher an, die Kardinäle im Dominikanerkloster zu Lyon einzusperren und sie nicht eher wieder herauszulassen, bis sie einen der Ihren gewählt haben. Doch es sollte mehr als einen Monat dauern, bis dieser Kraftakt zu einem Ergebnis führte. Es ist bereits August des Jahres 1316, als ein anderer Gascogner, Jacques-Arnaud d'Euse, den Papstthron besteigt.

Seine Residenz bleibt weiterhin in Avignon, wo er im September unter dem Namen Johannes XXII. in sein Amt eingeführt wird. Er ist ein Schützling des Königs Robert von Anjou. Sein Vorgänger hatte während des Konfliktes mit Heinrich VII. die Reichsgewalt an sich gerissen und den König von Neapel zum Reichsvikar über Italien eingesetzt. Und der Anjou konnte sein Amt auch unter Johannes XXII. behalten, der sich damit über den Willen der beiden Anwärter auf die Kaiserkrone, Friedrich von Habsburg und Ludwig IV. von Bayern, hinwegsetzte. Mit Ludwig IV. ließ er sich auf eine Auseinandersetzung ein, die Jahre später eine überraschende Wendung nehmen sollte, als der Bayer, nachdem er seinen österreichischen Rivalen geschlagen hatte, sich von dem von ihm selbst eingesetzten Gegenpapst Nikolaus V. krönen ließ.

Papst Johannes XXII. stützt sich in Italien nicht nur auf Robert von Anjou, sondern unternimmt auch den Versuch, den ghibellinischen Visconti die Herrschaft über Mailand zu entreißen. Ohne Erfolg. Mehr Erfolg ist ihm hingegen auf jenen Domänen beschieden, die schon Papst Clemens zum Vorwurf gereicht hatten: sein unterwürfiges Verhalten gegenüber dem französischen Thron (das sich unter anderem daran zeigte, daß er fast ausschließlich französische Kardinäle einsetzte), seine unersättliche Gier nach Reichtum, seine Simonie. Dante konnte und sollte ihm das nicht verzeihen. In seiner Strafpredigt zählt der Heilige Petrus ihn zusammen mit Papst Clemens zu den «grimmigen Wölfen», die sich «zu trinken rüsten» vom Blut der Märtyrer der Kirche.

So heißt es im *Paradiso*; doch zunächst einmal ist es erst das *Inferno*, das sich einen Weg zum Publikum bahnt. Dante hatte es in Verona nochmals umgeschrieben und überarbeitet, bevor er – seine ganze Hoffnung auf Uguccione setzend – in die Toskana aufgebrochen war. Von Verona aus findet dieser erste Teil seines großen Werkes Verbreitung, wenige Jahre später auch der zweite Teil, das *Purgatorio*. Und dies, obgleich die Atmosphäre am Hofe zu Verona eher dazu angetan war, Pläne zur Errichtung und zur Eroberung von Verteidigungsanlagen auszutüfteln als Begeisterung für einen Schriftsteller zu wecken, und damit keineswegs ideale Bedingungen für die Verbreitung eines literarischen Werkes, das heißt für das Kopieren der Manuskripte bot, das ja die Voraussetzung für eine Verbreitung darstellte.

Das ist ganz einfach eine Frage des Interesses, der Aufnahmebereitschaft, der Aufgeschlossenheit. Diese Voraussetzungen sind natürlich in einer Universitätsstadt wie Bologna in erheblich größerem Maße gegeben. So kam es denn, daß eben diese Stadt einen wesentlichen Beitrag zur Verbreitung dieser beiden ersten Teile der *Commedia* leistete. Zwei Faktoren waren dabei ausschlaggebend, und zwar zum einen die Tatsache, daß Bologna auf dem Gebiet der Wissenschaft eine in ganz Europa führende Rolle spielte, und zum anderen, daß eine große Anzahl von Toskanern, sei es im Exil oder aber aus freien Stücken, in dieser Stadt lebten. So war es ein aus San Gimignano stammender Notar namens Tieri degli Useppi, der sich in Bologna niedergelassen hatte und der als erster nachweislich Verse aus dem *Inferno* zitiert hat. Verse aus dem dritten Gesang, in denen Vergil Charon auffordert, sich seinen Anweisungen zu fügen: «Man will es also droben, wo Verlangen / und Können eins ist; und nicht weiter sprich.» Messer Tieri notiert diese Terzine auf einer der Urkunden der Kanzlei des Podestà. Auf amtlichen Schriftstücken war es allgemein üblich, den um den Text herum freibleibenden Platz mit Versen, Aphorismen und Sprichwörtern auszufüllen, um auf diese Weise nachträgliche Zusätze zum Urkundentext zu verhindern.

Aber nicht nur bei den Toskanern stoßen die im *Inferno* und im *Purgatorio* erwähnten Personen auf großes Interesse, sondern auch bei all denen, die zum Teil die geschilderten Vorgänge persönlich miterlebt haben. Ungeachtet des hohen poetischen Ranges dieser beiden ersten Teile der *Commedia* werden sie vor allem als umfassende Chronik in Versform rezipiert. Zwar kommt in dieser Dichtung den erwähnten Personen die Funktion von allgemeingültigen Symbolen und Charakteren zu, aber die Tatsache, daß sie entweder dem Reich des Guten oder dem des Bösen zugeordnet werden, daß alle Vorgänge in epischer Breite erzählt werden, hat zur Folge, daß die Wirklichkeit gleichsam überhöht und verherrlicht dargestellt wird, anstatt daß sie in den Hintergrund gedrängt, ignoriert, dem Vergessen anheimgestellt würde.

Die Schatten der Toten, welche die einzelnen Kreise der Hölle bevölkern, werden mit ihren ganzen menschlich-allzumenschlichen Schwächen, in ihrer ganzen fleischlichen Verderbtheit dargestellt. Die Welt hätte kaum drastischer geschildert werden können mit all dem die Kehle zuschnürenden Pesthauch und all den grauenhaften und wehmutsvollen Erinnerungen. Die Parteinahme dessen, der diese Verse verfaßt hat, vermischt sich mit jenem pestilenzialischen Gestank. Es ist das Werk eines Menschen, der Partei ergreift, der sich an seine Mitmenschen wendet, für die der Parteienhader mit all seinem Ränkespiel und Blutvergießen die größte Selbstverständlichkeit darstellt, die sich dabei ganz in ihrem Element fühlen.

Interessanterweise bedarf es bei den jeweils auftretenden Personen keiner weitergehenden Erläuterungen. Es sind Mitwirkende in diesem Spiel, in das praktisch alle, Lebende und Tote, verwickelt sind. Wer in diesem Reigen fehlt, sind die armen Leute, das niedere Volk, die kleinen Sünder. Wenn man schon nicht zum Kreise jener gehört, die das Sagen haben, wenn man nicht reich ist oder etwas darstellt, so liegt es auf der Hand, daß man zumindest zu den großen Sündern zählt. Im allgemeinen pflegt die Gleichung aufzugehen: wer das Sagen hat, verfügt gewöhnlich über den entsprechenden Einfluß, und wer einflußreich ist, stellt auch etwas dar, und wer etwas darstellt, ist auch in der Lage, seiner gesellschaftlichen Stellung und seiner sozialen Schicht gemäß zu sündigen.

Diese Bewertung der Menschen aufgrund der Rolle, die sie im öffentlichen Leben gespielt haben, dieses über sie im

Guten wie im Bösen gefällte Urteil, je nachdem, wie sie – zumeist auf der politischen Bühne – aufgetreten sind, ist kennzeichnend für die *Commedia* und unterscheidet sie von diversen anderen in der damaligen Literatur bereits bekannten fiktiven Reisen in das Jenseits. Nein, die Beschreibung des Jenseits, in dem ein jeder je nach seinen Verdiensten oder Vergehen zu Lebzeiten für alle Ewigkeiten seinen Lohn erhielt, war durchaus nichts Neues. Neu war vielmehr das Abwägen der guten wie der bösen Taten, wobei das Verdikt des himmlischen Vaters, das der Dichter sich in diesem Werk angemaßt hatte, indem er Belohnungen und Strafen austeilte, vielfach durch Vorurteile verfälscht wurde. Er stützte sich dabei auf die prophetischen Visionen der Bibel und das, was als das vollendetste literarische Werk schlechthin galt, nämlich die *Äneis* Vergils, desselben, den er sich auch zum Führer auf seiner Reise ins Jenseits auserkoren hat. Diese Rolle war für Vergil ja nichts Neues, wenn man bedenkt, daß er schon einmal in die Hölle niedergefahren ist. Dante zweifelt keinen Moment daran, daß ihm das Recht zusteht, jene auf ewig zu verdammen, die für seine mißliche Lage als guelfischer Exulant die Verantwortung tragen und die ihn an der Verwirklichung seines ghibellinischen Traumes gehindert haben.

Vielleicht ist das kein besonders günstiger Ausgangspunkt, wenn er sich anheischig macht, selbst Lohn und Strafe zuzuteilen, aber es ist genau der Punkt, der ihn dazu veranlaßt, während seiner ganzen Wanderung durch das Jenseits alle Teufel der Hölle und die Engel des Fegefeuers aufzubieten, um sie allesamt das Banner der Gerechtigkeit hissen zu lassen. Vergil ließ sich von seiner *pietas* leiten; er, Dante, lechzt nach Gerechtigkeit. Die *Äneis* des heidnischen Dichters hatte eine gewisse tröstliche Botschaft, seine *Commedia* dagegen, das Werk eines christlichen

Dichters, ist von unerbittlicher Strenge, die nicht einmal in jenen höchsten Sphären abgemildert wird, zu denen er im letzten Teil seiner Jenseitsreise aufsteigt.

Denn auch im Paradies noch bleibt ihm die Erinnerung an Hölle und Fegefeuer stets gegenwärtig. Die Szenen, die er mitansehen mußte, die Stätten der Marter, die er aufgesucht hat, haben sich ihm unauslöschlich eingeprägt. So hat das Paradies die beiden vorhergehenden Reiche zur Voraussetzung, nicht nur im Hinblick auf das literarische Werk in seiner Gesamtstruktur, sondern auch im Hinblick auf den Grad der Erkenntnis des Wanderers durch das Jenseits. Im übrigen handelt es sich hier um einen Aufstieg in himmlische Sphären, bei dem, angefangen von Kaiser Justinian bis hin zu Karl Martell, von Cunizza da Romano bis hin zum provenzalischen Troubadour Folco von Marseille, vom Heiligen Thomas von Aquin bis hin zum Heiligen Bonaventura, vom Abt Joachim von Fiore bis hin zu Cacciaguida, vom Heiligen Petrus Damiani bis zum Heiligen Petrus, sich alles stets um jene leidigen Lebensfragen dreht – um Guelfentum und Ghibellinentum, um Geiz und Wollust, um Häresie und Simonie... –, die bereits in hinreichendem Maße den Vorwand geliefert haben, um alle Bolgen der Hölle mit Verdammten zu füllen. Diese Hölle malt er sich als einen riesigen Trichter aus, der sich auf der nördlichen Halbkugel bis zum Erdmittelpunkt erstreckt. Dort, im Erdmittelpunkt, sitzt Luzifer fest, seit er zur Strafe für seine Auflehnung gegen Gott von diesem verstoßen worden ist.

Der tiefe Schlund hat sich dadurch gebildet, daß beim Sturz dieses unbotmäßigen Engels die Erde voller Schrecken zurückgewichen ist. Auf diese Weise ist ein Trichter entstanden, der von der Erdoberfläche überdeckt wird, in deren Mittelpunkt sich Jerusalem befindet, zum Angedenken an die Passion Christi. Der Trichter weist an seinem oberen Teil ein Grenzland auf, das Vorland der Hölle, das von den Seelen der Feigherzigen bevölkert wird, unter ihnen auch diejenige Cölestins V. Diese Seelen müssen dafür, daß sie Leuten angehörten, die ohne Schand und ohne Lob gelebt haben, zur Strafe nackt hinter einer Fahne herlaufen, angestachelt von Fliegen und Wespen, daß ihnen das Blut nur so über die Wangen läuft. Unmittelbar darunter befindet sich, von diesem Grenzland durch den Fluß Acheron getrennt, dessen Name «Freudlosigkeit» bedeutet, der erste von neun Höllenkreisen, der Limbus, wo die Ungetauften hausen, deren Strafe darin besteht, daß sie ohne Hoffnung darauf, dereinst erhört zu werden, sich in der Sehnsucht verzehren, Gott sehen zu dürfen.

Dem Limbus folgt der zweite Höllenkreis, in dem jene Seelen, die sich der Fleischeslust und sündigen Liebe hingegeben haben, im ewigen Wirbelsturm umherziehen, der ihre Leidenschaft versinnbildlicht; im dritten Höllenkreis liegen die Schlemmer bei Schnee und Regen im Schlamm dahingestreckt und werden von Zerberus gepeinigt; im vierten Höllenkreis müssen die Geizigen und Verschwender mit der Brust schwere Gewichte wälzen und sich, wenn sie einander begegnen, gegenseitig ihre Schuld vorhalten; im fünften Höllenkreis stecken die Zornigen und Neidischen im Sumpfe des Styx; im sechsten Höllenkreis schmachten die Ketzer und die Trägen in glühenden Särgen; im siebten Höllenkreis, der in drei Ringe unterteilt ist, befinden sich die Frevler; der achte Höllenkreis, genannt *Malebolge*, ist eingeteilt in zehn Unterabteilungen, die sogenannten *Bolgen*, die den Betrügern vorbehalten sind; der neunte Höllenkreis, genannt Cocytus, ist in vier Teile untergliedert, in denen die Verräter an den Vertrauensseligen ihre Strafe abbüßen müssen.

Der siebte Höllenkreis umfaßt drei Ringe, deren erster

von den Frevlern wider den Nächsten bevölkert ist, die im heißen Blutstrom, dem Phlegethon, schmachten. Im zweiten Ring befinden sich die Frevler wider sich selbst, die Selbstmörder, die in Sträucher verwandelt wurden und von Harpyien gequält werden, während andere, die tollen Vergeuder, von ausgehungerten Hündinnen zerfleischt werden. Der dritte Ring umfaßt die Frevler wider Gott und Natur: die Gotteslästerer liegen im glühenden Sand, die Wollüstigen sind dazu verdammt, rastlos über diesen Sand hinwegzuwandern, die Wucherer sitzen im Feuerregen, von dem im übrigen auch die Gotteslästerer und die Wollüstigen gepeinigt werden.

Der achte Höllenkreis umfaßt zehn Bolgen: In der ersten Bolge befinden sich Kuppler und Verführer, deren nackte Haut von Teufeln mit Peitschen malträtiert wird. In der zweiten Bolge stecken die Schmeichler im Kot. In der dritten Bolge befinden sich jene, die sich der Simonie schuldig gemacht haben und nun kopfüber in Röhren stecken, so daß nur die Füße herausragen, von Flammen umzüngelt. In der vierten Bolge wandeln Zauberer und Wahrsager rückwärts mit verdrehtem Kopf. In der fünften Bolge stecken die Sünder, die öffentliche Ämter verschacherten, im siedenden Pech. In der sechsten Bolge ächzen die Heuchler unter ihren bleiernen, auf der Außenseite vergoldeten Kutten. In der siebten Bolge werden Diebe von Schlangen gepeinigt. In der achten Bolge finden sich die schlimmen Ratgeber, in Flammen gehüllt. In der neunten Bolge werden die Zwietrachtstifter von einem Teufel mit dem Schwert grausam zugerichtet. In der zehnten Bolge werden die Fälscher mit Krankheiten geschlagen.

Der neunte Höllenkreis, in dem die Verdammten im Eise stecken, umfaßt vier Teile: Im ersten Teil, *Kaina* genannt, befinden sich die Verräter an den eigenen Verwandten; im zweiten Teil, *Antenora*, die Verräter am Vaterlande; im dritten Teil, *Ptolemäa*, die Verräter an Gastfreunden; im vierten Teil, *Judecca*, die Verräter an den Wohltätern.

Dieses Gruselkabinett der Verdammten wird durch einen Gesang eingeleitet, dem die dreiunddreißig Gesänge des *Inferno* folgen; auch das *Purgatorio* weist die gleiche Anzahl an Gesängen auf, wie auch das *Paradiso*. Insgesamt sind es also einhundert Gesänge. Die Aufteilung des *Inferno* erfolgt in Anlehnung an die *Ethik* des Aristoteles, während die im *Purgatorio* abgebüßten Sünden platonischer Natur sind, insofern, als sie als Verirrung der Liebe verstanden werden, als deren Entgleisung.

Das Abbüßen der Sünden ist also gewissermaßen als eine Progression zu verstehen, die sich beim Aufstieg von einem Reich zum anderen vollzieht. Im *Purgatorio* wird nach dem Ursprung der Sünde gefragt, die bis hin zu ihren psychologischen Hintergründen untersucht wird; im *Inferno* dagegen erfolgt keine derartige Aufklärung der Hintergründe, dort wird die Sünde lediglich registriert. Zwischen diesen beiden Jenseitsreichen besteht jedoch auch im Hinblick auf ihre Form eine gewisse Parallelität: im ersten Fall haben wir es mit einer trichterförmigen Vertiefung zu tun, im zweiten Fall mit einem umgekehrten Trichter, der sich wie ein Bergkegel über dem Erdboden erhebt. Das ist die Folge der Beziehung zwischen Ursache und Wirkung. Den Erdmassen, die auf der nördlichen Halbkugel angesichts des Sturzes von Luzifer zurückgewichen waren, so daß sich um ihn herum ein gewaltiger Schlund gebildet hatte, der gegen den Erdmittelpunkt immer enger zulief, entsprechen auf der südlichen, vom Ozean bedeckten Halbkugel ebenso große Erdmassen, die sich zu einer Insel, oder besser gesagt zu einem hohen Berg auftürmen, um den ringsherum ein Pfad emporführt, der immer engere Windungen vollzieht, je mehr man sich dem Gipfel nähert. Die Insel ist von einem Strand umgeben, an dem der kleine, von einem Engel gelenkte Nachen anlegt, mit dem die Seelen übergesetzt werden, die von dort aus zu den einzelnen ihnen angewiesenen Stufen des Läuterungsberges aufsteigen.

Auf halber Höhe des Berges beginnt das eigentliche *Purgatorio*, in den unteren Regionen dagegen liegt das sogenannte *Antipurgatorio*, das Vorfegefeuer, wo die Seelen jener saumseligen Büßer auf Einlaß in das Fegefeuer warten, die entweder im Bann der Kirche gestorben sind, oder erst in der Todesstunde Reue gezeigt oder aber ein gewaltsames Ende gefunden haben, und schließlich die Seelen der pflichtvergessenen Könige und Fürsten, die sich von irdischen Zerstreuungen haben ablenken lassen, anstatt sich ihrer Obliegenheiten und ihrer Untertanen anzunehmen. Das *Purgatorio* umfaßt sieben Kreise: den Kreis der Stolzen, unter Steinlasten gebückt, den Kreis der in Bußgewänder gehüllten Neider, denen die Augenlider mit Draht zugenäht sind; den Kreis der Zornigen, die im beißenden Rauch wandeln müssen; den Kreis der Trägen, die sich gegenseitig zu rastlosem Lauf anspornen; den Kreis der wehklagenden und betenden Geizhälse und Verschwender, die, mit dem Gesicht am Boden liegend, an Händen und Füßen gefesselt sind; den Kreis der Schlemmer, die von Hunger und Durst gepeinigt werden; den Kreis der Wollüstigen, die im Feuer wandern müssen.

In allen Kreisen bekommen die Büßer je nach der Schuld, die sie sich aufgeladen haben, Musterbeispiele tugendhaften Verhaltens, beziehungsweise Beispiele für die Strafen, die für die von ihnen begangene Schuld verhängt werden, zu sehen oder zu hören, beziehungsweise berichten selbst lauthals darüber. So sehen etwa die Stolzen Marmorbilder, auf denen Szenen von vorbildhafter Demut dargestellt sind, aber auch Szenen, in denen die Bestrafung der Hochmut gezeigt wird; die Neider hören geheimnisvolle Stimmen, die von der Nächstenliebe sprechen und von den schrecklichen Auswirkungen des Neides; die Zornigen, vom Rauch geblendet, haben Visionen vor Augen, in denen Musterbeispiele der Sanftmut verherrlicht werden... Die körperliche Züchtigung geht einher mit Betrachtungen über die begangenen Sünden, die ihrerseits von ständigen Gebeten begleitet sind.

Auf dem Gipfel des Berges befindet sich das irdische Paradies, wo Dante am Höhepunkt seiner Reise anlangt. Ein Augenblick, auf den er während seiner Wanderung durch Hölle und Läuterungsberg sehnsuchtsvoll gewartet· hat: die Begegnung mit Beatrice. Damit knüpft Dante an die letzten Zeilen von *Vita nuova* an, in denen er versprach, die «gentilissima donna» in einem seiner späteren Werke gebührend zu würdigen. Doch wie viele Jahre sind seither vergangen, und wie viele Geschehnisse haben ihn irregeleitet, seit er von seiner Liebe zur Tochter Folco Portinaris berichtet hat! Wie viele Geschehnisse haben die Welt irregeleitet, seitdem die beiden obersten Lenker, der Kaiser und der Papst, kurz nacheinander verloschen sind, die wie zwei Sonnen, jeder in seiner Himmelssphäre, der Menschheit ihren Weg hätten erleuchten sollen. Sie sind verloschen, haben aus dem einen oder dem anderen Grunde nicht die ihnen von Gott übertragene Aufgabe erfüllt, so daß die Menschheit mitansehen mußte, wie sich die Finsternis mit den schrecklichsten Ungetümen bevölkerte.

Dante hatte sich also in einer irrenden Welt verirrt. Beide bedurften sie einer geistigen Erneuerung, um auf den «besten und direktesten Weg» zu gelangen, der in das Himmelreich führt: jenes Reich, das sich dereinst in der Weltordnung widerspiegeln sollte, wenn diese erst einmal so beschaffen sein würde, daß der Mensch in ihr die Glückseligkeit zu erlangen vermag, weil es, wie es im *Convivio* heißt, seine Bestimmung ist, glücklich zu leben. «Das ist es, wozu er geboren ward.»

Somit verschränken sich also die autobiographischen Aspekte in der *Commedia* mit solchen, die die gesamte Menschheit angehen, anders gesagt, das eine Geschick wird zum Symbol der Geschicke aller, und vor diesem Hintergrund wird die Schönheit, die durch den Tod Beatrices vergangen ist, zur Schönheit, die der ganzen Welt abhanden gekommen ist. Die Fäden dieser beiden Vorgänge sind so eng miteinander verwoben, daß durch die Darstellung des einen Vorgangs zugleich auch eine Darstellung des anderen erfolgt. So entspricht die Situation Dantes, der sich in einem bestimmten Lebensabschnitt in jenem «dunklen Wald» der Sünde verirrt, der Situation der gesamten Menschheit, die sich mit den Auseinandersetzungen um die weltliche und die geistliche Herrschaft konfrontiert sieht. Er dringt in den Wald vor, und als er aus ihm wieder hervortritt, sieht er vor sich einen sonnenbestrahlten Berg, einen Ort der Tugend.

Als er sich dorthin aufmachen will, verstellen ihm drei wilde Tiere den Weg: ein Pardel, ein Löwe und eine Wölfin. Es sind drei Laster, welche die Seele von ihrem Weg zur Tugend abbringen wollen: der Neid, der Hochmut und die Arglist, aber auch die Zügellosigkeit, die Gewalttätigkeit und die Habgier. Diese Laster lassen sich natürlich vom Individuum auf eine ganze Stadt übertragen, etwa auf Florenz, wenn man nicht sogar davon ausgeht, daß Florenz selbst durch eines dieser drei Laster verkörpert wird, nämlich der Pardel mit seinem gescheckten Fell, während der französische Königshof und das Papsttum durch die beiden anderen Tiere symbolisiert werden. Damit wären also als die Übel der Welt jene Kräfte ausgemacht, gegen die Dante politisch ankämpft. Angesichts der drei wilden Tiere weiß er nun nicht so recht, wie er sich verhalten soll, doch da taucht Vergil auf und erbietet sich, ihn aus dem Labyrinth herauszuführen und ihn durch Hölle und Fegefeuer bis zum irdischen Paradiese zu geleiten.

Vergil, der ihm von Beatrice gesandt ward, ist der Inbegriff der von der Gnade erleuchteten menschlichen Erkenntnis. Von daher verkörpert er den Zustand der natürlichen Glückseligkeit. Jener Glückseligkeit, zu welcher der Kaiser den Menschen kraft seines Amtes führen sollte. Insofern steht er also auch für die Reichsidee. Vergil geleitet Dante, wie er es ihm versprochen hat, zum irdischen Paradies. Im *Purgatorio*, im Kreis der Geizigen und Verschwender, gesellt sich den beiden noch ein anderer Dichter hinzu, nämlich Statius, der die Führerrolle Vergils übernimmt und die von Dante gestellten Fragen beantwortet. Dante geht davon aus, daß Statius, der Verfasser des berühmten, stark von Vergil beeinflußten Heldengedichtes *Thebais*, als Christ gestorben sei; daher kann ihm dieser mit Erläuterungen weiterhelfen, wo Vergil die Antwort schuldig bleibt. Statius ist der Inbegriff der vom Glauben erleuchteten menschlichen Erkenntnis.

Gemeinsam gelangen die drei Dichter – der Heide, der als Christ gestorbene Heide und der Christ – ins irdische Paradies. Und hier kommt es nun zur Begegnung mit Beatrice, die Dante bei seinem Aufstieg ins Paradies geleiten wird. Die Tatsache, daß erst Statius die Führerrolle Vergils und dann Beatrice die Führerrolle beider übernimmt, deutet darauf hin, daß hier gewissermaßen die autobiographische Geschichte mit jener der Menschheit zusammenfällt. Sie verweisen nicht mehr wechselseitig aufeinander, und es ist auch nicht mehr die eine das Symbol der anderen, sondern in letzterer sind gleichsam die Spuren des Individuums verwischt, jenes Menschen, dessen Erlebnisse und Mißgeschicke im Meer der Geschichte, der Jahrhunderte versinken, in einem Meer, das an jene Gefilde grenzt, die der Geist nicht mehr zu denken imstande ist: an die Unendlichkeit und die Ewigkeit. Beatrice ist der Inbegriff der offenbarten Wahrheit, der Theologie.

Während es bis dahin um den rechten Weg gegangen war, von dem sowohl das Individuum als auch die gesamte Menschheit abgekommen ist, geht es von nun an um die Ursachen für die Verirrungen der Welt: um die Vakanz des Kaiserthrons – das Fehlen eines seinen Aufgaben gewachsenen Kaisers – und um die Verderbtheit der Kirche. Beatrice weissagt Dante, daß der Kaiserthron nicht auf Dauer vakant bleibt, sondern daß jemand kommen wird, der in der Lage ist, dem Heiligen Stuhl wie auch dem König von Frankreich die Stirn zu bieten. Eine Anspielung auf eine bestimmte Person? Oder steht vielleicht nur eine Hoffnung, das Bestreben des Dichters dahinter, den Traum seines Lebens durch Beatrice bestätigt zu finden?

Es lag im Heilsplan der Vorsehung beschlossen – jenes Plans, der im Römischen Reich seine historische Realisierung gefunden hat –, daß eine solche Persönlichkeit kommen werde, das heißt, daß der höchsten staatlichen Instanz wieder jener Rang zukommen solle, der ihm an der Seite der höchsten kirchlichen Instanz gebührte, die deren Kompetenzen und Grenzen zu respektieren habe. Was anderes hat im übrigen die zunehmende Sittenverderbnis der Welt verursacht, als das *malgoverno*, das schlechte Regiment, die Störung des Gleichgewichtes, das es zwischen diesen beiden Instanzen zu wahren gilt und das sie miteinander verbindet? Dies sagt ein gewisser Marcus Lombardus, den Dante bei den Zornigen antrifft; das gleiche sollte auch Justinian in einem Gesang zum Ausdruck bringen, in dem er das Kaisertum verherrlicht, und zwar im sechsten Gesang des *Paradiso*, in dem er gegen Guelfen und Ghibellinen loswettert, die mit ihren Fehden dieses Gleichgewicht gefährden. Wie hätte es da unwidersprochen hingenommen werden können, wenn ein Papst wie Johannes XXII., der weder Ludwig den Bayern noch dessen Widersacher Friedrich von Österreich als Kaiser anerkennen wollte und der statt dessen den Kaiserthron für vakant erklärte und Robert von Anjou zum kaiserlichen Statthalter über Italien einsetzte, die weltliche und die geistliche Gewalt zu vereinen beschließt?

Dies teilt er in der Bulle *In nostra et fratrum* von 1317 mit. Ferner erklärt er die von Heinrich VII. eingesetzten Reichsvikare für abgesetzt, darunter auch Cangrande della Scala, der im Streit zwischen den beiden Anwärtern auf den Kaiserthron auf seiten Friedrichs von Österreich steht und sich von ihm in seinem Amt als Reichsvikar bestätigen läßt. Was Wunder, daß vor einem solchen Hintergrund ein Traktat wie *Monarchia* entstand.

In diesem Werk legt Dante dar, welch wichtige Rolle dem Kaisertum zukommt, und führt aus, daß Rom die Hauptstadt des Reiches sei und daß sich das Kaisertum direkt von Gott ableite, weshalb es keiner päpstlichen Anerkennung bedürfe. Überdies trug er mit dieser Abhandlung seinen Teil zu der in der *Commedia* geschilderten Erlösung des Geistes bei, indem er für die politische Befreiung der Menschheit eintrat. Die *Monarchia* stellte gewissermaßen einen Kommentar zur *Commedia* dar. Während es in der *Commedia* um eine Wanderung auf dem Weg zu Gott ging, galt es in der *Monarchia*, den rechten Weg im Diesseits einzuschlagen, wobei jedoch beide Wege parallel zueinander verliefen: jeder von ihnen war unabhängig und hing zugleich doch auch vom anderen ab, leitete von ihm seine Rechtfertigung ab, wurde von ihm ergänzt.

Es ging also letztlich darum, die richtige Distanz zwischen diesen beiden Gewalten, der geistlichen und der weltlichen, herzustellen, deren Trennung außerhalb Italiens schon in die Wege geleitet war, obschon sie in Frankreich bereits zu Übergriffen seitens der Monarchie gegenüber dem Klerus geführt hatte. Nicht zuletzt dank der verbesserten Lebensbedingungen hatte sich die Überzeugung durchgesetzt, daß die Welt zwar nicht so beschaffen sei, daß sie dem Menschen die Glückseligkeit geben könne, nach der er von Natur aus strebt, woraus aber nicht der Schluß gezogen werden dürfe, daß man auf das verzichten müsse, was sie an Gutem und Schönem zu bieten habe. Schließlich wies das Dasein ja auch angenehme Seiten auf und ließ sich nicht nur darauf beschränken, daß man demütig auf das Jenseits harrte. Vielmehr sei der freie Wille an sich schon eine Bestätigung dafür, daß Gott dem Menschen einen Handlungsspielraum gegenüber seinem eschatologisch bestimmten Schicksal einräumt.

Doch was nützt das schon, derartige auf die Vernunft gegründete Überlegungen anzustellen, wenn die Inhaber dieser beiden Gewalten nicht mitspielten? Bei dem einen von ihnen, dem Kaiser, handelte es sich um eine farblose Figur, die noch kein Profil hatte entwickeln können, da der Kampf um die Nachfolge Heinrichs VII., noch andauerte. Und der andere, Johannes XXII., hatte mit seiner Bulle *In nostra et fratrum* klar zu erkennen gegeben, daß er die feste Absicht hatte, sich einer Beilegung der Auseinandersetzungen um die Reichsfrage, einem Abstecken der beiden Einflußbereiche, in den Weg zu stellen.

22

Damit legte der Papst ein Verhalten an den Tag, das Auswirkungen auf die Politik der einzelnen Stadtstaaten und damit indirekt auch auf das Leben Dantes haben sollte. Wenn beispielsweise eine Kommune einen Mann wie Uguccione della Faggiuola davonjagte, dann war das ein schwerer Schlag auch für Dante, der ja auf die freundschaftlichen Beziehungen zu Uguccione seine ganze Hoffnung gesetzt hatte.

Folgendes war geschehen: in demselben Jahr, in dem Johannes XXII. seine Bulle erließ, erlitt Uguccione beim Versuch, Pisa zurückzuerobern, trotz der von Cangrande entsandten Truppen eine Niederlage – ein Debakel, das seinen überaus raschen, völlig unerwarteten Sturz einleitete.

Nun kommt also auch er nach Verona, wo er in die Dienste des Scaligers tritt, dessen Hof für seine Großzügigkeit und die «überaus feine Art» im Umgang mit seinen Gästen berühmt ist. Zu dieser feinen Art gehört es auch, daß die den Gästen zur Verfügung gestellten Räumlichkeiten mit Malereien und Inschriften versehen waren, die jeweils einen gewissen Bezug zu ihrer Situation hatten. So gab es Räume für die Exulanten mit Fresken, auf denen die Hoffnung dargestellt war; andere Räume waren den Dichtern vorbehalten, auf welche die Musen von den Wänden herabschauten; andere Räume beherbergten die Kleriker, die sich am Anblick des irdischen Paradieses ergötzen konnten; wieder andere waren für die Künstler

vorgesehen, die der Obhut eines Apollonbildnisses anheimgestellt wurden; und schließlich jene Räume, deren
es vermutlich am meisten gab, in denen alte Kämpen wie
Uguccione untergebracht wurden, mit Huldigungssze-
nen für den siegreich aus einer Schlacht heimkehrenden
Feldherrn.

Abgesehen von den auch an anderen Höfen üblichen
Zerstreuungen – reichgedeckten Tafeln, Possenspielen,
Darbietungen von Gauklern und Musikern – erfreuten
sich all diese Gäste in Verona darüber hinaus der anregen-
den Atmosphäre, wie sie für ein aufstrebendes Herrscher-
geschlecht typisch ist. Nicht zufällig entstanden neue Palais in der Stadt, wurden die Bollwerke ausgebaut und erweitert, so daß sie schließlich die Vorstadt San Zeno und
die im Süden gelegene Feldmark umfaßten, während im
Norden die Stadtmauern nun auch den Bergrücken am
linken Etschufer miteinbezogen. Zwischen diesem Teil
nördlich des Flusses, wo die Hügellandschaft anzusteigen
begann, und der auf der anderen Etschseite gelegenen
Feldmark erstreckte sich eine breite Talsohle, wo die Ve-
ronesen ihren traditionellen *Palio* veranstalteten, einen
Wettlauf, der immer am ersten Sonntag der Fastenzeit
stattfand. Der Sieger erhielt ein «grünes Linnen». Dante
hat offensichtlich den *Palio* miterlebt. Der Hinweis darauf
findet sich im *Inferno*.

Die Erweiterung der Befestigungsanlagen hatte das
Stadtbild verändert und Verona ein hauptstädtisches Ge-
präge verliehen, das sich schon von weitem durch eine
Reihe von Bergfesten ankündigte. Die geographische
Lage tat das Ihre, der Stadt gegenüber dem Umland eine
dominierende Rolle zuzuweisen; in wirtschaftlicher Hinsicht stellte die Bürgerschaft ihre außerordentliche Lei-
stungsfähigkeit unter Beweis, insbesondere auf dem Gebiet der Wollverarbeitung.

War dies die Stadt, von der aus die Ghibellinen ihren Siegeszug antreten sollten? Zweifellos sprach einiges dafür. Ihr großer, kunstsinniger Herrscher; ihr schlagkräftiges, gut ausgebildetes und unter vorzüglicher Führung stehendes Heer; ihr Ruf, jeden Ankömmling, vom Exulanten über den Künstler bis hin zum Krieger, in einer Weise in ihren Mauern aufzunehmen, die sie zu einer Anlaufstelle für eine bunt gemischte Schar von Leuten werden ließ, wie sie sich an einem Fürstenhofe so einzufinden pflegen: sei es, daß sie Schutz suchten, sei es, daß sie ihre Dienste anboten . . .

«Gebieterin und Königin Italiens» hat ein Dichter aus einem großen ghibellinischen Geschlecht, Fazio degli Uberti, die Stadt Verona genannt. Dieser vermutlich aus Pisa stammende Neffe des Farinata degli Uberti sollte ebenfalls wenig später nach Verona kommen. Dort entbrennt er offenbar in Liebe zu einer gewissen Ghidola Malaspina, der er nahezu seine gesamte Liebeslyrik widmet; doch in erster Linie ist sein Name mit seinem Lehrgedicht *Il Dittamondo* verknüpft, in dem er eine fiktive Reise durch die damals bekannten Erdteile unternimmt, und zwar auf Anraten der Tugend und unter der Führung eines römischen Schriftstellers des dritten Jahrhunderts, Gaius Julius Solinus, der für seine Sammlung von Berichten über Land und Leute weithin bekannt war: gewissermaßen ein Vergil der Geographie. Abgesehen von der geographischen Beschreibung wies dieses Werk des Fazio degli Uberti eine Vielzahl allegorischer Elemente auf und sollte sich sogar als eine der Früchte vom großen Baum der *Commedia* erweisen, wie sie im Laufe der Zeit in großer Zahl geerntet worden sind.

Doch noch ist der dritte Teil der *Commedia* nicht vollendet. Dante arbeitet intensiv daran. Sein *Inferno* und sein

Purgatorio sind auf einiges Interesse gestoßen, selbst bei Bevölkerungsschichten, die von ihrer Bildung her die Ideen, die seiner Jenseitsreise zugrunde liegen, nicht nachvollziehen können. Das Interesse ist immerhin so groß, daß sich um den Autor eine Legende bildet.

Diese Legende stützt sich auf eine Reihe von Anekdoten, kleine Episoden, die zum Teil von den Novellenschreibern aufgegriffen oder später von namhaften Persönlichkeiten wie Petrarca oder Poggio Bracciolini zusammengetragen werden sollten. Und alle drehen sie sich mehr oder weniger um das recht selbstbewußte Auftreten Dantes. Etwa die Anekdote, die der veronesische Dichter Taddeo del Branca in einem seiner in lateinischer Sprache verfaßten Gedichte überliefert hat: Als Beispiel dafür, wie Hochmut vor den Fall kommen kann, schildert er, wie Dante trotz all seiner Gelehrsamkeit kein Wort herausbringt, als er sich bei einer öffentlichen Versammlung erhoben hat, um das Wort zu ergreifen. Er hatte sich für einen Gott gehalten, aber Gott selbst hielt es offenbar für geboten, ihm eine Lektion zu erteilen, indem er ihn der Lächerlichkeit preisgab. Oder etwa jene Begebenheit, da Cangrande mit ihm zu Tische saß und ihn fragte: «Wie kommt es, daß ein Possenreißer, ein Hofnarr, mag er auch noch so töricht sein, uns allen liebenswert erscheint, während sich von dir Gleiches nicht sagen läßt, der du doch so weise bist?» Woraufhin Dante kontert, sein Herr würde sich nicht weiter darüber wundern, wenn er sich nur vor Augen hielte, daß Freundschaft auf Seelenverwandtschaft beruht.

Mag diese schlagfertige Antwort auch erfunden sein, auf alle Fälle ist sie bezeichnend für das Auftreten Dantes in Verona und infolgedessen auch für den Eindruck, den er auf seine Mitmenschen gemacht hat. Das mag vielleicht auch ein Grund dafür sein, warum trotz des hohen Ansehens, in dem er mit einiger Sicherheit bei Cangrande stand, dieser ihm niemals ein offizielles Amt übertragen und ihm keinen Posten bei Hofe angeboten hat, der ihn aus seiner demütigenden Situation eines mittellosen Exulanten befreit hätte. Dennoch besteht kein Zweifel daran, daß er, Cangrande, unterdessen im Herzen Dantes jenen Platz eingenommen hat, den zuvor Heinrich innegehabt hatte.

Für Dante ist jetzt Cangrande die Inkarnation der Reichsidee. Ihm gehört die Zukunft: er ist mächtig, zielstrebig, ehrgeizig und besitzt sogar eine äußere Erscheinung, wie sie dem Luxemburger leider abgegangen ist. Er ist von großer Statur; in seinem Auftreten und in seiner Ausdrucksweise strahlt er Überzeugungskraft aus. Ihm stehen von Natur aus gewisse Vorzüge zu Gebote, die sich für ihn – etwa verglichen mit Uguccione – als vorteilhafter erweisen sollten als beispielsweise Skrupellosigkeit oder Erfahrung. Cangrande hat weder die Erfahrung Uguccciones – ist er doch wesentlich jünger an Jahren als dieser – noch dessen Zynismus, wie er sich im Laufe eines von unzähligen Schlachten gekennzeichneten Lebens entwickelt hat.

Dennoch fällt ein Vergleich eindeutig zu seinen Gunsten aus. Um so mehr, als nun, da Uguccione in seinen Diensten steht, die Ordnung gleichsam wiederhergestellt ist, die Hierarchie wieder stimmt. Gewiß hat auch Dante das so gesehen. Außerdem ist ihm klar, daß Cangrande das Durchsetzungsvermögen und den Edelmut eines Mannes besitzt, dem das Schicksal eine bedeutende Rolle in der Geschichte zugedacht hat, der sich nicht vom unüberschaubaren Gang der Dinge treiben oder gar aufreiben läßt, sondern eigene Zielvorstellungen verwirklicht. Und wie immer die Ziele auch aussehen mögen, für deren Verwirklichung Cangrande prädestiniert zu sein scheint, auf alle Fälle halten ihn offenbar auch die Fürsten zu Höherem berufen, die ihn im Dezember des Jahres 1318 zum Generalkapitan der ghibellinischen Liga der Lombardei wählen (als Lombardei wurde ein Großteil Oberitaliens einschließlich der Mark Treviso bezeichnet), wofür er monatlich tausend Goldgulden erhält.

Damit sieht Dante sich in seiner Auffassung bestätigt. Er hatte schon lange, seit mehreren Jahren, auf den Scaliger gesetzt. Auch ihm gegenüber schlägt er nun einen überschwenglichen Ton an, wie er bereits in seinen Briefen anläßlich des Italienfeldzuges Heinrichs VII. bei ihm angeklungen war.

Auch an ihn schreibt er also und gesteht ihm, daß er einst den Ruhm, der ihm vorausging, für übertrieben gehalten habe – mag es sich dabei auch nur um einen rhetorischen Kunstgriff gehandelt haben, mit der er die überragende Bedeutung dieses Mannes, von der er sich persönlich hatte überzeugen können, um so nachdrücklicher herausstreichen wollte. Dann aber, «damit die Ungewißheit mich nicht allzu lange gefangenhalte, kam ich, wie die Königin des Südens nach Jerusalem, wie Pallas nach Helikon, nach Verona, um mit eigenen Augen das Gehörte zu überprüfen, und sah dort Eure Taten, sah und spürte zugleich die Wohltaten; und wo ich zunächst Worte der Übertreibung vermutet hatte, erkannte ich im nachhinein, wie außergewöhnlich die Fakten selbst waren. Das war der Grund, weshalb ich zunächst von einer gewissen Ehrfurcht ob des Gehörten erfüllt war, nun aber bin ich angesichts dessen, was ich gesehen habe, Euer zutiefst ergebener Freund.»

Im gleichen Brief teilt er ihm mit, er habe nichts finden können, was «Eurer Exzellenz besser entspräche als der letzte, erhabene Teil der *Commedia* mit dem Titel *Paradiso*». Kurzum, er widmet ihm also diesen dritten Teil der *Commedia*. Doch nicht genug damit – falls man Boccaccio in diesem Punkte Glauben schenken darf. Dantes Wertschätzung gegenüber Cangrande ging sogar so weit, daß er ihm die Gesänge des *Paradiso* nach und nach zusandte, sobald sie fertig waren, damit er sie «noch vor jedem anderen» zu Gesicht bekomme. Und «sobald sie von ihm durchgesehen» waren, fertigte er Abschriften an für jene, die sie ebenfalls zu lesen wünschten.

Doch nicht in Verona wird dieser letzte Teil der *Commedia* vollendet. Dante, den Villani als «etwas dünkelhaft und jähzornig und nach Philosophenart unfreundlich» beschreibt, muß wohl zu der Erkenntnis gelangt sein, daß seine Beziehungen zu dieser Stadt zunehmend von Spannungen gekennzeichnet waren und sich allmählich immer mehr abgekühlt hatten.

Die Freundschaft zu Cangrande, so spürt er, beflügelt ihn nicht mehr, vielleicht ist sie auch nicht mehr das, was sie anfangs gewesen ist. Irgend etwas mag sich zugetragen haben, wodurch diese Freundschaft ihren besonderen Charakter eingebüßt hat, auf den er im Gegensatz zu den andern bei Hofe weilenden Gästen in Anerkennung seines Genies Anspruch zu haben glaubt. So kommt es, daß er in der großen Schar der mehr oder weniger anonymen Höflinge untergeht, die praktisch die Kulisse abgeben für die im Rampenlicht Stehenden.

Auf die Dauer ist er nicht bereit, diesen Zustand hinzunehmen. Vor allem deshalb, weil hinter den Kulissen die Sticheleien der Neider um so bösartiger sind. Andererseits kann er natürlich auch nicht die ihm selbst und seinen Kindern erwiesenen Wohltaten vergessen. Hat Cangrande ihm doch die nötigen Mittel zur Verfügung gestellt, damit Pietro und Jacopo ihre Studien vollenden konnten. Nein, er vergaß nicht, wieviel Dank er Cangrande und seinem Hofe dafür schuldet, daß er als Verbannter Aufnahme fand und man ihm manch eine seiner Eigenheiten nachgesehen hat. So konnte er sich relativ ungestört eine Reputation erwerben, die ihm nun viele Tore öffnet, wohin er sich auch wenden mag.

Er beschließt, nach Ravenna zu gehen.

Von Verona sagt er sich jedoch nicht vollständig los, und er hat auch vor, irgendwann dorthin zurückzukehren. Nachdem in Ravenna jedoch Lamberto da Polenta, einer der fanatischsten Guelfen, von Guido Novello abgelöst worden ist, scheint ihm diese Stadt ein geeigneter Hafen zu sein. Und Ravenna sollte ihn nicht enttäuschen. Diese Stadt mit ihrer wechselvollen Geschichte, die einst Hauptstadt des Weströmischen Reiches gewesen war, bevor Theoderich sie zur Hauptstadt des Ostgotenreiches machte, bevor die Byzantiner die Ostgoten, die Langobarden wiederum die Byzantiner, schließlich die Franken die Langobarden verjagten und endlich Rudolf von Habsburg die Stadt an die Kirche abgetreten hatte, unter der sie jedoch eine gewisse Autonomie wahren konnte – diese Stadt also empfängt ihn mit dem ganzen Gepränge ihrer großen Vergangenheit. Über der Stadt liegt ein beklemmender und zugleich faszinierender Hauch, wie ihn ein Ort ausstrahlt, über dem der Himmel Blitz und Donner entladen hat, als wolle er damit den Weltuntergang einläuten. Aber die Welt ist noch nicht untergegangen, sie dreht sich weiterhin und geht ihren Geschäften nach.

Ravenna mag Dante wie ein Ort erschienen sein, der die Trostlosigkeit einer Arena ausstrahlt, die seit langem dem Verfall preisgegeben ist, über der bedrücktes Schweigen lastet. Die Erinnerung an vergangene Größe überschattet die Gegenwart. Das Mausoleum der Galla Placidia und das des Theoderich, das Baptisterium der Orthodoxen, die Kirchen San Vitale, Sant'Apollinare in Classe, Sant' Apollinare Nuovo zeugen von dieser einstigen Größe.

Welche unter all den Städten, die ihm je zu Gesicht gekommen waren, hatte ihn nicht alsbald wieder dazu veranlaßt, das Weite zu suchen. Über welche von ihnen, von Verona einmal abgesehen, hat er nicht ein hartes Urteil gesprochen. Bis er schließlich nach Ravenna kommt und seinen Frieden schließt mit der Welt. Er ist gefesselt von dieser Stadt mit ihrer eigenwilligen Atmosphäre, ihrer ruhigen Beschaulichkeit, mit ihrer Vorliebe für Poesie und Geistesleben, der das hektische Getriebe und das Karrieredenken eines großen Fürstenhofes fremd ist. Sie ist geprägt durch Guido Novello, der zwar ebenfalls Guelfe ist, wie auch schon sein Vorgänger, im Gegensatz zu diesem jedoch nicht fanatisch für seine politische Gesinnung kämpft. Er ist vor allem ein vielseitig gebildeter, kunstsinniger Mann, der sogar selbst Verse verfaßt, in denen er sich überschwenglich über die Farbe der Wangen, das «helle Lachen» seiner Angebeteten ausläßt.

Den alltäglichen Obliegenheiten entrückt, widmet er sich der Poesie, die sich ganz am *Dolce stil nuovo* orientiert und toskanische Einflüsse erkennen läßt. Das entspricht seinen Interessen weit mehr als etwa die Probleme, mit denen ihn die Venezianer konfrontieren, die sich das Monopol über den Handelsverkehr entlang der Adriaküste zu sichern suchen. In der Erfüllung seiner Herrscherpflicht als Mäzen, der Künstlern und Schriftstellern Schutz gewährt, damit sie zur Anregung des geistigen Klimas bei Hofe einen Beitrag leisten, steht er gewiß keinem nach. Sein Engagement ist so groß, daß er beim Empfang Dantes an seinem Hofe dessen ghibellinische Gesinnung als belanglos hintanstellt. Dieser Alighieri ist ein berühmter Dichter, und das genügt. Er ist bestens vertraut mit der Philosophie, aber auch mit anderen Disziplinen, so daß sich Guido Novello von ihm eine erhebliche Bereicherung des Geisteslebens von Ravenna verspricht.

Eine führende Rolle spielen dabei, abgesehen von Guido Novello selbst, einige namhafte Persönlichkeiten: etwa der Notar Menghino Mezzani, der hohe öffentliche Ämter bekleidet, aber auch eine ausgesprochene Neigung für die Poesie hat, die ihn später mit Petrarca in Briefwechsel treten läßt; ein weiterer Notar namens Pietro Giardini, der sich sogleich mit Dante anfreundet und aufgrund dieser Freundschaft Boccaccio später manch interessantes Detail über Dante berichtet; ferner ein Arzt, Fiducio de' Milotti aus Certaldo; ein dritter Notar, Dino Perini, der Florenz hatte verlassen müssen; der Erzbischof Rinaldo da Concorezzo; und noch ein Arzt namens Guido Vacchetta... In diesem Kreise kam Dante schon bald die Rolle des Meisters zu, das heißt, er erfreute sich einer Wertschätzung, die offenbar auch Guido da Polenta teilte, hat er doch gelegentlich von ihm Rat und Tat in Anspruch genommen. Dante war indes keine andere Aufgabe lieber als die, mit der er als der Verfasser der *Commedia* gewissermaßen offiziell betraut worden war: die Aufgabe nämlich, dieses Werk zu vollenden, den letzten Teil abzuschließen.

Nirgendwo hätte er hierzu günstigere Bedingungen finden können als in Ravenna. Günstig vor allem insofern, als diese Stadt, die einst zu den großen Metropolen gehört hatte, sich nunmehr ganz ihrem allmählichen Verfall hingab und eine Ruhe ausstrahlte, die etwas Verträumtes, Transzendentes an sich hatte, so daß man sich recht gut vorstellen kann, daß sie Jenseitsphantasien zu wecken vermochte.

Während Verona die Stadt gewesen war, die stark von der politischen Auseinandersetzung und dem kämpferischen Geist geprägt war, so daß die tiefe Wunde, die Dantes Vertreibung aus Florenz bei ihm hinterlassen hatte, immer wieder aufs neue aufbrach, was sich im *Inferno* und im *Purgatorio* deutlich widerspiegelt, stellte Ravenna die ideale Stadt dar, um hier das *Paradiso* zu vollenden. Nicht etwa, weil sein Interesse an politischen Vorgängen nachgelassen hätte, sondern weil er sich philosophischen Fragen zugewandt hatte, die mystische Visionen in ihm erstehen ließen und dazu beitrugen, daß seine Dichtung eine Ebene erreichte, die den Realismus der beiden ersten Teile seines Werkes hinter sich gelassen hatte.

Eine ganz andere Stimmung hat in diesem dritten Teil Platz gegriffen. Hier tritt Dante als Philosoph und Theologe auf und nicht mehr, wie im ersten und zweiten Teil, als ein Mensch, der gewohnt ist, die Menschen in Gute und Böse einzuteilen, je nachdem, ob sie seine eigenen Auffassungen teilten oder nicht. Doch das Paradies ist nicht das Reich der Vergeltung, sondern das der Belohnung. Nicht mehr die großen Sünder beherrschen hier die Szene; die Sünde tritt allenfalls in den Klageliedern der verherrlichten Tugend in Erscheinung, und zwar insofern, als sie ein Abweichen vom rechten Weg darstellt, der zu Gott führt.

Diesen Gott stellt er sich als einen Lichtpunkt vor, der beim Aufstieg durch die neun Himmelssphären sichtbar wird, die in Anlehnung an das ptolemäische System unter dem Zeichen der Planeten stehen. In jeder dieser sich drehenden Himmelssphären erscheinen ihm die seligen Geister, jeweils mit dem Grad der Seligkeit, den sie im Empyreum erreichen, wo sie sich alle versammeln. In diesen Himmelsphären agieren Kräfte, die recht irdisch anmuten. Der düstere Schatten der Erde ist also nicht vollständig überwunden, so daß die Tugenden unvollkommen erscheinen. Aber beim allmählichen Aufstieg streben sie empor zum Himmel der Sonne mit den Geistern der Weisen; zum Himmel des Mars mit den Geistern der streitbaren Helden; zum Himmel des Jupiter mit den Geistern der gerechten Herrscher, wo es die Fürstentugenden Gerechtigkeit, Stärke und Klugheit sind, die zur Seligkeit führen, und zwar mit Hilfe einer *ratio inferior*, also der noch ganz dem Irdischen verhafteten Vernunft, die bereits im nächsthöheren Himmel zur *ratio superior* wird, nämlich dem des Saturn oder der kontemplativen Geister, in dem auch über die göttlichen Tugenden disputiert wird.

Dies ist die Vorstufe zur achten Himmelssphäre, dem Fixsternhimmel, in der sich, ebenso wie im folgenden, der Triumph Christi und der himmlischen Heerscharen manifestiert, der im Empyreum die Form einer Rose annimmt. Darüber erhebt sich schließlich, umgeben von den drei Engelshierarchien in neun Feuerkreisen, der strahlende Lichtpunkt, wie ein Auge, in dem sich die gesamte Leuchtkraft der Schöpfung verdichtet. Die neun Feuerkreise bewegen sich, je weiter sie vom zentralen Lichtpunkt entfernt sind, mit abnehmender Geschwindigkeit, und ihre jeweilige Geschwindigkeit entspricht unmittelbar dem Grad der Tugend des entsprechenden Himmels. Je langsamer sich also der Himmel aufgrund der größeren Entfernung zu Gott dreht, um so stärker ist aufgrund der geringeren Entfernung zur Erde deren Einfluß. Man könnte also von einer Himmelsmechanik sprechen, bei der den unterschiedlichen Geschwindigkeiten der Planeten die Stufen der mystischen Erkenntnis, wie sie von Bonaventura beschrieben werden, kontrapunktisch gegenüberstehen. In seinem bedeutendsten Werk *Itinerarium mentis in Deum,* das sich an Richard von Sankt Viktor orientiert und über ihn an die augustinische Tradition anknüpft, unterscheidet Bonaventura drei Stufen der Erkenntnis, drei Augen der Seele: das eine, das nach außen schaut, das andere, das sich selbst schaut, und das dritte, das nach oben schaut. Drei unterschiedliche, aufeinander aufbauende Möglichkeiten, um Gott zu schauen.

Wenn es im übrigen zutrifft, daß die sichere Erkenntnis notwendigerweise eine ewige Ratio als ordnende und treibende Kraft voraussetzt, so ist es auch zutreffend, daß es sich um eine Ratio handelt, die in ihrer Klarheit nicht isoliert bleiben darf, sondern sich mit der Ratio der Geschöpfe vereinen und vom Menschen erkannt werden soll, im Rahmen der ihm auf Erden gegebenen Möglichkeiten. Dies schreibt Bonaventura in *De scientia Christi*. Und im Aufstieg, bei dem sich die Vereinigung der irdischen Ratio mit der göttlichen Ratio, des Intellekts mit der Ewigen Wahrheit vollzieht, wobei ersterer in letzterer aufgeht, zeigt sich eine Divergenz, die einerseits die unterschiedlichen Geschwindigkeiten der Planeten bedingt, andererseits die unterschiedliche Leuchtkraft der Geister, die sich dort begegnen. Je schneller sich nämlich der Kreis um den zentralen Punkt dreht, um so näher ist dessen Seligkeit bei Gott, aber je näher sie auch bei Gott ist, desto heller leuchten die Geister. Nicht umsonst haben die Seelen in dem am weitesten entfernten Himmel des Mondes die Erinnerung an ihre leibliche Gestalt bewahrt; und nicht umsonst tritt der Grad der Glückseligkeit eines Geistes durch seine Leuchtkraft in Erscheinung.

Auf der anderen Seite geht eine langsame Bewegung fast immer mit Finsternis einher, so daß in der Hölle, die man sich gar nicht anders denn als Schattenreich vorstellen konnte, ein Großteil der Verdammten vor allem unter der Reglosigkeit zu leiden hat. So liegen etwa die Schlemmer am Boden, die Geizigen und die Verschwender rollen schwere Gewichte vor sich her, die Zornigen stecken im Morast fest, die Ehebrecher liegen im Kot und die Sünder, die öffentliche Ämter verschachert haben, im siedenden Pech, die Mörder im Blut, die Selbstmörder sind in Bäume verwandelt, die Simonisten stecken kopfüber in Röhren, die Heuchler wandeln unter Bleikutten einher ...

Die Schwere der schuldbeladenen Seele, die Knechtschaft des Leibes verlangen nach einer düsteren, grauverhangenen oder auch grauenerweckenden Umgebung, wie etwa jene Gegend, in der die Verräter in ewigem Eis erstarrt ihre Sünden abbüßen müssen. Doch dann schwindet die Finsternis, verfliegt die Angst, und schon ist das *Purgatorio* erreicht, in dem das Licht immer heller leuchtet und die Geschwindigkeit der auf den einzelnen Stufen des Läuterungsberges befindlichen Seelen zunimmt.

Das Verhältnis der Geschwindigkeiten im *Inferno* erfährt im *Purgatorio* eine Umkehrung: Die Neidischen sitzen, die Geizigen und die Verschwender liegen auf dem Boden, aber die Stolzen wandeln, wenn auch von schweren Lasten gebeugt, die Zornigen bewegen sich, wenn auch vom beißenden Rauch geblendet, die Trägen laufen, die Schlemmer finden keine Ruhe vor lauter Hunger und Durst, die Wollüstigen tilgen ihre Sünden inmitten der Flammen. Dabei singen sie alle, schreien lauthals ihre Gebete: auf diese Weise erheben sie ihre Seele, helfen ihr, die Last der Sünden zu ertragen, zeigen, daß sie noch am Leben ist. Bis schließlich jenes gewaltige Licht des Paradieses erreicht ist, wo Leuchtkraft und Geschwindigkeit ihren Höhepunkt erreichen. Abgesehen von den Geistern, die ihre Gelübde nicht eingehalten haben und nunmehr wie blasse Spiegelbilder erscheinen, erfolgt der Aufstieg von den Geistern, die im Himmel des Merkur tanzen, bis hinauf zu jenen, die im Himmel der Venus ihrer Innenschau entsprechend schnell kreisen, und so geht es weiter aufwärts zu den neun Feuerkreisen, die sich in unterschiedlicher Geschwindigkeit um Gott herum bewegen.

Es ist das Reich der Seligkeit, des Glücks, und die Bewegung ist hier kennzeichnend für die Glückseligkeit, so wie es offensichtlich Reglosigkeit für den Schmerz ist. Zumindest psychologisch betrachtet. Die Glückseligkeit ist nämlich eine expandierende Kraft, die eine Art von Ausstrahlung bewirkt, während der Schmerz die Seele in Ketten zu legen, zum Erstarren zu bringen scheint. Der Schmerz tendiert dazu, nach innen zu agieren, die Glückseligkeit dagegen richtet sich nach außen. Und welches andere Symbol wäre für ein Reich der Seligen geeigneter als das Licht?

Bonaventura hatte seine eigene Theorie entwickelt, der zufolge das Licht als die Gestalt aller Körper anzusehen ist, in dem Sinne, daß es, obschon es keine eigene Gestalt aufweist, praktisch jeden Körper in sich trägt. Je mehr also ein Körper am Licht teilhat, desto höher steigt er in der Hierarchie der Seelen empor. Dante leitet daraus eine Unterscheidung ab in Seelen, die der Erde näher stehen, und solchen, die Gott, dem alles überstrahlenden Lichtpunkt, näher stehen, worin man eine Anlehnung an diese von Bonaventura entwickelte Theorie sehen könnte, wäre sie nicht Bestandteil einer noch umfassenderen Theorie, die besagt, daß die Schönheit als Abglanz Gottes und insofern als Licht zu verstehen sei.

Diese Auffassung wurde bereits seit einigen Jahrhunderten vertreten. Sie entsprang dem Bestreben, der nach dem Zusammenbruch des Römischen Reiches um sich greifenden Finsternis zu entgehen. Das Resultat dieser Bestrebungen waren die gotischen Kathedralen. Im übrigen eröffneten die Denkansätze, die sich allmählich herausgebildet hatten und weitgehend religiös geprägt waren, neue Beziehungen zwischen Transzendenz und Immanenz, und zwar im Laufe einer Entwicklung, in der das Schöne, wie Thomas von Aquin lehrte, zum charakteristischen Merkmal des Menschen erhoben worden war. Das Schöne war also das Licht, das nicht mehr gleichzusetzen war mit der Harmonie der romanischen Kirchen, die sich wehmütig an einer überlebten Klassik orientierte, sondern das eine Erneuerung bewirkte durch den Rückgriff auf weniger hoch entwickelte Formen, bis es schließlich zur Errichtung der Kathedralen kam, gleichsam als Herausforderung gegenüber dem Himmel, als Herausforderung und Aufforderung zugleich. In ihrer ganzen Bauweise zielten diese Kathedralen darauf ab, das Licht des Himmels einzufangen, das durch das Maßwerk der großen Glasfenster und die weitgespannten Joche hereindringen konnte. Diese Fenster wirkten, so hat es jemand treffend beschrieben, wie «göttliche Schriftzeichen, die das Licht der wahrhaften Sonne, das Licht Gottes also, in die Kirche hereinscheinen ließen und so die Herzen der Gläubigen erleuchteten».

In der gotischen Kathedrale war somit das Licht Gott selbst, und nicht mehr nur etwas, das die Seele für das Zwiegespräch öffnete. Die Anstrengungen, die mit der Errichtung dieser Kathedralen verbunden waren, bevor sie sich in voller Größe und Schönheit zeigten, entsprachen in gewisser Hinsicht den Anstrengungen, denen sich die Seele unterziehen muß, um ihre Stofflichkeit zu überwinden. Die Spitzbogen wirkten wie steingewordene Schreie. Die ganze Kathedrale ließ sich als ein einziger Schrei verstehen, wobei dieser Schrei sich von einem Kirchenschiff zum anderen fortpflanzte, um schließlich vom Echo zurückgeworfen zu werden, wie ein allenfalls geringfügig variiertes Thema, das dadurch einen um so stärkeren Eindruck hervorruft. Auf diese Weise wurde die Einheitlichkeit in noch stärkerem Maße hervorgehoben, wohingegen sich die Romanik durch eine Vielzahl unterschiedlicher Themen, gebündelter, aufeinander abgestimmter Elemente ausgezeichnet hatte.

Es bedurfte übernatürlicher Anstrengungen, um sich in jene Höhen aufzuschwingen, um all die Himmelssphären, die Dante durchwanderte, mit Cherubinen und Heiligen zu bevölkern, um sie mit ganzen Heerscharen und überaus phantastischen Visionen auszustatten. Er arbeitete unermüdlich weiter. Seinen Freunden in Ravenna, allen voran Guido Novello, sei Dank dafür. Aber er arbeitete an der Vollendung seines Werkes wie jemand, der sich sehr wohl dessen bewußt ist, daß er sich in einem Wettlauf mit der Zeit befindet, der vergleicht, wieviel Zeit es zur Vollendung seines Werkes noch bedarf und welche Lebensspanne ihm noch vergönnt ist. Die Vollendung seines Werkes raubte ihm seine letzten Kräfte.

Dante stand im Begriff, die *Commedia* zu vollenden, das grandioseste Monument, das je einer Idee errichtet wurde, der Reichsidee nämlich – und das ausgerechnet in jener Stadt, in der dem Römischen Reich praktisch die letzte Stunde geschlagen hatte, und damit auch der Idee einer Weltmonarchie. Für diese Idee hatte er sich in seinem philosophischen und dichterischen Werk eingesetzt; ihr hatte er in diesem letzten Teil der *Commedia,* an dem er hier in Ravenna arbeitete, eine Eloge gewidmet, die er Justinian in den Mund gelegt hat.

Der Appell eines Grammatikprofessors aus Bologna, Giovanni d'Antonio, der wegen seiner Vergilkommentare auch Giovanni del Virgilio genannt wurde, muß Dante besonders vor den Kopf gestoßen haben. Die Wege dieser beiden Persönlichkeiten haben sich offenbar einst gekreuzt. Nun also fordert der Professor aus Bologna Dante auf, sein großes Poem in der einzigen Sprache zu verfassen, die ihr den gebührenden literarischen Rang zu sichern vermag, nämlich in lateinischer Sprache. Dafür stellt er ihm die Dichterkrone in Aussicht – eine Anerkennung, von der er noch immer träumt, sie möge ihm eines Tages im Baptisterium San Giovanni verliehen werden.

Wie schwer der Schlag für ihn auch gewesen sein mag, den ihm das Urteil dieses namhaften Gelehrten über die *Commedia* versetzt hat, so gibt er sich doch zumindest in diesem Fall nicht so hochmütig wie sonst. Er antwortet mit einer in Hexametern verfaßten Ekloge, in der nach dem Vorbild Vergils Hirten auftreten und er selbst unter dem Namen Tityrus ein fiktives Gespräch mit seinem Freunde Meliboeus (dem Notar Dino Perini aus Florenz) über einen alten Freund namens Mopsus führt, also über Giovanni del Virgilio. Diesem will er mit seiner lateinisch geschriebenen Ekloge unter Beweis stellen, wie gut er sich auch auf Lateinisch ausdrücken könnte, hätte er nicht der Volkssprache eine so wichtige Rolle und eine so große Erhabenheit zuerkannt, daß er sie zur Sprache der *Commedia* erkoren hatte.

Mopsus will ihm nicht nachstehen und antwortet ebenfalls mit einer Ekloge. Er lädt Dante ein, nach Bologna zu kommen. Nein, er kann diese Einladung nicht annehmen, er hat Sorge, sich auf irgendein unangenehmes Abenteuer einzulassen. Dies erwidert ihm Dante in einer zweiten Ekloge, die er freilich nicht mehr abschickt: ihren Adressaten sollte sie erst nach Dantes Tod erreichen. Dante fühlt sich mit einem Male derart matt, daß er keine Lust mehr verspürt, weiterhin den vergilischen Hirten zu spielen.

Nicht zufällig hat er seinem Werk den Titel *Commedia* gegeben. In seinem Schreiben, mit dem er Cangrande das *Paradiso* widmete, findet sich eine Erläuterung: Während nämlich die Tragödie ein schlimmes Ende zu nehmen pflegt, obschon sie, wie es bei Seneca heißt, «ruhig und heiter» beginnt, nimmt die Komödie im allgemeinen ein gutes Ende, wie dies etwa bei Terenz der Fall ist, unabhängig davon, wie schrecklich sie begonnen haben mag.

Dante gönnt sich eine Pause und kehrt nach Verona zurück, um dort eine Rede zu halten.

Es ist ein Sonntag im Januar 1320, als er in der Kirche Sant'Elena das Wort ergreift, um über ein naturwissenschaftlich-philosophisches Thema zu sprechen: die *Quaestio de Aqua et Terra*, in Fortführung eines Disputes über Lage und Bewegung von Wasser und Erde, der zuvor in Mantua geführt worden war.

Es ging ihm dabei um den Nachweis, daß an keinem Punkt der Erde der Wasserspiegel ein höheres Niveau erreichen kann als die aus den Weltmeeren herausragende Landmasse. Sein religiöses Anliegen verband sich mit der naturwissenschaftlichen These seiner Darlegungen, denen auch der Klerus der Stadt folgte und die in einem Lobpreis der Weisheit der Vorsehung gipfelten, mochte sich auch diese Weisheit dem Menschen nicht immer offenbaren. Dann kehrt er wieder nach Ravenna zurück, wo fast so etwas wie Friedhofsruhe herrscht und kein Cangrande mit seinen Ambitionen eine Atmosphäre offener Konfrontation provoziert. Und doch, wo hätte es je uneingeschränkten Frieden gegeben? Zu den Venezianern besteht seit einiger Zeit eine gespannte Beziehung, die sich nun – Ende Juli, Anfang August 1321 – aufgrund einiger Piratenakte gegenüber Schiffen der Markusrepublik zuzuspitzen droht. Guido Novello beschließt, eine Gesandschaft nach Venedig zu schicken und bittet Dante, sich als Gesandter zur Verfügung zu stellen.

In Anbetracht seines Gesundheitszustandes ist ihm nicht danach zumute, eine Reise anzutreten, aber er möchte sich andererseits auch nicht der Bitte Guidos verschließen. Ihm verdankt er die ruhige Arbeitsatmosphäre. Und Guido ist nicht nur jemand, dem er Dank schuldet: in dieser Situation ist er auch ein Freund, der Hilfe braucht.

Gewiß, es ist keine besonders günstige Jahreszeit, um eine Reise zu unternehmen. Die Hitze trägt noch dazu bei, seine Mattigkeit zu verstärken. Ihm ist, als wolle sein Alter sich mit aller Macht bemerkbar machen, jetzt, da er das *Paradiso* endlich vollendet hatte. Er hatte es gerade rechtzeitig geschafft, um sich mit Leib und Seele dieser Mission widmen zu können und sich auf die Begegnung mit dem Dogen und dem Senat der Serenissima vorzubereiten. Kaum war das letzte Wort des *Paradiso* niedergeschrieben, hatte er seine Arbeit sogleich beiseite gelegt. Das letzte Wort lautete «Sterne» – es war dasselbe Wort, mit dem auch das *Inferno* und das *Purgatorio* endete.

Ein herrliches Wort, um ein derartiges Werk zu beenden, um heimzukehren, um in das Universum einzugehen, aus dem man einst gekommen ist. Hatte er doch in seiner zweiten Ekloge dem Hirten Alphesiboeus die folgenden, an seinen Freund Fiducio de' Milotti gerichteten Worte in den Mund gelegt: «für mich ist es nicht erstaunlich, daß die Seelen der Menschen wieder zu den Sternen streben, von denen sie zu Beginn ihres Erdenlebens herniederkamen.»

Der Arzt Fiducio sprach genauso wie Platons Timaios, nach dessen Auffassung die Seele zum Himmel zurückkehrt, wenn sie den Leib verläßt; Dante selbst jedoch hatte das Gefühl, als ob es sich um eine Fortsetzung seines Aufstiegs zu den Gestirnen handelte, als ob seine Jenseitswanderung dadurch eine Bestätigung erführe. Für ihn war die Vorstellung faszinierend, daß er in dem Moment, da seine Seele sich ihres Kerkers entledigte, gleichsam jene abenteuerliche Wanderung durch das Jenseits nochmals würde nachvollziehen können, deren Schilderung er soeben beendet hatte.

Dante war nach Venedig aufgebrochen, hatte dort seine Mission recht und schlecht erledigt – und damit seinen guten Wille, Guidos Bitte zu entsprechen, unter Beweis gestellt. Während er sich auf dem Rückweg befand, überfiel ihn mit einem Male in einem Sumpfgebiet das Malariafieber.

Er spürte, wie diese Hölle sich in seinem Fleische auftat mit ihren Bolgen und Höllenkreisen, die von den wilden, schwindelerregenden Phantasien seines Fieberwahns bevölkert wurden. Gott sei Dank, daß auch diese Geisterschar hin und wieder das Bedürfnis verspürte, die «Sterne wiederzusehen», das heißt, den Aufstieg zur nächsthöheren Stufe zu vollziehen. So wurden seine Phantasien allmählich ruhiger und weniger wirr, weniger beängstigend. Auch das Fieber kann unterschiedliche Saiten anschlagen, verschiedenartige Phantasien erstehen lassen. Und während es ihm immer mehr zusetzte, erblickte er hoch droben auf dem Gipfel des Berges eine liebliche Wald- und Wiesenlandschaft, deren schimmerndes Grün, sprudelnde Bachläufe und üppig blühende Bäume kein Maler je hätte einfangen und wiedergeben können.

Es heißt, jeder Mensch sehe vor seinem Tode nochmals sein Leben an sich vorüberziehen. Dante machte da keine Ausnahme, nur daß er es anhand der Verse seines autobiographischen Werkes tat, das ihm wie ein Portolan anzeigte, welche Fahrten er unternommen, welche Häfen er angelaufen hatte, zu welchen Begegnungen es gekommen war, wo er Schiffbruch erlitten, welche Flauten und Stürme er durchgemacht hatte... Und alles erfaßte er in seiner doppelten, dreifachen, vierfachen Bedeutung: denn wie er selbst in seinem Brief an Cangrande geschrieben hatte, ist in der ganzen *Commedia* stets ein wörtlicher, ein allegorischer, ein ethischer sowie ein anagogischer Sinn enthalten.

Dante ist vom Fieber derart mitgenommen, daß ihm der Abschied nicht einmal besonders schwer fällt. Er blickt seinen Freunden ins Gesicht, die sich schweigend um ihn versammelt haben: sie scheinen alle sehr viel mehr von Schmerz erfüllt zu sein als er, insbesondere Guido Novello. Der Arzt Fiducio weiß offenbar auch keinen Rat mehr. Die Medizin hat eine Schlacht verloren.

Es ist September, die Nacht vom 13. auf den 14., als Dante in den «allertiefsten Schlaf» verfällt.

Guido Novello hat Vorbereitungen treffen lassen für eine große Totenfeier. Der Leichnam wird «mit großen Ehren, im Gewand des Dichters und großen Philosophen» beigesetzt. So der Bericht eines Chronisten, der von Boccaccio dann bestätigt und mit der Anmerkung versehen werden sollte, daß Guido den «Leichnam mit der Dichterkrone versehen» aufbahren ließ.

Die Beisetzung fand in der Kirche San Piero Maggiore statt, «in einem steinernen Sarkophag». Nachdem die Trauergäste die Kirche verlassen hatten, begaben sie sich in das Haus, in dem Dante gelebt hatte. Guido Novello hielt dort eine «lange und feierliche Ansprache». Man wußte, daß in Dantes Haus die Gesänge des *Paradiso* liegen mußten, an denen er noch bis zuletzt gearbeitet hatte. Aber man wußte nicht recht, wo man sie suchen sollte; überdies war man sich nicht einmal sicher, ob er diesen Teil der *Commedia* tatsächlich vollendet hatte. Es fehlten die letzten dreizehn Gesänge.

Alle dreizehn wurden von seinem Sohn Jacopo entdeckt, nachdem ihm sein Vater im Traum erschienen war und die Stelle gezeigt hatte, wo der letzte Teil seines Werkes verborgen war. Jacopo schickte alles an Cangrande. Antonia trat unter dem Namen «Suor Beatrice» in ein Kloster ein.

In eben diesem Jahr 1321 befreite sich Florenz von der Herrschaft Roberts von Anjou, nachdem die fünf Jahre, die sich die Stadt der Obhut des Königs von Neapel unterstellt hatte, abgelaufen waren. Aber es war kein gutes Jahr für die Stadt. Eine Hungersnot war über sie hereingebrochen, wie sie allenthalben in Europa grassierte. Zwei Jahrhunderte lang hatte Europa eine Phase der Expansion und des Aufstiegs erlebt, die sich nun ihrem Ende zuneigte. Das Geschäftsleben kam immer mehr zum Erliegen, zur großen Sorge der Kaufleute und der Bankhäuser. Eine schwere Krise griff um sich. Von allen Seiten trafen Schreckensmeldungen über das entsetzliche Wüten der Pest ein. Wieder einmal wurde die Menschheit von alten Geißeln heimgesucht. Und auch Florenz sollte nicht verschont bleiben.

Register

Inhalt

Philosophiebeflissenen». Die *Ordinamenti di giustizia* und Giano della Bella – Einschreibung in die Zunft der Ärzte und Apotheker.